A HISTÓRIA DA SOCIEDADE TEOSÓFICA

VOL. 1: 1874-1878

H. P. BLAVATSKY
E O INÍCIO DO MOVIMENTO
TEOSÓFICO

HENRY S. OLCOTT

A HISTÓRIA DA SOCIEDADE TEOSÓFICA

VOL. 1: 1874-1878

H. P. BLAVATSKY E O INÍCIO DO MOVIMENTO TEOSÓFICO

TRADUÇÃO: HERBERT ANDREAS WELKER

Editora Teosófica
Brasília - DF

Título do original: *Old Diary Leaves - The History of The Theosophical Society - First Series 1874-1878* (The Theosophical Publishing House, Adyar, reimpresso 2002)

EDITORA TEOSÓFICA
Sig Sul Qd. 06 Lt. 1.235
70.610-460 – Brasília-DF – Brasil
Tel.: (61) 3322-7843
E-mail: editorateosofica@editorateosofica.com.br
Site: www.editorateosofica.com.br

O42h Olcott, Henry S.

A História da Sociedade Teosófica - Vol. 1: 1874-1878 - H. P. Blavatsky e o início do movimento teosófico – Brasília: Editora Teosófica, 2019.
444 p.

Título original: Old Diary Leaves - The History of The Theosophical Society - First Series 1874-1878

ISBN 978-85-7922-186-6

CDD 141.332

Revisão: Margarete Welker e Solimeire Oliveira Schilling
Diagramação: Reginaldo Mesquita - Fone (61) 3341-3272
Capa: Ana Cichelero
Impressão: Grafika Papel e Cores fone (61) 3344-3101
E-mail: comercial@papelecores.com.br

Sumário

Nota do Tradutor

O norte-americano Henry Steel Olcott, conhecido como Coronel Olcott, foi um dos principais fundadores da Sociedade Teosófica. Ele foi eleito seu presidente no dia da fundação (em 17 de novembro de 1875) e permaneceu na presidência durante 31 anos, até sua morte em 1907.

A partir de 1878, ele manteve um diário, no qual anotava todos os detalhes da fundação, dos progressos e das dificuldades da Sociedade Teosófica até 1898.

Baseando-se nesse diário como também na sua memória, em cartas e documentos, ele escreveu uma obra em seis volumes com o título *Old Diary Leaves – The History of the Theosophical Society* (Folhas de um Velho Diário – A História da Sociedade Teosófica). O primeiro desses volumes foi traduzido para o português por Alcione Soares Ferreira e publicado pela Editora Ibrasa em 1983 com o título *Raízes do Oculto – A verdadeira história de Madame H. P. Blavatsky*.

Considerando o diário do Coronel Olcott muito interessante e, sobretudo, importante para os membros e simpatizantes da Sociedade Teosófica, resolvi traduzir o segundo volume e o publiquei em 2017, pela Editora Thesaurus, com o título *A História da Sociedade Teosófica – Vol. 2: 1878-1883 – Os Primeiros Anos na Índia*.

Constatando que *Raízes do Oculto* (tradução do volume 1) não era muito conhecido, o recomendei a todos que não o haviam lido ainda.

Porém, como a edição está esgotada e a editora nem existe mais, e porque, na minha própria leitura, eu percebi que o livro continha certo número de expressões antiquadas ou não muito adequadas, além de diversos erros, decidi publicar uma nova edição, revisando a tradução existente.

Fiz tal revisão até o capítulo 7, mas depois resolvi fazer uma nova tradução, ou seja, decidi não mais olhar o texto de Alcione S. Ferreira, e sim traduzir o original inglês.

Visto que para certas palavras, expressões e mesmo frases inteiras quase não existem opções de tradução, evidentemente muitas partes de minha tradução coincidem com o texto de *Raízes do Oculto*.

O fato de eu ter dito que há certas inadequações e diversos erros na tradução de Alcione S. Ferreira não significa que eu não aprecie o grande trabalho dessa tradutora. Por experiência própria, conheço muito bem os problemas e dificuldades do ato de traduzir.

A respeito disso, cabe esclarecer, por exemplo, que geralmente não é possível evocar no leitor do texto traduzido os mesmos sentimentos, as mesmas emoções e impressões evocadas pelo texto original. Uma das razões é que em cada língua há palavras e expressões para as quais não existem equivalentes exatos em outras línguas. Outra é a existência de objetos e fatos no país de cuja língua se quer traduzir um texto para a língua de outro país, no qual tais objetos não existem. Essas observações valem também para o presente livro, no qual o autor descreve a vida de Helena Petrovna Blavatsky e sua própria nos Estados Unidos nos anos setenta do século 19, de modo que os atuais leitores brasileiros dificilmente terão os mesmos sentimentos diante da tradução que os leitores do original inglês tiveram.

Ainda duas observações sobre o texto:

O autor transcreveu várias palavras sânscritas de uma maneira peculiar. Neste livro, usei a transcrição mais comum nos livros brasileiros (por exemplo, "*Ākasha*" em vez de "*Akash*").

Olcott escreveu várias notas de pé de página. Nesta tradução, elas se encontram entre aspas e estão assinaladas por “N.O.”. Todas as outras notas de pé de página são minhas. Após algumas notas de Olcott, dei alguma explicação, a qual é assinalada por “N.T.” (Nota do Tradutor).

Herbert Andreas Welker

Brasília, outubro de 2019

Prefácio

Na história das entidades públicas, o capítulo que trata da origem e das vicissitudes da Sociedade Teosófica seria certamente singular. Não importa se visto por amigos ou inimigos, é igualmente estranho que uma tal entidade tenha surgido na época em que ela foi fundada e que tenha não somente sido capaz de aguentar os abalos que sofreu, como também tenha até mesmo se tornado tanto mais forte quanto maior era a injustiça de seus adversários. Certa categoria de críticos diz que esse fato curiosamente prova que há uma recrudescência da credulidade humana e uma intranquilidade religiosa, preliminar ao declínio da religiosidade ocidental tradicional. A outra vê no avanço do movimento o sinal de uma aceitação de ideias filosóficas orientais no mundo inteiro, uma aceitação que deve fomentar o revigoramento e uma incalculável ampliação das simpatias espirituais na humanidade.

Um fato óbvio, inegável, é que até o final do ano de 1894 foram concedidos, como resultado de apenas dezenove anos de atividade, diplomas de fundação a 394 Lojas[1] da Sociedade em quase todas as partes do mundo habitável e que aqueles emitidos no ano mencionado ultrapassaram em 29,9 por cento a média anual desde a fundação. Visto estatisticamente, os ataques implacáveis e injustos feitos em 1884 pela Sociedade para a Pesquisa Psíquica e pelos missionários escoceses, que esperavam destruir a nossa Sociedade, apenas resultaram num grande aumento de sua prosperidade e utili-

1 Como na Maçonaria, usa-se na Sociedade Teosófica o termo "Loja" para grupos de estudo. Olcott empregou a palavra "*Branch*", que alguns traduzem por "Ramo".

dade. O mais recente assalto – aquele feito através do *Westminster Gazette* – necessariamente terá o mesmo fim. A simples razão é que, não importa quão meticulosamente possam ser apontados defeitos e falhas dos líderes individuais, a excelência das ideias da Sociedade não é contestada de maneira alguma. Para aniquilar a Sociedade Teosófica, seria primeiro necessário comprovar que seus objetivos declarados são hostis ao bem-estar público e que os ensinamentos de seus líderes são perniciosos e desmoralizantes. Sendo impossível fazer tanto um quanto outro, o mundo aceita a Sociedade como um fato importante, uma individualidade específica, que não deve ser nem condenada nem aplaudida por causa do mérito ou demérito das pessoas que a representam.

Essa verdade começa a se impor a pessoas de fora. Um dos mais competentes dos jornalistas contemporâneos, Sr. W. T. Stead, disse em *Borderland*[2], numa resenha destas *Old Diary Leaves*[3] – como elas originalmente apareceram em *The Theosophist*[4] –, que agora ninguém se importa se as acusações de trapaça feitas contra Madame Blavatsky pelos Coulomb[5] e pela S.P.P.[6] são verdadeiras ou falsas, pois seus piores inimigos são incapazes de negar que, popularizando certas nobres ideias orientais, ela influenciou o pensamento filosófico moderno de forma extraordinária. O mesmo vale para seus numerosos colegas, que, como ela mesma, difundiram esses antigos ensinamentos por meio da Sociedade Teosófica. Essa organização maravilhosa, que se desenvolveu a partir de uma simples reunião num salão em 1875, já realizou tanto que ela deve ser incluída em qualquer história verídica de nossa era. Visto que seu desenvolvimento se deu devido a uma força inerente, não como resultado de

2 Revista fundada pelo próprio W. T. Stead; existiu de 1893 a 1897; tratava de Espiritismo e pesquisa psíquica.

3 Folhas de um Velho Diário – o título dado à série de livros baseados nos diários de Olcott.

4 O Teosofista – a revista fundada por HPB e Olcott em 1884 e existente até hoje.

5 Um casal – hospedado e empregado por Blavatsky e Olcott na sede de Adyar – que depois acusou HPB de fraude.

6 Sociedade para a Pesquisa Psíquica.

uma previsão e gestão astutas, e que ele esteve ligado tão intimamente – durante alguns anos até mesmo quase exclusivamente – aos esforços pessoais de seus dois fundadores, Madame Blavatsky e eu, talvez seja um auxílio para um futuro historiador se o sobrevivente conta os necessários fatos fielmente e com clareza.

A série de capítulos que agora compõem este livro foi iniciada há quase três anos em *The Theosophist*, e uma segunda série, dedicada à história da Sociedade após sua transferência para a Índia, está sendo elaborada. O que me instigou principalmente a preparar esses textos foi o desejo de combater uma crescente tendência dentro da Sociedade de deificar Madame Blavatsky e de atribuir aos seus escritos mais comuns um caráter quase inspirativo. Seus óbvios defeitos estavam sendo ignorados cegamente, e foi colocada uma ilusória tela de pretensa autoridade entre suas ações e as críticas legítimas. Justamente aqueles que tinham sua confiança em menor grau e, portanto, sabiam menos como ela realmente era cometeram esse erro.

Era mais do que evidente que, se eu não dissesse o que apenas eu sabia, a verdadeira história de nosso movimento nunca poderia ser escrita, nem seriam conhecidos os reais méritos de minha extraordinária colega. Portanto, nestas páginas eu contei a verdade sobre ela e sobre os começos da Sociedade – uma verdade que ninguém pode desmentir. Dando pouco valor tanto aos elogios quanto às críticas de terceiros, e tendo me acostumado durante minha vida inteira a agir de acordo com aquilo que eu considerava meu dever, não me furtei a enfrentar as tolas chacotas daqueles que me consideram um ingênuo, mentiroso ou traidor. A total falta de importância da opinião de outros como fator na promoção do desenvolvimento individual é tão clara para mim que continuei minha atual tarefa até seu término, apesar do fato de que alguns de meus mais influentes colegas – na minha opinião, devido a uma errada lealdade a "HPB" – tentaram secretamente acabar com minha influência, arruinar minha reputação, reduzir a circulação de minha revista e impedir a publicação de meu livro. Advertências confidenciais contra mim têm sido difundidas, e os atuais números do *Theosophist* têm sido retirados das mesas das salas de leitura das Lojas. Isso é brincadeira de criança: a verdade nunca prejudicou uma boa causa, como também covardia moral nunca ajudou uma causa ruim.

Em seu livro *Literary History of England*[7] (vol. 3, p. 263), a Sra. Oliphant diz sobre Bentham[8] exatamente o que pode ser dito sobre HPB:

> É evidente que ele tinha um instinto como o do Velho Marinheiro, para aqueles nascidos para ouvi-lo e compreendê-lo, e que ele esteve sempre pronto a aceitar com afeto toda pessoa recém-proeminente que ele aprovava [...]; ele recebeu tanta ajuda e devoção como poucos dos maiores homens ganharam de seus semelhantes.

Onde já existiu um ser humano como essa misteriosa, fascinante e iluminadora HPB? Onde podemos encontrar uma personalidade tão extraordinária e tão dramática, alguém que tão claramente representava os lados opostos, o divino e o humano? Que o *Karma* impeça que eu lhe faça a mínima injustiça, mas se é que existiu na história uma pessoa que foi uma maior conglomeração de bem e de mal, de luz e de sombra, de sabedoria e indiscrição, de percepção espiritual e falta de senso comum, eu não consigo lembrar nem o nome, nem as circunstâncias ou a época. Tê-la conhecido foi para mim uma educação liberal[9], ter trabalhado com ela e gozado de sua intimidade foi uma experiência das mais preciosas. Ela era uma ocultista gran-

7 História Literária da Inglaterra.

8 No original erroneamente "Benthan". O inglês Jeremy Bentham (1748-1832) foi jurista e filósofo.

9 No original: "*liberal education*". "Na Educação Liberal o homem é um fim em si mesmo, é liberal por dar a liberdade a ele, o preparar para ter o poder de fazer suas próprias escolhas, por sua consciência. O conhecimento e a riqueza de experiências resultado da educação liberal é o que podemos chamar de maturidade ou mesmo sabedoria. A sabedoria é o que irá qualificar o homem livre e maduro para que faça as melhores escolhas. Ser livre é ter condições de fazer as melhores escolhas." (http://escoladeartesliberais.com.br/educacao-liberal-ii-o-que-e-educacao-liberal/)

de demais para nós avaliarmos sua estatura moral. Ela nos forçou a amá-la, não importa o quanto sabíamos de seus defeitos, e a perdoá-la, não importa quantas promessas ela quebrava e o quanto ela destruía nossa inicial fé na sua infalibilidade. E o segredo desse vigoroso encantamento foram seus inegáveis poderes espirituais, sua óbvia devoção aos Mestres, que ela descreveu como personagens quase sobrenaturais, e seu zelo pela elevação da humanidade através do poder da Sabedoria Oriental. Será que algum dia veremos alguém como ela? Será que veremos ainda no nosso tempo ela mesma sob outra aparência? O tempo dirá.

H.S. OLCOTT

"Gulistan."[10]

Ootacamund[11], 1895.

10 Nome de um livro persa, significando "Jardim de Rosas". É o nome dado por Olcott à casa de campo na qual ele morava, em Ootacamund.

11 Cidade (também chamada de Ooty) nas montanhas Nilgiri, a cerca de 600 km de Chennai (antigamente: Madras).

CAPÍTULO I

Primeiro Encontro dos Fundadores

Já que me proponho a narrar a história do nascimento e progresso da Sociedade Teosófica, devo começar pelo início, contando como se encontraram pela primeira vez seus dois fundadores. Foi um incidente bastante prosaico: eu disse *"Permettez-moi, Madame"*[12], e lhe ofereci fogo para o cigarro; assim, nosso conhecimento começou com fumaça, mas causou um incêndio grande e permanente. Foram peculiares as circunstâncias que nos reuniram, como mais adiante explicarei.

Em parte, os fatos já foram publicados anteriormente.

Um dia, no mês de julho de 1874, eu estava sentado em meu escritório de advocacia, pensando num caso indigesto para o qual me havia contratado a Companhia da Cidade de Nova Iorque, quando me ocorreu que, durante anos, eu não havia prestado atenção ao movimento Espírita[13]. Não sei qual associação de ideias levou minha mente a passar da construção mecânica de hidrômetros ao Moderno Espiritismo, mas, de qualquer modo, fui até um jornaleiro da esquina e comprei um exemplar do *Banner of Light*[14].

Nele, li um relato de certos fenômenos incríveis, a saber, a solidificação de formas de fantasmas, que, dizia-se, estava ocorrendo numa casa de fazenda na pequena localidade de Chittenden, no estado de Vermont, à distância de várias centenas de quilôme-

12 Expressão francesa, significando aproximadamente "Com licença, Madame".

13 No original: "*Spiritualist*", que pode significar "espiritualista" e "espírita".

14 "Estandarte da Luz", uma revista espírita. Hoje em dia, um "*banner*" é uma faixa de pano com alguma mensagem, como aquelas que se colocam nas ruas.

tros de Nova Iorque. Vi imediatamente que, se fosse verdade que visitantes pudessem ver e mesmo tocar e conversar com parentes falecidos que encontrassem um meio de reconstruir seus corpos e vestimentas de forma a ficarem temporariamente sólidos, visíveis e tangíveis, este seria o fato mais importante da moderna ciência física. Resolvi ir e ver por mim mesmo. Assim fiz, constatei que a história era verdadeira, permaneci lá durante três ou quatro dias, e então retornei a Nova Iorque. Escrevi um relato de minhas observações para o *New York Sun,* relato esse que foi publicado em quase todo o mundo, tamanha a gravidade e o interesse dos fatos. O Editor do *New York Daily Graphic* me fez então a proposta de eu retornar a Chittenden a serviço do jornal – em companhia de um artista que faria desenhos sob as minhas ordens – para fazer uma rigorosa investigação do caso. O assunto me interessava tão profundamente que fiz a necessária disposição dos compromissos do escritório, e, em 17 de setembro, eu estava de volta à "Fazendola[15] dos Eddy", como era chamada devido ao nome da família que a possuía e ocupava. Fiquei naquela casa de mistério, circundado por fantasmas e tendo experiências diárias as mais extraordinárias, durante mais ou menos doze semanas, se não me falha a memória. Enquanto isso, duas vezes por semana apareciam no *Daily Graphic* minhas cartas sobre os "fantasmas de Eddy", ilustradas, cada uma, com desenhos de espectros realmente vistos pelo artista, Sr. Kappes, e por mim mesmo, bem como por cada uma das pessoas – por vezes até quarenta – presentes na "sala de sessões"[16]. Foi a publicação dessas cartas que levou Madame Blavatsky a Chittenden e assim nos aproximou um do outro.

---

15 No original: "*homestead*". Essa palavra tem significado semelhante a "*farm*", que corresponde a "fazenda" em português, mas trata-se de uma fazenda pequena.

16 N.O.: "Em *People from the Other World* descrevi todos esses fenômenos e os testes antifraude que inventei e coloquei em prática." [O livro mencionado, cujo título significa "Pessoas do Outro Mundo", foi publicado em 1875. N.T.]

Lembro-me do nosso contato no primeiro dia como se fosse ontem; de qualquer modo, também registrei os principais fatos em meu livro *(People from the Other World,* página 293 e seguintes). Era um dia de sol, e mesmo a sombria e velha casa de fazenda parecia alegre. Ela fica no meio de uma adorável paisagem, num vale delimitado por encostas cobertas de relva que se elevam e se tornam montanhas com verdes bosques até o topo. Era o tempo do veranico[17], quando o campo todo fica coberto de uma tênue bruma azulada, semelhante àquela que deu nome às montanhas "Nilgiri[18]", e a folhagem das faias, olmos e bordos, tocada pelas geadas prematuras, passa do verde a uma mescla de dourado e carmesim, que empresta à paisagem a aparência de tapeçarias reais dependuradas por toda parte. É preciso ir à América para ver esse esplendor outonal em toda sua perfeição.

O almoço, na fazendola dos Eddy, era ao meio-dia. Foi da porta de entrada da sala de jantar, despojada e sem conforto, que Kappes e eu vimos pela primeira vez HPB. Ela havia chegado pouco antes do meio-dia com uma senhora franco-canadense; quando entramos, as duas estavam à mesa. Meu olhar foi atraído primeiro por uma camisa escarlate garibaldino[19] que a primeira usava, formando um vívido contraste com as cores opacas ao redor. O cabelo dela era então um espesso esfregão loiro, cortado acima dos ombros, sobressaindo da cabeça, macio como seda e ondulado até às raízes, como a lã de uma ovelha Cotswold[20]. Isso, e a camisa vermelha, foi o que me chamou a atenção antes de eu observar seus traços. Era um sólido rosto calmuco[21], contrastando, em sua sugestão de força, cultura e imperiosidade,

17 No original: *Indian Summer*, expressão que Olcott colocou entre aspas.

18 O nome significa "montanhas azuis". Elas estão localizadas no sul da Índia, no estado de Tamil Nadu. Em inglês, costumam ser chamadas de "*Nilgiri Hills*" (Montes Nilgiri).

19 O adjetivo refere-se aqui à cor das camisas dos soldados que lutavam com o general italiano Giuseppe Garibaldi no século 19.

20 Uma raça de ovelhas do centro da Inglaterra.

21 Adjetivo relativo aos calmucos, povo de origem mongólica.

com os rostos comuns que havia na sala, de maneira tão estranha quanto sua roupa vermelha se opunha aos tons cinzentos e brancos das paredes e peças de madeira e dos trajes apagados do resto dos convidados. Todo tipo de pessoas excêntricas estava continuamente indo à fazendola dos Eddy para ver os fenômenos mediúnicos, e, ao ver essa excêntrica senhora, só pensei que fosse apenas mais uma do gênero. Parando na soleira da porta, cochichei para Kappes: "Meu Deus! Olhe só *aquele* espécime." Atravessei a sala e tomei lugar em frente a ela, para me entregar ao meu hábito predileto, o estudo de personalidades[22].

As duas senhoras conversavam em francês, fazendo observações sem importância, mas percebi imediatamente, pelo seu sotaque e pela fluência, que, se não era parisiense, ela devia, pelo menos, ser uma verdadeira erudita francesa. Terminado o jantar, as duas saíram da casa e Madame Blavatsky enrolou um cigarro, para o qual lhe ofereci fogo como pretexto para começar uma conversa. A minha observação tendo sido feita em francês, passamos imediatamente a conversar nessa língua. Ela me perguntou há quanto tempo eu estava lá e o que pensava dos fenômenos; disse que ela mesma tinha grande interesse em tais coisas e que havia sido atraída a Chittenden pela leitura das cartas do *Daily Graphic*: o interesse do público por essas cartas crescia de tal forma que às vezes era impossível encontrar um exemplar do jornal nas bancas uma hora após a publicação, e ela havia pago um dólar por um exemplar do último número. "Hesitei

---

22 N.O.: "Numa investida furiosa contra um difamador americano, ela esboça de si mesma este divertido retrato: "Uma velha – não importa se de quarenta, cinquenta, sessenta ou noventa anos; uma velha, cujos traços calmuco-budista-tártaros, mesmo na juventude, nunca lhe deram uma bela aparência; uma mulher, cuja roupa inelegante, maneiras rudes e hábitos masculinos bastam para amedrontar e desorientar qualquer dama fina de corpete e anquinhas das rodas elegantes." (*Vide* carta dela, intitulada "*The Knout*", ao *R. P. Journal,* edição de 16 de março de 1878.) [Segundo a Wikipédia, "*knout*" é a adaptação ao inglês da palavra russa "кнут (*knut*), que significa "chicote". Em inglês se refere ao açoite usado na antiga Rússia para punir criminosos e opositores políticos. – N.T.]

antes de vir aqui", ela me disse, "porque tinha receio de encontrar esse tal Coronel Olcott." – "Por que deveria ter medo dele, Madame?", repliquei. "Oh, porque temia que ele pudesse escrever a meu respeito em seu jornal." Eu lhe disse que ela podia ficar perfeitamente tranquila quanto a isso, pois eu tinha plena certeza de que o Coronel Olcott não a mencionaria em suas cartas, a menos que ela o desejasse. E me apresentei. Ficamos amigos imediatamente. Cada um de nós tinha a sensação de pertencer ao mesmo universo social do outro, cosmopolitas, livres-pensadores, e em mais estreita comunicação um com o outro do que com o resto das pessoas presentes, mesmo algumas delas sendo inteligentes e muito dignas. Era a voz da simpatia comum pelo lado oculto e mais elevado do homem e da Natureza; a atração de alma a alma, não de sexo a sexo. Nem naquela época, no início, nem em qualquer outra ocasião posteriormente, teve qualquer um de nós a sensação de que o outro pertencesse ao sexo oposto. Éramos simplesmente camaradas, era assim que nós nos considerávamos, assim chamávamos um ao outro. De tempos em tempos, algumas pessoas ignóbeis ousaram insinuar que um laço mais íntimo nos unia, assim como disseram que aquela pobre, desproporcionada e perseguida HPB tinha sido amante de vários outros homens, mas nenhuma pessoa pura poderia manter tal opinião depois de passar algum tempo em companhia dela e ver como cada olhar seu, cada palavra e ação deixavam claro a sua assexualidade[23].

Passeando em companhia de minha nova amiga, conversávamos sobre os fenômenos na fazendola dos Eddy e sobre os de outros lugares. Descobri que ela tinha viajado muito e visto muitas coisas ocultas assim como adeptos da ciência oculta, mas no início ela não fez menção alguma à existência dos Sábios do Himalaia ou

23 N.O.: "Mantenho esse mesmo ponto de vista, a despeito das pretensas confissões de anterior má conduta, contidas em certas cartas dela a um cavalheiro russo e recentemente publicadas numa obra intitulada *A Modern Priestess of Isis* [Moderna Sacerdotisa de Ísis – N.T.]. Em resumo, acredito que minha opinião sobre sua pureza sexual seja correta, e falsas as suas pretensas revelações – mera bravata."

aos seus próprios poderes. Ela falou da tendência materialista do Espiritismo norte-americano, que debochava dos fenômenos e era relativamente indiferente à filosofia. Ela tinha um jeito gracioso e cativante; suas críticas a homens e coisas eram originais e espirituosas. Estava muito interessada em conhecer minhas próprias ideias sobre coisas espirituais, e mostrou seu prazer ao descobrir que eu, instintivamente, pensava da mesma forma que ela a respeito do Ocultismo. Ela falava não como um místico oriental, mas antes como um refinado espiritualista. Quanto a mim, eu sabia então nada, ou quase nada, sobre a filosofia oriental, e no início ela se manteve calada a esse respeito.

As sessões de William Eddy, o principal médium da família, ocorriam todas as noites num grande salão do andar superior, numa ala da casa, acima da sala de jantar e da cozinha. Ele e um irmão, Horatio, eram agricultores que trabalhavam duro; Horatio se ocupava dos deveres externos, e William, desde quando visitantes passaram a afluir de todas as partes dos Estados Unidos, cozinhava para todos. Eles eram pobres, com pouca educação e preconceituosos, às vezes grosseiros para com os hóspedes não convidados. No fundo da sala de sessões, a comprida chaminé que vinha da cozinha atravessava o telhado. Entre ela e a parede da face norte havia um pequeno gabinete estreito, de largura igual ao comprimento da chaminé, cerca de oitenta centímetros, no qual William Eddy ia sentar-se à espera dos fenômenos. Ele não tinha aparentemente nenhum controle sobre estes, apenas sentava-se e esperava que eles acontecessem, o que ocorria esporadicamente. Como havia um cobertor dependurado à entrada da porta, o quartinho ficava totalmente escuro. Pouco depois de William ter entrado no gabinete, o cobertor era puxado para o lado e saía alguma figura de uma pessoa morta, homem, mulher ou criança – uma estátua animada, por assim dizer –, temporariamente sólida e material, mas já no minuto seguinte restituída ao nada ou à invisibilidade. Ocasionalmente, essas figuras se dissipavam enquanto estavam bem visíveis pelos espectadores.

Até o momento em que HPB apareceu em cena, as figuras que haviam se mostrado eram ou índios peles vermelhas ou norte-americanos ou europeus semelhantes aos visitantes. Mas, na primeira noite de sua estada na fazendola, apareceram espectros de outras nacionalidades. Havia um jovem criado georgiano proveniente do Cáucaso, um comerciante muçulmano de Tíflis, uma jovem camponesa russa, e outros. Em outra noite[24], apareceram um cavaleiro curdo, armado de cimitarra, pistolas e lança; um feiticeiro negro, da África, tremendamente feio e de aparência diabólica, que usava uma coroa de quatro chifres de órix com campainhas nas pontas, ligados a um filete bordado, bem colorido, amarrado em volta da cabeça; e um cavalheiro europeu, que usava a cruz e o colar de Sant'Ana e que foi reconhecido por Madame Blavatsky como sendo seu tio. A aparição de tais figuras na sala de sessões daqueles fazendeiros pobres e quase iletrados de Vermont, que não tinham dinheiro para adquirir apetrechos teatrais, nem experiência para empregar tais coisas, se as tivessem, e nem espaço onde pudessem usá-las, era, para todas as testemunhas oculares, uma prova convincente de que as aparições eram genuínas. Ao mesmo tempo elas mostram que essas imagens saíam daquilo que os asiáticos denominam *Kama-loka*[25], estranhamente atraídas para Madame Blavatsky. Foi só muito depois que eu soube que ela as havia evocado com seu próprio poder, já desenvolvido e muito forte. Ela até afirma isso numa nota escrita em nosso *Álbum de Recortes da*

24 No original: "*evening*", que se refere ao período entre 18 e 24 horas aproximadamente.

25 "O plano semimaterial, subjetivo e invisível para nós, onde as 'personalidades' desencarnadas, as formas astrais, chamadas *Kâmarûpa*, permanecem até se desvanecerem totalmente, graças ao completo esgotamento dos efeitos dos impulsos mentais [...]." (*Glossário Teosófico,* Editora Ground, 3ª ed., 1995) Como era comum no passado, no citado Glossário foram usados acentos circunflexos onde hoje se colocam macros (sinais que indicam que a vogal é longa) em transliterações de palavras sânscritas (por exemplo, *ā, ū: Kāmarūpa*). Por outro lado, muitas vezes esses macros são omitidos, ou seja, escreve-se, por exemplo, *Kāma-loka* ou *Kama-loka.*

Sociedade Teosófica, Volume I, anexada a um recorte de *The Spiritualist* de Londres, de janeiro de 1875.

Durante sua permanência em Chittenden, ela me contou muitos incidentes de sua vida passada, entre outros o de ter estado, como voluntária, com diversas outras senhoras europeias, com Garibaldi na sangrenta batalha de Mentana. Como prova de sua história, me mostrou o local em que o seu braço esquerdo havia quebrado em dois lugares, em decorrência de um golpe de sabre, e me fez sentir, em seu ombro direito, uma bala de mosquete, ainda entranhada no músculo, e ainda outra na perna. Também me mostrou uma cicatriz logo abaixo do coração, onde foi ferida por um estilete. Esse ferimento voltou a abrir-se um pouco, enquanto ela estava em Chittenden, e foi para consultar--me a respeito dele que ela o mostrou. Ela me contou muitos casos curiosos de perigos e aventuras, entre eles a história do fantasma do feiticeiro africano com a coroa de chifres de órix que ela tinha visto em vida produzir fenômenos no Alto Egito, havia muitos anos.

HPB fez o que pôde para me fazer suspeitar do valor dos fenômenos de William Eddy enquanto provas do controle inteligente de um médium por espíritos; ela me disse que, no caso de serem genuínos, deviam ser o "duplo" do médium que sai do corpo dele e toma outras formas; mas não acreditei nela. Argumentei que as formas apresentavam diferenças demais de altura, volume e aparência para serem um disfarce de William Eddy; deviam ser mesmo o que pareciam ser, isto é, espíritos de mortos. Nossas disputas foram bastante acaloradas em certas ocasiões, pois, naquela época, eu ainda não tinha me aprofundado o suficiente na questão da natureza plástica do Duplo humano para perceber a força das explicações dela, e da teoria oriental de *Māyā*[26] eu não sabia absolutamente nada. No entanto, o resultado – ela me disse – foi que isso a convencia de

26 Termo sânscrito que significa, *grosso modo*, "ilusão".

minha disposição em não aceitar nada por simples confiança e em agarrar-me tenazmente a fatos que eu tinha – ou pensava ter – assimilado. Nós nos tornamos a cada dia mais amigos, e, quando ela estava prestes a deixar Chittenden, já havia aceito de mim o apelido de "Jack", e assim assinava nas cartas que me enviou de Nova Iorque. Quando nos separamos, foi como bons amigos, que provavelmente iriam continuar o relacionamento iniciado de maneira tão agradável.

Em novembro de 1874, ao terminar minhas pesquisas, regressei a Nova Iorque e fui visitá-la em seu endereço, na Praça Irving, número 16, onde ela fez para mim algumas sessões de mesas girantes e "batidas"[27], transmitindo mensagens de todo tipo, principalmente de uma inteligência invisível que se autodenominava "John King". Este pseudônimo tornou-se familiar, nestes últimos quarenta anos, aos frequentadores de sessões mediúnicas em todo o mundo. Ouviu-se falar nesse "John King", pela primeira vez, em 1850, no "quarto de espíritos" de Jonathan Kooms, de Ohio, onde ele alegou ser o chefe de uma tribo, ou de tribos, de espíritos. Posteriormente, disse ser a alma penada de Sir Henry Morgan, pirata famoso, e foi como tal que se apresentou a mim. Ele me mostrou o rosto e a cabeça enrolada num turbante, na Filadélfia, durante minhas investigações sobre os médiuns Holmes, realizadas junto com o respeitado Robert Dale Owen, já falecido, o General F. J. Lippitt e Madame Blavatsky (ver *People from the Other World,* Segunda Parte). Os dois[28] falaram comigo e me escreveram, o segundo frequentemente.

"John King" tinha uma estranha, antiga, mas bonita caligrafia e usava curiosas expressões de inglês antigo. Eu o achei então um verdadeiro John King, pois sua personalidade tinha sido comprova-

27 Em inglês: "*raps*"; era a palavra usada para se referir às batidas em sessões espíritas.

28 Olcott disse "*both*", isto é, ambos. Supõe-se que ele se refira aos dois seres de quem "John King" disse ser o espírito: o chefe de tribo e o pirata.

da tão convincentemente para mim quanto se poderia desejar. Mas agora, depois de ver o que HPB era capaz de fazer com relação à produção de ilusões *maiávicas* (isto é, hipnóticas) e ao controle de elementais, estou convencido de que "John King" era um elemental enganador, que ela manejava como uma marionete e utilizava como recurso para a minha educação. Compreendam: os fenômenos eram reais, mas não eram produzidos por algum espírito *humano* desencarnado. Depois de escrever o que expus acima, descobri a prova destas afirmações num texto escrito por ela mesma e colado em nosso *Álbum de Recortes,* Volume I.

Ela manteve a ilusão durante meses – não posso dizer exatamente quantos, depois de todo esse tempo – e presenciei muitos fenômenos supostamente produzidos por John King – como, por exemplo, toda a notável série na residência dos Holmes na Filadélfia e na da própria HPB, mencionados acima. Ele era, inicialmente, John King, personalidade independente; depois John King, mensageiro e servente – jamais o igual – de adeptos vivos, e, por fim, pura e simplesmente um elemental usado por HPB e certo outro especialista na produção de prodígios.

É inútil negar que, ao longo da primeira fase de sua residência nos Estados Unidos, Madame Blavatsky se disse espírita e defendeu calorosamente o Espiritismo e seus médiuns dos ataques de ignorantes e outros implacáveis caluniadores. Suas cartas, publicadas em diversos periódicos americanos e ingleses, contêm muitas evidências dessa postura. Entre outros exemplos, vou simplesmente citar a seguinte:

> Fiz, na verdade, apenas minha obrigação; primeiro, com relação ao Espiritismo, que defendi o melhor que pude dos ataques, feitos sob a máscara bem transparente de ciência, à alegada impostura; segundo, com relação a dois médiuns desamparados e caluniados [...]. Mas vejo-me na obrigação de confessar que, na verdade, não creio ter feito qualquer bem ao próprio Espiritismo [...]. É com profunda tristeza

> no coração que reconheço esse fato, pois começo a achar que não há remédio para ele. Por mais de quinze anos, tenho travado minha batalha pela bendita verdade; tenho viajado e pregado essa verdade – embora eu não tenha nascido para conferencista – nos cumes nevados das montanhas do Cáucaso, bem como nos arenosos vales do Nilo. Comprovei a sua verdade através da prática e da persuasão. Pelo bem do Espiritualismo[29], deixei minha casa, uma vida amena no seio de uma sociedade civilizada, e me tornei um ser errante na face da terra. Já tinha visto que minhas esperanças haviam sido realizadas além das mais ardentes expectativas, quando minha infeliz estrela me trouxe para a América. Sabendo que este país é o berço do Moderno Espiritismo, vim da França para cá imbuída de sentimentos semelhantes aos do maometano que se aproxima da terra natal do Profeta, etc. etc.
>
> (Carta de HPB ao *Spiritualist* de 13 de dezembro de 1874.)

Os dois "médiuns desamparados" aos quais ela aludiu eram os Holmes, de cujo caráter moral tive sempre a menos lisonjeira das opiniões. Porém, *na presença de HPB*, testemunhei, juntamente com o falecido Robert Dale Owen e o General Lippitt, uma série de fenômenos mediúnicos totalmente convincentes e satisfatórios. Então suspeitei um pouco que o poder que produzia tais fenômenos viesse de *HPB*, e que, se somente os Holmes estivessem presentes, eu teria presenciado apenas truques, ou nada. Agora, procurando em velhos álbuns de recortes, descubro nos manuscritos de HPB a seguinte nota, que evidentemente era para ser publicada após sua morte:

> NOTA IMPORTANTE
>
> Sim, lamento dizer que, durante aquela vergonhosa exposi-

29 No original: "*Spiritualism*". Como ficou claro na nota 13, isso pode significar "Espiritualismo" e "Espiritismo". Aqui HPB se refere ao Espiritualismo em geral.

ção dos médiuns Holmes, *tive* de me identificar com o Espiritismo. Tive que salvar a situação, *pois fui enviada de Paris à América com o propósito de provar os fenômenos e a realidade deles, e demonstrar a falácia da teoria espírita sobre espíritos.* Mas como poderia fazê-lo da melhor maneira? Eu não queria que as pessoas em geral soubessem que eu podia *produzir as mesmas coisas* À VONTADE. Havia recebido ordens em contrário; no entanto, tive de manter viva a realidade, a genuinidade e a *possibilidade* de tais fenômenos nos corações daqueles que, de materialistas, haviam se tornado espíritas, mas que agora, devido à exposição de diversos médiuns, voltaram atrás e retornaram ao seu ceticismo. É por isso que, escolhendo alguns dos fiéis, me dirigi aos Holmes e, auxiliada por M. e seu *poder*, trouxe da Luz Astral os rostos de John King e de Katie King, produzi os fenômenos de materialização, e deixei que os espíritas em geral acreditassem que isso era feito por intermédio da Sra. Holmes. Ela própria estava terrivelmente amedrontada, pois sabia que, *dessa vez*, a aparição era real. Fiz mal? O mundo ainda não está preparado para compreender a filosofia da Ciência Oculta. Que as pessoas primeiro se convençam de que existem seres num mundo invisível, sejam eles "Espíritos" de mortos ou elementais, e de que existem no homem poderes ocultos capazes de fazer dele um *deus* na terra.

Quando eu estiver morta, as pessoas talvez venham a apreciar meus motivos desinteressados. Empenhei minha palavra em ajudar as pessoas descobrirem a *Verdade* enquanto vivesse, e manterei minha palavra. Que me ofendam e caluniem, que alguns me chamem de médium e espírita, e outros, de impostora. Dia virá em que a posteridade aprenderá a conhecer-me melhor. Oh, pobre mundo tolo, crédulo e maldoso!

A coisa toda fica aqui bem clara: o Espiritualismo que a mandaram professar na América e pôr no lugar do mediunismo ocidental, mais tosco, era o Espiritualismo Oriental, ou *Brahma Vidyā*. Como o Ocidente não estava preparado para aceitá-lo, o primeiro trabalho que lhe foi designado foi a defesa dos fenômenos reais do "círculo"[30] contra aquele inimigo preconceituoso e militante da crença espiritual – a ciência materialista, física, de conhecimentos limitados, com seus seguidores e líderes. O que era mesmo necessário para a época era deter o ceticismo materialista e fortalecer a base espiritual do anseio religioso. Assim, pois, entrando na luta, ela se alinhou com os Espíritas Americanos e fez, naquele momento, causa comum com eles. Sim, a posteridade lhe fará justiça, sem dúvida.

Eu gostaria de poder me lembrar exatamente do primeiro fenômeno que ela confessou ter produzido como um exercício do poder de sua própria vontade, mas não consigo. Deve ter sido logo depois de ela ter começado a escrever *Ísis sem Véu*[31] e foi possivelmente o seguinte: após mudar-se do número 16 da Praça Irving e fazer uma visita a amigos no campo, ela morou por algum tempo em outra casa da Praça Irving, perto do Clube Lotos[32], no mesmo lado da rua. Foi ali que, mais tarde, houve a reunião informal de amigos na qual eu propus a formação daquilo que posteriormente se tornaria a Sociedade Teosófica. Entre os visitantes de Madame Blavatsky estava um artista italiano, um certo *Signor*[33] B., ex-carbonário[34]. Eu estava sentado sozinho com ela na sala de estar quando esse senhor fez sua primeira visita. Os dois conversaram sobre assuntos italianos; de repente, ele pronunciou o nome de um dos maiores Adeptos. Ela deu um sobressalto como se tivesse recebido um choque

30 Olcott se refere a sessões espíritas, nas quais os participantes se sentavam em volta de uma mesa.

31 No original: *Isis Unveiled* (o primeiro livro de HPB). Embora Olcott evidentemente sempre se refira a esse original inglês, usarei o título da edição brasileira, inclusive o nome *Ísis* quando Olcott abrevia o título do livro escrevendo apenas *Isis*.

32 O nome se refere a "*lotus*" em inglês, "lótus" em português.

33 "Senhor" em italiano.

34 Membro da Carbonária, "uma sociedade secreta e revolucionária que atuou na Itália, França, Portugal, Espanha e Brasil nos séculos XIX e XX. Fundada na Itália por volta de 1810, a sua ideologia assentava-se em valores patrióticos e liberais, além de se distinguir por um marcado anticlericalismo." (Wikipédia)

elétrico; olhou direto nos olhos do visitante e disse (em italiano): "O que há? Estou pronta." Ele não respondeu, mas, daí em diante, a conversa foi toda sobre Magia, Mágicos e Adeptos. O *Signor* B. foi até uma das janelas francesas[35], fez alguns gestos de mão para o ar exterior, e logo uma borboleta toda branca entrou na sala e foi voando perto do teto. HPB riu alegremente e disse: "Isso é bonito, mas eu também posso fazê-lo!" Ela também abriu a janela, fez gestos de mão semelhantes, e imediatamente uma segunda borboleta branca entrou adejando. Subiu até o teto, seguiu a outra ao redor da sala, brincou com ela por instantes, as duas voaram até um canto, e, zás!, de repente ambas desapareceram, enquanto olhávamos para elas. "Que significa isso?", perguntei. "Apenas isto: que o *Signor* B. pode fazer um elemental transformar-se em borboleta, assim como eu posso." Os insetos não eram reais, mas ilusórios.

Lembro-me de outros exemplos do controle que ela tinha sobre os elementais, ou, como diriam os hindus, *Yakshini Vidyā*. Um dos primeiros casos é o seguinte: numa noite fria de inverno, quando vários centímetros de neve cobriam o chão, eu e ela trabalhávamos no seu livro até tarde em seus aposentos da Rua Trinta e Quatro. Eu havia comido algo meio salgado no jantar, e, por volta da uma da madrugada, sentindo muita sede, disse para ela: "Não seria bom termos umas uvas de estufa?" – "Seria mesmo", respondeu ela, "vamos arranjar algumas." –"Mas as lojas já fecharam há horas, e não podemos comprar nada", disse eu. "Não importa, teremos as uvas de qualquer maneira", foi a resposta dela. – "Mas, como?" – "Já lhe mostro, se você diminuir a luz daquele lampião a gás sobre a mesa à nossa frente." Sem querer virei a torneirinha tanto que a luz apagou. "Você não precisava ter feito isso", ela disse. "Eu só queria que você diminuísse um pouco a luz. Então, acenda-a de novo, rápido." Bem ao alcance da minha mão havia uma caixa de fósforos, e, num ins-

35 Janelas que vão até o chão, de modo a servir de portas.

tante, reacendi o lampião. "Veja!", exclamou ela, apontando para uma prateleira de livros pendurada na parede à nossa frente. Para meu espanto, das bordas nas duas extremidades de uma das prateleiras pendiam dois grandes cachos de uvas pretas, tipo Hamburgo, maduras, que começamos a comer. À minha pergunta sobre o expediente empregado, ela respondeu que aquilo havia sido feita por determinados elementais sob seu controle. Mais tarde, quando estávamos morando na assim chamada "Lamaseria", ela repetiu duas vezes o fenômeno de aparecer frutas para servirem de lanche enquanto trabalhávamos em *Ísis*[36].

Pouco a pouco, HPB me falou sobre a existência de Adeptos orientais e seus poderes, e, por uma infinidade de fenômenos, deu provas de seu próprio controle sobre as forças ocultas da Natureza. Inicialmente, como já observei, ela os atribuiu à autoria de "John King", e foi por intermédio da alegada gentileza dele que comecei a me corresponder com os Mestres. Conservei muitas das cartas deles; no verso eu havia anotado as datas em que as recebi.

Durante anos, e até pouco antes de partir de Nova Iorque para a Índia, eu era discípulo na corrente africana da Fraternidade[37] Oculta; mais tarde, porém, quando certa maravilhosa alteração psicofisiológica aconteceu a HPB – sobre a qual não tenho liberdade de falar aqui, e da qual ninguém até o momento suspeitou, mesmo entre as pessoas que privavam de sua intimidade e gozavam de sua total confiança, como imaginam – fui transferido para a corrente indiana e um outro grupo de Mestres. Pois, cabe dizer, existe e sempre existiu uma única aliança altruísta, ou fraternidade, desses Irmãos Maiores da humanidade, espalhados pelo mundo todo; mas ela está dividida em duas correntes, de acordo com as necessidades da raça humana em seus sucessivos estágios de evolução. Numa época, o centro focal dessa força de auxílio mundial está localizado num lugar, depois,

36 *Ísis sem Véu*, cf. nota 31.

37 No original: "*Brotherhood*", que, quando se refere a um grupo ou entidade, pode ser traduzido também por "Irmandade".

em outra parte. Desapercebidos, desconhecidos como as correntes espirituais vivificadoras do *Ākasha*[38], que têm se mostrado indispensáveis para o bem-estar espiritual da humanidade, sua energia divina combinada se mantém de tempos em tempos e continuamente revigora o peregrino da Terra, que batalha rumo à Realidade Divina. O cético nega a existência desses Adeptos porque não os viu, nem falou com eles, nem leu algo na História sobre a intermediação visível dessas entidades em acontecimentos nacionais. Sua existência, porém, foi do conhecimento de milhares de místicos e filantropos autoiluminados, em sucessivas gerações, cujas almas purificadas os elevaram da lama do mundo físico à luminosidade da consciência espiritual; e em muitas épocas, eles entraram em contato pessoal com as pessoas que se devotam – ou estão inclinados a devotar-se – ao trabalho altruísta para promover a fraternidade da raça humana. Algumas pessoas nessa categoria, muito humildes e aparentemente sem muito valor – como nós, líderes da Sociedade Teosófica – foram abençoadas com a simpatia deles e partilharam de suas instruções. Algumas, como Damodar[39] e HPB, os viram inicialmente, quando jovens, em visões; algumas os encontraram sob aparências estranhas e em lugares os mais inverossímeis. Eu fui apresentado a eles por HPB mediante um expediente que minhas experiências anteriores tornassem o mais compreensível: um pretenso "espírito" incorporando[40] num médium.

John King me fez conhecer quatro Mestres, dos quais um era um Copta, outro, um representante da escola Neoplatônica Alexandrina, o terceiro – um muito elevado, um Mestre dos Mestres, por

---

38 "A sutil, supersensível essência espiritual que preenche e penetra todo o espaço." (*Glossário Teosófico*)

39 Damodar K. Mavalankar, teosofista indiano.

40 No original: "*overshadow*", uma palavra que Olcott usou várias vezes quando se referia à ação dos *Mahātmas* (cf. nota 88, p. 77); aqui ele a usou em relação à ação de espíritos; ela significa literalmente "sombrear", "lançar uma sombra sobre", mas costuma ser traduzida por "ofuscar", "eclipsar"; outros significados são "comandar", "dominar" e – bem diferente – "proteger alguém de forma invisível".

assim dizer – um veneziano, e um filósofo inglês, que se afastou do convívio dos homens, mas ainda está vivo. O Copta tornou-se meu primeiro Guru. Ele tinha uma disciplina rígida e era um homem de um caráter esplendidamente viril.

Depois de algum tempo, deles mesmos vim a saber que HPB estava fielmente a seu serviço, embora seu temperamento peculiar e suas idiossincrasias a tornassem antipática demais a alguns deles para permitir que trabalhassem com ela. Isto não parecerá estranho se tivermos em mente que cada indivíduo, seja Adepto ou leigo, evoluiu em determinado raio do Logos, tem afinidade espiritual com as outras almas desse raio e pode, neste plano físico, estar em posição antagônica às entidades de outros raios quando encarnadas. Isso é provavelmente a última ratio[41] da assim chamada simpatia – e a antipatia – magnética, áurica ou psíquica. Não importa por que razão, alguns dos Mestres não puderam trabalhar e não trabalharam com HPB. Entre aqueles que o fizeram há alguns cujos nomes ainda não foram divulgados, mas com quem tive muito contato naqueles anos iniciais do Movimento Teosófico.

Entre outras coisas que ela me contou sobre si mesma – quando eu já havia feito progresso suficiente para vir a saber da Fraternidade e de suas relações com ela –, HPB me relatou que ela havia ido a Paris no ano anterior (1873) com a intenção de permanecer lá durante algum tempo, sob a proteção de um parente seu que morava na Rue de l'Université[42], porém recebeu, um dia, dos "Irmãos", uma ordem peremptória no sentido de ir a Nova Iorque e lá aguardar novas ordens.

No dia seguinte, embarcou com dinheiro pouco mais que suficiente para a passagem. Escreveu ao pai solicitando o envio de

---

41 Expressão latina significando aproximadamente "o último recurso" (especialmente em casos de conflitos de interesse, por exemplo em contendas jurídicas; no plano internacional, a guerra é frequentemente considerada esse "último recurso"). No contexto em que Olcott usa a expressão, esse significado não parece fazer sentido. Mas, como a palavra latina "*ratio*" tem muitos outros significados, o autor pode querer dizer "a verdadeira causa".

42 Rua da Universidade.

fundos aos cuidados do Cônsul russo em Nova Iorque; o dinheiro, porém, não pôde chegar antes de determinado tempo, e como o Cônsul recusou-se a lhe dar um empréstimo, ela teve de trabalhar para ganhar seu pão de cada dia. Ela me contou que se alojou num dos bairros mais pobres de Nova Iorque – na Rua Madison – e se mantinha produzindo gravatas ou flores artificiais – não me lembro agora quais – para um judeu de bom coração que tinha uma loja. Ela sempre me falou desse homenzinho com gratidão. Até então ela não tinha recebido ainda qualquer ordem quanto ao futuro; esse era um livro selado. Mas no ano seguinte, em outubro de 1874, a mandaram ir a Chittenden e encontrar o homem que – como de fato aconteceu – seria seu futuro colega num grande trabalho: eu.

Seus amigos íntimos certamente vão se lembrar de que ela contou essa história sobre sua súbita partida de Paris para Nova Iorque, atendendo a ordens que lhe haviam sido dadas. O Sr. Sinnett a menciona em seu livro *Incidents in the Life of Madame Blavatsky*[43] (página 175), e ela também foi publicada em outros lugares. Mas esses conhecidos souberam dessa história, por parte dela, mais tarde, e seus inimigos podem dizer que ela inventou isso depois, uma mentira criada para combinar com uma pequena farsa que ela inventou posteriormente. Porém, o acaso – se é que existe o acaso – me trouxe, bem agora, quando escrevo estas páginas, uma prova corroborativa valiosa. Esteve conosco em Adyar[44] uma senhora americana, Srta. Anna Ballard, veterana jornalista, membro vitalício do Clube de Imprensa de Nova Iorque, que, no exercício de sua profissão, havia se encontrado com HPB na primeira semana após a chegada desta em Nova Iorque. No decorrer da nossa conversa, em meio a uma variedade de fatos menos importantes, a Srta. Ballard citou casualmente dois, que eu imediatamente lhe pedi para registrar por escrito, a saber: que HPB, que ela encontrou morando numa imunda hospedaria, afirmou ter deixado Paris súbita e inesperadamente, de

43 Incidentes na Vida de Madame Blavatsky.
44 Local da sede da Sociedade Teosófica desde 1882 até hoje.

um dia para o outro; e, em segundo lugar, que ela tinha visitado o Tibete. Eis a própria versão da Srta. Ballard sobre o caso:

Adyar, 17 de janeiro de 1892

Prezado Coronel Olcott,

Meu relacionamento com Mme. Blavatsky remonta até mesmo a uma data anterior à que o senhor supõe. Eu a conheci em julho de 1873, em Nova Iorque, não mais que uma semana após seu desembarque. Eu era então repórter do quadro do *New York Sun,* e havia recebido a tarefa de escrever um artigo sobre um assunto russo. Quando eu estava buscando os fatos, um amigo me falou da chegada dessa senhora russa, e eu a visitei; assim começou um relacionamento que durou vários anos. Em nossa primeira entrevista, ela me contou que não havia tido nenhuma ideia da sua saída de Paris com destino à América até a noite anterior ao seu embarque, mas ela não me disse por que veio ou quem havia lhe ordenado a partir tão depressa. Lembro-me perfeitamente de ela ter dito, com um ar de exultação, "Estive no Tibete". Por que ela considerava isso muito importante, mais do que qualquer outra das viagens ao Egito, Índia e outros países das quais me falou, eu não descobri, mas ela disse aquilo com especial ênfase e animação. Agora, naturalmente, sei o que significa.

ANNA BALLARD

A menos que esteja disposto a atribuir a HPB o poder de antever que eu iria conseguir esse depoimento por escrito da Srta. Ballard na Índia, dezenove anos mais tarde, o leitor imparcial admitirá que as afirmações feitas por ela à sua primeira amiga em Nova Iorque, em 1873, corroboram fortemente as asserções que ela fez depois a um grande número de pessoas sobre os dois episódios de maior importância na história de sua ligação com o Movimento Teosófico, a saber: a) sua preparação no Tibete; b) sua viagem à América em busca da pessoa cujo *Karma* a ligava a ela na qualidade de coagente para pôr em movimento essa onda social.

Ela fez uma tentativa frustrada de fundar uma espécie de Sociedade Espiritual no Cairo, em 1871 (ver a obra *Around the World*[45], de Peeble, p. 215, e *Incidents in the Life of Mme. Blavatsky,* de Sinnett, p. 158), com base em fenômenos. Como ela não dispunha das pessoas certas para organizar e dirigir o movimento, a coisa resultou num lamentável fiasco, acarretando para ela muito ridículo. Porém, os fenômenos mágicos que ela produziu com a ajuda daquele mesmo Copta já mencionado e de um outro Adepto com o qual travei conhecimento depois foram espetaculares[46].

45 Ao Redor do Mundo.

46 N.O.: "Veja-se um artigo publicado no *Frank Leslie's Popular Magazine* de fevereiro de 1892, ilustrado com gravuras mentirosas, mas contendo alguns fatos – juntamente com muita mentira. O autor, Dr. A. L. Rawson, menciona o fracasso do Cairo, na 'tentativa de formação de uma sociedade para pesquisa oculta', e diz que 'Paulos Metamon, célebre mago copta, que tinha vários livros muito curiosos, cheios de fórmulas astrológicas, encantamentos mágicos e horóscopos que adorava mostrar aos visitantes, *após uma introdução adequada*', aconselhou o adiamento. O Dr. Rawson diz que ela (HPB) havia dito à Condessa Kazinoff 'que havia resolvido pelo menos um dos mistérios do Egito, e provou isso deixando sair uma serpente viva de uma bolsa que ela havia ocultado nas pregas do seu vestido'. Eu soube, por uma testemunha ocular, que, enquanto HPB esteve no Cairo, os mais extraordinários fenômenos ocorriam em qualquer cômodo onde ela estivesse sentada; por exemplo, o lampião numa mesa podia sair do seu lugar e se transportar, pelo ar, para outra, como se levado pela mão de alguém; ou ainda, esse mesmo copta misterioso podia subitamente desaparecer do sofá onde estava sentado, e muitos prodígios do gênero. Não mais são milagres, desde que os cientistas nos provaram a possibilidade de inibição dos sentidos da visão, audição, tato e olfato por simples sugestão hipnótica. Sem dúvida, essa inibição era provocada nas pessoas presentes, que eram então levadas a ver desaparecer o copta, e o lampião se mover no espaço, mas não a pessoa cuja mão o carregava. Era o que HPB denominava um 'truque psicológico'; mesmo assim, era um fato, e importante para a ciência. Os cientistas atestam o fato da inibição, mas confessam sua ignorância quanto ao seu funcionamento. 'Como' – dizem os Drs. Binet e Féré, em sua celebrada obra *Le Magnétisme Animal* – 'o experimentador produziu esse curioso fenômeno? Nada sabemos a respeito. Compreendemos apenas o fato externo, ou seja, sabemos que quando se afirma a uma pessoa sensível

Aparentemente houve um imprudente desperdício de energia psíquica, que demonstrou apenas quer infalibilidade pessoal quer orientação divina. Nunca consegui compreender isso. E quanto à Sociedade Teosófica, cada circunstância tende a mostrar que houve uma evolução gradual, controlada por certas circunstâncias e resultado de forças opostas, correndo em sulcos ora lisos ora irregulares; ela tem sido ora próspera ora refreada, de acordo com a sabedoria ou sua falta na administração. A direção geral sempre foi mantida, sua linha mestra sempre permaneceu igual, mas seu programa foi modificado várias vezes, sendo ampliado e melhorado à medida que nosso conhecimento aumentava e que a experiência, de vez em quando, o sugeria. Tudo me mostra que o movimento, como tal, foi planejado com antecedência pelos Sábios que nos observam, mas fomos nós que tivemos que decidir todos os detalhes da melhor maneira possível. Se tivéssemos fracassado, outros teriam tido a oportunidade que coube ao nosso *Karma*, assim como eu fui o herdeiro das oportunidades desperdiçadas do grupo de HPB no Cairo em 1871. Por falar em crescimento do conhecimento, posso olhar para trás e identificar uma ampliação constante de minhas próprias ideias, uma percepção mais profunda da verdade, e capacidade de assimilar e divulgar ideias. Meus artigos e cartas publicados entre 1875 e 1878 provam isso claramente. Quando eu era criança (no Ocultismo), eu falava como criança; muitas vezes dogmaticamente, como fazem os principiantes.

---

que um objeto presente não existe, esta sugestão tem o efeito, direto ou indireto, de induzir no cérebro do hipnotizado uma anestesia correspondente ao objeto designado. Mas, o que acontece entre a afirmação verbal, que é o meio, e a anestesia sistematizada, que é o fim? [...] Aqui, as leis de associação, tão grande auxílio na solução de problemas psicológicos, nos abandonam completamente.' Pobres iniciantes! Não veem que a inibição ocorre *no homem astral*. Os magos orientais os superam em 'truques psicológicos' simplesmente porque sabem mais sobre psicologia e conseguem atingir o Observador que olha o tolo mundo da ilusão através das janelas do corpo: uma vez inibidos os nervos telefônicos, os cabos telegráficos estão cortados, e nenhuma mensagem passa."

Nos primeiros dias, jamais ouvi de HPB qualquer coisa que me levasse a pensar que, antes de ser enviada para me encontrar em Chittenden, ela tivesse qualquer ideia sobre algum posterior relacionamento entre nós no trabalho, nem mesmo que a Sociedade Teosófica viesse a ser fundada. Ela mesma afirmou, como mencionei anteriormente, ter sido enviada de Paris a Nova Iorque em defesa do Espiritualismo, no melhor sentido dessa palavra; e antes de nos conhecermos ela tinha assistido a sessões e se associado a médiuns, mas nada sobre ela havia sido divulgado. Em maio de 1875, eu estava tentando organizar em Nova Iorque, com sua concordância, um grupo privado de investigação sob o título de "Clube do Milagre". No *Álbum de Recortes* (Volume I), ela escreve a respeito:

> Uma tentativa em consequência de ordens recebidas de T*B* (um Mestre) por intermédio de P. (um Elemental) personificando John King. Mandou começar a contar ao público a verdade sobre os fenômenos e seus médiuns. E agora meu martírio vai começar! Terei contra mim todos os espíritas, além dos cristãos e dos céticos. Vossa vontade, ó M., seja feita.
>
> HPB

O plano era manter as portas fechadas a todos, exceto aos membros do Clube, que por sua vez estavam proibidos de divulgar até mesmo o local de reunião. "Todas as manifestações, inclusive as materializações, devem ocorrer em plena luz, e sem gabinete[47]." (*Spiritual Scientist,* de 10 de maio de 1876.) Pela observação de HPB – transcrita acima – parece que não existiria nenhuma Sociedade Teosófica – eu disse: parece –, se o médium que ela pretendia para o Clube do Milagre não tivesse falhado totalmente, impedindo dessa maneira que eu terminasse a organização do Clube.

47 Cf. a informação sobre tais gabinetes na p. 24 no parágrafo que começa por "As sessões de William Eddy".

No livro do Sr. Sinnett, vejo a coincidência de HPB ter chegado em Nova Iorque no dia 7 de julho de 1873 – ou seja, no *sétimo* dia do *sétimo* mês de seu quadragésimo segundo (6x7) ano de vida, e que o nosso encontro foi adiado até que eu chegasse ao meu quadragésimo segundo ano. E, antecipando-me, cabe também observar que ela morreu no sétimo mês do décimo sétimo ano de nosso relacionamento teosófico. Acrescentando-se o fato suplementar de que a Sra. Annie Besant veio a HPB como candidata a membro da Sociedade no sétimo mês do décimo sétimo ano após sua retirada final da comunidade cristã, temos aqui um belo conjunto de coincidências para ter em mente.

CAPÍTULO II

Madame Blavatsky na América

Encontrei uma carta dirigida a mim por uma conhecida de Madame Blavatsky, mais antiga até mesmo que a Srta. Ballard, e cuja existência eu havia esquecido. A Srta. Ballard conheceu HPB em Nova Iorque na primeira semana de sua chegada da França, mas a Dra. Marquette a conheceu em Paris, antes de ela dar início àquela longa e brilhante carreira que a levou "*per aspera ad astra*"[48], terminando, por enquanto, no crematório de Woking[49], em 1891, mas depois continua para sempre. As insinuações sobre uma possível vida turbulenta que HPB teria levado na capital francesa, em 1873, são respondidas por esta franca declaração de uma médica culta, que conheci pessoalmente em Nova Iorque, mas que – me parece – já faleceu. Diz ela:

> NOVA IORQUE, 26 de dezembro de 1875.
>
> *Prezado Senhor:*
>
> Em resposta às suas indagações, devo dizer que travei conhecimento com Madame Blavatsky em Paris, no ano de 1873. Ela morava na Rue du Palais, num apartamento[50], em companhia do

---

48 Expressão latina significando "por ásperos caminhos (ou atravessando dificuldades) até as estrelas (até o sucesso, até a glória)".

49 Cidade na Inglaterra; teve o primeiro crematório do Reino Unido.

50 N.O.: "'*Appartement*' não significa, como para nós, um único cômodo, mas sim um conjunto de cômodos, compreendendo sala de recepção, sala de jantar e quartos de dormir, além de cozinha e quartos de empregados." [No seu texto, Olcott usou a palavra inglesa "*apartment*", mas na nota explica o significado da palavra francesa "*appartement*". N.T.]

irmão[51], o Sr. Hahn, e de um amigo íntimo deste, Sr. Lequeux. Estive com ela quase diariamente, e, na verdade, passei com ela uma boa parte do meu tempo, quando não estava nos hospitais ou assistindo às palestras. Portanto, com base no que presenciei, posso dizer qual era seu comportamento. É um grande prazer para mim dizer que esse comportamento era irrepreensível, merecendo todo respeito. Ela passava seu tempo pintando e escrevendo, raramente saindo do quarto. Tinha poucos conhecidos, entre as quais, porém, estavam o Sr. e a Sra. Leymarie. Considero Madame Blavatsky uma das mais respeitáveis e interessantes senhoras que jamais conheci, e desde meu retorno da França nosso relacionamento e amizade se renovaram.

Respeitosamente,

(S.d.) DRA. L. M. MARQUETTE

No capítulo anterior mencionei que HPB tinha deixado Paris, com destino a Nova Iorque, por ordem dos Mestres, de um dia para outro e com quase insuficiente dinheiro para custear sua partida. Lembro-me de uma circunstância de sua viagem que, da maneira como ela a contou, põe em relevo um traço de sua personalidade plurifacetada – sua generosidade impulsiva.

Ela havia comprado uma passagem de primeira classe do Havre[52] para Nova Iorque e tinha ido ao cais para ver o navio ou já embarcar, quando sua atenção foi atraída por uma camponesa, sentada no chão com uma ou duas crianças ao lado, e que chorava amargamente. Aproximando-se, HPB descobriu que ela estava indo da Alemanha para a América, para juntar-se ao marido, mas em Hamburgo um traficante de emigrantes havia lhe vendido falsas passagens de navio, e assim ela estava ali, desassistida e sem um tostão:

51 Consta no livro de Sylvia Cranston, *Helena Blavatsky – A Vida e a Influência Extraordinária da Fundadora do Movimento Teosófico Moderno* (Editora Teosófica, 1997, p. 34), que o único irmão de HPB morreu aos dois anos.

52 Trata-se da cidade portuária francesa Le Havre.

é claro que a companhia de navegação não podia fazer nada, e ela não tinha parentes nem conhecidos no Havre. O coração de nossa gentil HPB ficou tão tocado que ela disse: "Não tem importância, boa senhora, vou ver se não se pode fazer algo". Primeiro, tentou em vão fazer valer seus poderes de persuasão (e de crítica) sobre o inocente agente da companhia, e depois, como último recurso – sendo os seus próprios fundos insuficientes para o propósito – trocou sua passagem de camarote por uma de beliche na entreponte[53], e, com a diferença, comprou passagens, também na entreponte, para a pobre mulher e seus filhos! Muita gente "correta" e "respeitável" tem com frequência manifestado horror pelas rudes excentricidades de HPB, inclusive suas irreverências, todavia eu acho que uma ação generosa como esta poderia fazer que páginas inteiras de registros de falta de boas maneiras fossem apagadas do Livro da Contabilidade Humana! Se alguém duvidar disso, que experimente a entreponte de um navio de emigrantes.

Já vimos que a Srta. Ballard viu HPB morando num miserável prédio numa rua do bairro East-end de Nova Iorque, dependendo da chegada de dinheiro de casa e sustentando-se honestamente, costurando gravatas. Isso foi em julho de 1873. Em outubro, morreu seu querido, tolerante e sempre indulgente pai, e, no dia 29 daquele mês, ela recebeu um cabograma de Stavropol de sua irmã "Elise"[54], transmitindo a notícia e informando-a sobre a soma de sua herança, além de acrescentar que lhe havia sido enviada uma ordem de pagamento no valor de 1000 rublos. [Tenho diante de mim o original do despacho, enquanto escrevo.] No devido prazo, ela recebeu todo o dinheiro pelo correio e então se mudou para uma área melhor no centro de Nova Iorque: Union Square, East Sixteenth Street, Irving Place, etc., e foi neste último endereço que eu a encontrei morando, no meu retorno da fazendola dos Eddy.

53 Espaço entre duas pontes nos navios. Lugar onde ficavam os cubículos com beliches.

54 O nome está entre aspas, porque o verdadeiro nome da irmã era "Vera".

O dinheiro, contudo, não ficou com ela por muito tempo, pois, como está registrado no livro do Sr. Sinnett, se por um lado ela era capaz de suportar com enorme paciência as misérias da pobreza, quando necessário, por outro, tão logo lhe caía algum dinheiro no bolso, ela parecia sentir-se infeliz até esbanjá-lo com as duas mãos, da maneira mais imprudente. Um documento em meu poder ilustra isto tão bem que devo citá-lo. Trata-se de um contrato com o título "Artigos de coparticipação registrados neste dia 22 de junho do ano de Mil Oitocentos e Setenta e Quatro, por e entre C... G..., pela primeira parte, e Helen Blavatsky, pela segunda parte, a saber:". A Cláusula I reza que a coparticipação estabelecida "destina-se ao propósito de exploração do terreno e fazenda em N..., no Condado de ...., Long Island", propriedade de C.G. A Cláusula 2 diz: "Dita coparticipação iniciar-se-à no primeiro dia de julho de 1874, devendo continuar pelo período de três anos." A Cláusula 3 dispõe que C.G. coloca o uso da fazenda na coparticipação, como compensação pela soma de mil dólares, pagos por HPB. Pela Cláusula 4, "todos os proventos de colheitas, da avicultura, e de outros produtos cultivados na dita fazenda serão divididos igualmente, e todas as despesas" igualmente partilhadas. A Cláusula 5, a última, reserva o título da terra a C.G. O documento é devidamente assinado e selado pelas partes, assinado por testemunhas e registrado.

Aconteceu o que qualquer um esperaria que acontecesse: HPB foi morar na fazenda, não teve qualquer lucro, arrumou uma briga, ficou com dívidas e arranjou um pequeno processo, que amigos bem mais tarde a ajudaram a resolver. Foi este o fim de seu sonho bucólico de obter lucros com a venda de hortaliças, galinhas, ovos, etc. Três meses depois, ela me encontrou naquele lugar de fantasmas de Vermont, e as rodas de nossa biga de guerra[55] começaram a andar ruidosa e profeticamente através dos níveis mais baixos do *Ākasha*!

55 Uma metáfora com a qual Olcott se refere à luta que os dois enfrentaram para difundir a Teosofia.

Em novembro de 1874, assinando "Jack, o Filho dos Índios", ela me escreveu uma carta pedindo-me que lhe arranjasse um emprego para escrever histórias fantásticas para certo periódico, já que em breve ela estaria "dura", e me deu um relato bem-humorado de sua ascendência familiar, mostrando as ligações de ambos os lados; ela escreveu num tom democrático, mas mostrou muito claramente que ela achava que tinha muitos motivos para orgulhar-se de sua linhagem. Ela me escreve contando como o pessoal do *Daily Graphic* a havia entrevistado sobre suas viagens e pedido uma foto sua. Considerando quantos milhares de cópias de sua foto foram, desde então, postas em circulação em todo o mundo, será divertido citar uma ou duas frases a respeito dessa primeira experiência no gênero:

> "Sabia que os rapazes do *Graphic* bisbilhotaram minha vida para que eu lhes desse meu retrato? Mandaram o Sr. F. para me fazer falar, depois que eu saí (com destino à propriedade dos Eddy, ela quis dizer), e queriam publicar meu artigo contra ... Beard. Acho que queriam fazer sensacionalismo, e assim se aproveitaram de minhas belas narinas e minha boca esplêndida ... Eu lhes disse que a natureza me agraciou com um nariz de batata, mas não tive a intenção de permitir que eles debochassem dele, mesmo sendo vegetal. Eles negaram o fato muito seriamente, e assim me fizeram rir, e, você sabe, "*celui qui rit est desarmé*"[56].

Um conhecido médico de Nova Iorque, um certo Dr. Beard, atraído a Chittenden pelas minhas cartas para o *Graphic,* tinha divulgado uma bombástica e tola explicação dos fantasmas Eddy, afirmando que eram meros frutos de truques, e HPB o tinha fustigado veementemente numa réplica, datada de 27 de outubro e publicada no *Graphic* no dia 30 daquele mesmo mês. Sua carta era uma defesa tão brilhante e corajosa dos médiuns Eddy, e seu

56 Frase francesa significando: "Aquele que ri fica desarmado".

testemunho sobre as sete "formas de espíritos" que ela própria havia reconhecido era tão convincente, que ela de repente se viu lançada no brilho de uma notoriedade que jamais a deixou. Foi essa a primeira vez que se ouviu falar na América no nome dela, ligado a mistérios psicológicos, sendo a minha própria informação, no *Graphic,* sobre sua chegada a Chittenden um pouco posterior, se não estiver enganado. De qualquer forma, sua disputa com o Dr. Beard foi a causa primária de sua notoriedade.

Naqueles dias ela transmitia em tudo que escrevia e dizia muito entusiasmo, desafiante rudeza e "*camaraderie*"[57], fascinando todos com sua verve brilhante, seu desprezo pelas hipocrisias sociais e pelo comportamento egoísta; e ela surpreendeu todos com seus poderes psíquicos. A erudição mostrada em *Ísis sem Véu* ainda não tinha aparecido, mas ela se valia constantemente de uma memória na qual estava guardado um tesouro de recordações de aventuras e perigos pessoais, assim como conhecimentos de ciência oculta sem paralelo, conhecimentos dos quais nenhuma outra pessoa na América nem chegava perto, que eu saiba.

Naquela época ela era uma personagem totalmente diferente daquela que ela foi mais tarde, quando as pessoas a viram ocupada em elaborar a obra séria para a qual todo o seu passado havia sido uma escola preparatória. Sim, a HPB sobre a qual estou escrevendo agora, com quem vivi em íntima camaradagem, com quem estive em termos de perfeita igualdade pessoal, que transbordava uma exuberante vivacidade e a quem nada divertia tanto quanto uma canção ou história cômicas, não era a HPB da Índia ou de Londres, nem seria reconhecível no colosso mental dos dias posteriores. Ela mudou em muitas coisas, mas numa coisa jamais melhorou, a saber, a escolha de amigos e confidentes. Parece quase que ela sempre lidava com o *eu mais profundo* de homens e mulheres, estando cega à fraqueza ou corrupção de suas carapaças físicas visíveis. Da mesma forma como ela dava seu

57 Palavra francesa significando "camaradagem".

dinheiro a cada desgraçado enganador que dela se aproximava e lhe mentia, assim também fazia amigos íntimos momentâneos entre as pessoas mais indignas. Confiava num após outro, e no momento parecia não haver, aos seus olhos, ninguém como eles; mas o amanhã geralmente trazia desilusão e desgosto, mas não a prudência necessária para não fazer tudo de novo.

Acima mencionei a tentativa de formar o Clube do Milagre, destinado ao estudo de psicologia prática. O médium com o qual iríamos trabalhar pertencia a uma família respeitabilíssima e falava com tal honestidade que pensamos haver ganho um prêmio. Acontece que não tinha nenhum tostão, e como HPB, na hora em que ele mais precisava, não tinha nenhum dinheiro sobrando, ela empenhou sua comprida corrente de ouro e lhe deu o dinheiro recebido. Esse desgraçado não só falhou totalmente como médium, como também – isto soubemos depois – espalhou calúnias contra aquela que havia lhe feito o bem. Tais experiências ela teve até o fim de sua vida; a ingratidão e a maledicência cruel dos Coulomb foram apenas um episódio numa longa série de mágoas.

É interessante o desdobramento da história daquela corrente de ouro. Obviamente ela foi resgatada do penhor, e, mais tarde, HPB a usou em Bombaim e Madras[58]. Durante a Nona Convenção Anual da Sociedade, realizada em Adyar, quando se deu início a uma subscrição para a criação do Fundo Permanente, ela colocou sua corrente em leilão. O valioso objeto foi arrematado pelo Sr. E. D. Ezekiel, e o dinheiro foi entregue ao Tesoureiro da Sociedade Teosófica para o fundo em questão.

Antes de eu terminar minha série de cartas sobre Chittenden para o *Daily Graphic,* eu havia feito arranjos para elas serem publicadas em forma de livro, em Hartford, Connecticut. Mais ou menos na mesma época, HPB se mudou para a Filadélfia. Naqueles dias, abateu-se um flagelo sobre o Espiritismo, em con-

58 Duas cidades na Índia, cujos nomes hoje são Mumbai e Chennai, respectivamente.

sequência da denúncia pública do Sr. Dale Owen, que afirmava que os médiuns Holmes eram trapaceiros. Os periódicos daquele movimento perderam muitos assinantes, os livros mais populares não saíam das prateleiras dos editores. Meus próprios editores ficaram tão alarmados que combinei, por intermédio do Sr. Owen, a realização de um curso de sessões de teste, sob condições estabelecidas por mim mesmo, com a Sra. Holmes. Fui lá e pus em prática o meu plano, com os colegas citados. De lá fui a Havana, no estado de Nova Iorque, e vi os fenômenos mediúnicos realmente maravilhosos da Sra. Compton. Ambos os conjuntos de experiências foram incluídos no meu livro, e ele foi publicado.

HPB estava ainda na Filadélfia, e assim aceitei seu insistente convite para ir lá e tirar alguns dias de férias depois de um longo período de trabalho. Pensando ausentar-me de Nova Iorque por apenas dois ou três dias, não deixei instruções no escritório ou no clube sobre a remessa de minhas cartas, mas, percebendo, na chegada na Filadélfia, que HPB não estava disposta a deixar-me ir embora tão cedo, fui no segundo dia à Agência Geral dos Correios, dei o meu endereço e solicitei que as cartas que chegassem para mim fossem levadas para lá por algum funcionário. Eu não esperava nenhuma, mas imaginei que o pessoal no meu escritório, não tendo notícias minhas, pudesse enviar alguma carta aos Correios da Filadélfia, pensando que eu pudesse procurá-la naquele local. Aí aconteceu algo que me espantou – quando ainda sabia tão pouco sobre os recursos psíquicos de HPB e seus Mestres – e que mesmo agora, a despeito de tão longa experiência com fenômenos, continua a ser uma coisa extraordinária. Para compreender o que segue, o leitor examine qualquer carta que tenha recebido pelo correio; ele encontrará dois carimbos: um, na parte frontal do envelope, é o da agência onde a carta foi postada, e o outro, no verso, é o da agência à qual a correspondência foi endereçada. Se a carta lhe foi enviada dessa última agência, ela terá pelo menos esses dois carimbos, e, além deles, os de qualquer outra agência para a qual ela tenha sido reendereçada até chegar-lhe finalmente às mãos. Bem, no entardecer do mesmo dia em que eu havia deixado meu endereço na Agência Geral do Correio da Filadélfia, o carteiro local me trouxe cartas provenientes de lugares muito distantes – uma delas, acho, da América do Sul, ou, de qualquer forma, de algum país estrangeiro – endereçadas a mim em Nova Iorque, portando os carimbos das respectivas agências postais, *mas não* o *do Correio de Nova Iorque.* A despeito das normas e costumes postais, elas haviam vindo direto para mim na Filadélfia sem passar pelo Correio de Nova Iorque. *E ninguém, em Nova Iorque, sabia* o *meu endereço da Filadélfia,* pois eu mesmo, quando parti de lá, não sabia qual seria. Estando de saída para dar uma volta quando o carteiro chegou, peguei essas cartas da mão dele. Portanto, HPB não mexeu nelas. *Ao abri-las, encontrei, dentro de cada uma, nas margens ou em qualquer outro espaço que os remetentes tinham deixado em branco, algo escrito na mesma caligrafia de cartas que eu havia recebido dos Mestres em Nova Iorque.* Eram comentários sobre o caráter ou motivos dos autores, ou sobre os meus estudos de Ocultismo. Essas eram apenas as primeiras de toda uma série de surpresas fenomenais durante os mais ou menos quinze dias que passei na Filadélfia. Recebi muitas cartas, e nenhuma portava o carimbo de Nova Iorque, embora todas estivessem endereçadas a mim no meu escritório naquela cidade.

O fac-símile de um dos envelopes (aqui anexado) – de uma carta do Prof. R. Buchanan – mostra que, embora endereçada a mim em Nova Iorque, ela foi entregue pelo carteiro da Filadélfia sem ter sido reendereçada àquela cidade. O número da casa – a residência de HPB – havia sido escrito no Departamento de Expedição do Correio da Filadélfia. No verso não há o selo de Nova Iorque.

Quando analisamos os fenômenos psíquicos de Madame Blavatsky ou a ela relacionados, percebemos que podem ser classificados como se segue:

1. Aqueles cuja produção requer um conhecimento das propriedades últimas da matéria, da força de coesão que aglomera

os átomos, especialmente um conhecimento do *Ākasha*, de sua composição, conteúdo e potencialidades;

2. Aqueles que se relacionam com os poderes dos elementais, quando tornados subservientes à vontade humana;
3. Aqueles em que a sugestão hipnótica cria, por meio de transferência de pensamento, sensações ilusórias de visão, som e tato;
4. Aqueles que envolvem a arte de produzir imagens objetivas – pintadas ou escritas – que são criadas primeiro propositalmente na mente do adepto-operador: por exemplo, a materialização[59] de algo pintado ou escrito sobre papel ou outra superfície material, ou de uma letra, imagem ou outra marca sobre a pele humana;
5. Aqueles relativos à leitura de pensamento e clarividência retrospectiva ou prospectiva;
6. Os de intercâmbio entre a mente de HPB e as de outras pessoas vivas, dotadas psiquicamente de maneira igual ou melhor do que ela própria. Ou, às vezes, a subordinação da vontade dela e de toda a sua personalidade à vontade de outra entidade;
7. Aqueles, da classe mais elevada, em que, por introspeção espiritual, ou intuição, ou inspiração – como são chamados indiferentemente, não havendo diferença real de categoria, mas apenas de nomes – ela atingia as reservas acumuladas de conhecimento humano existentes no registro da Luz Astral.

Rememorando, o melhor que posso, minhas observações dos últimos vinte anos, acho que todos os casos que já contei ou venha a contar daqui por diante vão entrar numa ou noutra dessas categorias.

---

59 No original: "*precipitation*". No português, usa-se muitas vezes a tradução literal "precipitação", mas como nos dicionários de português não se encontra essa palavra com o sentido que "*precipitation*" tem nessa frase, prefiro "materialização". Além disso, no capítulo 1 o próprio Olcott usou o equivalente "*materialisation*" duas vezes (uma vez citando HPB).

O cético dirá certamente que meus grupos são arbitrários e minhas hipóteses, quiméricas. Ele pedirá que eu prove a existência de espíritos elementais; que prove que existe essa coisa chamada "clarividência"; que objetos materiais, chamados de longe, possam ser trazidos para perto; que alguém conheça realmente a natureza da atração de coesão etc. Como única resposta, relatarei o que eu e outros vimos, e então desafiarei aquele cético a descobrir na Natureza leis imagináveis, além das enumeradas, que expliquem os fatos – os fatos claros, incontestáveis. Se for proposta a teoria do milagre, ou diabolismo, então ficarei mudo, pois isso acaba com qualquer argumentação. Não pretendo ser capaz de explicar o princípio de funcionamento de todos os fenômenos de HPB, pois para fazê-lo teria de estar tão bem informado quanto ela mesma, o que jamais pretendi.

CAPÍTULO III

Fenômenos na Filadélfia

Um experimento, feito por HPB – realizado pouco depois de minha ida à casa dela na Filadélfia e no qual fui agente passivo – mostrou de forma muito clara o fenômeno de transporte de carta, com a materialização de escrita dentro de envelopes selados. Eis os fatos: ela fez exercícios de mesa girante para mim, com e sem contato entre suas mãos e a mesa; produziu batidas fortes e fracas – por vezes enquanto ela mantinha a mão a quinze centímetros acima da madeira, e às vezes enquanto a mão dela se encontrava sobre a minha, que estava espalmada na mesa; ela me transmitiu mensagens do pretenso John King, recebidas por batidas que escolhiam letras formando palavras e frases. Eu registrava essas mensagens em tiras de papel, que depois rasgava e jogava fora. Mas depois me pareceu que valia a pena guardar algumas dessas mensagens, relativas a terceiras pessoas; então, um dia, a caminho de casa, comprei uma agenda, e, ao chegar em casa, a mostrei a ela e expliquei para que pretendia usá-la. Ela estava sentada, e eu em pé. Sem tocar a caderneta ou fazer qualquer passe ou sinal místico, disse-me que a pusesse debaixo da minha camisa. Assim o fiz, e depois de uma pequena pausa ela me mandou pegar a caderneta e olhar dentro. Encontrei o seguinte: no verso da primeira capa, escrito e desenhado no papel branco do forro, a lápis de grafite:

JOHN KING,
HENRY DE MORGAN,
seu livro;
4º dia do Quarto mês do ano de 1875 d.C.

Abaixo disso, o desenho de uma joia rosacruciana; acima do arco da coroa ornada de joias, a palavra "DESTINO", abaixo da qual está o nome dela, "Helen", seguido daquilo que parece, após o desgaste de dezessete anos, ser 99, alguma coisa meio apagada, e depois um simples +. No ponto mais estreito, onde a parte superior dos compassos entra na coroa, estão as iniciais I.S.F.; abaixo disso, um monograma, no qual se mesclam as letras maiúsculas A, T, D e R, sendo o T muito maior que as outras. Numa das bases dos compassos está o meu nome, na outra, o de outro homem, residente na Filadélfia; e sobre a parte do arco que liga os dois pontos do par de compassos aparecem as palavras "Caminhos da Providência". Enquanto escrevo, tenho a agenda sobre a mesa, e estou descrevendo o que vejo. Um aspecto surpreendente deste exemplo de psicodinâmica é o fato de que ninguém, além de mim, havia tocado a agenda depois que ela foi comprada: ela tinha ficado no meu bolso até eu mostrá-la a HPB, à distância de cerca de oitenta centímetros, e eu mesmo a havia colocado debaixo da camisa e tirado depois de um momento, quando ela mandou. Assim, a materialização da escrita e do desenho a lápis ocorreu quando a caderneta se achava debaixo da minha camisa. A escrita no lado interno da capa da minha caderneta é bastante peculiar; todas as letras "e" se parecem com o ípsilon grego, e os "n's" são levemente semelhantes ao "*pi*" grego: é uma caligrafia bastante peculiar, esquisita, não como a de HPB, mas idêntica àquela que aparece em todas as mensagens que recebi de "John King", da primeira à última. Tendo HPB, então, o poder de materialização, ela deve ter transferido – da sua mente para o papel – as imagens de palavras escritas nesse estilo especial; ou, se não foi ela que o fez, mas algum outro especialista nesta arte, então essa outra pessoa deve tê-lo produzido da mesma maneira – isto é, primeiro formou em sua própria mente as imagens daquelas palavras e daquele desenho e então as materializou, ou seja, tornou-as visíveis no papel, como se escritas com um lápis de grafite. Após dezessete anos, essa psicografia permanece legível, e alguns dos caracteres – não todos – têm o brilho do grafite: aqueles que não o têm dão a impressão de as linhas terem sido afundadas dentro do papel.

Tenho registros de materializações de escritos e desenhos feitos a creiom, aquarela, lápis azuis, vermelhos e verdes, a tinta comum ou dourada, bem como da formação de substâncias sólidas, mas tudo isso se baseia num único princípio científico, a saber, na objetivação de imagens, previamente "visualizadas" ou formadas na mente do especialista, pelo emprego de força cósmica e matéria difusa do espaço. A imaginação é a oculta divindade criativa; força e matéria são suas ferramentas de trabalho.

Os dias e noites de minha visita à Filadélfia estavam ocupados com simpósios sobre Ocultismo; houve leitura, ensino e fenômenos. Entre os mais agradáveis e simpáticos amigos de HPB estavam o Sr. e Sra. Amer, e os Senhores M. D. Evans e J. Pusey, em cuja presença se produziram vários fenômenos. Lembro-me, entre outros, daquele em que, certa tarde, ela fez uma fotografia na parede desaparecer subitamente de sua moldura e dar lugar a um retrato desenhado de John King, no mesmo instante em que uma pessoa estava olhando para essa fotografia. Gradualmente, minha mente ia absorvendo as teorias orientais sobre o espírito e espíritos, sobre matéria e materialismo. Sem que HPB me pedisse para renunciar às hipóteses espíritas, fui sendo levado a ver e sentir que, como verdadeira ciência, o Espiritualismo existia somente no Oriente, e apenas os alunos e instrutores das escolas orientais de Ocultismo eram proficientes nele. Apesar do meu mais sincero desejo de ser justo para com os espíritas, devo dizer que, até o presente momento, nenhuma teoria científica que abranja todos os fenômenos mediúnicos e seja geralmente aceita entre eles foi desenvolvida, e também não tive qualquer prova convincente de que, entre os seguidores ocidentais do movimento[60], tenha sido descoberto um sistema pelo qual se possa, à von-

60 O movimento espírita.

tade, invocar espíritos ou produzir fenômenos físicos. Nenhum dos médiuns que encontrei ou sobre o qual eu tenha ouvido falar possui um *mantra* ou *Vidyā* (um método científico) para esses propósitos, tais como são comuns e conhecidos há séculos em todos os países do Oriente. Veja-se, por exemplo, o artigo intitulado "Uma Evocação por Feitiçaria", publicado no *Theosophist,* em seu número de maio de 1892. Assim, por exemplo, enquanto eu e outros amigos de HPB éramos levados a crer que os fenômenos de John King (quase que diários) eram produzidos por um homem desencarnado – o outrora famoso pirata Sir H. Morgan – e que ela lhe servia como médium, ou, pelo menos, como auxiliar que atuava com satisfação, HPB fazia coisas que implicavam um conhecimento de magia.

Deixem-me dar um exemplo simples, observando, ao mesmo tempo, que se chegou a grandes induções científicas pela observação casual de fatos corriqueiros – como, por exemplo, a queda de uma maçã ou o pulular da tampa de uma chaleira fervente. Um dia, pensando comigo que na casa dela havia evidente falta de toalhas, comprei algumas e as levei para casa num embrulho. Nós as cortamos, e ela queria deixá-las assim, sem fazer a bainha, mas, como protestei contra um tal desleixo nas tarefas domésticas, ela, de bom grado, começou a costurar. Mal havia iniciado o trabalho quando deu com raiva um chute sob a mesa de trabalho à qual estava sentada e disse "Saia daí, seu bobo!" – "O que aconteceu?", perguntei. "Ah", respondeu ela, "é apenas um bestinha de um elemental que puxou meu vestido e quer algo para fazer." – "Ótimo!" disse eu, "então mande-o fazer a bainha nessas toalhas. Pois, por que você se preocuparia com isso, já que é uma costureira tão horrível, como demonstra esta simples bainha?" Rindo, ela me xingou pela fala tão pouco lisonjeira, mas no início não queria contentar o coitado do pequeno escravo ali debaixo da mesa, que estava pronto a fazer o papel do gentil *leprechaun*"[61], se o deixassem. No entanto, finalmente eu a convenci: ela

61 "Figura mitológica do folclore da Irlanda, o *leprechaun* [...] é apresentado como um diminuto homenzinho, sempre ocupado a trabalhar num único pé

me disse que trancasse as toalhas, agulhas e linha numa estante com portas de vidro forradas de grossa seda verde, que ficava no canto mais afastado da sala. Fiz o que ela mandou e retomei meu lugar perto dela, e passamos a conversar sobre o único e inesgotável assunto que ocupava nossos pensamentos – a ciência oculta. Após talvez uns quinze ou vinte minutos, ouvi um chiadinho, como o de um rato, debaixo da mesa, e HPB me disse que "aquele estorvo" tinha acabado as toalhas. Então destranquei a porta da estante e descobri que as doze toalhas estavam realmente com as bainhas feitas, embora de uma maneira tão desajeitada que desonraria a mais jovem criança de um jardim de infância de costura. Estavam de bainha feita, sem sombra de dúvida, e dentro de uma estante trancada, da qual HPB nem por um instante havia se aproximado enquanto a coisa estava sendo feita. Eram mais ou menos quatro horas da tarde, portanto, naturalmente em plena luz do dia. Éramos as únicas pessoas na sala; nenhuma outra pessoa tinha entrado enquanto aquilo aconteceu.

Sua casa na Filadélfia tinha sido construída segundo o padrão local, com uma construção na frente e uma ala traseira que continha a sala de jantar embaixo e a sala de estar ou quartos em cima. O quarto de HPB era o da frente, no primeiro andar (o segundo, como se diz na América) da construção principal; na virada da escada ficava a sala de estar, onde as toalhas foram costuradas, e da sua porta aberta podia-se olhar, pelo corredor, diretamente no quarto de HPB, se a porta dela também estivesse aberta. Um dia, ela estava sentada na sala de estar, conversando comigo, mas saiu para pegar alguma coisa em seu quarto. Eu a vi subir os poucos degraus que davam acesso ao seu andar, entrar no quarto e deixar a porta aberta. O tempo passou, e ela não voltou. Esperei, esperei, até que, temendo que ela pudesse ter desmaiado, a chamei pelo nome. Não houve respos-

---

de sapato no meio das folhas de um arbusto ou 'sob uma folha de labaça'. Ele é tido como o sapateiro do povo das fadas. Os *leprechauns* são considerados guardiões ou conhecedores da localização de vários tesouros escondidos." (Wikipédia) ta, e como eu estava um pouco receoso e sabia que ela não podia estar ocupada com coisas pessoais, já que a porta não tinha sido fechada, fui lá, chamei de novo e olhei dentro do quarto: eu não a vi, mesmo abrindo o pequeno gabinete e olhando debaixo da cama. Ela tinha desaparecido, sem ter podido sair pela via normal, pois além da porta que dava para o patamar não havia outro meio de saída; o quarto era um *cul de sac*[62]. Eu era muito tranquilo a respeito de fenômenos, depois de minha longa trajetória de experiências, mas esse me intrigou e preocupou. Voltei para a sala de estar, acendi um cachimbo e tentei desvendar o mistério. Deve-se ter em mente que isso aconteceu em 1875, muitos anos antes de as experiências da escola de Salpêtrière[63] sobre hipnotismo terem sido divulgadas, de forma que jamais me ocorreu que eu fosse o sujeito de um bom experimento de sugestão mental, e que HPB tinha simplesmente inibido meus órgãos da visão de modo que eu não percebi a presença dela, distante a talvez dois passos de mim no quarto. Depois de algum tempo, ela saiu calmamente de seu quarto, passou pelo corredor e voltou para junto de mim na sala de estar. Quando lhe perguntei onde havia estado, ela riu e disse que teve de ocupar-se de algum assunto oculto e que tinha se tornado invisível. Como, porém, ela não ia explicar. Ela fez o mesmo truque outras vezes, comigo e com outros, antes e depois de nossa ida à Índia, mas mesmo o último caso desses ocorreu muito antes que eu pensasse na fácil solução do problema: hipnose. Como expliquei no primeiro capítulo desta série[64], a superioridade da sugestão hipnótica oriental sobre a ocidental reside no fato de que, em casos como este, o efeito inibitório sobre os órgãos da percepção do sujeito resulta de comando ou sugestão mental, não falado. Assim, o sujeito não é advertido, de modo que ele não pode resistir à ilusão, a qual se produz antes que ele tenha a menor suspei-

62 Expressão francesa significando "beco sem saída".
63 Famoso hospital em Paris.
64 Olcott se refere ao primeiro capítulo deste livro, sendo este livro o primeiro da série de seis volumes da obra *Old Diary Leaves*.

ta de que um experimento está sendo feito às suas custas.

Visto que no caso seguinte não fiz nenhuma verificação, ele também pode ter sido um caso de ilusão sugerida. HPB, naquele tempo, usava o cabelo como um esfregão espesso, sem pentes nem presilhas, nem tranças, e, quanto ao comprimento, ele devia lhe cair mais ou menos até os lóbulos das orelhas. Um dia cheguei em casa para um lanche; a porta do seu quarto estando aberta como sempre, parei para uma conversa rápida, antes de subir para meu próprio quarto no andar de cima. Ela estava de pé perto de uma das janelas, e como sua cabeça estava em plena luz, notei especialmente a massa do cabelo e sua aparência desgrenhada. Também percebi o brilho da luz do dia sobre o papel lustroso, cinza pálido, que cobria o teto. Depois de trocar umas palavras com ela, subi correndo a escada, mas antes que se passasse um minuto eu a ouvi me chamar lá embaixo. Fui imediatamente, a vi de pé no mesmo lugar, mas seu cabelo estava agora tão mais comprido que quase tocava seus ombros. Ela não disse nada a respeito, mas apontou para o teto acima da cabeça e disse: "Ali está algo que John desenhou para você." Tenho agora uma lembrança muito vaga do que era, mas, segundo me recordo, era um desenho imenso de uma cabeça de homem, com alguma coisa escrita ou símbolos perto dela; tudo feito a lápis de grafite, no lugar onde eu, subindo pela escada, havia notado a superfície em branco. Então peguei no seu cabelo crescido e perguntei, rindo, onde ela havia comprado a pomada, que era certamente muito eficaz, já que fez cabelos crescerem cinco centímetros em três minutos. Alegremente ela respondeu alguma coisa, e disse que eu não devia me intrometer em coisas sem importância, que tais caprichos da natureza às vezes lhe aconteciam e que ela não havia me chamado para ver aquilo, mas apenas para me mostrar o que John King tinha feito no teto. Considerando o tempo decorrido entre o momento em que eu tinha deixado o quarto e aquele em que havia voltado, e o fato de que o teto era demasiado alto para que ela o alcançasse, mesmo subindo numa cadeira ou numa mesa, deduzo agora que o desenho foi produzido de uma de duas maneiras, a saber, ou por ela mesma, sem pressa, usando uma escada de mão, enquanto eu estava fora, e inibindo-me de ver o trabalho até que ela determinasse que eu podia vê-lo; ou pelo processo da materialização instantânea, enquanto eu subia e descia um curto lance de escadas. Posso, com certeza, afirmar que a coisa não me foi visível quando entrei no quarto a primeira vez, e, se o leitor preferir especular quanto ao princípio de funcionamento daquilo, deve pelo menos aceitar a minha afirmação como tendo sido feita de boa-fé. O que me leva a suspeitar de que o aparente crescimento do cabelo de HPB fosse ilusório é o fato de que, por mais que me esforce, não consigo lembrar se ele continuou a parecer comprido, ou se readquiriu seu comprimento anterior, naquele dia ou no dia seguinte. Na Índia, e depois na Europa, as pessoas viram o cabelo dela torcido num coque e preso por um pente, mas foi só anos depois que nós nos conhecemos que ela o deixou crescer o suficiente para esse fim; não tenho certeza de que ele não estivesse comprido quando fomos visitar os Sinnett em Simla[65]; assim, é provável que eu esteja certo ao suspeitar de que o súbito crescimento aparente do cabelo tenha sido um *Māyā*, produzido por brincadeira. Mas coisas muito, muito estranhas aconteceram com o cabelo dela em diversas ocasiões, que vou narrar mais adiante. E a mais estranha de todas foi a que aconteceu certa noite à minha barba, como veremos oportunamente. Por falar nas brincadeiras dela, deve-se dizer que, ao longo de todos os nossos anos de convivência, ela desperdiçou, em fenômenos inúteis, força psíquica suficiente para convencer toda a Royal Society[66], se tivesse sido empregada sensatamente. Eu a ouvi tocar sinos astrais que se misturaram ao barulho das conversas, produzir batidas que ninguém ouviu além de mim, e produzir outros fenômenos que passaram desapercebidos, mas que teriam fortalecido grandemente

65 Simla era a capital de verão da Índia naquela época. HPB e Olcott visitaram os Sinnett pela primeira vez no início de sua estada na Índia, em 1880.

66 Nome completo: The Royal Society of London for Improving Natural Knowledge (Real Sociedade de Londres para o Melhoramento do Conhecimento Natural).

sua credibilidade como taumaturga[67], se ela tivesse escolhido o momento adequado e provido a oportunidade correta para que fossem observados.

Seja como for, tudo aquilo já passou, e minha tarefa é registrar, à medida que os recordo, aqueles experimentos psíquicos que satisfizeram minha mente crítica quanto à realidade da ciência da Magia Oriental. Fazendo isso, não estarei agindo como um verdadeiro amigo de HPB, cujo caráter foi vilipendiado, e cujos poderes ocultos foram contestados, por ter ela alimentado patifes à sua mesa e aquecido traidores em seu seio? Aqueles dias e acontecimentos sobre os quais escrevo ocorreram na era pré-*Coulombiana*[68], quando verdadeiros Adeptos ensinaram discípulos ávidos, e fenômenos genuínos ocorreram. E foram dias em que conheci minha colega como ser humano, antes de ela ter sido semiendeusada por amigos que nada sabiam de suas fraquezas humanas, e, portanto, dela como ser humano. Da maneira como vou apresentá-la agora, a já esmorecida imagem ideal da autora de *Ísis* e de D.S.[69] se revestirá de carne e sangue: uma mulher de verdade (masculinizada), vivendo como outras pessoas quando desperta, mas que, quando adormecida ou em estado de clarividência desperta, ia para outro mundo e lidava com pessoas mais nobres, uma personalidade que habitava um enfraquecido corpo de mulher, "no qual turbilhona um ciclone vital na maior parte do tempo" – para citar as palavras de um Mestre. Tão imprevisível, tão caprichosa, tão pouco digna de confiança, tão exigente, tão tempestuosa que eram necessários paciência heroica e autocontrole da pessoa que quisesse viver e trabalhar com ela com espírito desprendido. Seus fenômenos, que eu vi, as múltiplas provas que ela deu da existência, por trás dela, de Mestres de cujos pés ela mal se sentia digna de limpar o

67 Taumaturgo: pessoa que opera milagres.

68 Olcott se refere ao período em que o casal Coulomb ainda não tinha entrado na vida da Sociedade Teosófica.

69 A obra *A Doutrina Secreta*.

pó, e a epístase[70] posterior, quando a mulher turbulenta e irritante se tornou uma sábia que escrevia e ensinava e uma benfeitora para o buscador da alma; – tudo isso, e os livros que ela deixou para a posteridade, combinam-se para provar sua excepcional grandeza e fazem esquecer suas excentricidades, mesmo por parte daqueles a quem elas causaram o maior sofrimento mental. Mostrando-nos a Senda, ela fez a todos nós um tão grande favor que é impossível nutrir, em relação a ela, qualquer sentimento que não seja de gratidão.

70 No original: "epistasis" (em itálico). Olcott – ou o editor do livro em inglês – deve ter se enganado. *Epistasis* (epístase) é uma doença, e a palavra não faz sentido na frase. Provavelmente Olcott quis dizer "*epiphany*" (epifania, palavra que significa, entre outras coisas, "revelação manifestada a partir de algo inesperado").

CAPÍTULO IV

O Segundo Casamento de Madame Blavatsky

Ao fazer algo como um relato sequencial dos primeiros dias da Sociedade Teosófica – expressão pela qual pretendo abranger todos os dias de relacionamento entre HPB e mim, até onde me lembro – devo fazer uma breve alusão aos casos de materialização de manuscritos, por parte dela, mencionados em meu livro *People from the Other World* [71] (páginas 455-458). Parecia que eles me foram dados por John King, do *Kama-loka,* o outrora pirata, feito Cavaleiro por Sua Majestade Britânica Carlos II, mas nos nossos dias na América aparentemente um mero pseudônimo dos elementais de HPB.

Numa sessão[72] no hotel dela na Filadélfia, na noite de 6 de janeiro de 1875, quando o pretenso J.K. estava produzindo fenômenos, eu disse: "Se você é na verdade um espírito, como pretende ser, me dê uma demonstração de seu poder. Produza, por exemplo, uma cópia do último bilhete de E. W. para o Sr. Owen, que eu tenho na carteira no meu bolso." Naquela noite, não houve resposta a esse pedido, mas, duas noites depois, enquanto HPB estava escrevendo e eu lendo à mesma mesa, soaram batidas altas, e, quando empreguei o alfabeto inglês, as batidas soletraram: "Me passe o dicionário debaixo da mesa, por favor." O único dicionário que havia lá era um russo-inglês, de HPB, que foi passado para debaixo da mesa (não deixado cair, mas *passado,* como se fosse entregue a alguma coisa

71 Pessoas do Outro Mundo.

72 No original, "*séance*", palavra francesa que aqui se refere a sessões espíritas.

ou alguém invisível lá embaixo, que pudesse pegar o grosso volume), conforme solicitado. As batidas pediram depois uma garrafa de goma, e depois um canivete. Tendo esses objetos sido também passados para debaixo da mesa, houve um silêncio momentâneo, depois do qual bateu-se a palavra "Olhe!" Pegamos o livro, a faca e a garrafa, e, sobre uma folha de guarda do dicionário, achei uma cópia materializada do bilhete em questão. O pedido relativo à faca me foi explicado da seguinte maneira: uma quantidade infinitesimal do metal do qual eram feitas as lâminas foi desintegrada da massa e utilizada na materialização da escrita em preto, a partir do estado de vapor metálico. A goma arábica cedeu algumas de suas partículas – também vaporizadas para o mesmo fim – para melhorar a coesão na experiência. A carteira que continha o bilhete duplicado tinha estado o tempo todo no meu bolso, desde minha chegada à Filadélfia até meia hora antes do experimento, quando eu a tinha deixado sobre a prateleira em cima da lareira, e eu a havia visto sempre que levantava os olhos do meu livro. HPB esteve todo o tempo a cerca de sessenta centímetros de mim, escrevendo à mesa, e ninguém, além de nós dois, estava ou tinha estado no quarto desde que eu havia deixado a carteira em cima da prateleira. Ao comparar a escrita original com a duplicata, por superposição, ficou patente que não eram fac-símiles, o que tornou a coisa ainda mais interessante.

Na noite seguinte, estando HPB e eu novamente a sós, as batidas pediram que um pedaço de cartolina[73] para desenho fosse passado para debaixo da mesa. Mostrando-me primeiro que os dois lados estavam em branco, minha colega o passou para baixo a "John King"; então as batidas me pediram para olhar no meu relógio e anotar quanto tempo a experiência duraria. Com o relógio na mão, dei uma olhada sob a toalha da mesa[74] e vi que ali havia apenas a

73 No original: "*Bristol-board paper*", que é um tipo de cartolina fabricada na cidade inglesa de Bristol.

74 Olcott diz "*beneath the table-cloth*" (debaixo da toalha da mesa), mas está claro que ele quer dizer "debaixo da mesa".

cartolina que eu tinha entregado um momento antes. Após somente trinta segundos, as batidas soletraram "Feito". Olhei para o pedaço de cartolina e fiquei desapontado ao ver que a superfície exposta estava tão em branco quanto antes, mas, no outro lado, que estava perto do tapete, descobri uma segunda cópia, e ainda melhor, da carta original de E. W. Dessa vez, a carteira na qual se encontrava a carta estava dentro do bolso interior do meu casaco, onde ela tinha permanecido desde a experiência de materialização na noite anterior. Um certo Sr. B. – que entrou na sala nesse instante – me ajudou a examinar muito cuidadosamente os documentos, colocando um sobre o outro como eu já havia feito, e ficou, como eu mesmo, inteiramente convencido da genuinidade do fenômeno. Entre parênteses, posso dizer que esse cavalheiro tinha recebido, em sua maleta, enquanto viajava de trem, uma carta de "John King", transmitindo-lhe instruções sobre alguma coisa de natureza pessoal. Ele mesmo me contou a história, mostrou a carta, e me deu sua palavra de honra de que a carta tinha aparecido na sua maleta enquanto ele estava num trem, e a quilômetros de distância da Filadélfia e de HPB Esse incidente me faz lembrar duas ocorrências semelhantes no ano de 1884, uma enquanto eu viajava de trem, na França, com Babu Mohini M. Chatterji[75], a outra, também num trem, na Alemanha, em companhia do Dr. Hübbe Schleiden.[76]

A menção a esse cavalheiro (Sr. B.) me faz lembrar também que tenho, em honra à memória de HPB, a obrigação de explicar suas exatas relações com ele. Insinuou-se que elas não eram muito louváveis e que estava escondido algum mistério, que não resistiria a uma averiguação. Isso faz parte de um sem número de relatos cruéis espalhados a respeito dela. Agora ela está morta e fora da vista do mundo, fora do alcance dos caluniadores, mas, a julgar pelos meus próprios sentimentos, tenho certeza de que todos os que amam a memória dela ficarão contentes em saber dos fatos por alguém,

75 Teosofista indiano.
76 Importante teosofista alemão (1846-1916).

dentre uma meia dúzia, capaz de fornecê-los. Eis os fatos: uma das minhas cartas sobre Chittenden, no *Daily Graphic,* suscitou o interesse desse Sr. B – um russo – e o levou a me escrever da Filadélfia, expressando seu forte desejo de encontrar-se com minha colega e conversar sobre o Espiritismo. Como ela não fez nenhuma objeção, ele foi a Nova Iorque por volta do final de 1875, e os dois se encontraram. Aconteceu que ele caiu imediatamente num estado de profunda admiração, que ele expressou primeiro verbalmente, e depois, por carta, tanto para ela quanto para mim. Quando ela percebeu que ele se inclinava ao casamento, ela o recusou persistentemente e ficou furiosa ante sua insistência. Isso só conseguiu aprofundar a devoção dele, que no final ameaçou suicidar-se se ela não aceitasse sua mão. Antes de essa crise ocorrer, ela tinha ido à Filadélfia, hospedando-se no mesmo hotel e recebendo visitas diárias dele. Ele declarou que não pediria nada além do privilégio de cuidar dela, que seu sentimento era de adoração desinteressada pela grandeza intelectual dela, e que ele não reivindicaria qualquer dos privilégios da vida matrimonial. Ele lhe fez tal cerco que ela finalmente – num acesso de loucura, me pareceu – consentiu em aceitar sua proposta e ser sua esposa, com a condição, porém, de que ela continuasse a usar seu próprio nome, e que permanecesse tão livre e independente de qualquer restrição disciplinar quanto era então. Assim, eles foram legalmente casados por um respeitabilíssimo sacerdote da Igreja Unitária da Filadélfia, e estabeleceram seus "*lares* e *penates*"[77] numa casinha da Rua Sansom, onde me receberam como hóspede em minha segunda visita àquela cidade – depois que terminei meu livro e ele foi publicado. Aliás, a cerimônia foi realizada enquanto eu estava na casa, mas eu não a presenciei. Porém, eu os vi quando regressavam da residência do sacerdote, após a celebração do ritual.

---

77 Na mitologia romana, *lares* e *penates* eram deuses que protegiam a casa, a residência em geral, a família. Olcott usa as duas palavras (em itálico) metonimicamente, querendo dizer que o casal fixou residência na mencionada casinha.

Quando expressei, em particular, meu espanto ante o que eu considerava um ato de loucura de sua parte, casando-se com um homem mais jovem, e indizivelmente inferior a ela quanto à capacidade mental, alguém, sobretudo, que jamais conseguiria ser sequer uma companhia agradável para ela, e de escassos recursos – seu negócio comercial ainda não estava estabelecido –, ela disse que se tratava de um infortúnio do qual não podia escapar. Seu destino e o dele estavam temporariamente ligados por um *Karma* inexorável, e a união estava para ela como uma espécie de punição por seu horrível orgulho e combatividade, que impediam sua evolução espiritual, ao passo que, para o jovem, não resultaria qualquer dano duradouro. O resultado inevitável foi que este casal, que começou sob uma má estrela, morou junto apenas por poucos meses. O marido esqueceu seus votos de desprendimento, e, para inexprimível desgosto dela, tornou-se um amante[78] inoportuno. Em junho, ela contraiu uma perigosa enfermidade causada por um machucado no joelho, resultado de uma queda em Nova Iorque, no inverno anterior, numa pedra solta de uma calçada; isso terminou numa violenta inflamação do periósteo e gangrena parcial da perna. Assim que ela melhorou (o que ela conseguiu numa noite, por uma de suas curas semimiraculosas, depois de um eminente cirurgião ter declarado que ela morreria se a perna não fosse amputada imediatamente), ela deixou o marido e não quis voltar de modo algum. Quando, após muitos meses de separação, ele viu que a determinação dela era definitiva, e que seu negócio, em decorrência da má administração, estava fracassando, constituiu advogado e requereu o divórcio sob a alegação de abandono do lar. Ela recebeu a intimação em

78 No original: "*lover*". A tradução mais comum é "amante" – que faz pensar em relações sexuais (embora se use a palavra também em casos como "amante de música", etc.). Porém, "*lover*" pode se referir também a um homem apaixonado (que não necessariamente tem relações sexuais com a amada). Portanto, não está claro se houve relações sexuais entre o casal, mas, devido à atitude de HPB, é muito pouco provável que elas tivessem existido.

Nova Iorque, o Sr. Judge[79] foi seu advogado, e em 25 de março de 1878 foi concedido o divórcio. Desde então os documentos originais estão sob minha custódia. Essa é a história toda, e percebe-se que ela não mostra nem criminalidade nem ilegalidade por parte dela, nem qualquer evidência de que o casamento tenha lhe dado a menor vantagem material, a não ser seu sustento muito modesto, sem qualquer luxo, durante alguns meses.

Antes de tirar de cena o Sr. B., devo talvez citar uma variante dos fenômenos de materialização de HPB que testemunhei pessoalmente. Ele falava continuamente de uma avó falecida, que ele afirmava ter amado muito, e pediu a HPB que lhe desse, se possível, um retrato dela, já que a família não possuía nenhum. Incomodada por sua insistência, ela pegou, um dia em que estávamos os três juntos, um pedaço de papel ofício, foi à janela, o segurou contra o vidro com as palmas das duas mãos, e, após alguns minutos, lhe deu o papel, sobre o qual vi um retrato, em preto e branco, de uma estranha velhinha, pele morena, cabelo negro, muitas rugas, e grande verruga no nariz! O Sr. B. declarou enfaticamente que era um retrato perfeito de sua avó.

Durante esse período, o tempo dela foi totalmente absorvido em escrever para a grande imprensa, de início sobre o Espiritualismo Ocidental[80], e depois sobre o do Oriente. Seu "primeiro lance oculto", como ela o denomina numa nota escrita no recorte colado em nosso *Álbum de Recortes,* será encontrado no *Spiritual Scientist* (de Boston), vol. 1, de 15 de julho de 1875, sobre o qual farei um comentário no próximo capítulo.

A publicação de meu livro produziu importantes resultados; entre outros, intermináveis discussões nos órgãos do Espiritismo americano e inglês e na imprensa leiga, das quais tanto HPB quanto eu participamos, e a formação de amizades duradouras com diversos dos melhores correspondentes, com quem discu-

79 Um dos fundadores da Sociedade Teosófica.
80 Por "Espiritualismo Ocidental", Olcott entende o Espiritismo.

timos a fundo todo o assunto do Ocultismo oriental e ocidental. Quase imediatamente, pessoas em ambos os hemisférios se dirigiram a nós, e fomos atacados ou defendidos por oponentes e simpatizantes. O famoso Honorável Alexandre Aksakof, Conselheiro Privado Imperial Russo e fervoroso espiritualista, convidou HPB a traduzir meu livro para o russo, oferecendo-se para publicá-lo às suas próprias custas. Ela aceitou, e pouco depois apareceu em São Petersburgo um panfleto muito gentil e favorável, de autoria do Professor N. A. Wagner, da Universidade Imperial, no qual ele (que era uma autoridade científica de primeira linha) teve a imensa bondade de dizer que, ao conduzir minhas pesquisas, eu "tinha cumprido todas as exigências da investigação científica cautelosa", testemunho do qual, naturalmente, me orgulhei muito. O Sr. Crookes, F.R.S.[81], e o Sr. Alfred R. Wallace, F.R.S., da Inglaterra, e *Monsieur*[82] Camille Flammarion, da França, astrônomo de fama mundial, foram também muito gentis e simpáticos em suas expressões. Alguns meses mais tarde, o Sr. C. C. Massey, de Londres, veio à América expressamente para verificar, por observação pessoal *in loco*, a exatidão de meu relato dos fenômenos dos Eddy. Nós nos vimos frequentemente e ficamos tão satisfeitos um com o outro que entre nós se estabeleceu uma grande amizade, quase de irmãos, amizade que perdura até hoje, intacta e não ofuscada nem mesmo por um simples mal-entendido. Eu já tinha sido apresentado ao falecido Honorável R. D. Owen e ao Sr. Epes Sargent, de Boston, e tive com eles as mais simpáticas relações. Pelo intermédio desse último cavalheiro e erudito, ganhei tanto um precioso correspondente quanto o mais caro dos amigos, na pessoa do falecido Sr. W. Stainton

81 *Fellow of the Royal Society* (Membro da Royal Society, da Sociedade Real de Londres).

82 Palavra francesa significando "Senhor".

Moses[83], M.A.[84] (Oxon[85]), professor de Letras Clássicas e Inglês no University College, de Londres, e o mais honrado e brilhante escritor dentre os espíritas ingleses. Enviei a ele um exemplar de meu livro – que foi resenhado em *Psychological Magazine* ou *Human Nature,* não me lembro qual das duas revistas – e pouco a pouco intensificamos um intercâmbio quase que semanal de cartas, que durou vários anos. A primeira carta dele, que tenho agora diante de mim, é datada de 27 de abril de 1875 e dedicada à discussão das condições e resultados dos fenômenos mediúnicos do "círculo". Ele chama minha atenção para um fato que havia sido motivo de troça do Professor Tyndall em sua famosa carta à velha Sociedade Dialética de Londres, mas totalmente óbvio para todos os pesquisadores experientes nesse tipo de fenômenos naturais, a saber, que "de fato, certas pessoas, por sua simples presença, interferem seriamente nos fenômenos, e a simples proximidade delas os paralisa; e isso ocorre não por culpa dessas pessoas, nem por qualquer atitude mental de sua parte (como falta de fé, etc.), mas em decorrência da atmosfera que as envolve. Quanto mais sensitivo o médium, tanto mais isto se torna perceptível". O Sr. Stainton Moses continua: "Há muitos amigos pessoais meus, em cuja presença os fenômenos comigo cessam, para grande pesar meu, e não tenho o menor poder de alterar o resultado." Mencionando o fenômeno de aparente desmaterialização do médium (por exemplo, o caso da Sra. Compton, descrito em meu livro), ele declara que se trata do mais assombroso de todos, e diz que não consegue explicar o fenômeno, embora acredite "que não seja desconhecido para os Magos Orientais". O que eu disse num capítulo anterior, quanto

83 N.O.: "O nome real não é Moses, mas Moseyn, ou Mostyn, como ele me contou. A outra forma é uma corruptela."

84 *Master of Arts* (Mestre em Artes; do latim *Magister Artium*; um grau acadêmico de pós-graduação de mestre concedido por universidades em muitos países; outorgado principalmente nas áreas de Belas Artes, Ciências Humanas, Ciências Sociais).

85 Em seus escritos Stainton Moses usava o pseudônimo "M.A. Oxon" ou "M.A. (Oxon)". Às vezes Olcott se refere a ele apenas como "Oxon".

ao poder de iludir a vista pelo agora científico processo de inibição hipnótica dos nervos, resolve esse mistério e afasta muitas crenças supersticiosas e suposto diabolismo.

Foi válida toda aquela dificuldade de escrever aquele livro, para ter feito duas amizades vitalícias como as de Stainton Moses e de Massey; mas o livro fez muito mais, mudou a minha vida e marcou época. Enquanto o Sr. Massey estava na América, visitamos juntos diversos médiuns, e ele foi um dos que se juntaram a HPB e a mim para formar a Sociedade Teosófica perto do final daquele ano (1875). Eu o apresentei a HPB, ele frequentemente a visitava e se tornou um grande amigo dela e seu correspondente assíduo, até que a amizade deles se desfez, vários anos mais tarde, por uma circunstância conhecida como o "incidente Kiddle"[86]. Quando ele ia voltar a Londres, eu lhe dei uma carta de apresentação para o Sr. Stainton Moses, e assim começou aquela grande amizade entre nós três que só se interrompeu com a morte de "M. A. Oxon".

Foi mencionado um certo *Signor*[87] B. – um artista italiano com poderes ocultos, que visitou HPB em Nova Iorque. Presenciei, numa noite de outono de 1875, logo depois da formação da S.T., o extraordinário fenômeno de fazer chuva, produzido por ele – como ele disse – pelo controle de espíritos do ar. A Lua estava cheia, e nenhuma nuvem flutuava no céu azul claro. Ele chamou HPB e a mim para fora, para o balcão da sala de visitas de trás, e, pedindo para eu ficar em total calma e silêncio, independente do que pudesse acontecer, tirou do seu casaco e segurou contra a lua um pedaço de papelão, de talvez 15 por 25 centímetros, no qual, em um dos lados, estavam pintados a aquarela alguns quadrados, contendo cada um uma estranha figura matemática, a qual, porém, ele não quis me deixar tocar ou examinar. Eu estava perto dele e pude sentir seu

86 Trata-se do fato de que Henry Kiddle acusou o *Mahātma* M. de ter plagiado uma palestra sua. O *Mahātma* explicou o assunto na Carta nº 117 (*Cartas dos Mahātmas Para A. P. Sinnett*, vol. 2, Editora Teosófica).

87 "Senhor" em italiano.

corpo enrijecer-se como se estivesse respondendo a uma intensa concentração de vontade. Ele apontou para a Lua, e vimos densos vapores negros, como nuvens de trovão – ou antes, eu diria, como a massa de fumaça negra que, a sotavento, sai da chaminé de um navio a vapor em movimento – derramando-se da brilhante borda oriental do satélite brilhante, e flutuando na direção do horizonte. Involuntariamente soltei uma exclamação, mas o feiticeiro segurou meu braço com um aperto de aço e me fez ficar quieto.

A massa preta de nuvens saiu cada vez mais rápido, estendendo-se mais e mais longe, como uma monstruosa pluma negra. Ela se esparramou em forma de leque, e logo apareceram no céu outras nuvens escuras de chuva, ora aqui, ora acolá, e formavam massas que se enrolavam, flutuavam e se movimentavam rapidamente. O céu ficou rapidamente encoberto, a Lua desapareceu da vista, e uma ducha de pingos de chuva nos fez entrar na casa. Não houve trovão nem relâmpago, nem vento, apenas, simplesmente, uma forte pancada de chuva, produzida no espaço de quinze minutos por esse homem misterioso. Quando viemos para a luz do candelabro, vi que o seu rosto tinha aquele aspecto de firmeza de aço e aquele cerrar de dentes que se veem nos rostos dos soldados em batalha – e realmente com boa razão, pois ele acabava de combater e vencer as hostes invisíveis dos elementos, algo que faz surgir num homem cada centelha de força viril. O *Signor* B. não se demorou em nossa companhia, mas se despediu apressadamente, e, como já era tarde, segui seu exemplo poucos minutos depois. A calçada estava molhada pela chuva, o ar, úmido e fresco. Meus aposentos ficavam a apenas uns poucos passos dali; mal eu os havia alcançado e sentado para fumar quando a campainha tocou, e, ao abrir a porta de frente, vi na soleira o *Signor* B., pálido e um tanto exausto. Ele se desculpou por incomodar-me, mas pediu-me um copo com água. Eu o convidei a entrar, e, depois de ele beber a água e descansar um momento, fomos conversar sobre assuntos ocultos por muito tempo. Percebi que ele estava disposto a conversar sobre arte, literatura ou ciência, mostrando-se, porém, extremamente reticente quanto à ciência oculta e à sua experiência pessoal no desenvolvimento psíquico. Explicou, contudo, que todas as raças de espíritos elementais são passíveis de ser controladas pelo homem, quando ele desenvolveu suas potências divinas inatas: sua vontade torna-se então uma força irresistível, à qual todas as inferiores – ou seja, qualquer força elemental, seja ela organizada em entidades ou como agentes cósmicos brutos e cegos – são coagidas a se render. Na verdade, eu não tinha visto nenhuma fumaça negra saindo da Lua, aquilo era uma simples ilusão produzida pela concentração do pensamento dele sobre a superfície lunar, mas com certeza vi nuvens se formando no céu enluarado e a chuva cair, e ele me recomendou refletir sobre isso. Mas depois ele me deu um conselho que me surpreendeu muito. Eu o tinha visto nos melhores termos com HPB, conversando da maneira mais amistosa e mais sem reservas sobre a Itália, Garibaldi, Mazzini, os Carbonari, os Adeptos orientais e ocidentais, etc., e sobre fenômenos correspondentes, como o truque das borboletas brancas; foi, portanto, com razão que fiquei espantado quando ele, assumindo um ar de mistério, me aconselhou a romper minha amizade com ela. Ele disse que ela era uma mulher muito má e perigosa, e me traria alguma terrível calamidade se eu me deixasse dominar por seu encanto maligno. Disse ainda que foi o grande Mestre – cujo nome eu o tinha ouvido pronunciar para HPB – que havia lhe ordenado de dizer isso a mim. Olhei para o homem para ver se conseguia descobrir o sentido oculto de sua fala absurda, e disse finalmente: "Bem, *Signor*, sei que existe o Personagem a que o senhor se refere; depois de ver os seus fenômenos, tenho motivos de sobra para supor que o senhor tenha relações com ele ou com a Fraternidade; estou pronto, mesmo com o sacrifício de minha vida, a obedecer às ordens dele; e agora peço ao senhor que me dê algum sinal pelo qual eu possa saber, com certeza e sem a menor margem de dúvida, que Madame Blavatsky é o demônio que o senhor descreve e que é a vontade do Mestre que minha amizade com ela termine." O italiano hesitou, gaguejou algo incoerente e mudou de assunto. Embora ele fosse capaz de tirar da Lua nuvens carregadas, não conseguiu lançar no meu coração, através do labirinto das complexidades da ciência oculta, nenhuma negra dúvida sobre minha amiga e guia. Quando vi HPB depois disso, contei a ela sobre a advertência de B.; ela riu, disse que eu tinha passado maravilhosamente por aquele pequeno teste, e escreveu uma nota ao *Signor* B., dizendo-lhe que "esquecesse o caminho da casa dela", o que ele fez.

CAPÍTULO V

Espiritismo

Vários acontecimentos – o mar de controvérsias no qual fomos mergulhados, HPB e eu, por causa das minhas cartas para o *Graphic* e do meu livro, a publicação do artigo do Sr. Owen sobre Katie King e seu posterior desmentido, no *Atlantic Monthly* de janeiro (1875), as contribuições do General Lippitt para o *Galaxy* (dezembro de 1874) e para o *Banner of Light,* os ataques aos médiuns Holmes e os artigos defendendo-os, assim como a discussão geral sobre Espiritismo na imprensa americana e europeia – trouxeram certas coisas preciosas, entre as quais o fato de que se chamou a atenção do Ocidente para as ideias ocultas orientais, e o nascimento da Sociedade Teosófica.

Para refutar as histórias mentirosas sobre interferências de *Mahātmas*[88] e fenômenos relacionados a elas, e mostrar os estágios naturais pelos quais a Sociedade veio a existir, temos que olhar as primeiras cartas escritas à imprensa por seus dois verdadeiros pioneiros e pais (das quais tenho uma série incompleta de cópias). Os detalhes podem ser insípidos, mas são importantes como dados históricos.

Como já foi explicado, o ataque do falecido Dr. George M.

---

88 Definição dada no *Glossário Teosófica* no verbete "*Mahâtma* ou *Mahâtman*": "Literalmente, 'grande Alma ou Espírito'. Um Adepto de ordem mais elevada. Os *Mahâtmas* são seres eminentes que, tendo obtido o domínio de seus princípios inferiores, vivem, deste modo, livres dos impedimentos do 'homem carnal' e estão de posse de um conhecimento o poder proporcionados segundo o nível que alcançaram em sua evolução espiritual." Os *Mahātmas* com quem HPB e Olcott tiveram mais contato eram "M." e "K.H." (Morya e Kuthumi).

Beard – médico eletroterapeuta da cidade de Nova Iorque que queria fazer propaganda de si mesmo – aos Eddy, e sua louca e falsa afirmação de que poderia imitar as aparições de formas com "tecidos no valor de três dólares", fez HPB escrever com a fúria de um Berserker[89] e mandar para o *Graphic* a cáustica resposta de que ela apostava 5.000 dólares que ele não conseguiria comprovar sua jactância. Foi com esse artigo que o público americano soube que ela existia e conheceu seu nome. Naturalmente, as pessoas tomaram partido: os amigos do Espiritismo e os médiuns se alinharam com HPB, enquanto os oponentes, em especial os cientistas de tendência materialista, se colocaram do lado daqueles que apoiavam o Dr. Beard. Quem lucrou com a disputa foi Beard, cujo estratagema – digno de Pears, Beecham ou Siegel[90] – serviu de publicidade para ele e sua eletricidade, acima de suas expectativas. Aproveitando a oportunidade, ele fez uma conferência sobre o assunto, muito bem divulgada, e outra, se me lembro bem, na Academia de Música de Nova Iorque sobre mesmerismo[91] e leitura de pensamento. O *Banner of Light*, o *R.P. Journal* e outros periódicos comentaram a carta anti-Beard de HPB; ela respondeu, e assim muito rapidamente se encontrou no centro de muita controvérsia.

Como eu já disse, ela atribuiu-se a posição de uma espírita assumida, que não apenas acreditava, mas sabia que os poderes por trás dos médiuns – que escreviam, produziam fenômenos físicos, falavam com vozes formadas no ar, e até mesmo mostravam toda a sua

89 Os Berserkir (plural de Berserker) eram guerreiros nórdicos ferozes, que lutavam com fúria, como em êxtase, sem sentirem dores.

90 Não consegui descobrir informações sobre Pears, Beecham ou Siegel. Talvez Pears se refira a um homem que vendia, em 1889, um sabonete (Pear' Soap), que, segundo ele, rejuvenescia as pessoas (cf. *Aging by the Book: The Emerging of Midlife in Victorian Britain*, pp. 171ss.).

91 Termo derivado do nome Mesmer. O mesmerismo (ou "magnetismo animal") é uma técnica, semelhante ao uso da hipnose, desenvolvida pelo médico alemão Franz Anton Mesmer (1734-1815). Ele era considerado por alguns um charlatão, mas foi respeitado por outros pelo fato de ter chamado a atenção para os fenômenos paranormais.

forma ou seus rostos, mãos, pés e outros membros separadamente – eram os espíritos de mortos, assombrando a Terra, nem mais nem menos. Num capítulo anterior, citei passagens de cartas e artigos, que foram publicados e que comprovam isto. Na sua primeira carta a mim, escrita em Nova Iorque na semana após sua saída de Chittenden (outubro de 1874) e na qual ela se dirigia a mim como "Caro Amigo" e assinava "Jack", e em sua segunda carta, datada de seis dias depois e assinada "Jack Blavatsky", ela me roga que não elogie a atuação mediúnico-musical de certo Jesse Sheppard – cuja pretensão de haver cantado perante o Czar, e outras jactâncias, ela havia descoberto serem absolutamente falsas – já que isso iria "ofender o Espiritismo[92] mais do que qualquer outra coisa no mundo"[93]. "Eu lhe falo", ela disse, "como sua verdadeira amiga e como espiritualista ansiosa por salvar o Espiritismo de um perigo." Na mesma carta, referindo-se a uma promessa que lhe havia sido feita por "Mayflower" e "George Dix", dois dos supostos guias espirituais de Horatio Eddy, no sentido de que eles a auxiliariam, influenciando o juiz responsável pelo seu processo para recuperar o dinheiro investido na empresa horticomercial de Long Island, ela afirma: "Mayflower tinha razão, o Juiz [...] entrou com outra decisão a meu favor." Será que ela acreditava, então, que guias espirituais de médiuns poderiam e se disporiam a influenciar magistrados? Se não, o que sua fala significava? Ou ela era espírita, ou assim se apresentava na época, com o desígnio posterior de passar os espíritas da plataforma de crença

92 Cf. nota 13. Aqui HPB se refere claramente ao Espiritismo, não ao Espiritualismo em geral.

93 N.O.: "Levado por sua estrela infeliz, Sheppard – escreve ela – havia trazido muitas de suas credenciais de São Petersburgo, em russo, para ela traduzir. Entre essas, ela encontrou uma autorização da Polícia para cantar na Salle Koch, uma cervejaria e salão de danças de baixo nível, frequentada por indivíduos dissolutos de ambos os sexos, e uma fatura de 32 rublos de um professor de música, por ter-lhe ensinado certas canções russas – que o ouvimos cantar na casa dos Eddy, *numa sessão às escuras, quando ele estava ostensivamente sob o controle de Grisi e Lablache!* Apresento esses fatos somente de acordo com o que ela escreveu." [Giulia Grisi e Luigi Lablache eram famosos cantores italianos. N.T.]

ocidental para a oriental, com relação aos fenômenos mediúnicos.

Na sua carta anti-Beard (*New York Daily Graphic* de 13 de novembro de 1874), ela diz, referindo-se ao incidente no qual lhe havia sido trazida, pelos "espíritos" de Horatio Eddy, uma fivela decorativa que tinha sido enterrada com o corpo do seu pai em Stavropol: "Considero que é meu dever como espírita", etc., etc. Mais tarde, ela me disse que a eclosão de fenômenos mediúnicos tinha sido causada pela Fraternidade de Adeptos como recurso para impulsionar a evolução, e coloquei essa ideia numa frase do meu livro (*P.O.W.* [94], p. 454, no alto), sugerindo a hipótese plausível de que essa devia ser a verdade. Mas então, nesse caso, o surto espírita não podia ser considerado totalmente maléfico, como o pintaram alguns extremistas teosóficos, pois é inconcebível – pelo menos para mim, que os conhecia – que aqueles Irmãos Mais Velhos da Humanidade fossem empregar, ainda que para o bem da raça humana, um expediente absolutamente mau em si mesmo. O moto jesuítico, "*Finis coronat opus*"[95], não está escrito nas paredes do templo da Fraternidade.

No mesmo número do *Daily Graphic* para o qual ela contribuiu com sua carta anti-Beard, foi publicada sua biografia, a partir de notas fornecidas por ela mesma. "Em 1858", diz ela, "voltei a Paris e fiz amizade com Daniel Home, o espírita. [...] Home me converteu ao Espiritismo. ... Depois disso fui à Rússia. Converti meu pai ao Espiritismo." Num artigo em que defende os médiuns Holmes do traiçoeiro ataque do ex-sócio e empresário deles, Dr. Child, ela fala no Espiritismo como "a *nossa* fé" e "a *nossa* causa"; e, novamente, "toda a crença de *nós*, espíritas"; ainda mais adiante, "se nós, os espíritas, tivermos de ser ridicularizados, escarnecidos e olhados com desprezo, devemos, pelo menos, saber por quê". Com certeza; e alguns dos seus colegas

---

94 *People from the Other World* (Pessoas do Outro Mundo).

95 Expressão latina significando "O fim coroa a obra". Uma das interpretações dessa expressão é "Os fins justificam os meios", outra é "Tudo está bem, se termina bem".

ainda vivos deviam tê-lo em mente. No *Spiritual Scientist* de 8 de março de 1875, ela diz que certa coisa "contribuiria para mostrar que, não obstante a divina verdade de nossa fé (o Espiritismo) e os ensinamentos de nossos guardiães invisíveis (os espíritos dos círculos), alguns espíritas não aproveitaram isso para aprender a imparcialidade e a justiça".

Isso foi, da parte dela, corajoso e magnânimo, bem característico da maneira pela qual ela se lançava na linha de frente da batalha por qualquer causa que abraçasse. Suas simpatias pela liberdade e pelo livre-pensar a levaram a seguir, com diversas outras senhoras, a bandeira portadora da vitória de Garibaldi, o Libertador, e a mergulhar no meio da carnificina em Mentana[96]. E assim, quando ela viu a Ideia Espiritual debater-se contra a Ciência Materialista, nem o medo de contaminação por contato com médiuns fraudulentos, maus espíritos, ou grupos de espíritas que pregavam e praticavam o amor livre e a quebra dos vínculos sociais saudáveis, a fez hesitar por um momento em apoiar o Espiritismo. Sua política pode ser condenada por alguns, suas expressões – como se pode ver nos poucos exemplos, dentre muitos, já mencionados – podem ser consideradas uma total aprovação do mesmo Espiritismo que ela posteriormente criticou tão sem piedade; mas, para julgá-la corretamente, é preciso tentar colocar-se ao lado dela sob as condições da época, tentar perceber o quanto ela sabia, na teoria e na prática, sobre os fenômenos psíquicos que o mundo precisa conhecer antes de jogar-se na corrente letal do Materialismo. Muitos de nós teríamos empregado expressões muito mais cautelosas, e assim evitado deixar atrás de nós um tal emaranhado de contradições e confusão, mas ela era excepcional sob todos os aspectos – em poderes psíquicos e mentais, em temperamento e no método de controvérsia. Um dos objetivos desta narrativa é mostrar que, com todas as fraquezas humanas e

96 Cidade italiana na qual ocorreu em 1867 uma batalha, durante a qual os voluntários sob o comando de Garibaldi foram vencidos.

excentricidades que lhe podem ser atribuídas, ela era uma grande personagem, muito acima das pessoas comuns, que realizou para o mundo uma grande obra altruísta, e recebeu como prêmio uma feroz ingratidão e um cego desprezo.

As instruções que ela me dava sobre a existência do mundo dos espíritos elementais prosseguiram – como já mencionei – paralelamente ao nosso relacionamento com (supostos) espíritos que produziam batidas; e assim, muito antes de eu adotar a teoria oriental de *Pisachas* e *Bhutas*, por nós denominados elementares[97], cheguei a distinguir as duas classes de agentes produtores de fenômenos, os espíritos da natureza sub-humanos, e os elementares ex-humanos, ligados à terra. Por volta do fim do inverno de 1874-5, enquanto eu estava em Hartford acompanhando a impressão do meu livro – mas era tarde demais para reescrevê-lo –, eu havia tido a rara oportunidade de consultar a soberba coleção de livros sobre ciências ocultas na Biblioteca de Consulta Watkinson, coleção compilada para ela pelo Dr. H. C. Trumbull, o erudito bibliotecário. Fiquei então muito bem preparado para compreender as explicações verbais de HPB, assim como os muitos e surpreendentes fenômenos psíquicos dela para ilustrá-las. Essa sequência de leituras e preleções preparatórias e de fenômenos me colocou também em condições de ser útil quando ela se dedicou à laboriosa tarefa de escrever *Ísis sem Véu*[98] e recorreu a mim para ser seu auxiliar.

Foi no primeiro trimestre do ano de 1875 que passamos a nos interessar pelo *Spiritual Scientist,* pequeno mas brilhante jornal independente, publicado e editado em Boston pelo Sr. E. Gerry Brown. A urgente necessidade do momento era um jornal que,

97 N.O.: "Na verdade, nós dois costumávamos chamar de "elementares" os espíritos dos elementos, causando assim muita confusão, mas, quando *Ísis* estava sendo escrito, sugeri que empregássemos distintamente os termos "elemental" e "elementar", no sentido que eles adquiriram desde então. Agora é tarde demais para mudá-los, senão, eu faria isso."

98 Cf. nota 31.

por um lado reconhecido como órgão do Espiritismo, pudesse, por outro lado, ser levado a auxiliar na tarefa de fazer com que os espíritas examinassem mais de perto o comportamento e pretensos dons psíquicos de seus médiuns, e a ouvir com paciência as teorias da existência do espírito e de suas relações com os vivos. Os jornais mais antigos dessa espécie eram o que se poderia classificar como demasiado ortodoxos, ao passo que a especialidade do Sr. Brown parecia ser obter sucesso criticando destemidamente os abusos. Nosso relacionamento com ele começou com uma carta endereçada a ele *(Spiritual Scientist,* de 8 de março de 1875), e no mês seguinte ele já tinha caído nas graças dos poderes por trás de HPB. Na edição de 17 de abril do referido jornal, apareceu uma memorável circular intitulada "Importante para os Espíritas". Sua importância, para o Sr. Gerry Brown, residia na promessa (honrosamente cumprida)[99] de ajuda literária e pecuniária para ele; para o público interessado em Espiritismo, ela lançava a ideia proveitosa de que o jornal fosse usado como órgão do novo movimento, para colocar o Espiritismo americano numa base mais filosófica e intelectual. A circular afirmava que os principais jornais espíritas eram "obrigados a dedicar a maior parte de seu espaço a comunicações de natureza trivial e meramente pessoal, que só interessavam aos amigos dos espíritos que as enviavam [...]" e a principiantes. *The Spiritualist,* de Londres, e, em Paris, a *Revue Spirite,* foram citados como "exemplos do tipo de jornal que deveria ter sido fundado em nosso país (Estados Unidos) há muito tempo – jornais que dedicam mais espaço à discussão de princípios, ao ensino da filosofia e à manifestação da capacidade crítica conservadora do que à mera publicação de mil e uma ocorrências pouco importantes de [...] círculos". O terceiro parágrafo dizia o seguinte:

---

99 N.O.: "Professor Buchanan, Epes Sargent, Charles Sotheran e outros famosos escritores, para não mencionar nós dois, começaram a contribuir para as colunas dele, e HPB e eu lhe demos várias centenas de dólares para despesas correntes. Esta última forma de contribuição foi reconhecida em seu artigo de fundo de primeiro de junho de 1875, intitulado "*Rock Bottom*".

> O permanente defeito do Espiritismo americano é que ele ensina tão poucas coisas dignas da atenção de um homem esclarecido; que tão poucos de seus fenômenos ocorrem sob condições satisfatórias para homens com instrução científica; que a propagação de suas doutrinas está nas mãos de tantos ignorantes, se não de pessoas nitidamente más; e que ele oferece, em troca das disposições ordenadas dos principais credos religiosos, nada além de um indigesto sistema de responsabilidades e relações morais e sociais, presentes e futuras.[100]

Eu mesmo redigi cada palavra desta circular, corrigi sozinho as provas tipográficas e paguei pela sua impressão. Quer dizer, ninguém ditou uma palavra que eu devesse dizer, nem acrescen-

100 N.O.: "Fui, e tenho sido desde então, frequentemente repreendido pelos espíritas pela severidade de minhas críticas à adoção de pontos de vista e comportamentos imorais entre médiuns e grupos inteiros de pretensos espíritas, mas nunca escrevi sobre eles coisas mais mordazes do que as que podem ser encontradas nos artigos de jornais e em livros dos principais escritores entre eles mesmos. Para não falar da total e feroz depreciação de todo o grupo de seus irmãos médiuns e sensitivos por Home, esse médium exibido. A Sra. Hardinge Britten *(Nineteenth Century Miracles,* p. 426) diz que seus guias espirituais lhe haviam dito que "os piores inimigos do Espiritismo eram mesmo os de casa, e que as punhaladas mais cruéis contra ele partiam das mãos dos próprios espíritas". Em outro trecho ela diz: "e assim esta grande causa, como muitas outras dos mais puros Messias do mundo, foi colocada na cruz do martírio entre os ladrões de licenciosidade e da cupidez"; se não morreu, "não foi por falta de esforço da humanidade para solapar sua integridade pela corrupção interna, bem como pelo antagonismo externo [...]". O amor livre "havia, de um germe incipiente, chegado à plena maturidade de um movimento largamente disseminado. [...] O monstruoso fluxo de doutrina licenciosa, tantas vezes ilustrado por monstruosa licenciosidade de vida e conduta, que durante certo período se espalhou como um contágio maligno através de todos os Estados Unidos, [...] lançou um mau cheiro totalmente injusto e desastroso sobre a reputação e a crença de centenas de milhares de pessoas inocentes", etc. Jamais escrevi algo tão forte; mas a Sra. Britten não exagerou o insalubre estado de coisas produzido pelo irrestrito encorajamento de contatos entre vivos e mortos. Regular esses contatos, tornar públicos os perigos e mostrar o que era o verdadeiro espiritualismo, e como o homem pode desenvolver a verdadeira espiritualidade, essa era inteiramente a intenção de HPB, e foi o que a levou a declarar-se espírita. Isso, creio eu, ficará claro àqueles que acompanharam sua carreira até o dia de sua morte."

tou quaisquer palavras ou frases, nem interferiu em minha ação de qualquer modo visível. Redigi a circular para cumprir os desejos expressos dos Mestres de que nós – eu e HPB – ajudássemos o editor do *Scientist* naquilo que era, para ele, uma crise difícil, e fiz o meu melhor para empregar a linguagem que mais se adequava ao propósito. Quando a circular estava composta na gráfica e eu havia corrigido as provas e alterado a disposição dos parágrafos, perguntei a HPB (por carta) se ela achava melhor que eu a publicasse anonimamente, ou colocasse meu nome. Ela me respondeu que era desejo dos Mestres que a circular fosse assinada assim: "*Pelo Comitê dos Sete*, FRATERNIDADE DE LUXOR". E assim ela foi assinada e publicada. Depois HPB explicou que nosso trabalho, e muitos mais da mesma espécie, estava sendo supervisionado por um Comitê de sete Adeptos pertencentes ao grupo egípcio da Fraternidade Mística Universal[101]. Até então ela não tinha visto a circular, mas aí eu mesmo levei um exemplar para ela, que começou a ler o texto com atenção. Ela logo riu e me disse para ler o acróstico[102] formado pelas iniciais dos seis parágrafos. Para meu espanto, elas formavam o nome pelo qual eu conhecia o Adepto (egípcio) sob cujas ordens eu estava então estudando e trabalhando. Mais tarde, recebi uma declaração, escrita em tinta dourada num grosso papel verde, dizendo que eu estava ligado a esse "Observatório" e que três Mestres (nominados) estavam me testando. O nome "Fraternidade de Luxor" foi surrupiado por aqueles maquinadores que, sete anos mais tarde, começaram o "pega-trouxas" denominado "The H. B. of L."[103]. A

101 N.O.: "Já foi explicado que trabalhei primeiro sob a parte egípcia da seção africana, e depois sob a seção indiana."

102 No original: "*acrostic*", que pode significar "acróstico" ou "acrônimo". Nenhum dos dois termos caberia aqui, mas, como Olcott o usará também mais adiante, deixo "acróstico", embora essa palavra seja empregada somente com relação à poesia.

103 *Hermetic Brotherhood of Luxor* (Irmandade Hermética de Luxor). Sobre a palavra "*Brotherhood*", veja a nota 37. Na Sociedade Teosófica, costuma-se traduzir essa palavra – quando se refere ao grupo de Adeptos que guiam o

existência da verdadeira Loja[104] é mencionada na *Royal Masonic Cyclopedia*[105] (página 461) de Kenneth Mackenzie.

Nada, no início de minha experiência ocultista, durante esse tempo com HPB, causou em minha mente impressão mais profunda do que o mencionado acróstico. Para mim, ele foi a prova de que o espaço não constituía obstáculo à transmissão de sugestões de pensamento do cérebro do Mestre para o do discípulo, e dava suporte à teoria de que, ao realizar um trabalho universal, o agente muitas vezes pode realmente ser levado por supervisores a fazer coisas que eles acham que devem ser feitas, sem ele ter consciência de que sua mente não está funcionando apenas sob o impulso de seu Ego controlador. Aplicando-se essa teoria, não desarrazoada ou não anticientífica, a toda a história da Sociedade Teosófica, quem pode dizer em que proporção de casos fizemos aquilo que tinha de ser feito, e poderia não ter sido feito se uma influência externa não nos tivesse dado o empurrão? E quantos dos deploráveis erros, passos em falso e excentricidades injuriosas que ocorreram, ou foram feitos por um de nós dois, deveram-se ao simples fato de que fomos deixados a seguir nossos próprios impulsos errados, resultados de nossos temperamentos, ignorância, debilidade moral ou preconceitos fanáticos?

Com frequência, as pessoas se indagam por que os Mestres não previram e evitaram os vários escândalos, como o de Coulomb e os menores, que nos fizeram sofrer; por que HPB não foi alertada antecipadamente sobre o que iam fazer os traidores; e por que, na crise aparentemente mais séria, não veio qualquer ajuda, não apareceu qualquer guia espiritual. Naturalmente, tais perguntas implicam o absurdo de que os *Mahātmas*, que implicitamente

---

mundo (a Grande Fraternidade Branca) – por "Fraternidade", mas no caso da *Brotherhood of Luxor* usa-se geralmente a tradução "Irmandade".

104 Aqui trata-se da chamada "Loja Branca", explicada assim no *Glossário Teosófico*: "Fraternidade ou Hierarquia de Adeptos, que velam pela humanidade e a guiam em sua evolução [...]."

105 Enciclopédia Maçônica Real. "Real" aqui se refere à realeza, não à realidade.

acreditam nas leis rígidas do *Karma* e orientam suas próprias ações por elas, nos tratariam como marionetes, ou cachorrinhos a que se ensinassem truques, e nos movimentariam, interferindo no nosso *Karma* e, consequentemente, em nossos direitos. Talvez a evolução da sociedade, em determinada conjuntura, precise que determinada pessoa faça, escreva ou diga algo que, uma vez feito, acarrete toda uma série de consequências. Se essa coisa necessária não envolver qualquer malefício *kármico* a essa pessoa, pode ser dado o impulso mental para ela fazer isso, gerando-se assim as sequências de causa e efeito. Por exemplo, os destinos da Europa são controlados por três ou quatro homens, que talvez se reúnam numa festa a bordo do mesmo barco. Por qualquer bagatela que viesse a ocorrer, certo reino seria finalmente destruído, certa dinastia se transformaria num flagelo da raça, ou iria iniciar-se uma era de paz e progresso. Se naquela conjuntura, uma dessas consequências for de interesse de toda a humanidade, e se *nenhum outro meio para precipitar a crise estiver disponível*, então eu poderia considerar lícito que se fizesse de fora a sugestão mental.

Ou tomemos um caso mais simples, também histórico. Havia sido atingido um ponto no progresso da Egiptologia em que o mundo precisava, para a leitura dos hieróglifos, de uma chave melhor do que a que possuía, pois na literatura daquela civilização antiga repousavam grandes e preciosas verdades – verdades para as quais havia chegado o momento de serem divulgadas novamente. Como falharam todos os outros meios, simplesmente um trabalhador árabe é levado a cavar num certo ponto, ou abrir certo sarcófago; ele encontra uma pedra entalhada ou um papiro com inscrições, que ele vende ao Sr. Grey, em Tebas, em 1820, ou ao *Signor* Casati, em Karnak ou Luxor; que, por sua vez, transmite o achado a Champollion, ou a Young, ou a Ebers, que descobre a pista que falta, e com ela decifra velhos escritos de grande importância.[106] É a mão que ajuda,

106 Aparentemente Olcott não conhecia a história exata da decifração dos hieróglifos, visto que ele menciona várias possibilidades.

não a mão fratricida, que esses nossos benfeitores ocultos estendem à humanidade. Ou, para citar um caso muito mais próximo de mim: sou levado, certo dia, a comprar um jornal; nele leio algo que me instiga a dar um determinado passo, que, posteriormente, reúne HPB e a mim, o que, depois de algum tempo, dá início à Sociedade Teosófica e suas consequências. Não me cabe qualquer mérito por ter dado o passo inicial, mas se o efeito resultante for bom, e eu me juntar a ele e trabalhar por ele com fervor desprendido, partilharei, então, *de fato*, do benefício *inteiro* que aquele efeito traz para a humanidade. Vi uma vez, em Galle[107], uns pobres estendendo as mãos para alcançar cestos de comida que vizinhos mais ricos tinham buscado e levavam, na cabeça, a um grupo de monges budistas. Quando perguntei a respeito disso, me disseram que, por sentirem uma verdadeira simpatia pelo ato de caridade, eles partilhavam do mérito que tal feito envolvia. Essa resposta significou para mim mais do que um longo sermão, e incorporei a ideia ao meu *Catecismo Budista.*

Na semana passada, encontrei entre meus papéis uma velha carta do Honorável Alexander Aksakof, de São Petersburgo. Essa carta – embora não seja provavelmente uma daquelas que foram retiradas de forma tão fenomenal das malas postais a caminho de Nova Iorque e enviadas a mim na Filadélfia, já que é datada de São Petersburgo, 4-16 de abril de 1875, e deve ter chegado a mim depois de minha visita a HPB – contém um pós-escrito a lápis de grafite, na quarta página, na singular caligrafia de "John King". Ele me diz que meu correspondente "é realmente um homem bom, e instruído também" – fatos que são agora de conhecimento geral. Como perdi ou dei o envelope para alguém, não posso fixar a data exata da chegada da carta. Nela, *Monsieur* Aksakof me informa que, depois de ler minhas cartas no *Graphic* e perceber o efeito delas nos dois hemisférios, está convencido da absoluta necessidade de uma investigação exaustiva dos fenômenos, por parte dos melhores homens de ciência. Ele me pergunta se não posso organizar um tal comitê, e

107 Cidade no Sri Lanka.

conta o que foi feito na Rússia. Existem quatro professores eminentes, em diferentes universidades, que, em conjunto, investigaram a fundo a matéria e ficaram convencidos da realidade dos fenômenos; se eu preferir, esses cavalheiros de ciência me mandarão um apelo conjunto aos seus colegas americanos para que procedam como eles e resolvam, assim, de uma vez por todas, o problema mais importante que o homem tem de resolver para seu próprio bem e para o bem-estar da raça[108].

É claro que era exatamente esse o motivo que me levou a empreender as pesquisas sobre os Eddy, mas considerei insuperáveis os obstáculos que surgiram – a obstinação ignorante e estúpida dos médiuns e de todo o conjunto de seus "guias" – e registrei o fato em meu livro. Achei um pouco divertido ler, num pós-escrito redigido dois dias depois da sua carta, que *Monsieur* Aksakof, que tinha nesse meio tempo acabado de ler a tradução de HPB do meu livro para o russo, disse que era evidente que, com pessoas como os médiuns, uma boa pesquisa científica era impossível, e me pediu para considerar cancelado o seu plano. O assunto, porém, não terminou aí, pois nossa correspondência se manteve e resultou num convite a HPB e a mim de servir de comissão para selecionar um médium de confiança, a ser mandado a São Petersburgo para ser examinado e testado por uma Comissão Especial de Professores da Universidade Imperial daquela cidade. Aceitamos a incumbência, e nosso comunicado conjunto, anunciando o fato ao público, saiu no *Spiritual Scientist* de 8 de julho de 1875 – tanto quanto posso deduzir da maneira confusa pela qual os recortes de jornal estão colados em nosso *Álbum de Recortes,* Volume I. Em todo caso, no jornal daquele dia foi publicada uma tradução da carta do Sr. Aksakof a HPB, abordando o assunto assim:

> Meu pedido à senhora e ao Coronel Olcott é o seguinte: teriam os senhores a gentileza de traduzir o 'Apelo aos Médiuns', aqui

108 "Raça" certamente se refere à humanidade (raça humana).

> incluso [...], deliberar juntos e nos (Sociedade Imperial de Experimentadores em Física) dizer quem, dentre os médiuns americanos, seria melhor convidarmos para vir a São Petersburgo, para o melhor proveito da Causa? Para nossas primeiras experiências, preferiríamos ter médiuns para manifestações simples, mas fortes, *em plena luz*. Usem toda a sua influência para conseguir bons médiuns, comecem o trabalho imediatamente e me avisem sem perda de tempo. Tenham em mente que dinheiro não é problema para nós [...].

Evidentemente essa carta resultou em muitas candidaturas, e nós testamos pessoalmente a mediunidade de diversos candidatos, vendo alguns fenômenos extremamente surpreendentes, e alguns realmente belos. A divulgação disso foi aproveitada por certos impostores insolentes para realizar um espetáculo público de pretensa mediunidade no Teatro de Boston, numa noite de domingo do mesmo mês de julho. Eles anunciaram que eles mesmos foram contratados para irem à Rússia. Numa carta enviada em 19 de julho a todos os jornais de Boston, nós expomos a farsa e a repudiamos.

CAPÍTULO VI

A Desaprovação Oriental

O público ocidental tem presumido consensualmente que os médiuns profissionais, cuja alimentação e alojamento dependem de sua habilidade constante em produzir fenômenos psíquicos – quando percebidos por patrocinadores – são, em emergências, muito tentados a suplementar fenômenos reais com imitações fraudulentas. Quase sem exceção eles são pobres, muitas vezes inválidos, ou mesmo obrigados a sustentar filhos e – as médiuns – talvez maridos preguiçosos ou incapazes; suas rendas, quando as têm, são extremamente precárias, porque o estado mediúnico depende tanto de condições psicofisiológicas quanto atmosféricas fora do controle deles; portanto, não é estranho que, sob a pressão financeira do cotidiano ou qualquer outra urgente necessidade, seu senso moral fique embotado. Então, naturalmente eles se rendem à tentação lançada por visitantes crédulos, que, aparentemente, não pedem nada mais do que pagar para serem ludibriados. De qualquer forma, é o que os médiuns profissionais me explicaram. Eles me contaram suas miseráveis experiências de vida, como o dom fatal da mediunidade havia amargurado sua infância, fazendo com que seus colegas de escola os evitassem e perseguissem, e os curiosos os procurassem, mas também os menosprezassem, e que eles fossem usados como atração pública, em proveito de seus próprios pais, por homens que organizavam espetáculos (veja em *People from the Other World*, capítulo II, a trágica história das crianças Eddy, como me foi contada por eles), desenvolvendo assim os germes da histeria, tísica ou escrófula, o que ruinou sua saúde.

A Sra. Hardinge Britten[109], que sabia mais sobre médiuns e mediunidade do que ninguém, me contou em Nova Iorque, em 1875, que raramente ou nunca havia conhecido um médium que não tivesse um temperamento escrofuloso ou tísico, e a observação médica demonstra, acredito, que entre eles são muito comuns os desarranjos dos órgãos reprodutivos. A mediunidade genuína, praticada em condições promíscuas, é, receio, um sério perigo físico, para não falar de seus efeitos morais. Todo médico nos diz que dormir num quarto mal ventilado, em companhia de um grupo variado de pessoas, algumas das quais talvez portadoras de doenças, é perigosíssimo e pode ser fatal. Mas este risco é nada se comparado com aquele que o pobre médium público enfrenta, que tem que aguentar a presença de todos os que chegam e imergir na aura magnética deles, sejam eles saudáveis ou doentes, quer física ou moralmente: grosseiros, sensuais, irreligiosos, desespiritualizados, embrutecidos na maneira habitual de pensar, falar ou agir, ou o contrário. Ah! Pobres médiuns, é uma prostituição psíquica, a deles. Três vezes felizes os que podem desenvolver e praticar seus dotes psíquicos cercados de pessoas seletas e superiores, como era o caso das videntes do Templo nos tempos antigos.

As observações acima são pertinentes à linha de investigação que eu e HPB adotamos, a pedido de *Monsieur* Aksakof, em nome da comissão científica de São Petersburgo. Quando nos demos conta de que teríamos de escolher entre médiuns profissionais, pois era improvável que qualquer outro se dispusesse a suportar a publicidade e o aborrecimento que tal experiência penosa traria consigo, decidimos que seria necessário que estivéssemos inteiramente satisfeitos com os poderes psíquicos reais e relativamente disponíveis de médiuns que finalmente recomendaríamos. O desejo de M. Aksakof de que déssemos preferência àqueles cujos fenômenos pudessem ser mostrados "em plena luz" era muito razoável, pois dessa forma minimizava-se a possibilidade de bem-sucedida trapaça; porém, existi-

109 Escritora espírita inglesa (1823 - 1899).

ram então – e também existem agora – poucos médiuns que podiam contar com algo de natureza muito surpreendente acontecendo em suas sessões à luz do dia. Nossa escolha teria de reduzir-se a uns dois ou três, como C. H. Foster ou o Dr. Slade, para os quais era indiferente que a coisa se fizesse de dia ou de noite, visto que seus sucessos em oferecer "testes de identidade de espíritos" eram razoavelmente certos. Decidimos, portanto, conseguir um bom médium de qualquer maneira, quer ele ou ela viesse ou não de encontro ao ideal fixado por M. Aksakof. Nossas buscas se estenderam por vários meses, até maio de 1876, se não me engano. Já que comecei a falar desse episódio, posso muito bem contá-lo até o final, embora ele quebre a sequência cronológica dos acontecimentos que envolvem a história da S.T. Então vou lembrar, da melhor maneira possível, os sucessivos estágios da investigação mediúnica de São Petersburgo.

No verão de 1875, uma mulher chamada Youngs estava praticando a mediunidade como meio de vida em Nova Iorque. Ela tinha – segundo me lembro vagamente – uma compleição robusta, maneiras indisciplinadas, era fisicamente forte e tinha grandes poderes psíquicos. O tom no qual ela intimava seus "guias na Terra do Espírito" contrastava divertidamente com a entonação melíflua em que a maioria dos médiuns se dirige aos invisíveis. "Vamos lá, espíritos", dizia ela, "deixem de ser preguiçosos; vamos, vamos! Qual é a de vocês? Mudem aquele piano, ou façam isto ou aquilo. Vamos, estamos todos esperando!" *E eles o faziam*, como se obedientes à vontade dela. Seu principal fenômeno era fazer os espíritos levantarem um piano grande, pesado, e fazê-lo empinar para a frente e para trás, ao mesmo tempo em que ela tocava músicas. Ouvi falar nela e achei que devia levar HPB comigo e ver o que ela podia fazer. HPB concordou, e então coloquei no meu bolso três coisas a serem usadas como novos testes da mediunidade dela – um ovo cru e duas nozes inglesas, objetos cujo valor experimental logo se verá. Felizmente, não sou obrigado a confiar totalmente na minha memória, já que achei um recorte do *New York Sun*, de 4 de setembro de 1875, dando um relato preciso da sessão e dos meus testes. Estavam presentes quinze pessoas. O repórter do *Sun* diz:

> A apresentação começou com um levantamento do piano por forças invisíveis, três vezes para "sim" e uma vez para "não", em resposta a perguntas formuladas pela Sra. Youngs, que tinha colocado suas mãos levemente na parte alta do suporte de partituras. Depois ela sentou-se e tocou várias músicas, e o instrumento subiu e desceu e marcou o compasso. Em seguida ela foi até uma das extremidades do piano e chamou o Coronel Olcott assim como outros que quisessem fazer a experiência. Ela fez cada um colocar a mão esquerda sob o piano, deixava uma de suas próprias mãos debaixo da mão da outra pessoa, e então, a pedido dela, a ponta do pesado instrumento levantava-se do chão sem o menor esforço da parte dela. [Diz o repórter que ele próprio não conseguiu levantar uma ponta do piano, tão grande era seu peso.] O Coronel pediu que lhe fosse permitido fazer um único teste, que não causaria qualquer dano à médium. A Sra. Youngs consentiu, e ele tirou de uma caixa um ovo de galinha e pediu para ela segurá-lo na mão de encontro ao lado inferior do piano e então solicitar aos espíritos que o levantassem. A médium disse que, desde que ela era médium, jamais tinha sido sugerido um tal teste, e que ela não podia dizer se ele seria bem-sucedido, mas que tentaria. Pegou o ovo e o segurou da maneira desejada, e então, dando batidas sobre o piano com a outra mão, pediu aos espíritos para verem o que podiam fazer. Imediatamente o piano levantou-se como antes, e manteve-se por um momento suspenso no ar. A original e surpreendente experiência foi um completo sucesso. Em seguida a Sra. Youngs pediu a todas as pessoas mais pesadas da sala que achassem lugar em cima do instrumento que subissem nele, e, sendo o convite aceito por sete senhoras e cavalheiros, ela tocou uma marcha, e o instrumento, com as pessoas e tudo, foi facilmente levantado. Nesse momento o Coronel Olcott apresentou duas nozes inglesas e pediu aos espíritos que quebrassem as cascas delas sob as pernas do piano sem amassar o miolo. Sua inten-

> ção era demonstrar que ali havia alguma força acima da mulher, uma força regida por inteligência. Os espíritos estavam dispostos a fazê-lo, mas, como as pernas do piano estavam montadas sobre rodízios, o teste foi abandonado. Então o Coronel pediu permissão para segurar um ovo, com sua própria mão, contra o lado inferior do piano, e que a Sra. Youngs colocasse sua mão sob a mão dele, de forma que ele pudesse ter uma demonstração clara do fato de não haver qualquer força muscular sendo exercida por ela. Ela também concordou com esse teste, que foi imediatamente realizado. O piano levantou-se o mesmo tanto que antes. Encerraram-se então as manifestações da noite, com *o levantamento do instrumento sem que as mãos da médium o tocassem de maneira alguma.*

Foi, com certeza, uma espantosa manifestação de força psicodinâmica. Não somente um piano de sete oitavas e meia, pesado demais para um homem levantá-lo até mesmo por uma extremidade, foi erguido sem o menor dispêndio de força muscular por parte da médium ou de qualquer outra pessoa viva presente, numa sala totalmente iluminada, como também foi demonstrada uma *compreensão inteligente dos pedidos e o cumprimento deles*. Admitamos que só a inteligência da médium estivesse em jogo, ainda assim temos o problema de como ela podia transformar seu pensamento, primeiro, em vontade, e depois, em força ativa. O último teste – de fazê-la deixar a mão sob a minha, que segurava um ovo, e então fazer o pesado instrumento levantar-se tão levemente como uma pena, contrariando a lei da gravidade – foi para mim, tanto quanto para HPB, prova conclusiva de seu dom mediúnico. Então lhe fizemos uma oferta, com certa condição, de recomendá-la a M. Aksakof.

A condição foi que ela se submetesse a uma série de testes inofensivos, mas convincentes. Se ela passasse neles, nós teríamos a certeza de poder recomendá-la definitivamente. Mas ela declinou a oferta por causa da longa viagem e porque ela não queria sair do seu país para ir viver no meio de estrangeiros. Não sei o que foi feito dela, mas ouvi dizer que adotou minha prova do ovo como sua habitual demonstração de que ela realmente era uma médium. Havia em tudo isso muito pouca espiritualidade, mas muita coisa que revoluciona a física – o que, pensei, poderia fazer tremer nas bases o Professor Mendeleyeff[110] e seus confrades cientistas.

Um tipo de mediunidade muito mais belo e poético era a da Sra. Mary Baker Thayer, de Boston, Massachussets. Ao exame de seus fenômenos dediquei umas cinco semanas daquele mesmo verão. Ela é, ou era, aquilo que se chama uma "médium de flores", isto é, uma sensitiva em cuja presença caem chuvas de flores, de pequenos arbustos, videiras, relva, folhas e ramos recém-arrancados de árvores, talvez de espécies exóticas, encontráveis naquele país frio somente em estufas. Quando a conheci, era uma mulher de meia-idade, de maneiras cativantes, disposta a se submeter a testes, e sempre jovial e afável. No entanto, como muitos outros médiuns públicos, ela bebia; ela disse – e acredito – que era para compensar a terrível drenagem de sua força nervosa provocada pelos fenômenos. Estou plenamente convencido de que ela era uma médium verdadeira, mas também *sei* que ela completava seus fenômenos genuínos com truques. Sei porque a peguei em flagrante, certa noite do ano de 1878, pouco antes de partirmos para a Índia, quando ela tentava convencer-me da sua capacidade de fazer "a matéria atravessar a matéria", numa imitação dos célebres experimentos realizados em Leipzig pelo Professor Zöllner, com a ajuda do médium Slade. Fiquei muito sentido por ela ter tentado a brincadeira comigo, pois até então eu só podia dizer coisas boas sobre ela. É triste, repito, saber que esses pobres médiuns, mártires do egoísmo e da curiosidade humanos, sejam tão frequentemente, para não dizer sempre, levados pela necessidade de aproveitar a credulidade das pessoas, e que

110 Em português, o nome costuma ser transcrito como "Mendeleev" ou "Mendeleiev". "Dmitri Ivanovic Mendeleiev, [1834-1907], foi um químico e físico russo, criador da primeira versão da tabela periódica dos elementos químicos, prevendo as propriedades de elementos que ainda não tinham sido descobertos." (Wikipédia)

faltem o apoio e a vigilância de sociedades e comissões espíritas, que tenham fundos para isso. Sempre senti pena dos infelizes médiuns, em vez de culpá-los, e coloco a responsabilidade nos espíritas como um todo, que são de fato os únicos responsáveis. Que aqueles que pensam de maneira diferente experimentem por um momento a fome e o abandono egoísta, e vejam se serão então tão rápidos em condenar aqueles sensitivos trapaceiros.

Um resumo de um longo relatório de minhas investigações sobre Thayer – das quais HPB participou em parte – apareceu no *New York Sun*, de 18 de agosto de 1875, e foi copiado em toda a América e Europa e traduzido para diversas línguas. O método de procedimento nas sessões da Sra. Thayer era o seguinte: reunida a assistência, pedia-se a algum visitante respeitável e aceito por todos que examinasse a sala e a mobília, que fechasse e, se o desejasse, vedasse as janelas, trancasse as portas e ficasse com as chaves. Quando era solicitado, a médium também se submetia à revista de suas próprias roupas para detectar-se eventuais flores ou objetos ocultos. Ela me deixou fazer isto sempre que eu quis, e de boa vontade me deixou amarrá-la e fechá-la num saco – um teste que empreguei primeiro com a Sra. Holmes. Todos os presentes deviam então sentar-se ao redor de uma grande mesa de jantar, dar-se as mãos (a médium também, como o resto), apagavam-se as luzes e, em total escuridão, esperava-se pelos fenômenos. Depois de algum tempo, podia-se ouvir um tamborilado no tampo nu da mesa, o ar enchia-se de fragrância, e a Sra. Thayer pedia luz. Ao iluminar-se a sala, via-se, às vezes, a superfície da mesa toda coberta de flores e plantas, e, às vezes, achavam-se flores e plantas enfiadas na roupa ou no cabelo dos que estavam sentados. Ocasionalmente vinham borboletas, ou ouvia-se uma revoada de pássaros acima das cabeças e podia haver um pombo, um canário, um pintarroxo ou algum outro pássaro voando pelos quatro cantos da sala; ou um peixe dourado estava se debatendo na mesa, molhado, como se tivesse acabado de ser tirado da água. Às vezes as pessoas presentes gritavam de espanto e deleite quando encontravam entre as mãos alguma flor ou planta que haviam mentalmente pedido que lhes fosse trazida. Uma noite, vi em frente a um cavalheiro escocês uma urze grande de sua terra natal, com raízes e tudo, e com alguma terra grudada nelas, como se tivesse acabado de ser arrancada. Havia até três minhocas contorcendo-se no barro. Era bastante comum serem trazidas salsaparrilhas e outras trepadeiras, aparentemente recém-tiradas de seus vasos ou canteiros, e com terra entre as raízes: eu mesmo as recebi.

Mas tive coisa ainda melhor. Uma tarde visitei o Cemitério de Forest Hills, situado num subúrbio de Boston. Quando atravessei as estufas, chamou minha atenção uma planta curiosa, com folhas longas e estreitas, listradas de branco e verde pálido, conhecida em botânica por "Dracena Real". Com meu lápis azul desenhei, sob uma das folhas, a estrela de seis pontas, e pedi mentalmente aos espíritos que a trouxessem a mim na próxima reunião da Sra. Thayer, na noite seguinte. Naquela reunião me sentei ao lado dela e segurei suas mãos para ter certeza de sua boa-fé. No escuro, senti um objeto frio e úmido cair numa das minhas mãos. Quando a sala se iluminou, vi que era a folha da Dracena que eu tinha marcado! Para certificar-me duplamente, voltei à estufa e vi que minha folha tinha realmente sido destacada do caule e aquela que eu tinha no bolso encaixou no lugar! Diversos fatos semelhantes, que, por falta de espaço, não posso mencionar nem mesmo de passagem, me convenceram de que a Sra. Thayer era uma verdadeira sensitiva. Além disso, houve certo fenômeno fisiológico que não apenas reforçou minha crença, mas lançou muita luz sobre todo o problema da mediunidade. Segurando ambas as mãos dela na minha, notei que exatamente no momento em que as plantas que caíam começavam a tamborilar sobre a mesa, ela tremia como se estivesse com frio, suspirava, e suas mãos tornavam-se imediatamente muito frias, como se de repente um fluxo de água gelada tivesse passado por suas veias. No momento seguinte, suas mãos readquiriam a temperatura normal de saúde.

Desafio todos os cientistas do mundo que duvidam disso a imitar *em si mesmos* esse fenômeno. Ele parece indicar que, na produção dos fenômenos, há uma troca total de "polaridade vital", para usar uma expressão necessária. Quando HPB evocou a forma espiritual em tamanho natural que saiu do gabinete da Sra. Holmes (*People from the Other World*, p. 477), ela agarrou convulsivamente minha mão, e a dela ficou fria como gelo; a mão do *Signor* B., o feiticeiro italiano, parecia de gelo depois do fenômeno de chamar chuva; e a passagem do transe histérico para o cataléptico e para outros estágios mais profundos de inconsciência física é acompanhada de queda da temperatura corporal. O Dr. A. Moll diz (*Hypnotism*, p. 113) que os experimentos "particularmente surpreendentes" de Kraft-Ebing provam que "devemos presumir uma capacidade assombrosa de regulagem da temperatura do corpo" pela sugestão hipnótica. Portanto, cabe inferir que uma tal mudança muito acentuada no calor animal, como vimos ocorrer com a Sra. Thayer e outros no momento em que estão ocorrendo os fenômenos psíquicos, indica "*bona fides*"[111]: a alteração patológica não podia ser simulada.

Para não nos demorarmos demasiado no caso desta médium, embora ele seja profundamente interessante, mencionarei simplesmente o fato de que, numa de suas sessões públicas, contei e identifiquei oitenta e quatro espécies de plantas; em outra, realizada sob minhas próprias condições de teste, vi aparecerem pássaros, que peguei e *guardei*; em outra ainda, numa residência particular, à plena luz do dia, foram trazidas flores e um galho arrancado de uma árvore do terreno; na casa da mesma amiga – onde eu e HPB éramos hóspedes, tendo ela vindo da Filadélfia e eu de Nova Iorque para darmos prosseguimento a essas investigações para M. Aksakof – vi como pedras e uma velha e estranha faca de mesa, de modelo antigo, caíram sobre a mesa. Mas foi uma rosa em particular, dada a mim pelo benévolo Pushpa Yakshini da Sra. Thayer (veja o artigo intitulado

111 Expressão latina significando "boa-fé".

"Fire Elementals"[112] no *Theosophist*, vol. XII, p. 259), que serviu de veículo a um fenômeno realizado por HPB que ultrapassa tudo o que já vi um médium fazer.

Nossa gentil anfitriã, a Sra. Charles Houghton, esposa de um conhecido advogado de Boston, residente no bairro de Roxbury, foi comigo à cidade, uma noite, para assistir à sessão pública da Sra. Thayer. HPB não quis ir, então nós a deixamos conversando com o Sr. Houghton na sala de estar. Para depois da sessão, tínhamos mandado vir uma carruagem em determinada hora, mas a sessão foi curta, e, depois de todos os presentes terem saído, permaneceram apenas a Sra. Houghton, outra senhora e eu. Como não tínhamos nada melhor com o que nos ocupar, pedi à Sra. Thayer que desse uma sessão particular para nós três, com o que ela gentilmente concordou. Assim, nos sentamos à mesa. Segurei as duas mãos da médium e coloquei um pé sobre os dois pés dela, uma das senhoras fechou as portas e olhou se as janelas estavam bem seguras, e a outra encarregou-se da luz. Quando a luz estava apagada, esperamos no escuro durante algum tempo, mas não houve qualquer som de plantas caindo. Pouco depois ouvimos a carruagem chegando, e, no mesmo instante, senti cair de leve sobre o dorso de minha mão uma flor fria e úmida, como se fosse um floco de neve. Eu não disse nada até que a vela foi acesa. Mesmo então continuei segurando as mãos da Sra. Thayer, chamando a atenção das senhoras para o que tinha acontecido. A flor na minha mão era um lindo botão de uma onze-horas, duplo e meio aberto, cintilante de gotas de sereno. A médium, sobressaltando-se como se alguém tivesse se dirigido a ela por trás, disse: "Os espíritos dizem, Coronel, que é um presente para Madame Blavatsky". Eu o dei à Sra. Houghton, que o entregou a HPB ao chegarmos em casa, onde a encontramos fumando cigarros e ainda conversando com o nosso anfitrião. A Sra. Houghton saiu da sala para ir tirar o chapéu e o casaco, e eu me sentei com os outros. HPB segurava a flor, cheirando seu perfume e tendo um olhar

112 Elementais do Fogo.

peculiar de alheamento, que as pessoas mais chegadas a ela sempre associaram com a produção de seus fenômenos. Seu devaneio foi interrompido pelo Sr. Houghton, que disse: "Que flor linda, Madame, deixe-me vê-la, por favor." Ela passou a flor para ele com o mesmo ar sonhador, quase mecanicamente. Ele cheirou o perfume, mas de repente exclamou: "Como é pesada! Nunca vi uma flor como esta. Veja, o peso dela na verdade a faz pender do caule!" – "De que o senhor está falando?", comentei. "Não há nada incomum com ela; com certeza não havia, pouco tempo atrás, quando ela caiu na minha mão. Deixe-me ver." Peguei-a com a mão esquerda, e opa!, sem dúvida ela pesava muito. "Tenha cuidado; não a quebre!", exclamou HPB. Com o polegar e o indicador da mão direita levantei o botão suavemente e olhei para ele. Nada que fosse visível explicava o peso fenomenal. Mas logo brilhou, bem no coração da flor, um pontinho de luz amarela, e antes que eu pudesse dar uma segunda olhada, um pesado anel de ouro liso saltou para fora, como impelido por uma mola interior, e caiu no chão entre os meus pés. A rosa retomou imediatamente sua posição ereta, e seu peso incomum tinha desaparecido. O Sr. Houghton e eu, ambos advogados, levados pelo instinto profissional de cautela, examinamos então cuidadosamente a flor, mas não descobrimos o menor sinal de que as pétalas tivessem sido mexidas; elas estavam tão cerradamente dispostas e sobrepostas que não havia possibilidade de forçar o anel por entre elas sem mutilar o botão. E, na verdade, como HPB poderia ter feito o truque bem na frente de nossos dois pares de olhos, sob o brilho claro de três lâmpadas a gás, tendo segurado a onze-horas na mão direita por um espaço de tempo não superior a alguns minutos antes de tê-la dado ao Sr. Houghton? Bem, certamente há uma explicação possível na Ciência Oculta: a matéria do anel de ouro e a das pétalas da rosa poderiam ter sido levadas da terceira para a quarta dimensão, e novamente restituídas à terceira no momento em que o anel saltou da flor. E isso, sem dúvida, foi o que aconteceu; e os físicos de mente aberta queiram, por favor, notar que a matéria pode ter peso sem volume físico, como prova esta encantadora experiência. Constatou-se que o anel pesava cerca de quinze gramas. Estou usando-o neste momento. Não tinha sido criado do nada, era apenas um "*apport*"[113]; creio que pertencia a HPB, e tem um "selo" ou alguma outra marca para indicar sua qualidade.

Com certeza era um bom anel para fenômenos, a julgar pelo que aconteceu a ele um ano e meio mais tarde. A Sociedade Teosófica tinha, então, um ano de vida, e eu e HPB estávamos morando em dois apartamentos no mesmo prédio. Uma noite, minha irmã casada, Sra. W. H. Mitchell[114], veio com o marido nos visitar, a HPB e a mim, e, no decorrer da conversa, me pediu para ver o anel e me fez contar a história dele. Olhou para ele e o colocou no dedo enquanto eu falava; depois o estendeu na palma da mão esquerda para HPB, para que ela o pegasse. Porém, HPB não o tocou, mas fechou os dedos de minha irmã sobre ele, segurou a mão por um momento e depois a soltou e disse à minha irmã para olhar. Não era mais um anel de ouro liso, pois descobrimos três pequenos diamantes incrustados no metal, à moda "cigana", e dispostos de modo a formar um triângulo. Como aquilo foi feito? A teoria menos miraculosa é que HPB previamente mandou um joalheiro incrustar os diamantes, e os escondeu de nós inibindo nosso sentido de percepção até que o feitiço fosse removido no momento em que a mão de minha irmã se abriu. Como experiência hipnótica, é perfeitamente compreensível; vi muitas coisas dessa natureza e posso fazê-las eu mesmo. Pode-se não apenas cobrir um pequeno diamante com a máscara da invisibilidade, mas também um homem, uma sala cheia de gente, uma casa, uma árvore, uma rocha, estrada, montanha – qualquer coisa, em resumo: a sugestão hipnótica inclui aparentemente possibilidades ilimitadas. Bem, esta experiência específica tenha a explicação

113 Palavra francesa; o verbo "*apporter*" significa "trazer"; então trata-se de um fenômeno em que algum objeto é trazido, ou levado, colocado, em algum lugar.

114 N.O.: "Se alguém quiser perguntar-lhe, ela confirmará minha narrativa, sem dúvida. Seu endereço é Orange, New Jersey, EUA."

que tiver, o fato é que foi um perfeito sucesso.

Voltando à Sra. Thayer: o seu tipo de mediunidade nos agradou tanto que lhe oferecemos a oportunidade de ir à Rússia, mas, como a Sra. Youngs, e pelos mesmos motivos, ela não aceitou. Foram feitas ofertas semelhantes, sob condições, à Sra. Huntoon, uma irmã dos Eddy, e à Sra. Andrews e ao Dr. Slade, mas todos recusaram. E assim o caso se arrastou até o inverno de 1875, pouco depois de a Sociedade Teosófica ter sido fundada. A comissão de M. Aksakof havia rompido o acordo original redigido de maneira a assegurar uma investigação criteriosa dos fenômenos, e, tendo à frente o Professor Mendeleyeff – inflexível materialista – tinha publicado um relatório condenador, baseado em conjeturas sem fundamento, não em evidências; então M. Aksakof, com nobre desprendimento e por puro amor à verdade, tinha decidido levar adiante o programa original por sua própria conta e risco.

Mais ou menos nessa época, ele escreve ao *Spiritualist*, de Londres:

> Quando resolvi procurar médiuns para irem a São Petersburgo [...], escolhi uma linha de ação que comuniquei ao Coronel Olcott, a quem encarreguei de escolher os médiuns na América. Disse-lhe que queria que nossa comissão tivesse meios de provar o movimento anormal de objetos sólidos em plena luz, sem contato com qualquer pessoa viva. Eu desejava ainda encontrar médiuns que pudessem mover objetos sólidos no escuro, atrás de cortinas, enquanto eles mesmos estivessem sentados em frente às cortinas e vistos pelas pessoas presentes. (etc.)

Isto dará aos meus leitores indianos uma ideia dos extraordinários fenômenos físicos que aconteciam, naquela época, nos países ocidentais. No Oriente, semelhantes deslocamentos de coisas sólidas, como mobiliário doméstico, utensílios de cozinha, artigos de vestuário, etc., são coisas de que ocasionalmente se ouve falar, mas sempre com horror, e as testemunhas oculares geralmente nem sonham em torná-las objetos de pesquisa científica; são, pelo contrário, olhadas como desgraças, obra de maus espíritos, muitas vezes de almas penadas de parentes próximos e amigos íntimos, e seu maior desejo é acabar com eles, considerados apenas como aborrecimentos. Repito apenas aquilo que foi frequentemente explicado por todos os escritores teosóficos, isto é, que o intercâmbio entre os vivos e seus amigos e parentes falecidos é, para o asiático, uma prova abominável de que os mortos não estão felizes e desligados dos interesses terrenos, e são assim estorvados em sua evolução normal para a condição de puro Espírito. O Ocidente, como um todo, a despeito de seu credo religioso, é grosseiramente materialista, imaginando a vida futura como mera extensão desta no tempo – e no espaço também, se considerarmos suas concepções físicas de céu e inferno –, e consegue entender a realidade da existência consciente no pós-morte apenas através de fenômenos físicos concretos tais como os que M. Aksakof enumera, e os muitos outros que pasmam os que visitam os médiuns[115]. O Oriente, ao contrário, é espiritual e filosófico em seus conceitos, e fenômenos do tipo mencionado são para os asiáticos apenas evidências de que aqueles que os exibem têm poderes psíquicos de baixa categoria. Os incidentes do meu anel nascido da flor, das chuvas de plantas, flores e pássaros da Sra. Thayer e do levantamento de pianos sobre ovos pela Sra. Youngs impressionam a imaginação do materialista ocidental, não como horrores, mas simplesmente como mentiras interessantes, demasiado revolucionárias cientificamente para serem verdadeiras, mas muito importantes, se forem reais. Suponho ter ouvido na Índia uma centena de vezes pelo menos que era uma grande pena que HPB mostrasse fenômenos, pois isso provava que ela não tinha atingido um alto estágio de *Yoga*.

115 N.O.: "Ao esboçar o muito discutido 'Terceiro Objetivo' da Sociedade Teosófica, em Nova Iorque, minha mente foi influenciada pelo conhecimento desse fato, e, ao mesmo tempo, pela minha ignorância da plena abrangência da Ciência Oriental. Se eu tivesse sabido dos males que nos seriam causados pelo pretendido desenvolvimento de poderes psíquicos, eu o teria redigido de outra forma."

É verdade que o *Yogi* é advertido por Patañjali[116], como o eram os *bhikshus*[117] contemporâneos por Gautama Buddha, para acautelar-se contra a vã demonstração de seus prodígios depois de perceber que os *Siddhis*[118] tinham-se desenvolvido durante sua evolução psíquica. Porém, o próprio Buddha exibia às vezes seus poderes transcendentais desse tipo, mas aproveitava a ocasião para pregar as nobres doutrinas de seu *Arya Dharma*[119] e para incentivar seus ouvintes aos mais nobres esforços no sentido da espiritualização, depois de se terem desanimalizado.

O mesmo se aplica à maioria dos instrutores religiosos. E HPB não adotou a mesma política? Mesmo produzindo seus fenômenos, ela não alertou a todos nós que eles representavam apenas uma parte muito inferior e insignificante da Teosofia – alguns, meras sugestões hipnóticas, outros, prodígios físicos no manejo da matéria e da força pelo conhecimento dos seus segredos e por um controle adquirido sobre as raças elementais relacionadas com os fenômenos cósmicos? Ninguém pode negar isso; ninguém pode afirmar honestamente que ela não ensinou sempre que o experimento psíquico está, para a filosofia espiritual, na mesma relação em que o experimento químico está para a ciência química. Sem dúvida, ela errou em desperdiçar poder para surpreender observadores sem importância, energia essa que poderia ter sido muito mais proveitosamente empregada para abrir brechas nas paredes da incrédula e despótica ciência ocidental; por outro lado, dessa maneira ela convenceu alguns que foram assim influenciados para fazer um bom trabalho por este nosso gran-

---

116 "Patañjali tem a reputação de ser o autor dos *Yoga Sutras*, bem como do comentário sobre a gramática do sânscrito por Panini (*Ashtadhyayi*) [...]. Os *Yoga Sutras* compilados por Patañjali provavelmente datam de 150 d.C.. É uma pequena obra, redigida em linguagem muito condensada, constituída por vários aforismos sobre a prática e a filosofia do *Yoga*." (Wikipédia)

117 *Bhikku* ou *bhikshu*: Monge de sexo masculino, geralmente budista. Na Wikipédia em português usa-se também a forma "bico".

118 Poderes sobrenaturais conseguidos através do controle do corpo e da mente.

119 Expressão sânscrita significando aproximadamente "nobre caminho"; "*arya*" se refere aos árias, ou arianos, e "*dharma*" tem vários sentidos.

de movimento; e alguns dos mais incansáveis entre nós passaram do espiritualismo ocidental para o oriental pela ponte dos fenômenos psíquicos. De minha parte, posso dizer que a grande gama de maravilhas do poder da vontade disciplinada, que ela me mostrou, facilitou-me a compreensão das teorias orientais da ciência espiritual. Meu maior pesar é que outros, especialmente aqueles dentre os meus colegas orientais cuja mente estava perfeitamente preparada, não tenham tido a mesma oportunidade.

CAPITULO VII

Dr. Slade

Nossa busca por médiuns resultou na escolha do Dr. Henry Slade para o teste de São Petersburgo. O Sr. Aksakof me enviou, para as despesas, mil dólares em ouro, e, no devido tempo, o Dr. Slade partiu para a sua missão. No entanto, por ganância, ou talvez por vaidade, mas com certeza imprudentemente, ele parou em Londres, realizou sessões, causou uma grande excitação publica, e foi detido após apresentação de queixa pelo Professor Lankester e o Dr. Donkin, sob alegação de fraude. C. C. Massey foi seu advogado e o salvou na apelação, valendo-se de um pormenor técnico. Em seguida, Slade participou dos famosos testes de Leipzig, pelos quais o Professor Zöllner provou sua teoria da Quarta Dimensão, e visitou Haia[120] e outros lugares antes de ir a São Petersburgo.

Antes de o mandarmos para o estrangeiro, ele tinha submetido seus poderes mediúnicos ao escrutínio de uma comissão especial da Sociedade Teosófica, a qual – com exceção de um membro que discordou e que fez um relatório minoritário totalmente injusto – afirmou para o Sr. Aksakof sua crença na autenticidade dos fenômenos do Dr. Slade. Um relato muito instrutivo, demonstrando longa e íntima familiaridade com seus poderes, foi contribuído pelo Sr. James Simmons, seu ex-sócio nos negócios, para o *Theosophist* de novembro de 1893.

Até começar a escrever o presente capítulo, eu tinha esquecido totalmente em que altura do ano de 1875 a teoria oriental dos espíritos subumanos e ligados à terra chegou a atrair a atenção do público,

120 Cidade nos Países Baixos.

mas agora descubro, nos nossos *Álbuns de Recortes*, que eu mesmo usei o termo "Espíritos Elementais" pela primeira vez, numa carta ao *Spiritual Scientist*, de 3 de junho de 1875, onde fiz referência aos espíritos subumanos dos elementos, ou àquilo que hoje denominamos "elementais". Foi apenas uma simples menção – sem quaisquer detalhes explanatórios –, que pretendia ser um alerta aos espíritas para que não aceitassem ingenuamente – como vinham fazendo anteriormente, sem profundo exame e análise – as mensagens de reais ou pretensos médiuns como sendo comunicações fidedignas de espíritos de falecidos. A publicação da circular "Luxor" (no *Spiritual Scientist* de 17 de abril de 1875) provocou alguma correspondência particular e comentários públicos, entre os quais o exemplo mais importante foi um artigo erudito e interessante, escrito por um jovem advogado chamado Failes, que usou o pseudônimo de "Hiraf". Esse artigo apareceu no *Spiritual Scientist* de 1875, página 202, e teve continuidade na edição da semana seguinte. Está repleto de ideias teosóficas interpretadas em termos rosacrucianos e sob esse título. O escritor apresenta a filosofia oriental da Unidade e Evolução, e mostra como ela antecipou em muitos séculos as modernas teorias de correlação de forças e conservação da energia. Sua maior importância, porém, residia no fato de ele ter merecido uma resposta de HPB, a qual, em nosso *Álbum de Recortes*, ela denomina "Meu primeiro lance oculto", e que, na verdade, abriu todo o campo de pensamento cultivado desde então pelos membros, amigos e adversários da Sociedade Teosófica.

Ao traçar a história literária de HPB a partir daquele ponto até o fim de sua vida, um fato importante deveria ser lembrado por quem simplesmente lhe desejasse fazer justiça. Ela não era uma mulher "culta", no sentido literário, quando veio para a América. Mais tarde, muito tempo depois de ela ter começado *Ísis sem Véu*, perguntei para sua bem-amada tia, *Mademoiselle*[121] N. A. Fadeyef, onde a

121 "Senhorita" em francês. Olcott usou a abreviatura "Mdlle.", embora normalmente seja "Mlle.".

sobrinha tinha aprendido todo esse variado conhecimento de filosofias, metafísica e ciências recônditas , essa compreensão prodigiosamente intuitiva de evolução étnica, as migrações de ideias, as forças ocultas da Natureza, etc. Ela me escreveu com toda franqueza que até o último encontro delas, quatro ou cinco anos antes, Helena "não tinha sequer imaginado tais coisas em sonhos", e que a educação dela havia sido simplesmente a de qualquer jovem de boa família. Além de sua língua materna, o russo, tinha aprendido o francês, um pouco de inglês, umas noções de italiano, e música. A tia se mostrou surpresa com meus relatos sobre a erudição da sobrinha, e só podia atribuí-la à mesma espécie de inspiração de que gozavam os Apóstolos, que, no Dia de Pentecostes, falaram em línguas estranhas que anteriormente ignoravam. Acrescentou que desde a infância a sobrinha era médium, mais extraordinária com relação ao poder psíquico e variedade de fenômenos do que qualquer daqueles sobre os quais ela havia lido em todo o decorrer de uma vida de estudos sobre o assunto[122].

Eu tive mais oportunidade do que qualquer dos amigos de HPB de saber quais foram as suas verdadeiras realizações como autora, pois a ajudei na sua correspondência e nos seus artigos , e corrigi quase cada página de seus manuscritos durante anos; além disso, gozei da sua confiança num grau mais profundo do que qualquer outra pessoa, de 1874 a 1885. Portanto, posso afirmar que, naqueles primeiros dias, ela não era, em seu estado normal, uma mulher culta, e jamais foi uma escritora que redigia com precisão. Isto, à propos[123] de sua resposta a "Hiraf", na qual ela entrou em particularidades sobre o Ocultismo e explicou a natureza dos espíritos elementares. Um crítico seu, culto, mas cegamente vingativo, estigmatiza o artigo como "simples reformulação dos escritos sobre magia de Eliphas

122 N.O.: "Carta datada de Odessa, 8/20 de maio de 1877". [Não está claro o que os dois números "8/20" significam. Talvez indiquem as datas de entrega da carta nos correios e do efetivo envio. N.T.]

123 Expressão francesa significando "a propósito", "com relação a".

Levi[124] e de Des Mousseaux[125], e de 'Rosicrucians'[126] de Hargrave Jennings". "Nesse artigo", diz ele, "a Madame (*sic*) nega qualquer autoridade como instrutora, dizendo-se 'uma pobre e ignorante', e afirma que desejou simplesmente contar um pouco do pouco que absorveu em suas longas viagens ao Oriente. A afirmação de que ela pegou no 'Oriente' qualquer parte desse artigo é falsa; ele foi todo tirado de livros europeus."

E de onde os autores desses livros adquiriram o conhecimento, senão de outros autores? E esses autores? Do Oriente, sempre do Oriente. Nenhum dos citados era um ocultista prático, adepto da psicologia prática; nem mesmo Éliphas Lévi, salvo num grau menor, isto é, sendo capaz (segundo afirma) de evocar espíritos mediante fórmulas de Magia Cerimonial. Ele era demais viciado nos prazeres da mesa para ser qualquer coisa mais elevada em Magia. Des Mousseaux era simplesmente um laborioso e bem-sucedido compilador a serviço dos Jesuítas e Teatinos[127], cujas declarações lisonjeiras ele publica em suas obras; e quanto ao falecido Sr. Hargrave Jennings, todos o conhecemos como um estimável pequeno cavalheiro, um *littérateur*[128] londrino, com conhecimento livresco de assuntos ocultos, não muito preciso em suas deduções.

Não importa se HPB adquiriu seus conhecimentos e seus poderes psíquicos práticos no Oriente ou não, o fato é que inegavelmente ela os tinha, podia pô-los em prática sempre que o desejasse, e que suas explicações a respeito deles eram idênticas às que são dadas nos ensinamentos de qualquer escola oriental de Ciência Oculta.

---

124 Éliphas Lévi (1810-1875) – "pseudônimo de Alphonse Louis Constant – foi um escritor, ocultista e mago cerimonialista francês". (Wikipédia)

125 Henri Roger Gougenot des Mousseaux (1805-1876), escritor francês antissemita.

126 Trata-se do livro *The Rosicrucians: Their Rites and Mysteries* (1870). Tradução do título: Os Rosacruzes: Seus Ritos e Mistérios.

127 "A Ordem dos Clérigos Regulares ou Teatinos [...], também designada no Brasil Ordem de São Caetano, é uma ordem religiosa masculina católica fundada no dia 14 de setembro de 1524." (Wikipédia)

128 "Literato" em francês.

Eu, pessoalmente, posso ainda atestar que ela tinha relações com Adeptos orientais, e que não apenas ela, mas até eu, fomos visitados por eles, com eles conversamos e deles recebemos ensinamentos, antes de sairmos da América e depois de termos chegado na Índia. Para ela, os livros de Lévi, Des Mousseaux e de todos os outros escritores, antigos ou modernos, eram simplesmente caixas de ferramentas, de onde ela podia tirar aquelas de que necessitasse para construir a estrutura ocidental na qual coubessem as ideias orientais: de certa caixa, ela podia extrair um fato, de outra, outro. Ela as considerava, na melhor das hipóteses, ferramentas imperfeitas para aqueles que tinham conhecimentos, e os que não tinham conhecimentos distorciam ou mutilavam os fatos, ou os apresentavam de forma errada. Os escritores ocidentais, rosacruzes, herméticos e teosóficos[129], produzindo seus livros em épocas de ignorância religiosa e fanatismo cruel, escreveram, por assim dizer, com o machado do carrasco suspenso sobre o pescoço, ou o feixe de lenha do algoz sob a cadeira, e ocultaram seu conhecimento divino sob símbolos bizarros e metáforas enganadoras. Faltava ao mundo um intérprete, e HPB veio suprir essa necessidade. Tendo a chave do labirinto em sua própria consciência treinada e na sua grande experiência prática, ela mostrou o caminho, de tocha na mão, e convidou os moralmente corajosos a segui-la[130]. Um crítico americano disse, sobre *Ísis*, que ela citou indiscriminadamente autores clássicos e jornais atuais; e ele estava certo, pois ela citava qualquer autor ou jornalista, contanto que o texto dele sugerisse uma ideia que viesse ilustrar o respectivo tema dela. Aquela resposta a "Hiraf" foi o primeiro dos escritos esotéricos dela, como a sua resposta ao Dr. Beard foi a primeira de

---

129 No verbete "Teósofo" do *Glossário Teosófico*, Blavatsky esclareceu o seguinte: "Com este nome foram designados muitos místicos em vários períodos da história. Os neoplatônicos de Alexandria eram teósofos; os alquimistas e cabalistas, durante os tempos medievais, eram também assim chamados, bem como os martinistas, quietistas e outras classes de místicos [...]."

130 N.O.: "Digo isto com reservas quanto ao grau de sua atuação independente nisso, sobre o que não quero dogmatizar."

suas defesas do Espiritismo mediúnico. A história da Literatura não oferece espetáculo mais surpreendente do que o dessa nobre russa sem muita instrução[131], que às vezes escrevia em inglês como um inglês; num francês tão puro que autores franceses me disseram que seus artigos iriam servir de modelo estilístico nas escolas francesas; e num russo tão brilhante que levou o diretor da mais importante revista russa a verdadeiramente implorá-la a escrever constantemente para sua revista, nas mesmas condições dadas a Tourguêniev[132]. No entanto, ela não tinha sempre tão alto nível: às vezes escrevia num inglês tão ruim que seus manuscritos tinham de ser quase reescritos. Ela também não era, como eu já disse, uma escritora metódica ou precisa; sua mente parecia funcionar com tanta velocidade, e torrentes de pensamento jorravam de ambos os lados com tal força que resultavam confusão e falta de método nos seus escritos. Uma vez ela riu, mas achou correta a comparação, quando eu lhe disse que sua mente era como a imagem do Entroncamento de Mugby[133] de Dickens, com seus incessantes trens rangendo para cá e para lá, manobrando e afastando-se, e da manhã até a noite mantendo uma desnorteante confusão.

Mas, é preciso dizer honestamente que, desde sua resposta a "Hiraf" até a última linha que ela escreveu para publicação, o seu texto sempre esteve cheio de sugestões de pensamento, num estilo brilhante e viril, e seu aguçado senso de humor frequentemente temperava seus mais fastidiosos ensaios com ideias que provocavam hilaridade. Para o erudito metódico, ela era exasperante, mas nunca enfadonha ou desinteressante. Mais tarde, terei ocasião de falar das mudanças fenomenais que ocorreram no estilo de seus textos e na sua maneira de conversar. Eu disse, e sempre reiterarei, que aprendi mais com ela do que com qualquer mestre, professor ou autor com

131 Olcott diz "*fashionably under-educated*", o que significa aproximadamente "sem muita educação (instrução), como estava na moda".

132 Ivan Sergeiévitch Turguêniev (1808-1883), grande escritor russo.

133 No original: *Mugby Junction*, que é também o título do livro de Charles Dickens em que ele descreve esse entroncamento.

quem eu já tenha lidado. No entanto, sua grandeza psíquica de tal forma superou a educação recebida na infância e juventude assim como sua disciplina mental que os críticos que a conheceram apenas como autora cometeram contra ela uma grande e feroz injustiça. X. B. Saintine[134] escreve, em *Picciola*, que a grandeza é punida com isolamento; o caso dela comprova esse aforismo: ela habitou as alturas espirituais onde só planam as águias da espécie humana. A maioria de seus adversários viu apenas a lama de seus sapatos; e, na verdade, ela por vezes a limpou até em seus amigos, que não conseguiam subir sobre asas tão fortes quanto as dela própria.

A carta a "Hiraf" tem outro valor histórico, pelo fato de ela afirmar nela inequivocamente – "por conhecimento pessoal" – a existência de escolas de treinamento oculto "na Índia, Ásia Menor *e outros países*". "Como nos dias de Sócrates e outros sábios da Antiguidade", diz ela, "assim agora, aqueles que estão desejosos de aprender a Grande Verdade encontrarão sempre *a oportunidade*, se apenas 'tentarem' encontrar alguém que os conduza à porta 'daquele' que saiba quando e como." Corrigindo a generalização demasiado radical de "Hiraf", que chama todos os ocultistas de Rosacruzes, ela diz que aquela fraternidade foi apenas uma das muitas seitas ou grupos ocultos. Ela se diz então abertamente "uma seguidora do Espiritualismo Oriental" e antevê a época em que o Espiritualismo[135] Americano "tornar-se-á uma ciência e objeto de certeza matemática". Voltando à questão dos Adeptos, ela diz que a verdadeira Cabala, da qual a versão judaica é apenas um fragmento, encontra-se na posse de "apenas uns poucos filósofos orientais; onde estão, quem são, não posso revelar. Talvez eu mesma não o saiba e tenha apenas sonhado. Milhares dirão que é tudo imaginação: que seja. O tempo mostrará. A única coisa que posso dizer é que existe tal coletividade e que a localização de suas Fraternidades jamais será revelada a outros países até o dia em que a Humanidade desperte... Até então,

134 Xavier Boniface Saintine (1798-1865), escritor francês.
135 Isto é, o Espiritismo.

a teoria especulativa da existência delas será sustentada por aquilo que as pessoas erroneamente acreditaram serem fatos *celestes*". No seu artigo ela adverte que é perda de tempo querer tornar-se um Cabalista prático (ou Rosacruz, se quiserem chamar assim) adquirindo um conhecimento livresco de literatura oculta; isso é tão tolo, diz ela, "quanto tentar atravessar o famoso labirinto sem o fio, ou abrir os engenhosos ferrolhos da Idade Média sem estar de posse das chaves". Ela define a diferença entre Magia Branca e Negra e adverte contra esta última. Finalmente, diz: "Mas, digam o que quiserem (vocês, 'os padres e clérigos muito ortodoxos de vários credos e denominações, vocês que são tão intolerantes em relação ao Espiritualismo, [note qual significado o contexto dá ao termo agora[136]] 'os mais puros dos Filhos da Magia Antiga'), vocês não podem evitar aquilo que foi, é e sempre será, isto é, a comunicação direta entre os dois mundos. Denominamos esse intercâmbio 'moderno Espiritualismo', com a mesma força e lógica com a qual dizemos 'Novo Mundo', referindo-nos à América."

Tenho certeza de que todos os membros sérios da Sociedade Teosófica ficarão contentes em saber que, já em julho de 1875, HPB afirmou a existência dos Adeptos Orientais, da Fraternidade mística, do conhecimento do Divino em poder deles e de suas ligações pessoais com eles. Ela reafirma isso numa carta dirigida ao *Spiritual Scientist* (pagina 64, porém não posso precisar de que mês de 1875, já que ela não datou o recorte no nosso *Álbum de Recortes*; mas ela escreve de *Ítaca*, aonde foi em visita ao Professor e Sra. Corson, da Universidade Cornell, em agosto ou começo de setembro), na qual lança a importante ideia de que "o Espiritualismo, nas mãos de um Adepto, torna-se Magia, pois ele é versado na arte de mesclar as leis do Universo sem transgredir qualquer uma delas e, portanto,

136 Como sempre, HPB usou a palavra "*Spiritualism*". Embora aqui falando de Ocultismo e magia, ela mencionará logo em seguida o "intercâmbio" entre os dois mundos, que faz pensar nos contatos com os espíritos; portanto, parece que neste contexto "*Spiritualism*" mais uma vez tem que ser interpretado como "Espiritismo".

sem violar a Natureza. Nas mãos de um médium inexperiente, o Espiritualismo torna-se FEITIÇARIA INCONSCIENTE, pois... ele abre, sem sabê-lo, uma porta de comunicação entre os dois mundos, através da qual emergem as forças cegas da Natureza que se ocultam na Luz astral, bem como espíritos bons e maus".

A Ideia oculta[137] estava agora claramente lançada, e nossos escritos publicados e correspondência particular, daí em diante, abundavam de tais alusões. Minha primeira ampla contribuição nesse campo foi uma carta intitulada "A Vida Imortal", datada de 23 de agosto de 1875 e publicada no *New York Tribune* do dia 30 daquele mês. Nela, afirmo que havia acreditado nos fenômenos mediúnicos durante mais ou menos um quarto de século, embora desconfiando dos nomes dados às inteligências por trás deles. Afirmo minha crença na realidade da antiga ciência oculta, como também que fui inesperadamente "posto em contato com pessoas vivas que operam – e fizeram na minha presença – os mesmos prodígios atribuídos a Paracelso, Alberto e Apolônio". Ao dizer isto, tive em mente não apenas os variados fenômenos de HPB, não apenas os primórdios de meu relacionamento com os *Mahātmas*, mas também o fato de que foram revelados, aos meus próprios olhos – e em meu próprio quarto, numa casa onde HPB *não* morava, e não estando ela presente – os espíritos dos elementos, por um estranho que eu havia encontrado casualmente em Nova Iorque, pouco antes de redigir a carta.

O estranho veio aos meus aposentos para um encontro marcado. Abrimos a porta sanfonada que separava a sala de estar do pequeno quarto, sentamo-nos em cadeiras em frente à larga entrada e, por um processo maravilhoso de *Māyā* (como agora suponho) vi que o quarto, por assim dizer, estava transformado num cubo de espaço vazio. A mobília havia desaparecido de minha vista, e apareciam, alternadamente, cenas vívidas de água, de atmosfera nublada, de cavernas subterrâneas e de um vulcão ativo; cada um dos elementos pululava de seres, formas e rostos, dos quais tive vislumbres mais

137 Isto é, a ideia da existência do Ocultismo.

ou menos transitórios. Algumas das formas eram encantadoras, algumas malignas e cruéis, outras, terríveis. Elas chegavam flutuando na paisagem tão suavemente como bolhas numa corrente tranquila, ou se precipitavam através do cenário e desapareciam, ou brincavam e saltavam juntas em labaredas e torrentes. Logo depois, um monstro disforme, tão horroroso de se ver quanto os quadros do *Magus* de Barrett[138], arregalou furiosamente os olhos para mim e se lançou para frente, como se quisesse me apanhar, como faz o tigre ferido com sua vítima, mas desapareceu lentamente ao atingir o limite do cubo de *Ākasha* visualizado, onde se juntavam os dois cômodos. Isso pôs os nervos à prova, mas, depois de minhas experiências na casa dos Eddy, consegui não "fraquejar". Meu amigo desconhecido se declarou satisfeito com o resultado do teste psíquico, e, ao sair, disse que talvez nos encontrássemos novamente. Mas até agora isso não aconteceu. Ele parecia um asiático de pele clara, mas não pude descobrir qual era exatamente sua nacionalidade, embora eu pensasse que ele era hindu. Ele falava tão fluentemente em inglês quanto eu.

138 Francis Barrett, ocultista inglês; viveu no século 18; seu livro mais famoso é *The Magus* (O Mago).

CAPÍTULO VIII

A Sociedade Teosófica é Proposta

Agora podemos ocupar-nos da história da formação da Sociedade Teosófica e mostrar o que levou a ela, quem foram as pessoas que a formaram e como seus objetivos e assuntos foram definidos. Pois esta é – vale lembrar – uma história completa dos primórdios da Sociedade, não um mero registro de lembranças pessoais de HPB.

O caminho para a organização de tal Sociedade havia sido preparado pela discussão, primeiro, do Espiritismo, e, depois, de algumas das ideias espiritualistas orientais. Tal discussão havia ocorrido desde a publicação de meu relatório sobre os Eddy no *New York Sun* em agosto do ano anterior (1874), e tinha se tornado dez vezes mais intensa a partir do momento em que HPB e eu nos encontramos em Chittenden e usamos a imprensa para a exposição de nossas ideias heterodoxas. Suas cartas mordazes, publicadas em diversos jornais, as histórias sobre seus poderes mágicos e nossas diversas afirmações sobre a existência de raças não humanas de seres espirituais atraíram muitas pessoas brilhantes e inteligentes de inclinações ocultas, que quiseram nos conhecer. Entre eles estavam cientistas, filólogos, autores, antiquários, clérigos, advogados e médicos de mente aberta, alguns espiritualistas muito conhecidos e um ou dois senhores ligados a jornais metropolitanos, ansiosos para fazer uma boa matéria sobre o assunto. Com certeza era muito audacioso tomar uma posição e, desafiando o preconceito público, afirmar a legitimidade científica da Magia antiga nesta era de ceticismo científico. A própria ousadia atraiu a atenção do público, e o resultado inevitável foi que, com o passar do tempo, aqueles que viam as nossas ideias com simpatia e participavam da discussão fossem se juntar numa sociedade para a pesquisa oculta. A tentativa de maio de 1875 de formar tal núcleo num "Clube dos Milagres" falhou, pela razão mencionada no Capítulo I. A oportunidade seguinte se apresentou quando o Sr. Felt deu uma palestra particular para alguns amigos nossos, na residência de HPB, no número 46 da Praça Irving, em Nova Iorque, em 7 de setembro do mesmo ano. Desta vez o plano não falhou: a minúscula semente daquilo que mais tarde seria uma figueira da Índia cobrindo o mundo inteiro foi plantada em solo fértil e germinou. Lamento dizer que não existe, que eu saiba, nenhum memorando oficial constatando quais pessoas estavam presentes naquela noite. Porém, um participante, o reverendo J. H. Wiggin, um clérigo unitarista, publicou em 4 de setembro no *The Liberal Christian* uma notícia sobre uma reunião semelhante, que aconteceu na semana anterior e na qual a palestra prometida pelo Sr. Felt foi – me parece – anunciada para a noite do dia 7. Ele menciona HPB, a mim mesmo, Signor Bruzzesi, um juiz de Nova Jersey e sua esposa, e o Sr. Charles Sotheran (que havia solicitado de HPB um convite para o Sr. Wiggin) e expressa sua surpresa pelo alcance e profundidade da conversa. Ele diz:

> Seria descortês entrar em detalhes sobre as minúcias de uma conversa amistosa na qual não havia desejo de publicidade nem qualquer demonstração de magia ou mesmo noções sobre ela. Entre os tópicos que levaram a uma animada discussão e duraram até depois da meia-noite estavam: o elemento fálico nas religiões; os recentes fenômenos extraordinários entre os médiuns; a história; as almas das flores; o caráter italiano, a singularidade das viagens, a química, a poesia, a trindade da natureza, o Romanismo, a gravitação, os Carbonari, o malabarismo, as novas descobertas de Crookes sobre a força da luz, a literatura sobre magia. Se Madame Blavatsky puder realmente trazer ordem ao caos do Espiritismo moderno, ela prestará um grande serviço ao mundo.

Na noite de 7 de setembro, o Sr. Felt deu sua palestra sobre "O Cânone Perdido da Proporção dos Egípcios". Ele era um desenhista muito inteligente, e havia preparado uma série de desenhos primorosos para ilustrar sua teoria de que o cânone da proporção arquitetônica, usado pelos egípcios, bem como pelos grandes arquitetos da Grécia, estava preservado nos hieróglifos do templo em *The Land of Khemi*[139]. Ele afirmou que, seguindo-se determinadas pistas, era possível desenhar numa certa parede do templo o que ele chamou de "Estrela da Perfeição", dentro da qual todo o segredo do problema geométrico da proporção seria lido; e que os hieróglifos do lado de fora da figura desenhada eram apenas disfarces para enganar aqueles que somente buscavam curiosidades; pois, lidos consecutivamente com aqueles dentro da figura geométrica, eles resultavam ou num absurdo indecifrável ou em alguma narrativa bastante trivial.

Esse diagrama consiste em um círculo com um quadrado dentro dele – mas sem conter um triângulo comum –, dois triângulos egípcios e um pentágono. Ele o aplica às imagens, estátuas, portas, hieróglifos, pirâmides, superfícies planas, tumbas e edifícios do Egito Antigo, e mostra que eles concordam tão perfeitamente com suas proporções que devem ter sido feitos com base nele. Ele aplica o mesmo cânone de proporção às obras-primas da arte grega e descobre que elas foram, ou podem ter sido, esculpidas, sem modelos, por essa regra. É, de fato, o verdadeiro cânone da arquitetura da Natureza.

O Dr. Seth Pancoast, M.D.[140], da Filadélfia, um cabalista muito erudito (já falecido), perguntou categoricamente ao Sr. Felt se ele poderia provar na prática seu perfeito conhecimento dos poderes ocultos possuídos pelo verdadeiro mago antigo; entre outros, a evocação de espíritos das profundezas do espaço. O Sr. Felt respondeu também categoricamente que ele havia feito isso e poderia fazê-lo

139 Deve haver um engano, pois a mencionada reunião ocorreu em 1875, ao passo que esse livro, de Laurence Oliphant, foi publicado somente em 1882.

140 Doutor em Medicina.

com seu círculo químico. "Ele podia fazer aparecer centenas de formas sombrias semelhantes à forma humana, mas não havia visto sinais de inteligência nessas aparições."

Esses detalhes constam num recorte de jornal da época que encontrei em seu devido lugar em nosso *Álbum de Recortes* 1, mas no qual o nome do artigo não está anexado. Parece que foi cortado do jornal do Sr. Wiggin, *The Liberal Christian*.

A teoria e os desenhos de Felt eram tão cativantes que J. W. Bouton, o editor de livros simbológicos, fez um contrato com ele para publicar seu trabalho num livro in-fólio de mil páginas, com inúmeras ilustrações, e adiantou uma grande quantia para chapas de cobre, ferramentas de impressão, prensas, etc., etc. Mas, como o Sr. Felt era um gênio sobrecarregado com uma grande família e exasperantemente impontual, a coisa se arrastou, até que o Sr. Bouton perdeu toda a paciência, e o resultado final foi, creio eu, uma ruptura entre eles, e a grande obra nunca foi publicada.

O Sr. Felt nos disse em sua palestra que em seus estudos egiptológicos descobriu que os antigos sacerdotes egípcios eram adeptos da ciência mágica, tinham o poder de evocar e empregar os espíritos dos elementos e haviam deixado as fórmulas registradas. Ele as tinha decifrado e testado, e havia conseguido evocar os elementais. Ele estava disposto a ajudar algumas pessoas do tipo certo a também testarem o sistema, e ele iria exibir os espíritos da Natureza a todos nós durante uma série de palestras, pelas quais teríamos que pagar. É claro que lhe agradecemos cordialmente pela sua palestra altamente interessante, e seguiu-se uma discussão animada. No decorrer das conversas, ocorreu-me a ideia de que seria bom formar uma sociedade para fazer e promover tal pesquisa ocultista e, depois de ponderar sobre ela, escrevi em um pedaço de papel o seguinte:

"*Não seria bom formar uma Sociedade para esse tipo de estudo?*"

– e o dei ao Sr. Judge, que estava em pé entre mim e HPB, sentada do lado oposto, para passá-lo para ela. Ela leu o que estava escrito e concordou com a cabeça. Nesse momento, levantei-me e, com algumas observações preliminares, abordei o assunto. O grupo gostou da ideia, e quando o Sr. Felt, respondendo a uma pergunta nesse sentido, disse que estaria disposto a nos ensinar como evocar e controlar os elementais, concordou-se unanimemente que a sociedade deveria ser formada. Após uma moção do Sr. Judge, fui eleito presidente e, segundo proposta minha, o Sr. Judge foi eleito secretário da reunião. Como já estava tarde, adiou-se a reunião para a noite seguinte, na qual deveriam ser feitas as formalidades. Pediu-se para as pessoas presentes trazerem simpatizantes que gostariam de se juntar à sociedade proposta.

Como dito acima, não sobreviveu nenhum registro oficial, feito pelo secretário dessa primeira reunião, sobre quem estava presente, mas a Sra. Britten cita, em seu *Milagres do Século XIX* (p. 296), um relatório que foi publicado em um jornal de Nova Iorque e copiado em *Spiritual Scientist*, e de seu livro eu extraio os seguintes trechos:

> Um passo de grande importância acaba de ser dado em Nova Iorque, sob a liderança do Coronel Henry S. Olcott, para a organização de uma sociedade, a ser conhecida como a Sociedade Teosófica. A sugestão foi totalmente espontânea, e foi feita na noite do dia 7 nos salões de Madame Blavatsky, onde um grupo de dezessete senhoras e senhores se reuniu para ouvir o Sr. George Henry Felt, cuja descoberta das figuras geométricas da Cabala egípcia pode ser considerada um dos feitos mais surpreendentes do intelecto humano. O grupo incluiu várias pessoas de grande saber e algumas de ampla influência pessoal. Faziam parte do público do Sr. Felt: os editores de dois jornais religiosos; os coeditores de duas revistas literárias; um Doutor em Direito de Oxford; um venerável erudito judeu, viajante de grande reputação; um editorialista de um dos jornais matinais de Nova Iorque; o presidente da Sociedade de Espíritas de Nova Iorque; Sr. C. C. Massey, um visitante inglês (advogado); Sra. Emma Hardinge Britten e Dr. Britten; dois

> advogados nova-iorquinos, além do Coronel Olcott; um sócio de uma editora da Filadélfia; um conhecido médico; e – a mais notável de todos – a própria Madame Blavatsky. [...] Durante uma pausa oportuna na conversa, o Coronel Olcott se levantou e – depois de brevemente resumir a condição atual do movimento espírita, a atitude dos antagonistas, dos materialistas, o conflito irreprimível entre a ciência e os sectários religiosos, o caráter filosófico das antigas teosofias e sua suficiência para reconciliar todo antagonismo existente, e a aparentemente sublime realização do Sr. Felt (de extrair, dos escassos fragmentos da antiga sabedoria que nos foram deixados pelas mãos devastadoras dos fanáticos muçulmanos e cristãos dos primeiros séculos, a chave para a arquitetura da Natureza) – propôs a formação de um núcleo em torno do qual poderiam se reunir todas as almas esclarecidas e corajosas que tivessem a vontade de trabalhar em conjunto pela coleta e difusão do conhecimento. Seu plano era organizar uma sociedade de ocultistas e começar logo a coletar um acervo para uma biblioteca, além de difundir informações relativas àquelas leis secretas da Natureza que eram tão familiares aos caldeus e egípcios, mas que são totalmente desconhecidas para nosso mundo moderno da ciência.

Que isso tenha sido escrito por alguém de fora e publicado poucos dias depois da reunião é até mesmo melhor do que se fosse um comunicado oficial, pois mostra de maneira conclusiva o que eu tinha em mente quando propus a formação de nossa Sociedade. Era para ser uma entidade para a coleta e difusão de conhecimento, para a pesquisa oculta e o estudo e disseminação de antigas ideias filosóficas e teosóficas. E um dos primeiros passos era a coleta de um acervo para uma biblioteca. Não havia a ideia da Fraternidade Universal, já que a proposta de formar a Sociedade surgiu espontaneamente do tema da discussão. Foi um acontecimento simples, pragmático, sem a ocorrência de nenhum fenômeno ou qualquer incidente incomum. E não havia nada de sectário, mas indubitavelmente a atitude era antimaterialista. Todos naquele pequeno grupo de fundadores eram de sangue europeu, sem fortes antagonismos com relação a religiões, e distinções de casta não existiam para eles. Por isso, não se pensou no princípio da Fraternidade, como apareceu na posterior plataforma da Sociedade; mas mais tarde, quando a nossa esfera de influência se estendeu e nós entramos em contato com asiáticos e suas religiões e sistemas sociais, ela se tornou uma necessidade e, na verdade, a pedra angular de nosso edifício. A Sociedade Teosófica foi uma evolução, não uma criação planejada no plano visível.

No nosso Livro de Atas há um relato oficial da reunião de oito de setembro – assinado por mim mesmo, como presidente, e por W. Q. Judge, como secretário – que cito a seguir:

> Em consequência de uma proposta do Coronel Henry S. Olcott, que fosse formada uma Sociedade para o estudo e elucidação do Ocultismo, da Cabala, etc., as senhoras e senhores presentes na ocasião decidiram fazer uma reunião e, por moção do Sr. William R. Judge,
> *Resolveu-se* que o Coronel H. S. Olcott assumisse a presidência.
> Após proposta nesse sentido, também
> *Foi resolvido* que o Sr. W. Q. Judge atuasse como Secretário.
> O presidente então solicitou os nomes das pessoas presentes que concordariam em fundar e pertencer a uma Sociedade como a mencionada. As seguintes pessoas deram seus nomes ao Secretário:
> Coronel Olcott, Mme.[141] H. P. Blavatsky, Chas.[142] Sotheran, Dr. Chas. E. Simmons, H. D. Monachesi, C. C. Massey, de Londres, W. L. Alden, G. H. Felt, D. E. de Lara, Dr. W. Britten, Senhora E. H. Britten, Henry J. Newton, John Storer Cobb, J. Hyslop, W. Q. Judge, H. M. Stevens (todos presentes, exceto um).
>
> Após uma moção de Herbert D. Monachesi, foi
> *Resolvido* que uma comissão de três pessoas fosse designada

141 Abreviatura de "Madame".
142 Abreviatura de "Charles".

pelo presidente para redigir um estatuto e um regimento[143] e para fazer um relato disso na próxima reunião.

Após outra moção, foi

Resolvido que o presidente fosse acrescentado à comissão.

O presidente então nomeou os senhores H. J. Newton, H. M. Stevens e C. Sotheran para essa comissão.

Após nova moção, foi

Resolvido que naquela hora suspendêssemos a reunião até segunda-feira, 13 de setembro, no mesmo local, às 8 da noite.

A Sociedade tinha então dezesseis "formadores", para usar o termo mais adequado – não fundadores; pois a fundação estável foi o resultado de muito trabalho e autossacrifício, de vários anos, e durante uma parte desse tempo HPB e eu trabalhamos totalmente sozinhos nas trincheiras, criando as bases sólidas. Nossos colegas ou saíram por completo, ou se tornaram apáticos, ou foram impedidos pela força das circunstâncias a dedicar seu tempo e esforços para o trabalho. Mas não devo me adiantar.

Quando esta parte da minha narrativa apareceu em *The Theosophist* (novembro de 1892), vários membros da direção da Sociedade fizeram resumos, aos quais remeto o leitor interessado; pois a superabundância de material para o presente volume me obriga a condensar meu relato tanto quanto possível. Vou, no entanto, resumir o que anotei sobre o Sr. Alden – por causa da história de uma de suas experiências ocultas.

O Sr. W. L. Alden, agora tão bem conhecido nos círculos literários de Londres, era então um editorialista do *New York Times*, de grande reputação por suas críticas cáusticas e humorísticas sobre assuntos atuais. Eu o encontrei recentemente em Paris, depois de muitos anos sem vê-lo, e soube que ele tinha um importante cargo consular norte-americano. Recordo-me que, mais ou menos no co-

143 Aqui foram usadas as palavras "*constitution and by-laws*", que traduzi por "estatuto e regimento" porque a tradução literal ("constituição e estatuto") não faz muito sentido. "*By-laws*" (ou "*by-law*", "*bylaw*", "*byelaw*", "*bye-law*") normalmente corresponde a "estatuto".

meço de nosso relacionamento, ele teve uma divertida aventura em Nova Iorque. Ele era então um colaborador editorial do *New York Daily Graphic*, e eu estava escrevendo para o jornal minhas cartas de Chittenden. Uma multidão de pessoas excêntricas foi atraída para as salas editoriais para fazer perguntas bobas, e aborreceram tanto o editor, o Sr. Croly, que ele finalmente publicou um desenho, mostrando-o a certa distância, com um revólver e uma enorme tesoura, para defender-se contra uma irrupção de espíritas – "homens de cabelo comprido e mulheres de cabelo raspado". Mas, certa manhã, apareceu um homem idoso de trajes orientais, que carregava um livro de aparência estranha, muito antigo, debaixo do braço. Depois de cumprimentar os editores com grande cortesia, ele começou a falar sobre minhas cartas e sobre o Espiritualismo Ocidental e Oriental. Todos deixaram suas escrivaninhas e se aglomeraram ao redor dele. Quando ele falou de Magia, ele se virou silenciosamente para Alden, cujos gostos ocultos ninguém suspeitava até então, e disse: "O senhor acredita que existe verdade na Magia?" Surpreso, Alden respondeu: "Bem, eu li *Zanoni*[144], e acho que pode haver algo nela." A pedido, o estranho mostrou seu estranho livro aos editores. Era um tratado sobre Magia, escrito em árabe ou alguma outra língua oriental, com numerosas ilustrações intercaladas com o texto. Todos estavam muito interessados, especialmente Alden, que, na despedida, perguntou ao velho cavalheiro se poderia conversar mais com ele. Este último concordou sorrindo e lhe deu um endereço onde ele poderia visitá-lo. No entanto, quando Alden foi lá, viu que *era uma loja de imagens e livros católico-romanos*. Meu amigo se sentiu enganado, e depois, durante meses, observava atentamente as pessoas que encontrava, na esperança de que visse o misterioso asiático de novo; mas foi em vão. Foi-me dito pelo Sr. Croly que o homem nunca voltou ao escritório do jornal; era como se a terra o tivesse engolido.

---

144 Famoso romance ocultista, publicado em 1842, do escritor e político inglês Edward Bulwer-Lytton (1803-1873).

Essa aparição inesperada e o súbito desaparecimento de pessoas misteriosas que trazem livros raros para o homem certo, ou que transmitem dicas úteis que o colocam no caminho certo através do pântano de dificuldades no qual ele está se debatendo bravamente em direção à verdade, não é uma experiência incomum. Muitos casos desse tipo foram registrados na história religiosa. Às vezes a visita é feita durante as horas de vigília, às vezes em visões da noite. As revelações, por vezes, vêm em "flashes" – flashes do *Buddhi* para *Manas* –, gerando grandes descobertas na ciência – como a ideia do espectroscópio surgiu na mente de Fraunhofer, a da natureza do raio na de Franklin, a do telefone na de Edison e a de dez mil outros grandes fatos ou leis em outras mentes abertas à sugestão. Seria exagero dizer que todo aspirante ao conhecimento arcano tem sua chance de obtê-lo uma vez na vida, mas acredito ser verdade que a porcentagem daqueles que têm essa chance é cem vezes maior do que as pessoas imaginam. É o azar do indivíduo se, por causa de ideias erradas sobre a aparência de tal mensageiro, ou sobre o tipo de presságios fenomenais com que sua mensagem deveria ser entregue, ele recebe um anjo sem percebê-lo ou o acotovela na rua sem sentir nem um frêmito para desviar sua atenção de um táxi passando. Eu falo daquilo que eu sei.

CAPÍTULO IX

A Formação da Sociedade Teosófica

Na reunião adiada para a noite de 18 de setembro de 1875, o Sr. Felt continuou sua interessante descrição – iniciada na reunião anterior, em 8 de setembro – de suas descobertas, que ele ilustrou por vários diagramas coloridos. Algumas pessoas presentes acharam que viram a luz tremer sobre as figuras geométricas, mas estou inclinado a acreditar que isso se devia em parte à autossugestão, e em parte àquilo que Felt disse sobre suas propriedades mágicas.[145] Com certeza, eu não vi nada de natureza oculta, nem os outros participantes da reunião, exceto uma minoria muito insignificante. A palestra terminou, e a ordem do dia foi retomada, eu atuando como presidente e o sr. C. Sotheran como secretário. O Livro de Atas diz:

> A Comissão de Preâmbulo e Estatuto comunicou que houve progresso, e o Sr. De Lara leu um documento que ele havia sido solicitado a escrever para a Comissão: "Por sugestão da Comissão, foi *Resolvido* que o nome da Sociedade seja A Sociedade Teosófica". O presidente nomeou o Rev. Sr. Wiggin e o Sr. Sotheran para uma Comissão que deverá selecionar salas de reuniões adequadas; e, em seguida, vários novos membros foram nomeados e, após moção, foi *Resolvido* que essas pessoas sejam adicionadas à lista de fundadores. Em seguida, a reunião foi adiada, devendo ser novamente convocada pelo presidente. O relatório é assinado por mim, como

145 Neste lugar, Olcott pôs uma nota tão longa que preferi colocá-la no final do capítulo.

presidente, e pelo Dr. John Storer Cobb, representando C. Sotheran, secretário.

Obviamente, a escolha de um nome para a Sociedade foi discutida seriamente na Comissão. Vários foram sugeridos, entre eles, se eu me recordo corretamente, Sociedade Egiptológica, Hermética, Rosa-cruz, etc., mas nenhum parecia certo. Por fim, ao virar as folhas do Dicionário[146], um de nós encontrou a palavra "Teosofia", e, após discussão, concordamos unanimemente que esse era o melhor de todos, pois expressava a verdade esotérica que queríamos alcançar e abrangia os métodos de pesquisa científica oculta de Felt.

Circulou uma história estúpida segundo a qual, enquanto a Comissão estava reunida, um estranho hindu entrou na sala, jogou um pacote selado sobre a mesa e saiu, ou sumiu, ou algo do tipo; aberto o pacote descobriu-se que ele continha um esboço completo de um Estatuto e de um Regimento para a Sociedade, que nós imediatamente adotamos. Isso é pura tolice; nada disso ocorreu. De vez em quando lorotas igualmente absurdas foram colocadas em circulação a nosso respeito; algumas delas muito engraçadas, algumas estranhas, outras tão infantilmente improváveis que nem valia a pena lê-las, mas todas enganosas. Como velho jornalista, eu me importava pouco demais com essas mentiras para tomar conhecimento delas. Embora criem confusão e equívocos temporários, a longo prazo elas não causam danos.

No que diz respeito à redação do Estatuto original, nós nos esforçamos muito e elaboramos um conjunto de normas tão bom que sociedade alguma poderia querer um melhor. As regras de vários órgãos corporativos foram examinadas, mas as da Sociedade Americana de Geografia e Estatística e do Instituto Americano foram consideradas por nós como sendo os melhores modelos. Quando todas as preliminares estavam resolvidas, obtivemos permissão da Sra.

146 Olcott escreveu "the Dictionary" (o Dicionário), parecendo referir-se a determinado dicionário, mas não está claro qual.

Britten para a próxima reunião ser realizada em sua residência particular (visto que nós não tínhamos ainda nenhum local específico para a Sociedade e eu divulguei (em cartões postais) a seguinte nota:

> A SOCIEDADE TEOSÓFICA
>
> NOVA IORQUE, 13 de outubro de 1875.
>
> *A Comissão de Estatuto tendo concluído seu trabalho, será realizada uma reunião da Sociedade Teosófica na residência privada, Nº 200 West 38th St.*[147]*, no sábado, 10 de outubro de 1875, às 20 horas, para organizar e eleger a diretoria. Se o Sr. Felt estiver na cidade, ele continuará seu relato extremamente interessante de suas descobertas egiptológicas. De acordo com o estatuto proposto, os novos membros não podem ser eleitos antes de trinta dias após a aceitação de sua solicitação. Portanto, é desejável que todos participem dessa reunião preliminar.*
>
> *O abaixo-assinado emite este pedido em conformidade com a decisão tomada na reunião de 13 de setembro último.*
>
> *(Assinado)* HENRY S. OLCOTT, *Presidente, pro. tem.*[148]

Tenho – emoldurado em "Gulistan"[149] – a cópia do cartão postal original que Sotheran enviou pelo correio a HPB, e também tenho minha própria cópia.

No nosso Livro de Atas constam as seguintes pessoas como presentes na reunião em questão:[150]

> Mme. Blavatsky, Sra. E. H Britten, Henry S. Olcott, Henry J. Newton, Chas. Sotheran, W. Q. Judge, J. Hyslop, Dr. Atkinson,

147 O formato do endereço é típico de Nova Iorque: Rua 38, Oeste, nº 200.
148 Abreviatura da expressão latina "*pro tempore*" (temporário).
149 Veja nota 10.
150 Olcott diz que "constam as seguintes pessoas" no Livro de Atas, de modo que se pensa que apenas o seguinte parágrafo é copiado desse livro, mas depois fica claro que a citação se estende até o parágrafo em que é relatada a fundação da Sociedade Teosófica.

Dr. H. Carlos, Dr. Simmons, Tudor Horton, Dr. Britten, C. C. Massey, John Storer Cobb, W. L. Alden, Edwin S. Ralphs, Herbert D. Monachesi e Francisco Agromonte.

Em nome da Comissão de Preâmbulo e Estatuto, o Preâmbulo foi lido pelo presidente da reunião, e o Estatuto, pelo Sr. Chas. Sotheran.

Em seguida, o Sr. Massey foi apresentado pelo presidente e fez algumas observações; depois, ele teve que se apressar para não perder o navio no qual ele ia para a Inglaterra.

As discussões continuaram, e foram feitas várias moções sobre a adoção do Estatuto, sendo o resultado final que o projeto apresentado pela Comissão foi colocado na mesa e mandado imprimir. Depois, a reunião foi suspensa. H. S. Olcott era o presidente, e J. S. Cobb, secretário da reunião.

A próxima reunião preliminar foi realizada no dia 30 de outubro no mesmo local. O Comitê de Salas relatou que para as reuniões da Sociedade foi escolhido o Mott Memorial Hall na Avenida Madison nº 64 (bem perto de nossa recentemente adquirida sede em Nova Iorque). O Estatuto foi lido, discutido e finalmente adotado, mas com a ressalva de que o Preâmbulo deveria ser revisado por H. S. Olcott, C. Sotheran e J. S. Cobb, e somente depois publicado como o Preâmbulo da Sociedade.

Em seguida procedeu-se à votação para os diversos cargos. Tudor Horton e Dr. W. H. Atkinson tendo sido indicados como relatores da eleição, foi o Sr. Horton quem anunciou o seguinte resultado:

Presidente, HENRY S. OLCOTT; *Vice-Presidentes*, Dr. S. PANCOAST e G. H. FELT; *Secretária Correspondente*, Mme. H. P. BLAVATSKY; *Secretário das Reuniões*, JOHN STOKER COBB; *Tesoureiro*, HENRY J. NEWTON; *Bibliotecário*, CHARLES SOTHERAN; *Conselheiros*, Rev. J. K. WIGGIN,

R. B. WESTBROOK, LL.D.[151], Sra. EMMA HARDINGE BRITTEN, C. E. SIMMONS, M.D.[152], e HERBERT D. MONACHESI; *Advogado da Sociedade*, WILLIAM Q. JUDGE.

A reunião foi então adiada para o dia 17 de novembro de 1875, quando o Preâmbulo aperfeiçoado seria apresentado, o Presidente Eleito faria seu Discurso Inaugural, e a Sociedade seria assim plenamente constituída.

Na noite designada, a Sociedade se reuniu numa sala que havia sido alugada. A ata da reunião anterior foi lida e aprovada e o Presidente fez o discurso inaugural, que foi mandado imprimir. Após uma moção do Sr. Newton e seguinte votação, foram endereçados agradecimentos ao Presidente. A Sociedade estando agora estatutariamente organizada, foi marcada nova reunião para o mês seguinte.

É assim que a Sociedade Teosófica, inicialmente concebida em 8 de setembro e, após um período gestatório de setenta dias, fundada[153] em 17 de novembro de 1875, surgiu e iniciou sua maravilhosa trajetória de esforço altruísta *per angusta ad augusta*[154]. Por engano, em nosso primeiro documento publicado – o Preâmbulo e Estatuto da Sociedade Teosófica – foi dado o dia 30 de outubro como data da fundação; como visto acima, deveria ter sido indicado o 17 de novembro de 1875.

A narrativa sobre a origem e o nascimento da Sociedade é muito prosaica e carece de todas as características sensacionais e imaginativas que às vezes foram atribuídas ao evento. Tem, no entanto, o mérito de ser historicamente exata; pois, como estou escrevendo história e não romance, me limitei ao conteúdo de nossos registros assinados e posso comprovar cada ponto. Com exagero, causado

151 Doutor em Direito (*Doctor of Laws*).
152 Abreviatura do título latino "*Medicinæ Doctor*", Doutor em Medicina.
153 Olcott se exprime assim: "*constitutionally perfected*" (constitucionalmente aperfeiçoada).
154 Expressão latina significando "por caminhos estreitos às coisas excelentes".

por uma suposta lealdade – que gerou a injustiça, como o fanatismo invariavelmente faz –, muitas pessoas têm repetido a declaração incorreta de que HPB, e somente ela, fundou a Sociedade Teosófica; o que seus colegas fizeram foi menos que nada. O fato é que ela mesma repudiou vigorosamente a ideia, quando apresentada pelo Sr. J. L. O'Sullivan em 1878. Ela diz, respondendo a um crítico mordaz:

> Com arrasadora ironia ele fala de nós como "nossos professores". Agora lembro-me de ter afirmado claramente em uma carta anterior que nós (ela e eu)[155] não nos oferecemos como professores, mas, pelo contrário, recusamos qualquer cargo desse tipo, não importando o panegírico superlativo de meu estimado amigo, o Sr. O›Sullivan, que não só vê em mim uma sacerdotisa budista (!), mas, sem nenhuma base em fatos, credita-me com a fundação da Sociedade Teosófica e suas Lojas[156]. [Carta de H. P. Blavatsky em *The Spiritualist* de 22 de março 1878]

HPB foi maravilhosa o suficiente, realmente; não precisava dos eloquentes elogios dispensados a ela; e a tentativa de dar a cada palavra e ação dela um valor oculto apenas recairá sobre seus autores, pela inflexível lei geral de ação e reação observável na Natureza. Seus devotos ignoram o fato de que, quanto mais poder de previsão e infalível percepção atribuem a ela, mais impiedosamente os homens a responsabilizarão por cada ação sua, por seus erros de julgamento, imprecisões nas afirmações, e outras falhas que, em uma pessoa comum, ou seja, em uma pessoa não inspirada, frequentemente são criticadas com pouco rigor, porque são consideradas provas da imperfeição humana. É um ato extremamente inamistoso tentar fazer dela um ser acima da humanidade, sem uma fraqueza, mancha ou defeito, pois suas publicações, e mais ainda suas correspondências privadas, provam que isso é impossível.

155 Não está claro a quem o pronome "ela" se refere.
156 Cf. nota 1.

Embora meu Discurso Inaugural tivesse sido aplaudido pela plateia, e o Sr. Newton, o espírita ortodoxo, tivesse se unido ao Sr. Thomas Freethinker e ao Rev. Sr. Westbrook solicitando uma votação para que ele fosse impresso e estereotipado – uma boa prova de que eles não achavam minhas opiniões e o tom insensatos –, ainda assim, ele parece um pouco tolo depois de dezessete anos de dura experiência. Boa parte das previsões de resultados foi acertada, mas muitas se mostraram erradas. Aquilo que considerávamos uma base experimental sólida, isto é, a demonstração de Felt da existência das raças elementais, provou ser uma completa e vergonhosa decepção.

Seja o que for que ele tenha feito sozinho nessa direção, ele não nos mostrou nada, nem mesmo a ponta do rabo do mais ínfimo espírito da Natureza. Por causa dele fomos ridicularizados pelos espíritas e por todas as outras classes de céticos. Ele tinha conseguido coisas extraordinárias e havia feito o que parecia ser uma descoberta notável. Ela parecia de fato tão provável que – como já afirmei acima – o Sr. Bouton, um comerciante experiente, arriscou uma soma muito grande com a ideia de publicar seu livro. De minha parte, acredito que ele tenha feito o que alegava, e que, se tivesse continuado sistematicamente como no começo, seu nome estaria entre os mais renomados de nossa época. Tendo visto tantas vezes HPB empregar os elementais para produzir fenômenos, o *Signor* B. fazer o mesmo em várias ocasiões, e meus misteriosos estranhos me mostrarem elementais em meus próprios aposentos, o que era mais fácil do que eu acreditar que Felt pudesse fazer o mesmo – especialmente quando HPB me assegurou que ele poderia? Assim, com a temeridade de um pioneiro nato e o zelo de um congênito otimista e entusiasta, cedi à minha imaginação e descrevi, em meu discurso, o que provavelmente resultaria se a promessa de Felt fosse cumprida. Felizmente para mim, coloquei o "se"; e teria sido ainda melhor se tivesse sido impresso assim: SE.

Mencionando suas necessidades pecuniárias, ele conseguiu do tesoureiro Newton cem dólares para custear os experimentos prometidos, mas não nos trouxe nenhum elemental. Na reunião do Conselho de 29 de março de 1876, foi lida uma carta dele, na qual afirmou que "ele estava preparado para cumprir sua promessa de dar uma palestra na Sociedade sobre a Cabala, e fornecia um resumo dos diferentes tópicos nos quais ele dividiria seu tema"[157]. Depois disso, o Sr. Monachesi propôs uma Resolução, que foi aprovada, de que "O secretário deve ser incumbido de fazer imprimir e circular entre os membros da Sociedade seja a carta de V. P. Felt ou um plano de estudos que o colega Felt e ele mesmo preparariam". (Extrato de "Atas da S. T.", p. 15.)

A circular foi enviada e ajudou um pouco a diminuir o ressentimento que prevaleceu contra o Sr. Felt por sua quebra de promessa. Ele realmente deu uma segunda palestra – no dia 21 de junho –, mas depois ele nos desapontou de novo, e eu vejo que, na reunião do Conselho em 11 de outubro, foi adotada, por proposta do tesoureiro Newton, uma Resolução instruindo o Sr. Judge, o advogado da Sociedade, a exigir que ele cumprisse sua obrigação legal em breve. Mas ele nunca o fez. Finalmente, ele saiu da Sociedade; e tendo, assim, sido provado que nada se podia esperar dele, várias pessoas também desapareceram da Sociedade, nos deixando continuar labutando da melhor maneira possível – nós, que não éramos meros buscadores de sensações.

E realmente foi uma labuta dura, como todos aqueles que estavam ativos naqueles dias muito bem recordam. Nosso objetivo era aprender experimentalmente tanto quanto possível sobre a constituição do homem, sua inteligência e seu lugar na Natureza. Sobretudo a Mente, ativa como VONTADE, foi um grande problema para nós. Tanto o mago oriental quanto o mesmerista[158] e o psicopata[159] oci-

157 Olcott, colocando aspas, aparentemente quis citar a carta do Sr. Felt, mas erroneamente usou o pronome da terceira pessoa em vez do da primeira e o tempo pretérito no lugar do presente ou futuro, que o remetente evidentemente empregou.

158 Pessoa que emprega os métodos de Franz Anton Mesmer (1734-1815). Cf. nota 91.

159 Olcott usa esse termo com o significado de "pessoa que faz curas psicopáticas", as quais são aparentemente idênticas às curas mesmerianas, pois no

dentais a usam; um homem a desenvolve e se torna um herói, outro a paralisa e se torna um médium espírita. Os seres de todos os reinos e vários planos da matéria estão submetidas a sua influência irresistível, e, quando simultaneamente a imaginação está ativa, ela cria, dando objetividade às imagens mentais recém-formadas. Então, embora Felt tivesse descumprido o prometido, e nós não pudéssemos contar com um mar calmo para nossa navegação, ainda tínhamos muitos campos para pesquisa, e nós os exploramos um pouco.

Nossos antigos registros mostram que testamos médiuns, fizemos experiências em psicometria[160], leitura de pensamento e mesmerismo, escrevemos artigos e ouvimos palestras. Mas progredimos apenas lentamente, pois, apesar de todos nós, por consenso tácito, dissimularmos, cada um estava secretamente desencorajado pelo fiasco de Felt, e parecia não haver possibilidade de encontrarmos um substituto: o fazedor de chuva, *Signor* B., tinha sido expulso por HPB, depois de sua tentativa fútil de causar um rompimento entre ela e mim; meu visitante moreno, que convocava elementais, não reapareceu; e HPB, com cuja ajuda todos nós contávamos – não sem razão, como pensávamos –, recusou-se a fazer qualquer fenômeno em nossas reuniões. Assim, o número de membros diminuiu gradualmente, até que, após aproximadamente um ano, sobreviveu o seguinte: a forma de uma boa organização, sólida e forte quanto a seus objetivos; uma notoriedade clangorosa; alguns membros mais ou menos apáticos; e um indestrutível foco de vitalidade no entusiasmo inabalável dos dois amigos, a mulher russa e o homem americano, que levavam a coisa extremamente a sério; que nunca, em nenhum momento, tiveram qualquer dúvida quanto à existência de

volume 2 de *Old Diary Leaves* (*A História da Sociedade Teosófica. Vol. 2: 1878-1883*, Ed. Thesaurus, 2017, p. 358) ele diz "psicopatia bem-sucedida, ou cura mesmeriana".

160 "Psicometria [...] é um termo cunhado pelo médico americano Joseph Rhodes Buchanan, em meados do século XIX (1849), para designar a faculdade extrassensorial que alguns poucos indivíduos possuem para extrair o conteúdo de algum objeto ou ambiente impressos fora de nossa realidade física." (Wikipédia)

seus Mestres, à excelência do trabalho do qual estavam incumbidos, ou ao completo sucesso final que iria coroá-lo. Judge era um amigo leal e ajudava com boa vontade, mas ele era tão mais novo que nós que não podíamos considerá-lo como um igual, como terceiro elemento de um trio. Ele era mais como o filho caçula de uma família.

Muitas noites depois de termos estabelecido a sede da Sociedade na nossa residência, quando nossos visitantes tinham ido embora, HPB e eu parávamos na sala da biblioteca para fumar e conversar antes de cada um ir para seu quarto, e ríamos ao pensar com quão poucos poderíamos contar para nos ajudar. Relembrávamos os belos discursos e sorrisos dos convidados da noite, e falávamos sobre seu egoísmo, que muitas vezes pretendiam esconder. Mas há uma coisa que, com o passar do tempo, sentíamos cada vez mais: que nós dois podíamos confiar totalmente um no outro com relação à Teosofia, mesmo que o próprio céu rachasse; fora isso, tudo dependia das circunstâncias. Costumávamos falar de nós mesmos como sendo os gêmeos teosóficos e, às vezes, uma trindade – o candelabro pendurado acima fazendo o papel de terceiro membro! Em nossa correspondência teosófica há alusões frequentes a essas duas brincadeiras; e no dia em que ela e eu estávamos saindo de nossos apartamentos desmontados de Nova Iorque, para embarcar no vapor que nos levaria para a Índia, a última coisa que fizemos foi dizer, com fingida seriedade: "Adeus, velho candelabro; amigo silencioso, imutável, iluminante – e confidente!"

Às vezes, os inimigos disseram que, quando partimos da América, não deixamos nenhuma Sociedade Teosófica atrás de nós; e até certo ponto isso era verdade, pois, devido a várias causas, durante os seis anos seguintes ela não fez nada que merecesse ser mencionado. O núcleo social, sempre o fator mais poderoso em movimentos desse tipo, havia sido rompido; ninguém foi capaz de formar um novo; outra HPB não pôde ser criada; e o Sr. Judge, então o único com potencial para ser o futuro líder e organizador, teve que ir a trabalho para países de língua espanhola, como foi mencionado acima.[161]

161 Na verdade, Olcott não havia mencionado isso ainda.

Para fazer justiça ao Sr. Judge, General Doubleday e seus colegas na Sociedade Teosófica original, deixados no comando quando partimos para a Índia, é preciso dizer que, durante dois ou três anos, a falta de ânimo foi principalmente devido à minha própria culpa. Tinha havido algumas conversas sobre uma conversão da Sociedade em um alto grau maçônico, e alguns maçons influentes eram favoráveis ao projeto. Terei que voltar a esse assunto mais tarde; por ora, basta dizer que me pediram para elaborar uma forma adequada de ritual e, quando saímos da América, essa foi uma das primeiras coisas que eu iria fazer depois de chegar na Índia. Mas, em vez da tranquilidade e do tempo livre imaginados, fomos imediatamente mergulhados em uma confusão de trabalho e agitação diários; eu tive que dar palestras; fizemos longas viagens pela Índia; fundamos *The Theosophist*, e era simplesmente impossível dar atenção ao ritual. Tenho várias cartas do General Doubleday e de Judge reclamando que eles não o receberam, e dizendo que não poderiam fazer nada sem ele. De qualquer maneira, nossa experiência nos convenceu da impraticabilidade do plano: nossas atividades eram agora mais extensas, e nosso trabalho tinha se tornado mais sério e independente. Por isso, decidi finalmente abandonar a ideia do ritual maçônico. Mas a essa altura, Judge tinha ido para o exterior, e os outros não fizeram nada.

Em uma carta enviada de Nova Iorque em 17 de outubro de 1879, um ano após a nossa partida, o Sr. Judge escreveu: "Temos aceito apenas poucos membros, e decidimos esperar pelo ritual antes de aceitar mais, pois com ele haveria uma grande mudança." Ocorre que nós dois tínhamos passado doze meses de trabalho pesado. Em 1º de setembro de 1879 o General Doubleday havia escrito no mesmo sentido, dizendo: "Com relação à S.T. nos Estados Unidos, estamos em *statu quo*, esperando pelo ritual prometido." Em 23 de junho de 1880, ele pergunta: "Por que você não nos envia aquele ritual?" E o Sr. Judge, em 10 de abril de 1880, me diz: "Tudo está atrasado. Nenhum ritual ainda. Por quê?" Em 7 de novembro de

1881 – Judge estando na América do Sul – seu irmão, que ele havia deixado encarregado dos assuntos da S.T., escreve-me que nada estava acontecendo e que "a Sociedade não começará a trabalhar até que W.Q.J.[162], General Doubleday e eu [ele] possamos encontrar tempo e meios para iniciar o trabalho"; mas ambos estavam faltando. Finalmente – visto que é desnecessário encompridar o assunto – Judge escreve em 7 de janeiro de 1882: "A Sociedade está dormente, não fazendo absolutamente nada. Sua explicação sobre o ritual é satisfatória."

No entanto, ao longo de todos esses anos, as cartas do Sr. Judge a HPB, a mim e a Damodar[163] mostram que seu zelo pela Teosofia e por todo o misticismo era inesgotável. Seu maior desejo era que chegasse um dia em que ele estaria livre para dedicar todo o seu tempo e energia ao trabalho da Sociedade. Seja como for, da mesma maneira que a semente do trevo, enterrada no solo seis metros abaixo da superfície, germina quando os escavadores de poços a trazem para cima, assim a semente que plantamos na mente americana, entre os anos de 1874 e 1878, frutificou em seu devido tempo; e Judge era o lavrador predestinado a fazer nossa colheita. Sempre o *Karma* desenvolve seus pioneiros, semeadores e colhedores. A viabilidade de nossa Sociedade na prática jazia em nós dois fundadores, mas em última análise em sua ideia básica e nos transmissores[164], os Venerandos, que nos instruíram e lançaram em nossos corações e mentes a luz de sua benevolência. Pelo fato de nós dois percebermos isso, e visto que estávamos ambos autorizados a trabalhar para isso e com eles, havia um laço mais estreito entre nós dois do que qualquer das relações sociais comuns poderia ter forjado. Isso nos fez aturar as fraquezas do outro e suportar todas as graves fricções que são prováveis numa colaboração de duas personalidades tão contrastantes. Quanto a mim, isso me fez renunciar a todas as amarras, ambições e

162 William Quan Judge.
163 Cf. nota 39.
164 Os Mestres que transmitiram mensagens, principalmente a HPB.

desejos mundanos, considerando-os coisas sem valor.

Sinceramente, do fundo do meu coração, senti e sinto que é melhor ser porteiro, ou mesmo algo mais subalterno do que isso, na casa do "Senhor nas Alturas" do que morar em qualquer pavilhão de seda que o mundo egoísta poderia me dar a pedido. A mesma coisa sentiu HPB, cujo incansável entusiasmo pelo nosso trabalho foi, para todos que entravam em contato com ela, uma contínua fonte de incentivo. Tendo nós tais sentimentos e estando realmente prontos a fazer qualquer sacrifício por nossa causa, a extinção da Sociedade Teosófica era simplesmente impossível.

Muitas coisas de interesse para os teosofistas estão anotadas nos primeiros registros da Sociedade. Na reunião do Conselho de 12 de janeiro de 1876, foi decidido, mediante proposta de J. S. Cobb, "que William Q. Judge, advogado da Sociedade, fosse convidado a auxiliar nas deliberações do Conselho, em suas reuniões". Na mesma reunião, foi anotada a saída do Sr. Sotheran da Sociedade, e foi nomeado o Sr. H. J. Newton para preencher a vaga; e o Conselho ordenou que o Secretário das Reuniões apresentasse à Sociedade em sua próxima reunião ordinária, conforme recomendação do Conselho, a seguinte Resolução a ser adotada:

"Que no futuro esta Sociedade adote o princípio de sigilo em relação a seus procedimentos e transações, e que seja designado um Comitê para elaborar e relatar os detalhes necessários para efetivar tal mudança."

Nota 145

Pouco tempo depois de este capítulo ter sido escrito, encontrei o seguinte importante rascunho de uma carta assinada pelo Sr. Felt. Não me lembro se ela foi enviada para publicação ou não, mas estou inclinado a pensar que não. A importância do documento reside no fato de que nele o Sr. Felt afirma claramente a existência de espíritos elementais, o controle que ele adquiriu sobre eles, o efeito deles sobre os animais e suas relações com a humanidade. Eu acho exageradas as afirmações quanto à influência dos desenhos geométricos egípcios sobre o público do Sr. Felt. Os pretensos professores que não vieram aprender, como o Sr. Felt os descreve, eram os membros espíritas cuja ortodoxia era inabalável.

NOVA IORQUE, 19 de junho de 1878.

AO EDITOR DO "LONDON SPIRITUALIST"

Somente agora certos artigos, publicados em sua cidade, chamaram minha atenção. Um deles, que apareceu em sua revista, faz reflexões sobre declarações feitas por amigos meus a respeito da "Sociedade Teosófica" e de mim mesmo. Um ou mais dos autores questionam se uma pessoa como eu na verdade existe, ou é apenas "a criação do cérebro de Mme. Blavatsky e de outros". Tendo muito pouco em comum com o público que apoia a sua revista, raramente a vejo, e talvez nunca tivesse sabido dessas afirmações, se elas não tivessem sido apontadas para mim. Estou envolvido em atividades matemáticas e tenho pouco ou nenhum interesse em qualquer coisa que não possa ser demonstrada com exatidão, razão pela qual espíritas e eu temos muito poucos laços de simpatia. Eu tenho tão pouca fé em suas assim-chamadas "manifestações" que há muito tempo desisti de tentar acompanhá-las.

A Sociedade Teosófica foi iniciada sob a impressão equivocada de que uma fraternidade desse tipo poderia ser conduzida segundo o plano moderno de admiração mútua, para o benefício dos jornais, mas pouco depois tudo estava em confusão. Não havia diversos níveis entre os membros, nem graus, todos eram iguais. A maioria dos membros aparentemente vinha ensinar, em vez de aprender, e suas opiniões eram debatidas nas esquinas das ruas. Para os verdadeiros teosofistas era evidente que criar diferentes graus era apropriado, e era ao mesmo tempo absolutamente necessário transformar a Sociedade em uma entidade secreta.

Depois da reorganização em uma sociedade secreta, abrangendo diferentes graus, evidentemente todas as declarações sobre o que aconteceu devem ser vistas com suspeitas, já que os membros eram obrigados a manter sigilo; mesmo que tais afirmações sejam verdadeiras, as coisas podem ter sido feitas na presença dos *illuminati*[165], dos quais muitos ex-membros e novatos na verdade não tinham conhecimento. Sobre meus próprios atos dentro e fora da Sociedade, antes da obrigação de manter sigilo, tenho liberdade para falar, mas desde então não tenho o direito de falar sobre minhas ações ou as de outros. A declaração do Sr. Olcott, em seu discurso inaugural, sobre minhas experiências com espíritos elementais ou elementares foi feita sem eu ter sido consultado e sem meu consentimento, e eu soube dela tarde demais para protestar. Embora essencialmente verdadeira, eu a considerei prematura e penso que ela não deveria ter sido divulgada.

Que esses assim-chamados elementais ou intermediários, ou espíritos elementares ou originais, eram criaturas que realmente existiam, eu fiquei convencido através de minhas investigações em arqueologia egípcia. Enquanto trabalhava em desenhos de vários zodíacos egípcios, na tentativa de chegar a seus correspondentes matemáticos, notei que às vezes se produziam efeitos curiosos e inexplicáveis. Minha família observou que, em certos momentos, um cão terrier de estimação e um gato maltês, que foram criados juntos e tinham o hábito de frequentar meu quarto de estudos e dormir no pé da minha cama, estavam agindo muito estranhamente, e finalmente chamaram minha atenção. Percebi então que, quando começava certas investigações, o gato parecia estar inquieto, e o cão, por um curto período de tempo, tentava acalmá-lo, mas logo o cachorro também parecia

165 Palavra latina significando literalmente "iluminados". Como *illuminati* são conhecidos membros de várias sociedades secretas. Aqui Felt se refere ou aos "iluminados" dentro da Sociedade Teosófica, que, segundo ele, era uma sociedade secreta, ou aos membros iniciados nos segredos dessa sociedade secreta.

ficar com medo de que algo acontecesse. Era como se as percepções do gato fossem mais aguçadas; ambos insistiam em querer sair do quarto e tentavam sair sem minha ajuda, correndo contra o vidro das janelas. Depois de serem liberados, eles paravam do lado de fora; um miava, o outro latia como se estivessem me chamando para sair. Esse comportamento foi repetido até que fui finalmente forçado a concluir que eles eram suscetíveis a influências não perceptíveis para mim.

A princípio, supus que as horrendas representações nos zodíacos, etc., eram "vãs imaginações de um cérebro perturbado", mas depois pensei que eram representações convencionais de objetos naturais. Depois de estudar esses efeitos sobre os animais, refleti que, como o espectro produz raios, que, embora invisíveis aos nosso olhos, haviam sido declarados por cientistas eminentes como sendo capazes de sustentar uma criação diferente daquela que é objetiva para nós – tal criação provavelmente sendo também invisível (a teoria de Zöllner) –, esse fenômeno era uma de suas manifestações. Pelo fato de esses raios invisíveis poderem ser feitos visíveis por meios químicos, e como imagens químicas invisíveis podiam ser reproduzidas, iniciei uma série de experimentos para ver se essa criação invisível ou as influências exercidas por ela seriam afetadas. Comecei então a entender e a apreciar muitas coisas em minhas pesquisas egípcias que antes eram incompreensíveis. Como resultado, fiquei convencido de que esses desenhos zodiacais e outros são representações de certos tipos nessa criação invisível, delineados de maneira mais ou menos precisa, intercalados com imagens de objetos naturais mais ou menos convencionalmente desenhados. Descobri que essas aparições eram inteligências, e que, enquanto algumas pareciam ser malévolas e temidas pelos animais, outras, ao contrário, não lhes eram desagradáveis, mas, pelo contrário, eles pareciam gostar delas e ficar satisfeitos quando elas estavam por perto.

Fui levado a acreditar que elas são uma série de criaturas em um sistema de evolução que vai da natureza inanimada, passando pelo reino animal até o homem, seu desenvolvimento mais elevado; que há inteligências que podem ser mais ou menos perfeitamente controladas, na medida em que o homem esteja mais ou menos familiarizado com elas, e que ele é capaz de impressioná-las enquanto ser que está mais ou menos alto na escala da criação, ou que esteja mais ou menos em harmonia com a Natureza ou as obras da Natureza. Pesquisas recentes mostrando que as plantas possuem sentidos em maior ou menor perfeição me convenceram de que este sistema pode ser ainda mais estendido. Descobri que a pureza da mente e do corpo é muito poderosa, e observei que fumar, mascar tabaco e outros hábitos imundos são especialmente desagradáveis para elas.

Eu me convenci de que os egípcios usavam essas aparições em suas iniciações; na verdade, acho que demonstrei isso de maneira inquestionável. Minha ideia original era introduzir na fraternidade maçônica uma forma de iniciações como as que prevaleciam entre os antigos egípcios, e tentei fazê-lo, mas, achando que somente homens puros de mente e corpo poderiam controlar essas aparições, decidi que teria que encontrar, para ir nessa direção, pessoas diferentes de meus compatriotas encharcados de uísque e empapados de tabaco e que vivem em uma atmosfera de fraudes e trapaças. Descobri que, quando essas aparições, ou elementais, não podiam ser mantidas sob perfeito controle, elas se tornavam maliciosas, e, desprezando homens que – segundo sua astúcia lhes ensinava – deviam ser aviltados, elas tornavam-se perigosas e capazes de infligir danos e prejuízos.

Com um dos membros da Sociedade, um jurista de mentalidade matemática, realizei o seguinte, à maneira de Cornelius Agrippa, que afirmava – com relação a ele mesmo e a Trithemus – que "sem nenhuma dúvida, é possível influenciar outra pessoa espiritualmente a grande distância, mesmo quando sua posição e distância são desconhecidas" (*De Oculta Phil. - lib.* III, p. 3)[166]. Várias vezes, pouco antes de me encontrar, ele observou uma luz brilhante; finalmente chegou a relacionar essa luz à minha vinda e me perguntou sobre isso. Eu lhe pedi para anotar a hora e o minuto em que ele visse essas luzes, e disse que, quando eu o encontrasse depois, eu diria a hora exata. Eu fiz isso 30 ou 40 vezes antes que sua mente, cética por natureza, estivesse totalmente convencida. Essas luzes apareciam para

166 Felt cita do terceiro volume ("lib. III.") da obra *De Occulta Philosophia Libri trēs* de Cornelius Agrippa (nome alemão: Heinrich Cornelius Agrippa von Nettesheim, 1486-1535), "intelectual polimata e um influente escritor do esoterismo da Renascença" (Wikipédia).

ele em diferentes momentos do dia, onde quer que ele estivesse, em Nova Iorque ou Brooklyn, e combinamos que, em cada caso, cerca de duas horas depois daquele momento eu o encontraria em seu escritório.

Esses fenômenos diferem inteiramente de todas as manifestações mesmerianas, magnéticas ou assim-chamadas espirituais que conheço, e não podem ser relacionados a elas; esse cavalheiro nunca foi influenciado por mim de qualquer uma dessas maneiras.

Um dia ele veio à minha casa, num subúrbio desta cidade, e examinou alguns desenhos cabalísticos nos quais eu estava trabalhando, e ficou muito impressionado com um deles. Depois de sair, ele viu nos carros, em plena luz do dia, a aparição de um curioso tipo de animal, do qual ele posteriormente fez de memória um esboço. Ele se impressionou tanto com a circunstância e a vivacidade da aparição, que foi imediatamente a um dos *illuminati* da Sociedade e mostrou seu desenho. Foi informado de que, embora aparentemente se tratando de uma figura imaginária, era na verdade um assim-chamado espírito elemental, representado pelos egípcios como sendo o próximo, na ordem de progressão, a tornar-se um certo réptil, que era a figura que ele tinha visto em minha casa, e que essa era empregada pelos egípcios quando faziam seus zodíacos, em iniciações, etc., etc. Depois, ele retornou a minha residência. Sem comentários lhe mostrei um desenho da figura que ele havia visto. Ele me contou então que de fato a tinha visto, descreveu as circunstâncias e mostrou seu esboço. Ele ficou convencido de que eu havia previsto que ele veria essa aparição depois de ele ter ficado impressionado com meu desenho cabalístico. Obviamente esses fenômenos não podem ser relacionados a qualquer tipo familiar de manifestações.

Em uma das minhas palestras na Sociedade Teosófica, na qual membros de todos os graus estavam presentes, os *illuminati*, apesar de estarem ofuscados por vários lâmpadas a gás, viram luzes indo em direção a um dos meus desenhos e se afastando dele; outros perceberam uma nuvem escura acima dele, e foram observados ainda diversos fenômenos, como a aparente mudança das figuras zodiacais em outras formas ou representações elementais.

Certos membros de menor grau ficaram muito impressionados e tiveram um sentimento de pavor, como se algo terrível estivesse prestes a acontecer; a maioria dos probacionários[167] se sentiu desconfortável ou inquieto; alguns se tornaram hipercríticos e ofensivos: sete dos novatos deixaram a sala; e Mme. Blavatsky, que tinha visto no Oriente efeitos desagradáveis após fenômenos semelhantes, pediu-me para virar os desenhos e mudar de assunto. Se antes havia alguma dúvida, agora ficou clara a absoluta necessidade de introduzir graus na sociedade. Eu nunca mais encontrei outros membros que não os *illuminati* da Sociedade, com manifestações semelhantes.

Para o tom inamistoso do artigo mencionado acima não há nenhuma razão. Nenhum dos membros se vangloriou em suas observações. Sendo uma sociedade secreta, nós não poderíamos de forma alguma retaliar até que a permissão para isso fosse dada. Tendo agora recebido a permissão, declaro aqui publicamente que ultimamente tenho realizado o que eu concordei em fazer, e, a menos que o Conselho o proíba, dou a permissão para aqueles *illuminati* que viram os fatos confirmarem tudo isso.

Não sei se o senhor considerará este relato merecedor do espaço que ocupará em suas colunas, mas penso que é apenas justo, depois de eu manter um silêncio absoluto por mais de dois anos, que agora eu seja ouvido sobre esse assunto. O Espiritualismo moderno não precisa chorar com Alexandre[168], pois há outro mundo para ele descobrir e conquistar.

GEORGE H. FELT

167 Aqueles que estão na Senda Probacionária. "A Senda Probacionária [...] é um estágio que leva até a Senda Própria, que começa com a Primeira Iniciação." (*Os Mestres e a Senda*, Editora Teosófica, 2015, p. 171).

168 Dizem que Alexandre o Grande chorou quando viu que não havia mais nenhum território a conquistar.

CAPÍTULO X

O Barão de Palm

Tendo traçado a evolução da Sociedade até o momento em que sua organização estava aperfeiçoada, podemos agora dar atenção a incidentes especiais que ocuparam a atenção de seus fundadores e mais ou menos afetaram seus interesses. Se os detalhes dos começos da história da S.T. fossem conhecidos da maioria de seus membros, essa retrospectiva histórica poderia ser deixada para uma pessoa menos ocupada do que eu. No entanto, nenhuma outra pessoa viva conhece todos os detalhes tão bem quanto eu; ninguém, além de HPB e eu, assumiu todas as responsabilidades, recebeu todos os duros golpes, organizou tudo aquilo que se tornou sucesso; portanto, necessariamente sou eu quem deve fazer o papel de historiador. Se eu não o fizer, a verdade nunca será revelada.

O incidente especial a ser tratado no presente capítulo é a história da relação do Barão de Palm com a nossa Sociedade, seus antecedentes, morte, testamento e funeral; sua cremação exigirá um capítulo separado. Isso não é Teosofia, mas eu não estou escrevendo Teosofia; é a história, um dos vários assuntos que entraram nas preocupações da nossa Sociedade e que muito ocuparam o tempo e os pensamentos da minha colega e os meus. Esses assuntos deram em particular a mim como Presidente responsabilidades muito graves. Quando digo que organizei o funeral de De Palm com a convicção de que isso me custaria uma relação profissional no valor de cerca de 62 mil por ano, fica claro o que quero dizer. Aquilo aconteceu porque ofendi profundamente um cavalheiro – um cristão fanático – que controlava o assunto em questão; por sua influência, o negócio foi transferido para outro amigo dele. Naturalmente eu faria isso de novo; apenas mencionei a circunstância para mostrar que custou algo ser um trabalhador dos Mestres naqueles primeiros dias.

Joseph Henry Louis Charles, Barão de Palm, Comandante Grã-Cruz da Ordem do Santo Sepulcro e Cavaleiro de várias outras ordens, nasceu em Augsburgo, em 10 de maio de 1809, em uma antiga família baronial da Baviera. Já velho, ele emigrou para a América, viveu vários anos nos Estados Unidos e, por volta de dezembro de 1875, veio a mim em Nova Iorque com uma carta de recomendação do falecido coronel Bundy, editor do *Religio-Philosophical Journal*. Achando-o um homem de maneiras atraentes, evidentemente familiarizado com a melhor sociedade, e professando muito interesse pelo Espiritualismo e um desejo de aprender algo sobre nossas teorias orientais, eu lhe dei as boas-vindas, e a seu pedido o apresentei a HPB O barão se juntou à nossa Sociedade, e, quando surgiu uma vaga após a renúncia do Rev. J. H. Wiggin, ele foi eleito membro do Conselho em 29 de março de 1876. Como ele se queixou de problemas de saúde e de não ter ninguém em Nova Iorque que se importasse se ele estava vivo ou morto na miserável pensão onde ele estava hospedado, eu o convidei para ocupar um quarto em meu "apartamento", cuidei de seu conforto e chamei um médico para prescrever algo para ele. Por terem sido detectados sintomas de pneumonia e nefrite, e o médico o ter declarado em perigo, ele pediu que eu lhe enviasse o Sr. Judge, o Advogado Permanente da Sociedade, e fez um testamento destinando certos imóveis em Chicago a duas amigas, me fazendo fiducomissário e nomeando o Sr. Newton, Tesoureiro da S.T., e a mim os executores de seu testamento, com plenos poderes. Por conselho médico e a seu próprio e sincero pedido, ele foi removido para o Hospital Roosevelt na noite de sexta-feira, 19 de maio de 1876, e morreu na manhã seguinte. O resultado de uma autópsia mostrou que ele havia sofrido durante anos de uma complicação de doenças nos pulmões, rins e outros órgãos. Foi dado e, como prescrito por lei, arquivado na Secretaria de Saúde um atestado médico de que ele havia morrido de nefrite, e seu corpo foi levado para a câmara mortuária do Cemitério Luterano até a conclusão dos preparativos para o enterro.

No que diz respeito à religião, o Barão de Palm era um Voltairiano com uma falsa camada de espiritualismo. Ele pediu especialmente que nenhum clérigo ou padre oficiasse em seu funeral, e sim que eu realizasse os últimos ofícios de uma forma que ilustrasse as noções orientais de morte e imortalidade. A recente agitação na Grã-Bretanha e na América sobre o assunto da cremação, causada pela incineração do corpo da primeira Lady Dilke[169], os experimentos científicos de Sir Henry Thompson (*vide* seu ensaio "*The Treatment of the Body after Death*"[170], London, 1874) e os artigos e panfletos sensacionais do Rev. H. R. Haweis sobre os horrores indescritíveis dos cemitérios de Londres me levaram a perguntar-lhe de que maneira ele gostaria que eu tratasse seus restos mortais. Ele pediu minha opinião sobre qual dos dois modos de lidar com o corpo após a morte[171] era melhor, concordou com minha preferência pela cremação, expressou o horror do enterro – pois uma senhora que ele conhecia havia sido enterrada viva – e pediu que eu fizesse o que eu achasse mais aconselhável. Em abril de 1874, tinha sido formada uma espécie de entidade amadora que se chamava Sociedade da Cremação de Nova Iorque; eu havia me inscrito como membro e tinha sido eleito membro do Comitê de Assessoria Jurídica; mas além de aprovar resoluções e emitir panfletos, os membros não fizeram nada para provar sua fé naquilo que estava escrito. Então, finalmente, havia a chance de termos um corpo para queimar e assim iniciar a reforma tão necessária. Ofereci o corpo à Sociedade em questão, e ele foi aceito. O tempo estava mais quente do que normalmente em maio, portanto, era necessário ter pressa. Até a noite antes do dia designado para o funeral público do Barão, estava

169 Katherine Mary Eliza Dilke, esposa do político inglês Sir Charles Dilke.

170 O Tratamento do Corpo após a Morte.

171 No original: "*two modes of sepulture*" (dois modos de sepultamento). Várias vezes Olcott usou a palavra "*sepulture*" (sepultamento) de maneira errônea, já que o sepultamento, como o enterro, é totalmente diferente da cremação.

combinado que depois das cerimônias eu deveria entregar o corpo aos agentes da Sociedade para a cremação. Enquanto isso, HPB e o restante de nós nos animamos para organizar um impressionante "funeral pagão" – como a imprensa resolveu chamá-lo –, compor uma litania, elaborar um cerimonial, escrever alguns hinos órficos para a ocasião e mandar compor a música para eles. No sábado à noite, quando fomos ensaiar nosso programa pela última vez, foi trazida uma nota da Secretaria da Sociedade de Cremação de Nova Iorque dizendo que eles teriam que desistir da cremação por causa do grande barulho que os jornais haviam feito a respeito do funeral e por causa de seus ataques à Sociedade Teosófica. Em outras palavras, esses respeitáveis covardes morais não se atreviam a encarar o ridículo nem a animosidade que havia sido instigada contra nós inovadores.

O dilema em que estávamos não durou mais do que meia hora, pois finalmente me ofereci para assumir toda a responsabilidade, e dei minha palavra de que o corpo seria queimado, mesmo que eu tivesse que fazer isso sozinho. Como a continuação da narrativa mostrará, cumpri minha promessa no devido tempo.

Graças à amável gentileza do Rev. O. B. Frothingham, cuja congregação frequentava o grande salão do Templo Maçônico, na esquina da Rua 23 com a Sexta Avenida, em Nova Iorque, pudemos realizar as exéquias do Barão naquele vasto local. Uma hora antes da hora marcada, a rua estava apinhada de uma multidão ansiosa, até mesmo um tanto turbulenta, e foi necessário chamar um forte agrupamento de policiais para impedir que as portas fossem forçadas. Havíamos distribuído dois tipos de bilhetes de ingresso, ambos de formato triangular: um era um cartão preto com o texto impresso em cor prata, para assentos reservados, o outro, marrom claro com o texto em preto, para admissão geral; e a polícia foi instruída a não admitir ninguém que não tivesse nenhum dos dois tipos. Mas uma multidão americana ou britânica é difícil de conter, e houve tanta pressa quando as portas foram abertas que os 1.500 portadores de ingressos tiveram que encontrar lugares da melhor maneira possível. O grande salão, que tem lugar para 2.000

pessoas, estava completamente lotado, até em todos os cantos; as passagens e vestíbulos estavam bloqueados; e o burburinho das conversas e da agitação deixava claro que a multidão tinha vindo satisfazer sua curiosidade, e certamente não para demonstrar respeito pelos mortos ou simpatia pela Sociedade Teosófica. Houve exatamente aquele clima de incerteza em que o menor incidente inesperado e sensacional pode transformar uma excitada multidão na fera selvagem que ela se torna às vezes. Durante toda a semana anterior, os principais jornais tinham golpeado a curiosidade pública, e um dos textos burlescos mais espirituosos que já li, que apareceu no *World* sobre nossa prevista procissão cerimonial e pública, fez rir toda Nova Iorque. Para o benefício de nossos netos teosóficos, citarei o seguinte fragmento:

> 'Tudo bem', disse o coronel; 'vão em frente e realizem seu programa, mas deixem todos de fora, exceto os membros da Sociedade, pois os maçons não têm nada a ver com isso.'
> Então foram gastas duas horas em organizar uma ordem de marcha e um programa de exercícios após a procissão chegar ao Templo, e o seguinte é o resultado.
> A procissão se moverá na seguinte ordem:
> Coronel Olcott como sumo sacerdote, vestindo uma pele de leopardo e carregando um rolo de papiro (cartolina marrom)[172].
> Sr. Cobb como escriba sagrado, com classe e bloco de papel.
> Estojo de múmia egípcia, carregado num trenó puxado por quatro bois. (Também um escravo carregando um pote de óleo lubrificante.)
> Mme. Blavatsky como principal pranteadeira e também portadora do sistro. (Ela usará uma longa roupa de linho que se estende até os pés e uma cinta na cintura.)
> Menino moreno carregando três gansos etíopes (galinhas da Filadélfia) para serem colocados sobre o catafalco.
> Vice-Presidente Felt, com o olho de Osíris pintado sobre seu peito esquerdo, e carregando um áspide (comprado em uma loja

172 Algumas vezes, Olcott escreveu entre parênteses de que realmente se tratava; neste caso, por exemplo, o "rolo de papiro" era na verdade cartolina.

de brinquedos na Oitava Avenida).

Dr. Pancoast, cantando um antigo canto fúnebre de Tebas:

Ísis e Néftis, começo e fim;
Mais uma vítima a Amenti enviamos.
Paguemos a passagem e não demoremos,
Atravesse o Estige[173] pela balsa da Rua Roosevelt.

Escravos vestidos de luto, carregando as oferendas e libações, que consistiam em batatas novas, aspargos, rosbife, panquecas francesas, cerveja Bock e cidra de Nova Jersey; o tesoureiro Newton, como chefe dos músicos, tocando a flauta dupla.

Outros músicos tocando harpas de oito cordas, tom-tons, etc.

Meninos carregando um grande lótus (girassol).

Bibliotecário Fassit, que irá alternar com a música, repetindo as linhas que começam assim:

Aqui Hórus[174] vem, eu vejo a luta,
Amigos, parem suas lágrimas mugintes;
A alma humana passa por uma cabra
Em apenas 3.000 anos.

Na frente do templo, a cerimônia será curta e simples. Os bois serão deixados na calçada, com um garoto por perto para evitar que chifrem os transeuntes. Além do hino teúrgico, impresso acima na íntegra, será cantado o hino nacional copta, traduzido e adaptado para a ocasião da seguinte maneira:

Cinocéfalo[175], sentado no alto de uma árvore,
Eu vejo você e você me vê.
Rio cheio de crocodilos, veja seu longo focinho!
Ice o balde[176] e puxe o crocodilo para fora.

---

173 Ísis: uma das principais divindades da antiga religião egípcia.
Néftis: uma das divindades da antiga religião egípcia, irmã de Ísis.
Amenti: o reino dos mortos [Na mitologia egípcia, era o templo onde as almas dos mortos eram reunidas depois da morte, para serem julgadas por Osíris. – Wikipédia].
Estige: na mitologia grega, rio que separa o reino dos vivos do reino dos mortos (Hades).

174 Um dos principais deuses egípcios, filho de Ísis e Osíris.

175 Na mitologia greco-romana, um ser com corpo de homem e cabeça de cão.

176 No original: "*shadoof*", um tipo de balde fixado na ponta de uma longa vara,

Como esse tipo de coisa acontecia antes do enterro durante dias, pode-se imaginar o ânimo perigoso do enorme público, no qual pouquíssimos eram membros da S.T., a grande maioria tendo fortes preconceitos contra ela. No entanto, tudo corria de maneira bastante pacífica, até que um Metodista entusiasmado, um parente de um membro da S.T. que estava me ajudando na cerimônia, se levantou, gesticulou descontroladamente e gritou "Isso é uma mentira!" imediatamente depois de eu ter pronunciado as palavras "Há apenas uma causa primeira, incriada". Instantaneamente, o público se levantou e alguns se viraram para a porta, como as pessoas fazem em tais crises, pensando que o grito confuso talvez significasse um alarme de incêndio; alguns mais rudes subiram nas cadeiras e, olhando para o palco, pareciam prontos para participar de lutas ou escaramuças, caso elas acontecessem. Era um daqueles momentos em que a mudança dos ânimos depende do orador. Ocorre que uma vez eu havia visto o grande orador abolicionista, Wendell Philips, aquietar com uma calma impassível uma turba que o vaiava e insultava. De repente me lembrando disso, adotei suas táticas. Dei um passo para frente, coloquei minha mão esquerda sobre o caixão do Barão, olhei silenciosamente para a multidão, e permaneci imóvel e em silêncio. Imediatamente, fez-se um silêncio total de expectativa; nesse momento, levantando lentamente a mão direita, eu disse devagar e de maneira solene: "Estamos na presença da morte!", e esperei. O efeito psicológico foi muito interessante e divertido para mim, que há tantos anos estudo as multidões. A excitação foi reprimida como por magia, e então, na mesma voz de antes, e sem aparentar ter sido interrompido, terminei a frase da litania: "eterna, infinita, desconhecida".

Os dois hinos órficos que compilamos para a ocasião foram cantados por um coro voluntário do "*New-Yorker Sängerbund*"[177], e

---

com o qual se pega água dos poços, especialmente no Egito.

177 O "*Sängerbund*" de Nova Iorque. A palavra alemã "*Sängerbund*" significa "associação [ou sociedade, liga] de cantores". O jornal *The New York Times*

o acompanhamento no órgão foi a música de uma missa italiana de 300 anos atrás; "e", diz a reportagem do jornal *Sun*, "quando a música aumentou e depois parou suavemente na penumbra da sala cheia, mas silenciosa, com o fogo simbólico (no altar triangular) cintilando e as antigas decorações cavaleirescas reluzindo sobre o caixão, o efeito foi muito impressionante".

Após o canto do primeiro hino órfico, foi feita uma invocação, ou *mantra*, para "a Alma do Mundo, cuja respiração dá e retira a forma de tudo". "O Universo", continuou o *mantra*, "é a tua expressão e revelação. Tu, diante de quem a luz do ser é uma sombra que muda e um vapor que passa; tu expiras, e os espaços sem fim são povoados; tu inspiras, e tudo o que saiu de ti retorna novamente." Isso é bom Vedantismo[178] e boa Teosofia! O mesmo pensamento apareceu em todas as partes do funeral – os hinos, a invocação, a ladainha e o meu discurso. Neste último, dei aqueles detalhes sobre o Barão de Palm que eu havia conseguido dele mesmo (e que depois se revelaram muito enganosos, quando ouvi o advogado da família). Expliquei o caráter e os objetos da S.T.[179] e minha convicção de que, para o perdão dos pecados, o arrependimento no leito de morte é completamente ineficaz. Fico feliz em ver, lendo as reportagens nos jornais depois de muitos anos, que preguei a doutrina do puro e simples *Karma*. Houve uma explosão de aplausos e assobios quando eu

---

de 16/07/1865 descreveu um grande festival de música, no qual participaram muitos corais, dos quais alguns tinham em seu nome a palavra "*Sängerbund*" e que eram todos compostos por alemães residindo nos Estados Unidos.

178 A filosofia hindu Vedanta.

179 N.O.: "Essa sociedade", eu disse, "não era uma entidade religiosa ou caritativa, mas científica. Seu objetivo era inquirir, não ensinar, e seus membros eram homens de vários credos e crenças. 'Teologia' significava a vontade revelada de Deus, 'Teosofia', o conhecimento direto de 'Deus'. A primeira nos pediu para acreditar no que outras pessoas tinham visto e ouvido, a segunda nos disse para ver e ouvir por nós mesmos. A Teosofia ensinou que, pelo cultivo de seu poder, um homem pode ser interiormente iluminado e desse modo obter um conhecimento de suas faculdades quase divinas." (N.T.: Estranhamente Olcott usa o pretérito; suponho que ele confundiu o discurso direto – como nessa citação, na qual os verbos deveriam estar no presente – com o discurso indireto. O mesmo acontece na citação duas frases mais adiante.)

disse que a Sociedade "considerava o malfeitor que estava debaixo da forca ainda como malfeitor, mesmo que vinte orações pudessem ter sido feitas para ele". Imediatamente ordenei silêncio e continuei minhas observações, relatadas assim:

> Ele então passou a dizer que a Teosofia não podia conceber que o mal ficasse impune ou o bem não fosse recompensado.[180] Acredito que um homem seja um ser responsável, e a Teosofia não era[181] uma religião de profissões de fé, mas de práticas. Era totalmente contra a sensualidade e ensinou a subordinação do corpo ao espírito. Lá, naquele caixão, estava o corpo de um teosofista. Será que seu futuro deve ser de pura felicidade, sem consideração do curso de sua vida passada? Não; ele deverá sofrer ou regozijar-se de acordo com suas ações. Se ele fosse um sensualista, um usurário ou um corruptor, então a primeira (e única) causa divina não poderia perdoar-lhe a menor de suas ofensas, pois isso seria mergulhar o Universo no caos. Deve haver compensação, equilíbrio, justiça.

Após o canto do segundo hino órfico, a Sra. E. Hardinge Britten, oradora espírita, dirigiu-se ao público como médium por cerca de dez minutos, concluindo com uma forte apóstrofe emocional ao falecido Barão, despedindo-se dele, declarando que ele tinha "passado pelos portões de ouro onde a tristeza não entra" e espalhando sobre seu caixão flores "como símbolos de vida plena!" Com isso terminou-se a cerimônia, e o imenso público silenciosamente se dispersou.

O corpo do falecido ficou a cargo do Sr. Buckhorst, o agente funerário da Sociedade, para ser colocado em uma câmara mortuária até que eu pudesse providenciar sua cremação. Fui obrigado a

---

180 Aqui começa a citação do discurso de Olcott, mas no original não há sinal de citação (aspas).

181 Aqui o sujeito no original é "*it*", que deve referir-se a "Teosofia". De novo é usado erroneamente o pretérito (do discurso indireto) em vez do presente (do discurso direto).

conceber um método melhor para preservá-lo do que o fraco processo de embalsamamento que havia sido empregado no hospital, o qual se mostrou ineficaz mesmo dentro de apenas duas semanas. Isso me causou muita ansiedade; não havia nenhuma investigação e pesquisa sobre isso; finalmente resolvi a dificuldade, colocando o cadáver em argila dessecada impregnada com ácido carbólico e outros vapores de piche de carvão destilado. Na verdade, a decomposição já havia começado quando o antisséptico foi aplicado na primeira semana de junho, mas quando examinamos o cadáver no mês de dezembro seguinte, antes da remoção para a cremação, ele estava completamente mumificado, todos os líquidos estavam absorvidos e toda a deterioração estava detida. Estou convencido de que ele poderia ter sido mantido assim por muitos anos, talvez por um século, e recomendo o processo como sendo superior a qualquer outro método barato de embalsamamento que tenha chegado ao meu conhecimento.

HPB não teve nenhum papel oficial na celebração pública das exéquias de De Palm, mas mesmo assim se fez ouvir. Ela estava sentada na plateia junto aos membros sem cargos da Sociedade, e quando o metodista agitado interrompeu nossa ladainha e um policial o pegou na mão para escoltá-lo para fora, ela se levantou e gritou: "Ele é um fanático, é isso que ele é!", o que fez rir todo mundo ao seu redor, e ela mesma começou a rir. Os membros que participaram da cerimônia foram os Srs. Judge, Cobb, Thomas, Monachesi, Oliver, e mais três ou quatro, cujos nomes não consigo lembrar.

O Conselho da S.T., em sua reunião de 14 de junho, e a Sociedade, em sua sessão de 21 de junho (1876), aprovaram Resoluções ratificando e confirmando tudo o que os dirigentes haviam feito em relação à autópsia, às obsequias e ao embalsamento de De Palm. Também foi adotada a seguinte resolução:

> O Presidente e Tesoureiro desta Sociedade, que são os executores da última vontade e testamento de nosso falecido colega,

> estejam, e por meio deste estão, autorizados a fazer em nome desta Sociedade todos e quaisquer outros atos, que eles possam considerar necessários para completar o descarte dos restos mortais de nosso falecido colega, de acordo com seus desejos e orientação.

Terminado o funeral do Barão, o próximo passo foi ver que benefício seu patrimônio poderia trazer para a Sociedade (pois, embora tudo fosse deixado para mim individualmente, havia um entendimento entre nós de que eu poderia entregar tudo à S.T.). O Sr. Newton e eu obtivemos a legitimação do testamento, e o Sr. Judge foi instruído a fazer as investigações necessárias. Nosso primeiro choque veio quando abrimos seu baú no hospital: ele continha duas das minhas próprias camisas, das quais o meu nome, costurado nelas, havia sido removido. Isso realmente parecia muito nebuloso, um mau começo para a suposta grande herança. No baú havia também um pequeno busto de bronze de um bebê chorando, algumas fotografias e cartas de atrizes e prima-donas, algumas contas não saldadas, algumas cópias douradas e esmaltadas de suas ordens de nobreza, um estojo achatado, forrado de veludo, contendo sua certidão de nascimento, seus passaportes e certificados das várias nomeações diplomáticas e judiciais que ele havia obtido, o rascunho de um antigo testamento, agora cancelado, e uma pequena quantidade de roupas. Além disso, nada; nenhum dinheiro, nenhuma joia, não havia documentos nem manuscritos, nem livros ou quaisquer evidências de algum gosto ou hábito literários. Dou esses detalhes – que o Sr. Newton e o Sr. Judge e outros irão corroborar – por uma excelente razão, que vou apresentar no próximo parágrafo.

O testamento antigo o descreveu como um nobre, dono dos castelos Velho e Novo Wartensee, no lago Constance[182], e seus documentos mostravam que ele era o proprietário de 20.000 acres de terra em Wisconsin, quarenta terrenos em Chicago e cerca de sete ou

182 Na fronteira entre Alemanha, Suíça e Áustria.

oito propriedades de mineração nos estados do Oeste. Avaliando-se, por baixo, que a terra agrícola valia 5 dólares por acre, espalhou-se o boato de que eu havia herdado pelo menos 20.000 libras esterlinas, sem falar nos dois castelos suíços, nos terrenos e nas concessões de mineração de ouro e prata. O boato percorreu toda a imprensa americana, foram escritos editoriais sobre ele, e eu recebi um montão de cartas, congratulando e fazendo pedidos, de pessoas conhecidas e desconhecidas de vários países. O Sr. Judge se comunicou com as herdeiras, com funcionários públicos na América e no exterior, e com um representante da família do Barão. Isso levou vários meses, mas o resultado final foi o seguinte: as herdeiras não quiseram aceitar os terrenos de Chicago como presente, as terras de Wisconsin haviam sido vendidas para pagar impostos anos antes, as ações de mineração eram boas apenas para serem coladas em muros, e os castelos suíços eram castelos no ar; o patrimônio inteiro não renderia nem o suficiente para reembolsar o sr. Newton e mim pelos custos moderados da legitimação do testamento e do funeral! O Barão era um nobre falido, sem meios, crédito ou expectativas; um daqueles muitos que vão para a América republicana como último recurso quando a Europa não mais os sustenta. Sua boa educação e seus títulos de nobreza lhes garantem a entrada na sociedade americana, às vezes chances de postos lucrativos, mais frequentemente esposas ricas. Eu nunca soube exatamente o que nosso amigo havia feito no Oeste, mas, através de insistentes credores que apareceram, descobri que, de qualquer modo, ele havia feito vãs tentativas de criar empresas industriais medíocres.

Nem naquela época nem depois, descobri uma única prova de que o Barão de Palm tivesse talento literário, erudição ou gosto pelo ensino. Sua conversa com HPB e comigo foi principalmente sobre assuntos superficiais, sobre aqueles assuntos que interessam às pessoas da sociedade. Mesmo no espiritismo ele não parecia ter sido um pensador profundo, mas sim um observador interessado em médiuns e fenômenos. Ele nos contou muito sobre suas experiências nos círculos diplomáticos, e atribuiu suas atuais dificuldades (quanto à posse de dinheiro líquido) às suas tentativas infrutíferas de competir, quando era um adido, com ricos diplomatas ingleses numa vida suntuosa e prazeres requintados. Ele leu pouco e não escreveu nada, como tive ampla oportunidade de observar, já que ele estava morando comigo como meu convidado.

Seria muito penoso para mim me debruçar sobre esses fatos pessoais, se não fosse pela necessidade de mostrar o caráter daquele homem. Deixo meus leitores julgarem por si mesmos se ele era apto a ser um professor ou mentor de uma pessoa como a autora de *Ísis sem Véu* e *A Doutrina Secreta.* Pois esse é o ponto em discussão. Com uma malignidade inconcebível, certos inimigos sem princípios espalharam a calúnia de que *Ísis sem Véu* é "nada além de uma compilação dos manuscritos do Barão de Palm, e sem agradecimentos". Isso se encontra em uma carta mentirosa do Dr. Elliott Coues, publicada no *New York Sun* de 20 de julho de 1890, a respeito da qual o editor daquele influente jornal expressou mais recentemente, no mais honroso espírito de justiça, pesar por tê-la publicado, afirmando que ela não estava apoiada em provas. A mentira foi divulgada – como fui informado pela Sra. Emma Hardinge Britten – por um culto caluniador em *The Carrier Dove* e por outros escritores em jornais hostis; além disso, foi-lhe dada certa continuidade de disseminação por um MST[183] francês expulso, um Dr. G. Encausse (conhecido pelo pseudônimo de "Papus") em sua obra *Traité Méthodique de Science Occulte*[184], revisada no *Theosophist* em agosto de 1892.

Para aqueles que conheciam o modo de vida de HPB enquanto escrevia seu livro, que estavam familiarizados com o Barão de Palm no Oeste e em Nova Iorque, e que estavam ligados a ele durante sua breve relação com a S.T., os detalhes acima expostos e facilmente comprováveis sobre sua personalidade, seus hábitos e consecuções

183 Membro da Sociedade Teosófica. No original: *FTS* (i.e. *Fellow of the Theosophical Society*)

184 Tratado Metódico de Ciência Oculta.

serão suficientes. Para outros, relutantemente acrescento a carta contundente que Herr[185] Cônsul Obermayer, de Augsburg, Baviera, enviou ao Sr. Judge em resposta ao seu questionamento oficial e profissional quanto às supostas propriedades europeias de M.[186] de Palm, e que foi traduzida – do original que está em meu poder – para este livro. A data mostrará ao leitor que nós a recebemos somente um ano após sua morte e cinco meses após a mundialmente famosa cremação de seus restos mortais; consequentemente, não conhecíamos a verdade sobre os antecedentes europeus do Barão.

CONSULADO DA REPÚBLICA DA ARGENTINA
AUGSBURG, 16 de maio de 1877.
No. 1130.
Para WILLIAM Q. JUDGE,
Advogado e Conselheiro Jurídico,
71 Broadway, Nova Iorque.

Em sua carta do dia 7 passado constatei que o barão Josef Heinrich Ludwig von Palm morreu em Nova Iorque no mês de maio de 1876.

Por acaso, o signatário, cônsul Max Obermayer (ex-cônsul dos Estados Unidos em Augsburg, de 1866 a 1873), está em condições de dar-lhe as informações desejadas sobre o falecido de maneira exaustiva e está muito disposto a fazê-lo.

O barão von[187] Palm era na juventude um oficial do exército da Baviera, mas, por causa de suas muitas transações e dívidas obscuras, foi forçado a deixar o serviço. Depois, dirigiu-se a outras partes da Alemanha, mas não pôde permanecer por muito tempo em nenhum lugar, porque sua grande frivolidade, seu amor à boa vida e sua libertinagem o levaram constantemente a incorrer em novas dívidas e envolver-se em transações obscuras, de modo que ele foi até condenado pelos tribunais e mandado para a prisão.

185 Palavra alemã significando "Senhor".
186 Abreviatura da palavra francesa "*Monsieur*", que significa "Senhor".
187 Palavra alemã significando "de".

Depois que ficou impossível para ele permanecer mais tempo na Alemanha, ele foi para a Suíça, onde de novo fez falcatruas. Conseguiu, por falsas promessas e mentiras, persuadir o dono do Schloss (Castelo) Wartensee a vender-lhe essa propriedade, que ele logo ocupou. Porém, sua permanência lá foi curta: ele não somente era incapaz de levantar o dinheiro da compra, como também não podia pagar os impostos, de modo que a propriedade foi vendida em nome dos credores e Palm fugiu para os Estados Unidos.

Não se sabe aqui se ele se sustentou na América por fraudes ou não.

Na Europa ele não possui nada que valha um centavo; tudo o que possa ser encontrado entre seus pertences é pura fraude.

A única propriedade à qual ele tinha algum direito, antes de ir para a América, era uma parte da herança de Knebelisher em Trieste. Ele tentou com muita dificuldade obter o pagamento imediato dessa quantia, mas até sua partida não conseguiu.

Perto do final do ano de 1869, Palm se dirigiu ao abaixo-assinado em sua função de então Cônsul dos Estados Unidos, com o pedido de providenciar o pagamento a ele de sua parte na propriedade de Knebelisher mencionada acima.

Esse pedido foi imediatamente atendido. Como se vê na cópia anexa de seu recibo, foi colocada, por uma carta consular de 21 de janeiro de 1870, à disposição de Palm a quantia de 1.068 táleres e 4/6 = 3.247,53 dólares, que ele sacou na casa bancária de Greenbaum Bros. & Co., como se vê em sua carta ao consulado de 14 de fevereiro de 1870.

Só posso repetir que Palm não possuía na Europa nenhum dólar em dinheiro e também nenhum terreno, e que tudo o que pode ser encontrado em seus documentos em contrário é baseado unicamente em afirmações fraudulentas.

Os únicos parentes conhecidos de Palm são as duas baronesas Von T..., domiciliadas em Augsburgo (ambas as famílias em todos os sentidos respeitáveis), às quais Palm, no último ano de sua residência na Europa, causou muito escândalo e aborrecimento.

O que foi dito acima mostra, da maneira mais exaustiva, tudo o que é conhecido sobre o falecido Palm, e provavelmente até mais do que o senhor talvez tenha esperado.

(Assinado) MAX OBERMAYER,

Cônsul da República da Argentina

Meus cumprimentos a M. Papus, Sra. Britten e seu "grupo". *Palmam qui meruit, ferat*![188]

188 Expressão latina significando "Que leve a palma (o troféu) quem a mereceu". Certamente é um jogo de palavras a partir do nome do barão.

CAPÍTULO XI

A Primeira Cremação na América

O tema do presente capítulo é a cremação do BARÃO DE PALM. Acima relatei as circunstâncias que me levaram a assumi-la, e, como ela é historicamente importante por ter sido a primeira cremação pública nos Estados Unidos e a primeira em que foi usado um crematório, sem dúvida os detalhes são interessantes.

A cremação ocorreu em 6 de dezembro de 1876, na pequena cidade interiorana Washington, no condado do mesmo nome, na Pensilvânia, mais de seis meses após o corpo ter sido colocado, em Nova Iorque, em argila seca tratada com fenol. Agora é muito fácil cremar um corpo, seja na América ou na Inglaterra, pois estão disponíveis crematórios eficazes, e existem sociedades de cremação, mas naquela época era bem diferente. Quando me comprometi a dispor dos restos do Barão como ele desejava, não havia instalações nem precedentes no meu país, a menos que eu desejasse adotar o método oriental de fazer a cremação ao ar livre, como havia sido feito uma vez, mas, devido ao então existente preconceito público e à provável recusa do Conselho Sanitário de dar a permissão, isso teria sido muito difícil, para não dizer perigoso.

Minha única atitude possível era esperar até que aparecesse uma oportunidade. Em 1816, um Sr. Henry Laurens, um rico cavalheiro da Carolina do Sul, ordenou que os executores de seu testamento queimassem seu cadáver e obrigou sua família a concordar com a condição testamentária de não herdar seus bens se seus desejos não fossem estritamente cumpridos. Assim, seu corpo foi queimado em sua própria plantação à moda oriental, em uma pira funerária e ao ar livre, na presença de sua família e de relações próximas. Foi registrado um outro caso desse tipo, o de um Sr. Berry, e também nesse caso foi usada uma pira, se me lembro bem. Mas não havia tido nenhum caso de descarte de restos humanos em uma retorta[189] ou em um crematório construído para esse fim, e assim, como foi dito acima, não tive outra escolha a não ser esperar pacientemente alguma mudança dos acontecimentos.

Não precisei esperar muito tempo, pois em uma manhã de julho ou agosto foi anunciado nos jornais que o Dr. Julius Le Moyne, um médico excêntrico, mas muito filantrópico, da Pensilvânia Ocidental, havia começado a construir um crematório para a queima de seu próprio corpo. Eu imediatamente entrei em contato com ele. Em sua resposta (Carta de 16 de agosto de 1876), ele consentiu que, se ele sobrevivesse à conclusão da construção, o cadáver do Barão seria o primeiro a ser cremado lá. Na época do funeral, a possibilidade de haver uma cremação subsequente não havia sido anunciada publicamente, mas apenas cochichada; mas agora ela foi declarada abertamente; meu objetivo era avisar as autoridades com bastante antecedência, para que, se existisse algum obstáculo legal, nós pudéssemos ser informados a tempo.

O Sr. F. C. Bowman, um advogado (*Barrister*[190]), e eu fomos eleitos como "Comitê Consultivo" da Sociedade de Cremação de Nova Iorque original, para examinar cuidadosamente os estatutos e

---

189 No original: "*retort*". O *Dicionário Houaiss da língua portuguesa* apresenta o significado mais conhecido de "retorta": "vaso de gargalo estreito e curvo, para destilações". Depois dá mais um significado: "unidade de processamento de petróleo usada para aquecer, por radiação e conversão, produtos que circulam por tubos em suas paredes". Esse significado corresponde aproximadamente (não totalmente, pois o dicionário o restringe ao processamento de petróleo) ao significado de "*retort*" pretendido por Olcott. O mesmo dicionário indica "fornalha" como sinônimo, mas no crematório descrito por Olcott existiam tanto uma retorta quanto um forno.

190 "Uma das categorias de advogados que existem no Reino Unido e outros países com a tradição da *common law* (direito comum)." (Wikipédia)

relatar se uma pessoa tinha ou não o direito de escolher o modo de se desfazer do seu corpo. Não encontramos nada para indicar o contrário; e, de fato, o próprio senso comum mostraria que, se um homem tem a posse absoluta de qualquer coisa que lhe pertença, ele também possui seu corpo físico, e que ele é livre para dizer de que maneira este será descartado após sua morte, desde que ele não escolha nenhum método que coloque em perigo os direitos ou o bem-estar dos outros. Após um acordo particular entre mim e a Sociedade de Cremação de Nova Iorque – portanto, muito antes de o crematório do Dr. Le Moyne estar pronto – fizemos uma solicitação formal ao Conselho de Saúde de Brooklyn para obter uma permissão de remoção do corpo para a cremação, e o Conselho solicitou a opinião do advogado.[191]

O Conselho concordou com nossa opinião – do Sr. Bowman e minha –, e quando, mais tarde, depois da conclusão do crematório, fizemos um pedido, formulado em termos oficialmente prescritos, a licença foi devidamente concedida. Assim, o primeiro passo importante havia sido dado com sucesso. Como não existia nenhum impedimento legal, os defensores da cremação tinham apenas que atender a objeções teológicas, econômicas, científicas e sentimentais. O Dr. Le Moyne e eu concordamos em organizar uma reunião pública logo depois da cremação, com discursos a serem feitos por pessoas representativas, e também uma reunião à noite para discutir os méritos e deméritos desse modo de desfazer-se do corpo de uma pessoa morta. Concordamos que cada orador deveria se limitar a um

191 N.O.: "A seguir, o texto da nota em questão:
NEW YORK CITY, 5 de junho de 1876.
SENHORES,
Os abaixo assinados, executores do Última Desejo e do Testamento de Joseph Henry Louis, Barão de Palm, por este meio solicitam a entrega a eles de seu corpo, atualmente jazendo na câmara mortuária do Cemitério Luterano; o referido corpo será removido para um conveniente local fora dos limites da cidade e cremado, de acordo com o pedido do supracitado De Palm.
(Assinado) H. S. OLCOTT,
H. J. Newton."

tópico específico do assunto, para evitar repetições, mas que o tema fosse tratado exaustivamente.

Devido à neutralidade da S.T. em todas as questões envolvendo diferentes opiniões religiosas, havia sido decidido que meu co--executor e eu deveríamos cuidar desse assunto não em nome da Sociedade, e sim pessoalmente. Também foi decidido que não haveria mais cerimônias religiosas. Como o Dr. Le Moyne e eu éramos fortes defensores da cremação, tínhamos a total convicção de que o interesse público exigia que esse evento fosse amplamente divulgado e que fossem convidados homens de ciência e membros de Conselhos de Saúde, para presenciar e observar cuidadosamente o processo de eliminação do corpo pelo fogo. "Eu concordo com você", escreve o bom e velho doutor, "que os discursos devem se limitar ao tema da cremação, sem tocar em outros assuntos, por mais apropriados e corretos que eles sejam em si mesmos. Eu nunca pretendi ou esperei que nossa programação incluísse qualquer tipo de serviço religioso; a ideia é que seja uma experiência estritamente científica e sanitária, com vistas a uma reforma na maneira de se desfazer de um corpo." A imprensa americana, que havia zombado da S.T. por ter feito um número exagerado de cerimônias religiosas no funeral do barão, agora nos criticou por não haver nenhuma na cremação. Mas nós não nos importávamos com isso, pois nem o elogio nem a crítica, feitos por ignorantes, têm valor. O Dr. Le Moyne e eu desejávamos resolver os seguintes pontos: (a) se a cremação era realmente um método científico de eliminar o corpo de uma pessoa morta; (b) se era mais barata do que o enterro; (c) se tinha quaisquer características repugnantes; (d) quanto tempo levaria para incinerar um corpo humano. Seguindo a nossa política de divulgação audaciosa, o Sr. Newton e eu, como executores, e o Dr. Le Moyne, como proprietário do crematório, dirigimos o seguinte convite aos Conselhos de Saúde, cientistas individuais, certos diretores e professores de faculdades, clérigos e editores:

NOVA IORQUE, novembro de 1876.
PREZADO SENHOR,
No dia 6 de dezembro próximo, será cremado em Washington, Pensilvânia,
o corpo do falecido
JOSEPH HENRY LOUIS, BARÃO DE PALM,
Comandante Grã-Cruz da Ordem Soberana do Santo Sepulcro em Jerusalém; Cavaleiro de São João de Malta; Príncipe do Império Romano; Camareiro-mor de Sua Majestade o Rei da Baviera; Membro da Sociedade Teosófica, etc., etc.,
de acordo com seu desejo comunicado aos executores de seu testamento pouco antes de sua morte. O senhor está respeitosamente convidado a participar dessa cerimônia pessoalmente ou se fazer representado. A cremação será realizada em uma fornalha especialmente projetada para o propósito e construída por F. Julius Le Moyne, Dr. med., como demonstração de sua preferência por esse modo de se desfazer de cadáveres.
Sendo o acontecimento de interesse para a Ciência, em seus aspectos históricos, sanitários e outros, os executores do testamento do Barão de Palm concordaram que ele seja público. Por essa razão estamos enviando este convite ao senhor, na esperança de que o senhor possa achar conveniente estar presente e, caso o tema geral da cremação seja discutido, participar do debate. A Universidade da Pensilvânia, a Faculdade de Washington e Jefferson, a Faculdade de Médicos e Cirurgiões de Nova Iorque, outras instituições de ensino e os Conselhos de Saúde de Boston, Filadélfia, Washington (D. C.[192]) e outras cidades já expressaram sua intenção de enviar representantes. Acreditamos que a ocasião reunirá um número muito grande de observadores científicos altamente competentes e influentes. Serão feitos discursos apropriados para a ocasião.
Washington é uma cidade no condado do mesmo nome, no Estado da Pensilvânia, quarenta quilômetros a oeste de Pittsburgh,

192 Abreviatura de *District of Columbia* (Distrito de Columbia); Washington (D.C.) é a capital dos Estados Unidos.

pela ferrovia Chartiers Valley, e a meio caminho entre as cidades de Pittsburgh e Wheeling. Os trens saem de Pittsburgh e Wheeling para Washington às 9 horas da manhã e às 5 horas da tarde todos os dias, exceto aos domingos. O trajeto dura cerca de duas horas. Como a sala do crematório para o público é bastante pequena, é necessário que saibamos antecipadamente o número de pessoas que pretendem estar presentes. Portanto, solicitamos que comunique o mais cedo que puder, por correio ou telegrama, para qualquer um dos abaixo-assinados, sua intenção de comparecer.

HENRY S. OLCOTT, HENRY J. NEWTON
Executores do Último Desejo e Testamento do Barão de Palm.
Endereço: caixa de correio 4335, N. Y. City.
Ou: F. JULIUS LE MOYNE, Dr. med., Washington, Condado de Washington, Pensilvânia.

Muitos aceitaram o convite, e o interesse público foi despertado de tal maneira que um cavalheiro (Sr. A. C. Simpson de Pittsburgh, Pensilvânia), que teve acesso a um influente periódico, afirma: "não há uma única revista impressa nos Estados Unidos que não tivesse algo a dizer – mais ou menos detalhadamente – não apenas sobre a queima do Barão, mas também sobre suas ideias religiosas teosóficas" (ver *Banner of Light*, 6 de janeiro de 1887). Uma das coisas mais divertidas escritas sobre o caso foi a seguinte expressão, usada pelo Sr. Bromley em um editorial do jornal *New York Tribune:* "o Barão de Palm foi famoso principalmente como cadáver".

Era uma grande responsabilidade para nós, pois, se algo desse errado com a fornalha do Dr. Le Moyne, haveria um tremendo clamor contra nós por expormos um corpo humano à possibilidade de desrespeitosos maus-tratos científicos.[193] No entanto, tendo em vista

193 N.O.: "Havia um risco a ser prevenido, a saber, a possibilidade de o cadáver ser carbonizado no ar parado de uma incandescente retorta de argila aquecida a uma temperatura de 1500 a 4000 graus. Para evitar isso, o Dr. Le Moyne, ignorando o protesto de seu empreiteiro, fez um buraco na porta de ferro da

que o objetivo era tão profundamente humanitário, levamos a cabo o caso sem vacilar. Para proteger-se o mais possível contra qualquer acidente, o bom doutor primeiro testou o forno com uma carcaça de ovelha. Em uma carta datada de 26 de outubro de 1876, ele me escreveu que isso tinha sido "um sucesso total; uma carcaça pesando 74 quilogramas foi cremada em seis horas, e poderia ter sido queimada em menos tempo". Depois, ele havia feito a estrutura de um caixote, ou esquife, composto de barras planas e barras redondas de 1,3 centímetros, o conjunto pesando cerca de 18 quilogramas, no qual seria colocado o cadáver a ser posto na retorta; e ele me pediu para comprar, se possível, um pedaço de tecido de amianto, que seria colocado sobre ele como uma espécie de mortalha resistente ao fogo. Na época não foi possível conseguir isso, de modo que tive que inventar algo para substituí-lo.

Quando cheguei ao local, uma olhada na retorta aquecida me mostrou que qualquer mortalha comum em volta do cadáver seria instantaneamente consumida pelo fogo, e o corpo estaria descoberto; por isso, embebi um lençol de uma solução saturada de alume, e tentei. Isso provou ser perfeitamente eficaz e, creio, agora é de uso geral.

Não preciso entrar em muitos detalhes sobre a cremação, uma vez que eles podem ser encontrados no arquivo de qualquer revista americana do mês de dezembro de 1876. Mesmo assim, considerando-se o interesse histórico dessa primeira cremação científica nos Estados Unidos, acho importante que uma narrativa condensada, englobando os principais fatos, seja apresentada pelo homem responsável por ela.

O crematório de Le Moyne se encontra (pois ainda existe) em uma pequena construção em tijolos de um andar, dividida em dois cômodos: o da esquerda (ao entrar-se) é uma sala de recepção, o

---

retorta e encaixou nele uma tampa oscilante que permitia que o buraco fosse aberto ou fechado. No experimento de cremação de ovelhas, isso provou ser tão eficaz que o empreiteiro se converteu para a ideia do Doutor."

outro contém o forno e a retorta[194]. Sem contar o valor do terreno, o crematório custou ao Dr. Le Moyne cerca de 1.700 dólares, ou seja, 340 libras esterlinas. Tudo era muito simples, repulsivamente, pode-se dizer: não havia nenhuma ornamentação dentro ou fora, apenas um simples e prático incinerador de cadáveres, tão antiestético quanto um forno de padaria. Porém, os resultados mostraram que ele é muito prático e pode realizar o trabalho pretendido, tão bem como se suas paredes fossem de mármore esculpido, suas repartições, de madeira ricamente entalhada, e as portas do forno, poemas em bronze modelado. O Dr. Le Moyne me escreveu que seu objetivo era oferecer aos pobres um método de eliminar cadáveres que fosse muito mais barato do que o enterro e proporcionasse mais garantias contra as violações de túmulos e as tragédias de enterro prematuro que são inevitáveis no caso do modo predominante de sepultamento.

O roubo dos cadáveres do falecido Lorde Crawford e Balcarres, da Escócia, e do Sr. A. T. Stewart, de Nova Iorque, sem mencionar os milhares de roubos de cadáveres para dissecadores, comprovam a realidade das violações de túmulos, e o suposto fato de que o corpo de Irving Bishop foi aberto, quando o pobre homem estava em transe, assim como os casos em que, ao reabrir-se um caixão, o corpo foi encontrado virado e com a carne dos braços comidos pela infeliz vítima em sua agonia devido à fome e ao sufocamento, dão um peso terrível ao método de enterro.

Os fins pecuniários e sanitários almejados foram alcançados com o forno de Le Moyne, pois até mesmo essa primeira cremação nos Estados Unidos nos custou apenas dez dólares e provou que um cadáver podia ser descartado sem efeitos concomitantes desagradáveis.

O Sr. Newton e eu chegamos a Washington, na Pensilvânia, em 5 de dezembro de 1876, com os restos do Barão em dois receptáculos: o caixão e um invólucro externo de madeira. O Dr.

194 Na nota 189 foi visto que "retorta" pode ser sinônimo de "fornalha". Aqui Olcott diferencia entre "*furnice*" (fornalha, forno) e "*retort*" (retorta).

Le Moyne e outros foram nos receber na estação, e o cadáver foi levado em um carro fúnebre para o crematório, onde permaneceu até a manhã seguinte, a cargo de um atendente, o foguista que alimentou a fornalha. O fogo (de coque) havia sido aceso às 2 da manhã, e a retorta já estava quentíssima – "quente o suficiente", disse o foguista, "para derreter ferro". A mecânica do crematório era extremamente simples. Uma retorta arqueada de argila de fogo, com dois metros e meio de comprimento por 90 centímetros de largura e a mesma altura, para receber o cadáver, estava cercada por um duto comunicando-se com um forno abaixo da retorta, que tinha uma chaminé alta para produzir uma corrente de ar e para a fumaça sair.

Uma abertura da retorta para o duto de ar quente circundante permitia que gases e outros produtos voláteis de cremação entrassem nele, onde eram consumidos. Uma grande porta de ferro, fixada com argila de fogo ao redor da moldura, estava encaixada na frente da retorta, e a tampa oscilante, acima descrita, não apenas permitia que se introduzisse ar frio e que se produzisse à vontade uma leve corrente de ar através da retorta, mas também serviu como um olho mágico através do qual se podia observar de vez em quando o progresso da cremação. Visto que o cadáver estava deitado sobre um engradado de ferro, envolto em uma folha saturada de alumínio, dentro de uma caixa de argila de fogo que o separava eficazmente do fogo da fornalha abaixo, percebe-se que não poderia haver aquele horror de carne humana assada e entranhas se rompendo que nos fazem estremecer no caso da cremação em piras ao ar livre; e como todos os produtos mais leves da cremação, os componentes gasosos e aquosos de um corpo, eram queimados no duto de calor em volta da retorta incandescente, não havia nenhum daqueles odores desagradáveis que às vezes enojam aqueles que passam por um *ghat*[195] de cremação na Índia. O cadáver simplesmente resseca até que resta

195 Ghat: Série de degraus, geralmente feitos de concreto, à beira de um rio, lago ou grande tanque (em geral sagrados).

nada além das cinzas de seu esqueleto. Quando a retorta foi aberta, na manhã seguinte à cremação de De Palm, não havia mais nada do corpo outrora alto e robusto, salvo um rastro de pó branco e alguns fragmentos de articulações ósseas, pesando ao todo menos de 3 quilogramas.[196]

Muitos cientistas e Conselhos de Saúde aceitaram nosso convite. Estiveram presentes na cremação os seguintes cavalheiros: Dr. Otterson, do Conselho de Saúde de Brooklyn; Dr. Seinke, Presidente do Conselho de Saúde do condado de Queen; Dr. Richardson, editor do *Medical Journal* de Boston; Dr. Folsom, secretário do Conselho de Saúde de Boston; o professor Parker, da Universidade da Pensilvânia; três médicos enviados pelo Conselho de Saúde da Filadélfia; um médico que representou a Lehigh University; Dr. Johnson, do Conselho de Saúde de Wheeling, Virgínia Ocidental; Dr. Asdale, Secretário do Conselho de Saúde de Pittsburgh; certo número de outros

196 N.O.: "Mais afortunado do que a maioria dos inovadores, eu vivi o suficiente para ver várias reformas que ajudei a nascer tornarem-se sucessos mundiais. Dessas, uma é a cremação. A opinião pública chegou agora, após dezessete anos, ao ponto em que uma revista de direito ousa publicar o seguinte elogio da cremação:

'Não há nada mais certo do que o fato de que num futuro não muito distante a cremação de cadáveres será universalmente em voga. Sabe-se agora que vermes da terra transmitem os micróbios de doenças dos cemitérios e os distribuem à vontade. Até agora nós não conseguimos compreender como é possível que se pense que cerca de trinta mil corpos em um hectare de terra não sejam um total perigo para aqueles que vivem a poucos quilômetros dessa área. A Terra é um bom desodorizador, mas existem limites à sua capacidade. Se alguém estudou o lento processo de putrefação dos animais, sabe como é revoltante e como são perigosos os gases nocivos que escapam. Será que os defensores do enterro imaginam que os gases de milhares de cadáveres compactados escapam para o centro da Terra? Se é isso que eles pensam, terão que ser informados que esses gases facilmente atravessam os poucos metros de terra, e têm liberdade para se expandir na luz do sol e envenenar aqueles que por acaso cruzarem seu caminho. Toda enfermidade maligna que amaldiçoa a humanidade hoje em dia é uma advertência chamando-nos a melhorar nossos hábitos e a viver de acordo com a razão, e a única esperança de nos livrarmos de epidemias é pelo processo de educação, como agora sabemos com certeza. Chegará o tempo em que toda a matéria putrefativa será tornada inofensiva pela ação do calor.'"

médicos comparecendo não oficialmente; e um enxame de repórteres e correspondentes especiais representando todos os principais periódicos americanos e alguns estrangeiros. Eu sei – isto é fato – que a intenção dos editores era receber por telégrafo as informações mais detalhadas; o *New York Herald*, por exemplo, havia ordenado ao seu repórter que mandasse pelo menos três colunas de texto; mas ocorreu uma tragédia que mudou os planos dos editores: o Teatro de Brooklyn pegou fogo na mesma noite e cerca de duzentas pessoas foram queimadas vivas. Assim, uma cremação maior enfraqueceu o interesse público pela menor.

Quando o cadáver mumificado do Barão foi retirado do caixão e posto no engradado de ferro, embrulhado no meu lençol embebido de alumínio, eu o salpiquei com gomas aromáticas, espalhei sobre ele rosas, prímulas, salsaparrilhas e folhas de palmeira anã, e coloquei ramos de sempre-vivas no peito e em volta da cabeça.[197] Da reportagem no *New York Times* cito o seguinte:

> Quando tudo estava pronto, o corpo foi deslocado silenciosa e reverentemente para a retorta. Não houve serviços religiosos, nem discursos, nem música, como também não houve algum clímax, o que teria deixado o evento muito solene. Não houve um iota de cerimônia. Tudo foi extremamente pragmático. Às oito e vinte da manhã, o Dr. Le Moyne, o Coronel Olcott, o Sr. Newton e o Dr. Asdale se posicionaram silenciosamente de ambos os lados do corpo, levantaram o suporte do catafalco, o levaram imediatamente à retorta crematória e o deslizaram para dentro com sua carga – já não mais pertencente à terra – cabeça para frente.
>
> Quando o fim do suporte alcançou a outra extremidade – a mais quente – da fornalha, as sempre-vivas em volta da cabeça se incendiaram e foram rapidamente consumidas, mas as flores e

197 N.O.: "Os visitantes da sede de Adyar podem ver fotos – emolduradas e gravadas – desta e de outras cenas e detalhes da cremação tiradas do *Daily Graphic* de Nova Iorque."

as sempre-vivas da outra parte do corpo permaneceram intocadas. As chamas formaram, por assim dizer, uma coroa de glória para o morto.

A descrição não está completa, pois, à medida que a cabeça do cadáver passava para a retorta superaquecida, as sempre-vivas que a cercavam pegavam fogo, e uma coluna de fumaça saiu pela porta, como se fosse um punhado de penas de avestruz, como aquelas que as damas usam no cabelo na sala de visitas, ou os antigos cavaleiros portavam na crista do capacete. Depois de o engradado ter sido empurrado para dentro, a porta de ferro da retorta foi fechada imediatamente, trancada e atarraxada. No início tudo estava escuro dentro, devido ao vapor fumegante subindo do lençol encharcado e à saída da fumaça vindo das gomas e plantas que estavam queimando, mas isso passou em poucos minutos, e então pudemos ver aquilo que está bem descrito pelo correspondente do *Times* nestas palavras:

> A essa altura, a retorta apresentava a aparência de um disco solar radiante de uma cor não brilhante, mas quente, e embora todas as flores e sempre-vivas estivessem reduzidas a cinzas incandescentes, elas mantinham suas formas individuais, e os ramos pontudos das sempre-vivas formavam um arco sobre o corpo. Ao mesmo tempo, eu pude ver que a mortalha ainda envolvia o cadáver, o que comprovava que a solução de alume havia plenamente cumprido seu propósito. Isso invalida uma das alegadas objeções contra a cremação – a possibilidade de exposição indecente do corpo. Meia hora depois, ficou evidente que a mortalha estava carbonizada. Em volta da cabeça, o material estava enegrecido e esfarrapado. Para isso, havia uma explicação simples. Parece que, o coronel Olcott havia começado a saturar o lençol com a solução de alume nos pés, e, quando chegou à cabeça, a solução tinha acabado. De qualquer maneira, todos se alegraram ao ver que o calor aumentava rapidamente.

UMA CENA NOTÁVEL

Nesse exato momento, houve um notável movimento muscular do cadáver, quase constituindo um fenômeno. A mão esquerda, que estava deitada ao lado do corpo, foi gradualmente levantada e três dos dedos apontaram para cima. Embora isso fosse um pouco surpreendente naquele momento, esse movimento era obviamente o mero resultado do calor ardente, que produziu uma contração muscular. Como alguém achou que não havia uma quantidade suficiente de oxigênio na retorta para produzir a combustão necessária, às 9h25 o Dr. Otterson testou a corrente de ar na retorta, colocando um pedaço de papel sobre o olho mágico. Percebeu-se que a corrente estava suficiente. Nesse momento, a mão esquerda começou a voltar lentamente para a sua posição anterior, enquanto uma brilhante luz cor de rosa envolvia os restos, e um leve odor aromático passava pelo orifício de ventilação do forno. Uma hora depois, o corpo tinha a aparência de total incandescência, resultado de um aumento do fogo. O calor do forno estava agora muito mais desagradável do que antes, a boca da retorta estando bem aberta.

EFEITOS CURIOSOS OBSERVADOS

À medida que a retorta ficava mais quente, a névoa rosada de que falei assumia uma coloração dourada, e foi notado um efeito muito curioso nos pés. Evidentemente as solas dos pés podiam ser vistas por qualquer um que olhasse pelo olho mágico. Aos poucos elas ganharam uma certa transparência, semelhante à aparência da mão quando os dedos são colocados entre o olho e uma luz brilhante, mas nesse caso a transparência era muito mais luminosa. Às 10h40, Dr. Le Moyne, Coronel Olcott, William Harding e os representantes da área de saúde entraram na sala do forno e discutiram a portas fechadas sobre o ocorrido. Voltando, eles afirmaram que a cremação do corpo estava praticamente completa. Qualquer um olhando para dentro da retorta naquele momento pensaria que era isso mesmo.

> O ardente suplício pelo qual passaram Sadraque, Mesaque e Abednego por causa da estátua de ouro de Nabucodonosor[198] deve ter sido uma experiência insignificante comparada com o que o corpo do Barão de Palm sofreu. Depois de o forno ter sido concluído, o Dr. Le Moyne havia feito algumas experiências com ovelhas, mas o Sr. Dye, o construtor do forno, diz que no final de duas horas e quarenta minutos o corpo estava mais completamente cremado do que as ovelhas em cinco ou seis horas. A essa hora eu percebi que o corpo começava a diminuir e que, apesar de incandescente até certo ponto, ele era uma mera estrutura de cinzas em pó, que os pulmões de uma criança poderiam soprar para longe. A mortalha incandescente ainda cobria os restos, e os galhos das sempre-vivas ainda permaneciam em pé, embora tivessem afundado com a diminuição do corpo. Os pés também haviam caído, e tudo se tornava rapidamente uma massa incandescente de luz branca e calor intenso ... Às 11h12, Dr. Folsom, Secretário do Conselho de Saúde de Massachusetts, fez, na medida do possível, um exame cuidadoso da retorta e de seu conteúdo. Sua declaração de que "A incineração está completa – não há nenhuma dúvida" foi recebida com satisfação geral. O último vestígio da forma de um corpo havia desaparecido na massa geral.

Das numerosas descrições do evento, eu apresentei aquelas que valiam a pena citar, devido à excelente narrativa e seu valor histórico. Outra razão é que tudo isso mostra como esse modo de aniquilar um cadáver é limpo e estético, em contraste com o enterro. E uma das características da cremação deve recomendá-la especialmente aos amigos daqueles que morrem em terras distantes: o fato de que os corpos podem ser convertidos em pó, e assim facilmente, sem ostentação e sem objeção, ser levados para casa e colocados na cripta da família ou no cemitério, ao lado dos restos de parentes.

> Aqueles que ele amava por tanto tempo e não vê mais,

198 Cf. o capítulo 3 do livro de Daniel do Antigo Testamento.

... não mortos, apenas partiram antes.[199]

Na tarde do mesmo dia, na reunião pública na prefeitura, o Dr. King, de Pittsburgh, discursou sobre os efeitos nocivos e venenosos de cemitérios abarrotados; Dr. Le Moyne falou sobre as questões teológicas e práticas da cremação; o Presidente Hays mostrou que do ponto de vista da Bíblia ela inquestionável; o Sr. Crumrine explanou sua legalidade; e eu contribuí com uma retrospectiva histórica do assunto, referindo-me aos tempos antigos e modernos.

É claro que o fogo do forno foi retirado assim que o corpo estava completamente incinerado, e o orifício de aspiração na porta foi fechado, para que a retorta pudesse esfriar gradualmente, pois, se fosse exposta ao ar frio, inevitavelmente ela teria quebrado. Na manhã seguinte, o Dr. Asdale e eu removemos as cinzas e as colocamos em uma urna hindu, que me havia sido dada em Nova Iorque para esse fim. Eu as levei comigo para lá e as guardei até pouco antes de nossa partida para a Índia, quando as espalhei sobre as águas do porto de Nova Iorque com uma cerimônia apropriada, mas simples.

E assim aconteceu que a Sociedade Teosófica introduziu nos Estados Unidos não apenas ideias filosóficas hindus, mas também o modo hindu de se desfazer dos cadáveres. Desde aquela primeira cremação científica na América, muitos outros homens, mulheres e crianças foram cremados, outros crematórios foram construídos, e foram criadas sociedades de cremação em meu país. Quanto à Grã-Bretanha, o preconceito britânico foi superado de tal modo que o Parlamento legalizou a cremação, uma sociedade de cremação foi constituída e foi em seu crematório em Woking, perto de Londres, que o corpo de HPB foi queimado, de acordo com seu pedido feito oralmente e por escrito.

Em princípio, para mim não importa se o meu "corpo de desejos" é lançado através da água salgada até o chão do mar espargido

199 No original: *"Those that he loved so long and sees no more, ... not dead, but gone before."* Trata-se de um trecho do poema "Human Life" (Vida Humana) do poeta inglês Samuel Rogers (1763-1855).

de amebas, ou se ele é deixado nos desfiladeiros do Himalaia, fechados pela neve, ou na areia quente do deserto; mas, se eu for morrer em casa ou perto dos amigos, espero que meu corpo, como os do Barão de Palm e de HPB, possa ser reduzido pelo fogo a pó inofensivo, não se tornando uma praga ou um perigo para os vivos depois de ter servido ao propósito do meu presente *prarabdha karma*[200]!

200 "*Karma* começado, também chamado 'maduro' ou 'ativo'; aquele cujos efeitos inevitáveis se manifestaram durante a vida atua em nossa própria natureza, isto é, aquele que constitui nosso caráter e as múltiplas circunstâncias que nos rodeiam." (*Glossário Teosófico*)

CAPÍTULO XII

O Suposto Autor de *Art Magic*

Agora, devo cumprir minha promessa (ver capítulo VIII) de dizer algo sobre o livro *Art Magic* da Sra. Hardinge Britten e sua elaboração. Foi mencionado acima que ele foi lançado quase que coincidentemente com a formação da Sociedade Teosófica, e as circunstâncias são um pouco curiosas. A Sra. Britten ficou particularmente admirada com isso e revela sua surpresa nas seguintes passagens em uma carta à revista *Banner of Light*:

> Fiquei tão espantada e impressionada com a coincidência de propósitos (não de ideias), expressos durante a inauguração da Sociedade Teosófica – na qual estive presente –, com alguns dos propósitos (não com as ideias) apresentados no trabalho de meu amigo, que considerei meu dever escrever ao Presidente daquela Sociedade, anexar uma cópia do anúncio ainda não publicado e explicar-lhe que a publicação do livro em questão antecipava – sem que houvesse uma ação combinada ou mesmo conhecimento pessoal das partes envolvidas – todo o conhecimento cabalístico que a referida Sociedade Teosófica podia, dali em diante, desenvolver.

A coincidência consistiu no fato de que tanto o livro quanto nossa Sociedade afirmavam simultaneamente a dignidade da antiga Ciência Oculta, a existência dos Adeptos, a realidade e o contraste entre a Magia Branca e a Magia Negra, a existência da Luz Astral, a movimentação de raças elementais nas regiões do ar, da terra, etc., a existência de relações entre eles e nós mesmos, e a possibilidade de assujeitá-los por certos métodos conhecidos e testados havia muito tempo. Era, por assim dizer, um ataque simultaneamente de dois lados ao arraigado campo da ignorância e do preconceito ocidentais.

A Sra. Britten afirmou que *Art Magic* havia sido escrito por um Adepto que ela conhecia, "um amigo de longa data e muito honrado", que ela havia encontrado pela primeira vez na Europa, e para quem ela estava apenas atuando como "Tradutora" e "Secretária". Seu nome, ela disse, era Louis, e que ele era um Cavaleiro[201]. Foi divulgado um prospecto muito bem feito, elaborado de maneira a mudar a curiosidade mais acanhada em vontade de comprar o livro, e a cobiça dos bibliófilos foi excitada pelo anúncio de que o Autor só permitiria a impressão de quinhentos exemplares e, ainda por cima, se reservaria o direito de recusar-se a vender a obra àqueles que ele achasse indignos! [202]

Esse direito ele parece ter exercido, já que, em outra carta publicada, dirigida "Aos caluniadores de *Art Magic*" – a quem ela chama de "pequenos pugs" –, ela nos diz que "cerca de vinte nomes foram excluídos pelo autor". O fato de que algumas pessoas, sofismando em vez de estarem bem informadas, afirmaram que seu livro havia sido incubado na Sociedade Teosófica provocou sua ira a tal ponto que ela avisou – usando bom número de maiúsculos e itálicos – todos esses "sussurradores que não ousam nos confrontar abertamente" que ela e o marido tinham "dado queixa sobre o caso a um eminente jurista de Nova Iorque", o qual os instruiu "a dizer publicamente que, embora este país esteja livre a fazer o que cada

201 "Cavaleiro" no sentido de "membro de uma ordem honorífica"; no original: "*Chevalier*".

202 N.O.: "'Para impedir que seu trabalho recôndito caísse nas mãos de leitores heterogêneos que, como ele tinha certeza, interpretariam mal ou talvez pervertessem seus objetivos e o usassem para usos malignos.' (*Miracles of the Nineteenth Century*, p. 437). E numa carta para mim, de 20 de setembro de 1875, sobre seu exemplar de *Cornelius Agrippa* que eu queria tomar emprestado, ela chama Louis de 'autor do *livro dos livros* (itálico dela), recém-anunciado em *Banner*', e diz: 'Este homem preferiria queimar seu livro e morrer em meio a suas cinzas a cedê-lo até mesmo a 500 pessoas preferidas'."

um quer fazer (*sic*), ele não é suficientemente livre para permitir a circulação de libelos injuriosos" e que eles "o haviam instruído a processar imediatamente qualquer pessoa que daqui em diante afirmasse, pública ou privadamente, que o trabalho que eu realizei – a saber, tornar-me Secretária da publicação de *Art Magic*, ou Espiritualismo Mundano, Submundano e Supermundano – tem algo a ver com o Coronel Olcott, Madame Blavatsky, a Sociedade Teosófica de Nova Iorque, ou qualquer coisa ou pessoa pertencente a essas pessoas ou àquela Sociedade" (*vide* sua carta em *Banner of Light*, de aproximadamente dezembro de 1875; não tenho a data exata, pois o recorte em nosso *Álbum de Recortes* está sem data).

Essa algazarra continuou de forma tão persistente – mesmo ela e o marido sendo membros executivos da Sociedade Teosófica – que, apesar do preço exorbitante para um livro de 467 páginas, num tipo paica muito grosso, mal contendo a matéria que cabe em um livro de 75s. 6d.[203] dos editores de Londres – sua lista de compradores interessados foi preenchida rapidamente. Eu mesmo paguei 10 dólares por dois exemplares, mas naquele que está à minha frente está inscrito, na caligrafia da Sra. Britten, "À Madame Blavatsky, em sinal de estima da editora (ela mesma) e do Autor (?)[204]". No prospecto constava que, após o esgotamento da edição de 500 exemplares, as "chapas" seriam destruídas. Segundo as informações no próprio livro[205], ele foi "Publicado pelo Autor, em Nova Iorque, América", mas em 1876 William Britten, marido da Sra. Britten, ganhou o direito autoral. A obra foi impressa pelos senhores Wheat e Cornett, 8, Rua Spruce, Nova Iorque.

Dei todos esses detalhes pelas seguintes razões: 1. O livro marca uma época na literatura e no pensamento americanos; 2. Suspeito

---

203 75 *shillings* (xelins) e 6 *pence* (pênis).

204 O que está entre parênteses foi inserido por Olcott nessa citação.

205 No original: "*imprint*". Nos dicionários de inglês, não há consenso sobre o significado exato, mas em geral trata-se das informações dadas na folha de rosto sobre autor, editora, edições anteriores e outras. Não existe termo equivalente em português.

que os assinantes tenham sido enganados, inclusive eu, pois a obra – pela qual pagamos um preço exorbitante – foi impressa a partir de tipos, não de clichês, e o próprio Sr. Wheat me disse que sua empresa havia impresso, por ordem do Sr. ou da Sra. Britten, 1.500 em vez de 500 exemplares, uma afirmação cuja verdade seus livros de contabilidade mostrariam; eu apenas repito o que o impressor me disse, não sei se corresponde à verdade; 3. Porque estas e outras circunstâncias – entre outras, a maneira como o assunto é tratado e a execução do trabalho – me fazem duvidar da história de que um Adepto tenha sido o autor. Sem dúvida, há passagens boas e até mesmo brilhantes no livro, e uma parte é instrutiva e valiosa. Como neófito nesse ramo da literatura, fiquei profundamente impressionado e escrevi isso para a Sra. Britten; mas depois, essa boa impressão foi arranhada pela descoberta de que haviam sido usados, sem que isso fosse mencionado, textos e ilustrações de Barrett, Pietro de Abano, Jennings, Layard e até mesmo (ver p. 193 e 219) de *Frank Leslie's Illustrated Newspaper*[206]; pela personificação não espiritual de Deus – "o eterno, incriado, autoexistente e infinito reino do espírito" (p. 31) – como um globo, isto é, uma esfera limitada ou sol central

206 N.O.: "O crítico literário de *Woodhull and Claflin's Weekly*, uma revista nova-iorquina da época, informando sobre a publicação de *Art Magic* usa uma linguagem muito severa em relação ao alegado Autor, que ele identifica – justa ou injustamente, não posso dizer – com a Sra. Britten. O livro, diz ele, 'é simplesmente uma reformulação de livros acessíveis a qualquer estudante, até mesmo de meios limitados, e que podem ser facilmente encontrados em quase qualquer livraria, ou nas prateleiras de qualquer biblioteca pública. *History of Magic* de Ennemoser, *Supernatural* de Howitt, *Philosophy of Magic* de Salverte, *Rosicrucians* de Hargrave Jennings, *Magus* de Barrett, *Ocult Philosophy* de Agripa e alguns outros são as verdadeiras fontes dessa miserável compilação, cheia de erros de gramática e de afirmações ainda piores. Sem hesitar, nós afirmamos que não há uma única declaração importante no livro que não possa ser descoberta em livros já impressos'. Isso é uma crítica exagerada, pois o livro realmente contém passagens dignas de Bulwer-Lytton; de fato, poder-se-ia dizer que foram escritas por ele; e embora sejam perceptíveis os empréstimos de ilustrações e do conteúdo dos autores citados, uma boa parte de uma sólida doutrina oculta, expressa de maneira concisa, recompensa o leitor paciente." [Sobre Bulwer-Lytton, veja nota 144. N.T.]

relacionado ao Universo como nosso Sol o é para o nosso Sistema Solar; por muitos erros de ortografia e de gramática; por erros como fazer de "Chrishna e Buda Sakia" heróis de um episódio idêntico àquele narrado sobre Jesus, a saber, uma "luta e refúgio no Egito e seu retorno para operar milagres", etc;[207] também pela declaração, que contradiz todo cânone de Ciência Oculta instruído em qualquer escola, de que, para se tornar um Mago[208], ou Adepto, o "primeiro grande pré-requisito é uma organização profética ou *naturalmente mediúnica*" (p 160); e que o sentar em "círculos", o mesmerismo mútuo, o cultivo de relações com os espíritos dos mortos e a aceitação de guias e controles espirituais são auxílios substanciais e lícitos para o desenvolvimento dos poderes dos Adeptos.

Não importa quem seja o Adepto que tenha escrito esse livro, com toda certeza a obra se tornou, durante o processo de "editar" e "traduzir", um panegírico sobre a mediunidade e sobre aquelas fases que a história mediúnica da Sra. Britten parece ilustrar. Basta com-

---

207 N.O.: "Mas, para a edificação do Sumo Sacerdote H. Sumangala e de outros eruditos budistas não iluminados, eu realmente preciso citar toda a passagem: 'Os nascimentos desses Avatares através da maternidade de uma Virgem pura, suas vidas na infância ameaçadas por um vingativo rei, sua luta e refúgio no Egito, seu retorno para operar milagres, salvar, curar e redimir o mundo, sofrer perseguição, uma morte violenta, descida ao inferno e um reaparecimento como um novo Salvador são todos itens da história do Deus Sol, que já foram recitados, etc., etc.' (op cit., p. 60). Imagine Gautama Buda escondido no Egito, sofrendo uma morte violenta e, em seguida, descendo para o inferno! E afirma-se que esse *Art Magic* é a obra de um Adepto que estudou no Oriente e lá foi iniciado nos conhecimentos místicos! Além disso, um Adepto que, quando a cólera grassava em Londres, 'se dirigiu a um observatório' – em Londres – onde ele e 'um grupo seleto – todos tendo se destacado por suas realizações científicas' – fizeram 'observações através de um imenso telescópio construído sob a direção de Lord Rosse' (*Ghost Land,* p. 134, do mesmo autor). Acontece que esse telescópio nunca esteve mais perto de Londres do que seu local no Castelo de Birr está perto de Parsons Town, Kings County, Irlanda! O fato é que o autor (ou autora) desse livro parece ter emprestado seus supostos fatos – até mesmo os erros de ortografia nos nomes de Krishna e Sakya Muni – do capítulo I da obra peçonhenta de Kersey Graves, *The World's Sixteen Crucified Saviours*, [Os Dezesseis Salvadores Crucificados do Mundo – N.T.], que HPB satirizou tão divertidamente em *Ísis sem Véu.*

208 No original está escrito "*Magican*" em vez de "*Magician*".

pará-lo com *Ísis sem Véu* para ver a enorme diferença em favor dessa última obra, que explica de maneira confiável a natureza, a história e as condições científicas da magia e dos magos, tanto da Senda da Mão Direita quanto da Senda da Mão Esquerda[209]. Afirmar que a mediunidade e o *Adeptado* são compatíveis, e que qualquer Adepto se permitiria ser guiado ou comandado por espíritos de pessoas falecidas é um absurdo tão grande quanto dizer que os polos norte e sul estão em contato. Lembro-me muito bem de apontar isso para a Sra. Britten ao ler seu livro pela primeira vez, e que sua explicação não era nada convincente. No entanto, ela faz uma afirmação que os espíritas frequentemente negam, mas que é sem dúvida verdadeira:

> É também um fato significativo – e que deve ser recomendado à atenção tanto dos fisiologistas quanto dos psicólogos – que pessoas que sofrem de escrófula e aumento das glândulas muitas vezes parecem fornecer o alimento que permite aos espíritos produzir manifestações de poder físico. Mulheres frágeis e delicadas – e também pessoas de natureza refinada, inocente e pura, mas cujo sistema glandular foi atacado pelo demônio da escrófula – frequentemente se mostraram suscetíveis de se tornarem os mais notáveis instrumentos para demonstrações físicas de espíritos.

O autor tinha visto fenômenos impressionantes produzidos por "moças vigorosas do campo e homens robustos da Irlanda e do norte da Alemanha", mas um exame cuidadoso frequentemente revelava nos médiuns uma tendência à epilepsia, coreia e desarranjos funcionais das vísceras pélvicas.

> É um fato – que podemos tentar mascarar, ou contra cujo reconhecimento nós (Adeptos?) podemos protestar com indignação –, que a existência de notáveis poderes mediúnicos prenuncia

209 "Helena P. Blavatsky distingue os adeptos da senda direita e os da senda esquerda. Os últimos são feiticeiros cujos poderes são usados com propósitos egoístas." (*Theosophical Encyclopedia*, Theosophical Publishing House, 2006, p. 4).

uma falta de equilíbrio no sistema. (etc.)

Porém, somos informados (p. 161) que, "ser um 'Adepto' era ser capaz de praticar magia, e fazer isso era ser um profeta natural (ou médium, como acima declarado), com a força de um mago, ou um indivíduo que adquiriu esse poder profético (mediúnico?) e força mágica através da disciplina". E esse suposto Adepto diz (p. 228) que se "a magia do Oriente combina com a espontaneidade magnética do Espiritismo ocidental, podemos ter uma religião – com bases estabelecidas na ciência e com a inspiração se estendendo até aos céus – que irá revolucionar as mais longevas opiniões e estabelecer na Terra o verdadeiro Reino Espiritual".

Bem, isso será suficiente para mostrar que tipo de Adepto é o alegado autor de *Art Magic*, e que importância deve ser dada aos sarcasmos e disparates da Senhora Britten contra HPB, seus ensinamentos e as pretensões da Sociedade Teosófica que ela mesma nos ajudou a estabelecer. Nos primeiros dias, ela declarou sua amizade conosco "um grande privilégio", sua filiação era motivo de orgulho, e seu cargo na S.T. "um sinal de distinção" (Carta sobre "Os caluniadores de *Art Magic*" em *Spiritual Scientist*) e, ainda no ano de 1881 ou 1882, ela se chama, em carta apresentando o professor J. Smyth, de Sydney, a HPB, sua constante amiga, por quem ela sente "a afeição de sempre"; mas ela não tem sido nada disso nos anos posteriores, e é por causa de sua atitude em relação à Teosofia que foi necessário registrar essas várias reminiscências, tanto no interesse da história quanto para o benefício de seus amigos e dela mesma.

No livro é dito que o autor havia tido "mais de quarenta anos de experiência ocultista" (p. 166), depois de ter "aprendido a verdade" da ciência mágica; de modo que ele provavelmente deveria ter pelo menos cinquenta ou sessenta anos quando *Art Magic* foi publicado; no entanto, julgando por um suposto retrato dele, que a Sra. Britten gentilmente me enviou em 1876 de Boston a Nova Iorque para exame[210], ele parece um jovem de cerca de vinte e cinco anos. Além disso, todos aqueles anos de estudo profundo deveriam ter feito com que seu rosto mostrasse a adquirida majestade masculina que se encontra no semblante de um verdadeiro *yogi* ou *Mahātma*, enquanto nesse retrato, de um homem bonito com costeletas, o rosto tem a fraqueza insípida de um "sensitivo doente", de um elegante sedutor ou, como muitos dizem que o viram, de uma figura de cera como aquelas que os barbeiros parisienses põem em suas vitrines para exibir suas perucas e bigodes. Alguém que já esteve frente a frente com um verdadeiro Adepto seria forçado, pelo semblante daquele efeminado preguiçoso, a suspeitar ou que a Sra. Britten, *faute de mieux*[211], havia mostrado um retrato falso do autor real, ou que o livro simplesmente não tinha sido escrito por nenhum "Cavaleiro Louis".

O retrato é muito menos interessante em si do que por causa de sua relação com um fenômeno notável que HPB fez após um desafio de uma senhora francesa, uma espírita, então hospedada em nossa sede em Nova Iorque. Seu nome era Mlle.[212] Pauline Liebert; ela residia em Leavenworth, no Kansas, um distante estado do Oeste. HPB a tinha conhecido alguns anos antes em Paris, onde ela começou a mostrar o mais profundo interesse por "fotografia de espíritos". Ela acreditava estar sob a tutela espiritual de Napoleão Bonaparte e que possuía o poder de proporcionar a fotógrafos a faculdade mediúnica de tirar retratos dos amigos espirituais das pessoas sentadas a sua frente! Quando ela leu nos jornais as primeiras cartas de HPB sobre o Dr. Beard e os fenômenos da família Eddy, ela escreveu para ela e contou sobre o sucesso maravilhoso que ela teve em Kansas, Saint Louis e em outros lugares, onde ela conseguia que os fotógrafos tirassem retratos de espíritos.

---

210 N.O.: "Sua condição era que eu o mostrasse somente às pessoas morando em nossa casa, e depois o devolvesse para ela."

211 Expressão francesa significando "na falta de algo melhor".

212 Abreviatura da palavra francesa "*Mademoiselle*", que significa "Senhorita".

O Sr. H. J. Newton, o Tesoureiro da S.T., era um eminente fotógrafo científico amador, e tinha montado uma excelente galeria experimental em sua própria casa. Ao me ouvir falar sobre as pretensões da Mlle. de Liebert, ele nos pediu para convidá-la a nos fazer uma visita com sessões de fotografia, pois, no interesse da ciência, ele queria testar suas afirmações. HPB concordou, e a excêntrica senhora veio a Nova Iorque às nossas custas e foi nossa convidada durante vários meses. O caluniador erudito do *Carrier Dove*, que mencionei acima em relação a outro assunto, publicou (*Carrier Dove,* vol. 8, p. 298) uma afirmação que Mlle. Liebert supostamente havia feito para ele, a saber, que os fenômenos de HPB eram truques para me iludir junto com outros, que suas fotos eram compradas ou preparadas com antecedência e empurradas para nós como se tivessem sido tiradas na hora, etc., etc.; em suma, uma rede de falsidades. Ele a faz passar por uma pessoa inteligente, mas o fato é que, com relação às suas fotografias de espíritos, ela era credulidade personificada. Chegando em Nova Iorque, ela começou uma série de sessões fotográficas na casa do Sr. Newton, confiantemente prognosticando que ela conseguiria que ele tirasse retratos genuínos de espíritos. O Sr. Newton continuou pacientemente as tentativas, até que, na quinquagésima sessão, não tendo obtido nenhum resultado, sua paciência acabou e ele parou. Mlle. Liebert tentou explicar seu fracasso dizendo que o "magnetismo" da galeria privada do Sr. Newton não era conveniente para os espíritos; o que é estranho, visto que ele era o principal espírita da cidade de Nova Iorque e o presidente da maior sociedade do gênero.

Com a gentil ajuda do Sr. Newton, organizei uma nova série de testes na galeria fotográfica do Hospital Bellevue, cujo administrador, Mr. Mason, era um homem de formação científica, membro da Seção Fotográfica do Instituto Americano, e estava ansioso para testar as pretensões da Srta. de Liebert, mas numa atitude complacente. Ele não foi mais bem-sucedido do que o Sr. Newton, apesar de setenta e cinco cuidadosos testes, feitos com as precauções contra o fracasso prescritas pela francesa. Todas essas semanas e meses que as duas séries de experimentos estavam acontecendo, a Srta. Liebert vivia conosco, e quase todas as noites ela trazia e carinhosamente examinava várias "fotografias de espíritos" que ela havia coletado em diversos lugares. A vergonhosa derrocada de suas esperanças quanto aos testes em andamento parecia fazer com que a pobre criatura iludida começasse a idolatrar o que ela considerava como sucessos passados, e era divertido observar seu rosto enquanto olhava suas *pièces de conviction*[213] desgastadas pelo manuseio.

HPB tinha naturalmente pouca comiseração por pessoas intelectualmente fracas, sobretudo por aquelas que persistentemente se deixavam enganar por truques mediúnicos, e ela frequentemente despejava os frascos de sua ira sobre a – como ela a chamava – estúpida velha solteirona. Numa noite fria (1º de dezembro de 1875), quando, após um novo dia de fracassos no laboratório do Sr. Mason, a Srta. Liebert estava, como de costume, mexendo nas fotografias sujas, suspirando e arqueando as sobrancelhas numa expressão desesperada, HPB explodiu:

> Por que você quer insistir nessa tolice? Você não vê que todas aquelas fotos em sua mão são falsas, que você foi enganada por fotógrafos que roubaram seu dinheiro? Você teve agora todas as chances possíveis para provar seu suposto poder, mais de cem chances lhe foram dadas, e você não foi capaz de fazer nada. Onde está seu alegado guia, Napoleão, e os outros doces anjos de *Summerland*[214]? Por que eles não vêm e o ajudam? Ora essa! Ver tal credulidade me deixa louca. Agora veja: Eu posso fazer um retrato de um espírito a qualquer momento e de quem eu quiser. Você não acredita, é isso? Bem, eu vou provar isso já já!

Ela procurou um pedaço de cartolina, o cortou no tamanho de

213 Expressão francesa significando: peças de convicção.
214 "Nome dado pelos fenomenalistas e espíritas americanos à terra ou região habitada por seus 'espíritos', depois da morte." (*Glossário Teosófico*)

um cartão gabinete[215] e depois perguntou à Srta. Liebert de quem ela queria um retrato. "Você quer que eu faça o retrato de seu Napoleão?", perguntou. "Não", disse a Srta. L., "por favor, faça para mim o retrato daquele lindo Sr. Louis." HPB deu uma risada desdenhosa, porque, três dias antes, a pedido da Sra. Britten, eu lhe havia devolvido através do correio o retrato de Louis, e como ele certamente nesse momento estaria em Boston, a 400 quilômetros dali, a armadilha da senhorita francesa era evidente: "Ah!", disse HPB, "você pensou que poderia me pegar, mas agora veja!" Na frente da Srta. Liebert e de mim, ela colocou o pedaço de cartolina na mesa, esfregou a palma da sua mão três ou quatro vezes acima dele, o virou, e, veja só, no verso, vimos (como então pensávamos) um fac-símile do retrato de Louis. No fundo nublado, dos dois lados do rosto, fadas davam um grande sorriso e, acima da cabeça, uma mão sombria apontava com o indicador para baixo. Nunca vi o assombro tão fortemente expressado em um rosto humano do que no da Srta. Liebert naquele momento. Com nítido terror ela olhou fixamente para a misteriosa cartolina, e logo rompeu em lágrimas e correu para fora do quarto com o retrato na mão, enquanto HPB e eu começamos a dar gargalhadas.

Depois de meia hora, ela retornou e me deu o retrato. Antes de ir para cama, eu o coloquei como marcador em um livro que estava lendo em meu próprio apartamento. Na parte de trás, anotei a data e os nomes das três testemunhas. Na manhã seguinte, vi que a imagem havia desaparecido, exceto o nome "Louis", escrito na parte inferior, imitando o original: a escrita, uma materialização feita simultaneamente com o retrato e os elfos ao fundo. Isso era um fato

215 No original: "*cabinet photograph*". Na Wikipédia em inglês é dito que o "*cabinet card*" (cartão gabinete) era um estilo de fotografia muito comum para retratos fotográficos após 1870 e que consistia em uma fotografia montada num cartão de 10,8 por 16,5 cm. No artigo "Carte-de-visite" da Wikipédia em português, afirma-se que o "antigo formato de apresentação de fotografias" [carte-de-visite] "foi aos poucos suplantado pelo formato conhecido como *carte cabinet* (em português: cartão gabinete), surgido na década de 1870".

curioso – o fato de que uma parte de uma imagem materializada permaneceu visível, enquanto todo o resto desapareceu –, e não posso explicá-lo. Coloquei o retrato na gaveta, e quando o Sr. Judge me visitou um ou dois dias depois, ou talvez na mesma noite, contei a história e lhe mostrei o cartão desfigurado; então ele pediu para HPB fazer o retrato reaparecer e "consertar". Bastou um instante para ela colocar o cartão novamente sobre a mesa com a frente para baixo, cobri-lo com a mão e reproduzir a imagem como era antes. Com sua permissão, ele o pegou e guardou até nosso encontro em Paris, em 1884, quando – ele felizmente o tendo trazido consigo – eu lhe pedi o retrato para a Biblioteca de Adyar.

De Paris fui para Londres. Uma noite, quando ia jantar com meu amigo Stainton Moses, ele me mostrou sua coleção de curiosidades mediúnicas, *entre outras, o próprio retrato original de Louis, que eu havia enviado à senhora Britten pelo correio de Nova Iorque para Boston em 1870*! Na parte de trás estava escrito "M. A. Oxon, 1º de março de 1877, do autor de *Art Magic* e *Ghostland*". No dia seguinte, levei a cópia de HPB e a mostrei a Stainton Moses, e ele gentilmente me deu o original. Assim, após um intervalo de oito anos, ambos voltaram para minhas mãos. Comparando-os, percebemos tantas diferenças que ficou claro que o retrato de HPB não era uma cópia do original. Em primeiro lugar, os rostos olham em direções opostas, como se um fosse a imagem refletida, ampliada e de certa maneira desviada do outro. Quando perguntei para HPB a razão disso, ela disse que todas as coisas no plano objetivo têm, sob a luz astral, suas imagens invertidas, e que ela simplesmente transferiu para o papel o reflexo astral do retrato de Louis *como ela o via*, e que a precisão dependeria da exatidão de sua percepção clarividente. Após essa explicação, descobrimos que há diferenças entre as duas imagens nas medidas horizontais e verticais por toda parte, bem como nos cachos do cabelo e da barba e nos contornos da roupa; também as assinaturas "Louis" são diferentes em todos os detalhes, embora preservando uma semelhança geral. Quando a cópia foi materializada, a tinta foi infundida na superfície do cartão inteiro como uma espécie de borrão pigmentoso (e é assim que o fundo ainda permanece), e HPB retocou algumas das linhas principais com um lápis – para a melhoria artística do quadro, mas em detrimento de sua qualidade como exemplo de fotografia oculta.

Felizmente, posso citar um relato, até agora não publicado, da própria Sra. Britten, sobre os incidentes relacionados com a feitura do retrato. Ele foi feito em uma carta para Lady Caithness, Duquesa de Pomar, que o copiou a meu pedido:

> Agora incluo um pobre vestígio de nosso 'arquimago'. Lamento profundamente não poder lhe enviar algo melhor, pois, de fato, o rosto dele é maravilhosamente belo. Ele tem cabelos negros, olhos soberbos, uma pele muito fina e o sorriso mais doce que se possa imaginar – portanto, a senhora pode julgar o quanto esta imagem é uma representação muito pobre dele. Ela só se parece com ele no momento em que ele estava deitado desmaiado[216] na carruagem quando saímos do fotógrafo. Houve um incidente muito curioso com esta foto. Quando o negativo estava pronto, insisti para que o fotógrafo me desse uma prova, ali mesmo, porque eu queria avaliar a semelhança. Levei essa prova a um amigo, que é um bom artista, e lhe pedi para fazer com creiom um esboço ampliado para mim, com o que ele concordou. Eu me perguntei por que o fotógrafo não me enviou mais fotos e esperei muitos dias por elas. Eu sabia que o retrato representava meu pobre sofredor somente como ele estava então, não como ele geralmente aparece; mesmo assim ele me pediu para enviá-lo tal como estava para sua Madona – como ele chama a senhora – porque ele tinha feito um esforço tão grande para que fosse feito, e apenas para a senhora. Porém, ele não veio. Pensei que o fotógrafo talvez tivesse sido impedido, pelo mau tempo, de fazer as imagens. Por fim, fui à casa dele. Com um ar estranho de relutância, ele revelou que quase imediatamente após nossa saída, a imagem no negativo DESA-

216 N.O.: "Um Adepto desmaiado realmente seria uma novidade no Oriente!"

PARECEU INTEIRAMENTE, deixando apenas algumas indicações ou marcas muito fracas, que pareciam cabalísticas. Ele estava muito zangado com isso, reclamando que esses espiritualistas estavam sempre pregando peças quando vinham para tirar fotos, e ele disse que não suportava isso e não queria nada a ver com eles. Eu exigi ver o negativo, e ele relutantemente o mostrou. Depois, a meu pedido, ele revelou o negativo[217], mas as figuras ou sinais são tão fracos que dificilmente são perceptíveis. De maneira temerosa, ele acrescentou que não queria que o cavalheiro voltasse, pois não achava que fosse um homem mortal.

Eu estava terrivelmente desapontada, mas não tinha outra possibilidade além de me resignar. Eu já tinha quase resolvido mandar copiar minha miniatura, quando recebi de Cuba, para onde Louis havia ido primeiro, o desenho de giz que ele fez da prova. Ele juntou uma declaração de que a imagem na prova que ele levou consigo *muito estranhamente desapareceu*, deixando apenas uma leve marca de alguns sinais cabalísticos, fracos demais para serem legíveis.

Isso não é muito estranho? Determinada a não me frustrar, mandei fotografar o desenho de giz. Embora ele seja um tanto inferior à prova no que diz respeito à suavidade, tem uma semelhança igualmente boa com nosso inválido. Em que tempos momentosos estamos vivendo!

De fato, momentosos, quando se fazem Adeptos com quarenta anos de experiência se parecerem com o herói de uma menina de escola, e os negativos fotográficos são revelados duas vezes, cada vez resultando em uma foto diferente!

217 N.O.: “Veja acima que ele já tinha sido revelado.”

CAPÍTULO XIII

Ísis sem Véu

Vamos ver quais reminiscências sobre a elaboração de *Ísis sem Véu*[218] a memória pode trazer para fora do quarto escuro, onde seus imperecíveis negativos estão conservados. Se há algum livro que fez época, é este. De certa maneira, seus efeitos foram tão importantes quanto os do primeiro grande trabalho de Darwin foram em outra área: ambos foram maremotos no pensamento moderno, e cada um tendia a varrer as meias verdades teológicas e substituir a crença no milagre pela crença na lei natural.

Porém, na verdade, *Ísis* foi começado de forma bem simples e sem nenhuma ostentação. Um dia, no verão de 1875, HPB me mostrou algumas folhas de um manuscrito e disse: "Escrevi isto na noite passada 'por ordem', mas não tenho nenhuma ideia no que vai dar. Talvez seja para um artigo de jornal, talvez para um livro, talvez para nada: de qualquer forma, cumpri a ordem."

E ela as guardou em uma gaveta, e nada mais foi dito sobre isso por algum tempo. Mas no mês de setembro – se me lembro bem – ela foi para Syracuse (estado de Nova Iorque), onde ela visitou seus novos amigos, Professor e Sra. Corson, da Universidade de Cornell, e o trabalho prosseguiu. Ela me escreveu que era para ser um livro sobre a história e filosofia das Escolas Orientais e suas relações com as de nosso tempo. Ela disse que estava escrevendo sobre coisas que nunca tinha estudado e fazendo citações de livros que ela nunca tinha lido em toda a sua vida. Acrescentou que, para verificar a precisão das citações, Prof. Corson as havia comparado com obras

218 Cf. nota 31.

clássicas na biblioteca da universidade, e tinha percebido que ela estava certa. Após o seu regresso a Nova Iorque, ela não trabalhou muito no assunto, escrevendo apenas de vez em quando, e o mesmo pode ser dito sobre a época em que ela residiu na Filadélfia.

No entanto, quando, um ou dois meses após a fundação da Sociedade Teosófica, ela e eu fomos ocupar dois apartamentos no número 433 da Rua 34 Oeste – ela no primeiro e eu no segundo andar –, a elaboração de *Ísis* continuou sem pausa ou interrupção até a sua conclusão no ano de 1877.

Em toda a sua vida ela não tinha feito um décimo de tal trabalho, mas eu nunca conheci nem mesmo um jornalista que escreve diariamente que pudesse ser comparado com ela em termos de obstinada perseverança ou capacidade de trabalho incansável. De manhã até a noite ela estava sentada em sua mesa, e era raro que qualquer um de nós fosse para a cama antes das 2 horas da manhã. Durante o dia eu tinha meus deveres profissionais a cumprir, mas sempre, depois de jantar cedo, nos sentávamos juntos em nossa grande escrivaninha e trabalhávamos, como se fosse para salvar a vida, até que a fadiga corporal nos obrigasse a parar. Que experiência! A educação que normalmente se ganha lendo e pensando durante uma vida inteira foi juntada e comprimida para mim nesse período de menos de dois anos. Eu lhe servi não apenas como amanuense ou como revisor, mas ela me tornou um colaborador; ela me instigou a utilizar – parecia – tudo que eu já havia lido ou pensado, e estimulou meu cérebro a refletir sobre novos problemas que ela me colocou em relação ao Ocultismo e à metafísica, problemas que na minha educação não haviam surgido, e que eu só comecei a entender à medida que minha intuição se desenvolveu nesse processo estimulante.

Ela não trabalhava segundo algum plano fixo: as ideias fluíam através de sua mente como uma nascente perene que está sempre transbordando. Ora ela escrevia sobre *Brahma*, ora sobre o "gato-meteoro" elétrico de Babinet; num momento ela citava reverentemente Porfírio, no próximo um jornal ou algum panfleto moderno que eu havia acabado de trazer para casa. Num instante, ela adorava as perfeições do Adepto ideal, no outro divergia por algum tempo para bater, com seu cassetete crítico, no professor Tyndall ou em alguma outra pessoa pela qual ela tinha uma especial aversão. A obra surgia desordenadamente, mas como um incessante regato, cada parágrafo completo em si mesmo, porém capaz de ser extirpado sem dano para seu antecessor ou sucessor. Mesmo como está agora, e depois de todos os numerosos rearranjos, um exame desse livro extraordinário mostrará que este é o caso.

Se ela, apesar de todo o seu conhecimento, não tinha um plano, será então que isso não prova que não era ela que concebia o trabalho, que ela era apenas o canal através do qual essa maré de essência vital e fresca estava sendo despejada na água estagnada do pensamento espiritual moderno?

Como parte de meu treinamento educacional, ela me pedia para escrever alguma coisa sobre algum assunto especial, às vezes sugerindo os pontos importantes que deveriam ser abordados, outras vezes apenas me deixando fazer o melhor que podia com minhas próprias intuições. Quando eu terminava e ela não gostava do que eu havia escrito, ela costumava usar uma linguagem forte e me chamava de alguns dos nomes de animais que são capazes de provocar o impulso homicida; mas quando, nesse caso, eu me preparava para rasgar meu infeliz texto, ela o tirava de mim e o guardava para, depois de melhorá-lo um pouco, usá-lo posteriormente em outro lugar, e eu tentava novamente. Seu próprio manuscrito muitas vezes era uma verdadeira curiosidade que valia a pena ser vista; cortado e remendado, recortado e novamente colado, até que, se alguém mantivesse uma página dele contra a luz, veria que ele era composto de talvez seis ou oito, ou mesmo dez, recortes de outras páginas, colados juntos, o texto estando unido por palavras ou frases escritas entre eles. Ela se tornou tão hábil nesse trabalho que frequentemente elogiou essa habilidade com humor diante de amigos que estivessem presentes. Às vezes nossos livros de referência sofreram nesse processo, pois a colagem era feita com frequência em suas páginas abertas, e na Sede da Adyar e nas bibliotecas de Londres não faltam livros que levam as marcas até hoje.

Desde o dia em que o *Daily Graphic* escreveu sobre ela a primeira vez, em 1874, e durante toda a sua vida na América, ela foi assediada por visitantes, e quando havia entre eles alguém com algum conhecimento especial sobre algo relacionado ao seu campo de trabalho, ela invariavelmente o convidava e, se possível, o fazia escrever suas opiniões ou reminiscências para inseri-las em seu livro. Entre os exemplos disso estão os relatos do Sr. O'Sullivan sobre uma sessão de magia em Paris, o interessante ensaio do Sr. Rawson sobre as iniciações secretas dos drusos do Líbano, as numerosas anotações e parágrafos do Dr. Alexander Wilder na Introdução e em ambos os volumes[219], e ainda outros que acrescentam muito ao valor e ao interesse da obra. Conheci um rabino judeu que passava horas e noites inteiras em sua companhia, discutindo a *Kabala*, e o ouvi dizer a ela que, embora ele tivesse estudado a ciência secreta de sua religião durante trinta anos, ela havia lhe ensinado coisas que ele nem mesmo tinha sonhado, e esclarecido passagens que nem seus melhores professores tinham entendido.

De onde ela tirou esse conhecimento? Que ela o tinha, era indubitável; de onde ela conseguiu isso? Não de suas governantas na Rússia; não de alguma fonte conhecida por sua família ou amigos mais íntimos; não nos navios a vapor ou nas ferrovias que ela frequentava em suas viagens pelo mundo desde seus quinze anos; não em alguma faculdade ou universidade, pois ela nunca se matriculou em nenhuma; não nas enormes bibliotecas do mundo. A julgar por suas falas e seus hábitos antes de assumir a tarefa monstruosa de escrever o livro, ela não havia obtido esse conhecimento de nenhuma maneira, de nenhuma fonte; mas quando ela precisava dele, o tinha, e em seus melhores momentos de inspiração – se é que esse termo é

219 No original inglês, *Ísis sem Véu* (*Isis Unveiled*) era composto de dois volumes (ao passo que na edição brasileira são quatro).

admissível – ela surpreendia os mais eruditos com seus conhecimentos tanto quanto deslumbrava todos os presentes por sua eloquência e os deliciava com sua inteligência e humorística zombaria.

Ao ver as numerosas citações em *Ísis sem Véu*, poder-se-ia imaginar que ela escreveu a obra sentada em um nicho do Museu Britânico ou da Biblioteca Astor, em Nova Iorque. Porém, o fato é que toda a nossa biblioteca de trabalho compreendia menos de cem livros de referência. De vez em quando, o Sr. Sotheran, o Sr. Marble e outros amigos levaram alguns livros, e mais tarde ela emprestou alguns do Sr. Bouton. Algumas obras ela usou bastante – por exemplo, *Gnostics* de King; *Rosicrucians* de Jennings; *Sod* e *Spirit History of Man* de Dunlop; *Hindu Pantheon* de Moor; os furiosos ataques de Des Mousseaux à Magia, ao Mesmerismo, ao Espiritualismo, etc., que ele denunciava como sendo do Diabo; os vários trabalhos de Éliphas Lévi; os vinte e sete volumes de Jacolliot; as obras de Max Müller, Huxley, Tyndall, Herbert Spencer e de muitos outros autores de maior ou menor reputação; mas eu diria que não foram mais de cem.

Então, quais livros ela consultou e a que biblioteca ela tinha acesso? O Sr. W. H. Burr perguntou ao Dr. Wilder em uma carta aberta ao *Truth-seeker*[220] se era verdadeiro o boato de que ele havia escrito *Ísis* para HPB, e nosso querido velho amigo respondeu com sinceridade que se tratava de um boato falso, e que ele havia feito para HPB o que eu disse acima, que havia lhe dado muitos conselhos excelentes e preparado, para sua avaliação, o muito copioso índice de cerca de cinquenta páginas, elaborado a partir das provas que haviam lhe sido enviadas com esse objetivo. Isso é tudo. E igualmente sem fundamento é a história frequentemente repetida de que eu escrevi o livro e que ela o aperfeiçoou: foi exatamente o contrário.

Eu corrigi cada página de seu manuscrito várias vezes e todas as páginas das provas; escrevi muitos parágrafos para ela, geralmente apenas dando corpo a suas ideias, que ela, naquela época (cerca

220 Buscador da verdade (um periódico).

de quinze anos antes de sua morte, e também antes de quase toda a sua carreira como autora de livros em língua inglesa), não conseguia expressar em inglês da maneira que queria; eu a ajudei a descobrir citações, e fiz outros trabalhos puramente auxiliares: o livro é só dela (no que diz respeito às personalidades neste plano de manifestação), e ela deve receber todo o louvor e todas as críticas que a obra merece. Com seu livro ela fez época e, ao fazê-lo, fez de mim seu aluno e auxiliar – um ajudante que tem sido considerado apto para executar o trabalho teosófico durante os últimos vinte anos. Enfim, de onde HPB tirou o material do qual é composto *Ísis*, e que não é encontrável em textos acessíveis que pudessem ser citados? Da Luz Astral, e, por seus sentidos da alma, de seus Professores – os "Irmãos", "Adeptos", "Sábios", "Mestres", como eles têm sido chamados. Como eu sei disso? Tendo trabalhando dois anos com ela na elaboração de *Ísis* e muito mais anos em outras obras.

Observá-la durante o trabalho era uma experiência rara e inesquecível. Normalmente nos sentávamos em lados opostos de uma grande mesa, e eu podia ver cada movimento dela. Sua pena costumava voar sobre a página, e subitamente ela parava, mirava o espaço com o olhar vazio do clarividente, depois trazia sua vista para mais perto como se olhasse para algo invisível que alguém segurasse no ar diante dela, e começava a copiar no seu papel o que ela via. Terminada a citação, seus olhos retomavam sua expressão natural, e ela continuava escrevendo até uma interrupção semelhante. Eu me lembro bem de dois casos em que também pude ver e até folhear livros de cujas duplicatas astrais ela havia copiado citações para seu manuscrito, livros que ela foi obrigada a "materializar" para mim, para que eu pudesse me referir a eles ao ler as provas, pois eu me recusava a passar as páginas para a finalização enquanto minhas dúvidas a respeito da precisão do texto copiado[221] não estivessem eli-

221 Olcott usa a partir daqui várias vezes o substantivo "*copy*" (cópia) – às vezes entre aspas – referindo-se às passagens que HPB copiava, transcrevia, de textos que ela via na Luz Astral. Usarei a tradução literal "cópia".

minadas. Um desses livros foi uma obra francesa sobre fisiologia e psicologia; o outro, também de um autor francês, sobre algum ramo da neurologia.

O primeiro compreendia dois volumes, cujas lombadas e cantos de capa estavam em couro, o outro em brochura. Isso aconteceu quando morávamos no número 303 da Rua 47 Oeste – na outrora famosa "Lamaseria", a sede executiva da Sociedade Teosófica. Eu disse: "Não posso manter esta citação, pois tenho certeza de que ela não pode ser como você a escreveu." Ela disse: "Oh, não se preocupe; ela está certa; pode deixar". Eu me recusei, até que finalmente ela disse: "Bem, fique quieto por um minuto; vou tentar pegá-la." Aquele olhar distante apareceu em seus olhos; pouco depois ela apontou para um canto da sala, para uma prateleira na qual estavam guardadas algumas curiosidades, e com uma voz oca disse: "Lá!". Então voltou a si e disse: "Lá, lá; vá procurá-la ali!" Fui para a prateleira e encontrei os dois volumes[222], os quais, que eu saiba, não estavam na casa até aquele momento. Comparei o texto com a citação de HPB, mostrei a ela que minhas suspeitas quanto ao erro estavam certas, fiz a correção da prova, e depois, a pedido dela, devolvi os dois volumes ao lugar na prateleira de onde eu os havia tirado. Em seguida retomei meu trabalho. Quando, depois de algum tempo, olhei de novo naquela direção, os livros haviam desaparecido! Depois de eu contar essa história (absolutamente verdadeira), os céticos ignorantes estão livres para duvidar de minha sanidade; espero que isso lhes faça bem. A mesma coisa aconteceu no caso do *apport*[223] do outro livro, mas este permaneceu na prateleira, e está conosco até agora.

As "cópias" feitas por HPB apresentavam as mais nítidas dessemelhanças em diferentes momentos. Embora a caligrafia mantivesse sempre um caráter peculiar, de modo que alguém familiari-

222 Olcott diz aqui "*the two volumes wanted*", mas neste momento não está claro a que ele se refere. Mais adiante torna-se claro que ele se refere aos dois volumes sobre fisiologia e psicologia.

223 Cf. nota 113.

zado com sua escrita seria capaz de detectar qualquer página como sendo de HPB, era possível, quando examinada cuidadosamente, descobrir pelo menos três ou quatro variações desse estilo. Cada uma delas se mantinha por várias páginas, até dar lugar a alguma outra das variantes caligráficas. Ou seja, raramente – na verdade, nunca, como eu me lembro agora – havia mais do que dois estilos na mesma página, e dois apareciam apenas quando o estilo que estava sendo usado durante o trabalho de, talvez, uma noite inteira ou metade de uma noite[224] subitamente dava lugar a um dos outros estilos, que, por sua vez, continuava pelo resto de uma noite, ou durante a próxima noite inteira, ou na "cópia" da manhã.

Uma dessas caligrafias de HPB era muito pequena, mas clara; outra, vibrante e livre; uma terceira, simples, de tamanho médio e muito bem legível; e uma outra, irregular, difícil de ler, com os "a", "x" e "e" escritos de maneira esquisita, como em outras línguas. Também havia uma enorme diferença no inglês desses vários estilos. Às vezes eu tinha que fazer várias correções em cada linha, enquanto em outras passagens eu não precisava corrigir erros de expressão ou de ortografia em muitas páginas. Os mais perfeitos de todos os textos eram aqueles escritos para ela enquanto ela dormia. O início do capítulo sobre a civilização do Egito Antigo (vol. 1., cap. 14) ilustra isso. Tínhamos parado o trabalho na noite anterior, por volta das 2 da manhã, como de costume, mas ambos cansados demais para ainda fumar e conversar um pouco antes de nos retirar, como habitualmente. Quando eu lhe dei boa noite, ela quase estava adormecendo em sua cadeira. Então fui rapidamente para o meu quarto. Na manhã seguinte, quando desci depois do café da manhã, ela me mostrou uma pilha de pelo menos trinta ou quarenta páginas de um texto, redigido numa escrita muito bonita de HPB. Ela disse

224 Olcott usa a palavra "*evening*", que, em muitos contextos, pode ser traduzida sem problemas por "noite", mas em outros, como aqui, a palavra "noite" não é adequada, porque poderia fazer pensar no tempo entre 22 e 6 horas, aproximadamente, enquanto "*evening*" se refere mais ou menos ao período entre 18 e 24 horas.

que elas haviam sido escritas a seu pedido por um Mestre – sim, um Mestre –, cujo nome nunca foi aviltado como alguns outros. O texto estava perfeito em todos os aspectos, e foi para a gráfica sem revisão.

Ora, era um fato curioso que cada mudança na escrita de HPB era precedida ou por ela sair da sala por um momento ou dois, ou por ela entrar no estado de transe ou de abstração, em que seus olhos sem vida olhavam além de mim para o espaço, por assim dizer, retornando ao estado normal de vigília quase que imediatamente. E havia também uma nítida mudança de personalidade, ou melhor, de peculiaridades pessoais: na maneira de andar, na expressão vocal, na vivacidade e, acima de tudo, no temperamento.

O leitor de seu livro *Caves and Jungles of Hindustan*[225] se lembra como a pitonisa rodopiante de vez em quando saía correndo e voltava, supostamente, sob o controle de uma deusa diferente? Era assim – sem a feitiçaria e a dança vertiginosa – com HPB: ela saía da sala uma pessoa, e logo depois voltava como outra. Não uma outra no sentido de uma mudança visível do corpo físico, mas outra quanto ao modo de mover-se, falar e comportar-se; com um brilho mental diferente, visões diferentes das coisas, diferente domínio da ortografia, linguagem e gramática inglesas, e um controle muito, mas muito diferente do seu temperamento, que, nos melhores dias, era quase angelical, nos piores, o oposto.

Às vezes, minha muito estúpida incapacidade de expressar bem as ideias que ela queria que eu colocasse era suportada com paciência benevolente; outras vezes, até pelo menor dos erros, ela parecia prestes a explodir de raiva e me aniquilar no ato! Esses acessos de violência eram, sem dúvida, às vezes explicáveis por seu estado de saúde e, portanto, bastante normais; mas essa teoria não seria, de maneira alguma, suficiente para explicar algumas de suas pirraças. Em uma carta privada, Sinnett a descreve admiravelmente como uma combinação mística de uma deusa e de um tártaro, e, perce-

225 Cavernas e Selvas do Hindustão.

bendo seu comportamento nesses diferentes estados de espírito, diz:

> Ela certamente não tinha nenhum dos atributos superficiais que se poderia esperar de um instrutor espiritual; por um longo tempo, foi um profundo mistério para nós como ela podia ser filósofa o suficiente para ter desistido do mundo em prol do progresso espiritual, e ao mesmo tempo ser capaz de entrar em frenesi apaixonado sobre aborrecimentos triviais (etc.). (*Incidents in the Life of Madame Blavatsky*, p. 224).

No entanto, com base na teoria de que, quando o corpo dela estivesse ocupado por um sábio, ele seria forçado a agir com a tranquilidade de um sábio, mas não quando isso não fosse o caso, o enigma está resolvido. Sua sempre amada tia, Mme. N. A. F.[226], que a amava e a quem ela amava apaixonadamente até o dia de sua morte, escreveu ao Sr. Sinnett que sua estranha excitabilidade de temperamento, ainda uma de suas características mais marcantes, já se manifestava cedo em sua juventude. Mesmo naquela época, ela estava sujeita a ataques incontroláveis de paixão e mostrava uma disposição profundamente enraizada de se rebelar contra todo tipo de autoridade ou controle. "[...] A menor contradição provocava uma explosão de paixão, muitas vezes um ataque de convulsões." Ela mesma descreveu em uma carta para sua família (op. cit., p. 205) sua experiência psíquica enquanto escrevia seu livro:

> Quando escrevi o livro *Ísis*, o escrevi tão facilmente, que com certeza não foi trabalho, e sim um verdadeiro prazer. Por que eu deveria ser elogiada por isso? Sempre que me dizem para escrever, me sento e obedeço, e então posso escrever facilmente, sobre quase qualquer coisa: metafísica, psicologia, filosofia, religiões antigas, zoologia, ciências naturais, etc. Nunca me pergunto: "Posso escrever sobre esse assunto?" ... ou "Será que estou apta para a tarefa?", mas eu simplesmente me sento e escrevo. Por quê? Porque *alguém que conhece tudo* dita para

226 Nadya Andreyevna Fadeyev.

mim. Meu *Mestre*, e ocasionalmente outros que conheci em minhas viagens anos atrás. Por favor, não imagine que fiquei louca. Já lhe dei umas dicas sobre eles ... e eu lhe digo sinceramente que sempre que escrevo sobre um assunto a respeito do qual sei pouco ou nada, me dirijo a eles, e um deles me inspira, isto é, ele me permite simplesmente copiar de manuscritos aquilo que escrevo, até de textos impressos que passam diante dos meus olhos, no ar, e durante esse processo eu nunca estive inconsciente em um único instante.

Uma vez ela escreveu para sua irmã Vera sobre o mesmo assunto (a maneira de escrever):

Você pode não acreditar em mim, mas eu lhe digo que ao relatar isso falo apenas a verdade: estou unicamente ocupada – não em escrever *Ísis*, mas com a própria Ísis. Vivo em uma espécie de encantamento permanente, uma vida de visões e vistas, com os olhos abertos, sem possibilidade alguma de enganar os meus sentidos. Fico sentada e observo constantemente a bela deusa. E quando ela mostra diante de mim o significado secreto de seus segredos, perdidos há muito tempo, e o véu se torna cada vez mais fino e transparente e cai diante dos meus olhos, prendo a respiração e quase não posso confiar em meus sentidos! ... Durante vários anos, a fim de eu não esquecer o que aprendi em outro lugar, me fizeram ter permanentemente diante dos meus olhos tudo o que preciso ver.

Assim, dia e noite, as imagens do passado são o tempo todo dispostas diante do meu olho interior. Lentamente, deslizando silenciosamente como imagens em um panorama encantado, séculos após séculos aparecem diante de mim ... e meu Mestre me faz relacionar essas épocas com certos eventos históricos, e sei que não pode haver engano. Raças e nações, países e cidades surgem durante algum século anterior, em seguida se dissipam e desaparecem durante algum outro, cuja data exata me é dito depois por ... . A longínqua antiguidade dá lugar a períodos his-

> tóricos; eventos reais e personagens que realmente existiram esclarecem mitos; e todo acontecimento importante, e muitas vezes até mesmo os sem importância, toda revolução, uma nova página virada no livro da vida das nações – sobre seu início e os subsequentes resultados naturais – permanecem fotografados em minha mente como se estivessem impressos em cores indeléveis. . . .
>
> Quando penso e observo meus pensamentos, eles me parecem como se fossem aqueles pedacinhos de madeira de várias formas e cores, no jogo conhecido como *casse-tête*[227]: eu os pego um a um e tento encaixá-los um no outro, primeiro pegando um, depois colocando-o de lado até eu encontrar seu par, e finalmente sempre surge no final algo geometricamente correto... Eu me recuso totalmente a atribuir isso ao meu próprio conhecimento ou memória, pois eu nunca poderia chegar sozinha a essas premissas ou conclusões... Eu te digo seriamente que alguém me ajuda. E quem me ajuda é o meu GURU. (op. cit., 207).

Ela diz a sua tia que, quando o Mestre, estando ocupado com outro assunto, está ausente:

> Ele desperta em mim seu substituto no que diz respeito aos conhecimentos... Nesses momentos, não sou mais eu quem escreve, mas meu Ego interior, meu "Ser luminoso", que pensa e escreve por mim. Veja ... você que me conhece: Quando fui tão culta para escrever tais coisas? De onde veio todo esse conhecimento?

Leitores cujo gosto os leva a investigar a fundo problemas psíquicos tão singulares como este não devem deixar de comparar as explicações que ela dá de seus estados de consciência com uma série de cartas para sua família, série que começou a ser publicada na revista *Path* (NY 144 Madison Ave.[228]) em dezembro de 1894.

---

227 Palavra francesa significando, entre outras coisas, "quebra-cabeça".
228 Aparentemente o endereço da editora da revista em Nova Iorque.

Nessas cartas ela claramente admite que em tais ocasiões seu corpo foi ocupado, e o trabalho de redação feito, por outras entidades, que me instruíram através de seus lábios e transmitiram conhecimentos dos quais ela em seu estado normal não possuía nem mesmo um vislumbre.

Tomada literalmente, tal como está escrita, essa explicação não é muito satisfatória; pois, se os desconexos pedaços de pensamento de seu quebra-cabeça sempre se encaixassem de modo a tornar o mapa desse "jogo" estritamente geométrico, sua obra deveria estar livre de erros, seus materiais deveriam andar juntos em um esquema ordenado de sequência lógica e redacional. Desnecessário dizer que o oposto é o caso; e que, mesmo quando *Ísis sem Véu* saiu do prelo de Trow, depois de Bouton ter gasto mais de 600 dólares pelas correções e alterações que ele tinha feito nas provas de granel, das páginas e dos clichês galvanoplásticas[229], a obra não tinha, e até hoje não tem, um claro plano de redação. No Volume I consta que ele se restringe a questões científicas, Volume II, às da Religião, mas há muitas partes em cada volume que pertencem ao outro; e a Srta. Kislingbury, que esboçou o Índice do Vol. II na noite em que eu estava fazendo o mesmo para o Vol. I, pode testemunhar a dificuldade que tivemos em traçar as características de um plano para cada um dos nossos respectivos volumes.

E mais um fato: quando o editor se recusou peremptoriamente a colocar mais capital no empreendimento, nós já havíamos prepa-

229 N.O.: "Ele me escreve, em 17 de maio de 1887: 'As alterações já custaram 780,80 dólares e, nesse ritmo, quando o livro aparecer, ele terá uma grande desvantagem devido a uma despesa tão assustadora que cada exemplar dos primeiros mil vai custar muito mais do que conseguiremos por ele, um estado de coisas muito desanimador para começar. O custo de composição do primeiro volume sozinho (com estereótipos) chega a 1.359,69 dólares, e isso – veja – apenas para um volume, sem os custos do papel, trabalho de imprensa ou encadernação. Atenciosamente, J.W. Bouton.' Ela não apenas fazia intermináveis correções nos manuscritos, mas, mesmo depois de as chapas estarem prontas, as mandava cortar para transpor a matéria e inserir novas coisas que lhe haviam ocorrido ou que ela havia encontrado durante sua leitura."

rado textos quase suficientes para fazer um terceiro volume, mas esse foi impiedosamente destruído antes de deixarmos a América. Naquele momento HPB nem sonhava que ela pudesse querer utilizá-lo um dia na Índia, e nem se pensava no *Theosophist*, na *Doutrina Secreta* e nas suas outras obras posteriores. Quantas vezes ela e eu juntamos nossos arrependimentos, lamentando que todo aquele material valioso havia sido desperdiçado tão impensadamente!

Nós tínhamos trabalhado na elaboração do livro durante vários meses e produzido aproximadamente 870 páginas de manuscrito quando, uma noite, ela me perguntou se, para atender a um pedido de ... (nosso "*Paramaguru*"[230]), eu consentiria em começar tudo de novo! Lembro-me bem do choque que tive em pensar que todas aquelas semanas de trabalho árduo, tempestades psíquicas e charadas arqueológicas de quebrar a cabeça não serviriam para nada – como eu, em minha cega ignorância, imaginei. No entanto, como meu amor, reverência e gratidão para este Mestre, e para todos os Mestres, por me darem o privilégio de participar de seu trabalho, eram sem limites, consenti, e voltamos ao trabalho.

Foi bom para mim tê-lo feito. Pois, tendo comprovado a minha firmeza de propósito e a minha lealdade a HPB, obtive uma ampla recompensa espiritual. Foram-me explicados princípios, me deram variadas ilustrações de fenômenos psíquicos, fui ajudado a fazer experimentos eu mesmo, me deixaram conhecer vários Adeptos e me beneficiar com isso, e pude me capacitar – na medida em que minha arraigada teimosia e arrogância relativa à vida prática, mundana permitiriam - para meu então insuspeito futuro de trabalho público que desde então entrou para a história.

Muitas vezes as pessoas têm achado muito estranho, na verdade incompreensível, que, de todos aqueles que têm ajudado neste movimento teosófico, muitas vezes com o maior autossacrifício, que eu tenha sido o único tão favorecido com experiências pessoais com os *Mahātmas* (indireta ou diretamente) que o fato de sua existência

230 Guru supremo, ou guru de um guru.

é para mim uma questão de conhecimento tão real como a existência de meus próprios parentes ou amigos íntimos. Eu mesmo não posso explicar isso. Eu sei o que sei, mas não sei por que muitos dos meus colegas não sabem o mesmo tanto. O fato é que muitas pessoas me disseram que elas colocam sua fé nos *Mahātmas* devido ao meu testemunho pessoal imutável e nunca desacreditado, que complementa as declarações de HPB. Provavelmente fui muito abençoado porque tive que lançar o navio "Teosofia" com HPB para os Mestres de HPB, e conduzi-lo através de muitos turbilhões e ciclones, quando apenas o fato de conhecer efetivamente a base sólida do nosso movimento podia me influenciar a manter o meu posto.

Vamos agora tentar analisar o estado mental de HPB quando ela estava escrevendo seu livro, e ver se alguma hipótese conhecida nos dará a pista para as diferenças marcantes de personalidade, caligrafia e mentalidade acima mencionadas. A tarefa é de uma natureza tão delicada e complicada que duvido que tal problema psíquico, exceto o de Shakespeare, tenha se apresentado antes; e acho que, depois de ler o que tenho a dizer, meus colegas da Teosofia e da Ciência Ocultista concordarão com essa opinião.

CAPÍTULO XIV

Diversas Hipóteses

Embora possa ser desesperadamente difícil provar o grau exato em que se pode dizer que a personalidade complexa, HPB, tenha escrito *Ísis sem Véu*, acho evidente e indiscutível que ela tenha digerido e assimilado todo o material, tornando-o seu próprio e inserindo-o em seu livro como pedaços de pedra em um mosaico. Como o Prof. Wilder recentemente me escreveu:

> Poucos livros são absolutamente originais. Que esses volumes estavam em seu estilo peculiar é tão claro como a luz do dia. As pessoas apenas exigem que seja aplicado o princípio do Sr. Henry Ward Beecher: "Quando eu como frango, eu não me torno frango; o frango se torna eu!"

Nada seria mais fácil do que esquivar-me de toda a investigação e concordar com aqueles que simplesmente declaram que HPB foi, por assim dizer, divinamente inspirada, não tendo nenhuma culpa de erros, contradições, exageros ou limitações; mas não posso fazer isso, já que a conheci tão bem, e apenas a verdade me servirá. Não penso em esquivar-me da mais profunda investigação sobre seus dons ocultos e mentais. Com certeza não vou fechar os olhos aos fatos, abandonando-a e a sua obra àqueles que se alegrariam em destruir o pedestal sobre o qual deveríamos colocá-la, e rebaixá-la à perigosa impostora que os líderes da S.P.R.[231] tentaram mostrar que ela foi. Também a questão das alegadas semelhanças entre a sua

231 Cf. *H. P. Blavatsky e a Sociedade para Pesquisas Psíquicas* (Editora Teosófica, 2015).

própria caligrafia e a de um Mestre – um dos pontos na sua acusação – enquadra-se na nossa presente discussão sobre os manuscritos de *Ísis sem Véu*.

Tendo refletido sobre o assunto, não se pode deixar de ver que devem ser consideradas pelo menos essas diversas hipóteses:

1. O livro foi ditado por um Mestre, e HPB serviu apenas de amanuense independente e conscienciosa?
2. Ou o livro foi escrito total ou parcialmente por seu Ser Superior, enquanto controlava seu organismo físico?
3. Ou ela escreveu o livro como uma médium obsidiada por outras pessoas vivas?
4. Ou parcialmente sob duas ou mais destas três condições?
5. Ou como médium espiritual comum, controlada por inteligências desencarnadas?
6. Ou o livro foi escrito por várias personalidades dela mesma, alternadamente latentes e ativas?
7. Ou simplesmente por ela como senhora russa não inspirada, não controlada e não obsidiada, HPB, no estado comum de consciência desperta, não sendo diferente de forma alguma de qualquer autor fazendo um trabalho desse tipo?

Vamos começar pela última alternativa. Descobriremos imediata e inequivocamente que a educação e o treinamento que HPB recebeu não combinam com a ideia de que ela era erudita, filosófica ou, no mínimo, uma grande leitora. As memórias de sua vida, tal como foram comunicadas por sua família ao Sr. Sinnett, seu biógrafo, e a mim mesmo, mostram que ela era uma aluna rebelde, sem amor por literatura séria, sem atração por pessoas instruídas, sem nenhuma tendência a frequentar bibliotecas: o terror de suas governantas, o desespero de seus parentes, uma apaixonada rebelde contra todas as restrições impostas pelo costume ou pelas convenções.

Seus primeiros anos ela passou na companhia de "goblins corcundos" e duendes, com quem passou dias e semanas, pregava peças nas pessoas e clarividentemente revelava segredos desagradáveis para elas. A única literatura de que ela gostava era o folclore da Rússia, e em nenhum período de sua vida antes de começar a escrever *Ísis*, nem mesmo durante o ano em que morou em Nova Iorque antes de ser enviada à minha procura, a família ou qualquer de seus amigos ou conhecidos ouviu dizer que ela se interessava por livros. A Srta. Ballard e outras senhoras que a conheciam em suas várias residências em Nova Iorque, e que conheciam seus hábitos e modo de vida, nunca souberam que visitou a biblioteca do Astor, da Sociedade, da Mecânica, do Instituto Histórico, do Instituto Americano, de Brooklyn, ou a biblioteca Mercantil: ninguém jamais apareceu afirmando que ela era frequentadora dessas alcovas do pensamento impresso.

Ela não pertencia a nenhuma sociedade científica ou outra sociedade erudita em parte alguma do mundo; ela não tinha publicado nenhum livro. Ela foi atrás de taumaturgos em países selvagens e semicivilizados, não para ler seus livros (inexistentes), mas para aprender psicologia prática. Em suma, até o momento de escrever *Ísis* ela não era uma pessoa literária. Esse fato era claro tanto para cada um de seus conhecidos íntimos de Nova Iorque quanto para mim; e essa opinião é confirmada por ela mesma no último artigo de *Lúcifer*, "Meus Livros", que ela escreveu antes de sua morte. Nele, ela diz que os seguintes fatos são "inegáveis e não podem ser desmentidos:

> (1) Quando cheguei à América, em 1873, não falava inglês – que aprendi na minha infância coloquialmente – por mais de trinta anos. Eu podia entendê-lo quando lia, mas quase não o conseguia falar.
>
> (2) Eu nunca estive em nenhum colégio, e o que sabia eu tinha aprendido comigo mesma; nunca pretendi ser uma erudita no

sentido da pesquisa moderna; eu praticamente não havia lido obras científicas europeias e sabia pouco sobre filosofia e ciências ocidentais. O pouco que eu havia estudado e aprendido sobre elas me repugnava por causa de seu materialismo, suas limitações, seu espírito estreito de dogmatismo e ar de superioridade sobre as filosofias e ciências da antiguidade.

(3) Até 1874, eu nunca havia escrito uma única palavra em inglês, e não havia publicado nenhum trabalho em qualquer língua. Portanto:

(4) Eu não tinha a menor ideia de regras de redação. A arte de escrever livros, de prepará-los para impressão e publicação, ler e corrigir provas, tudo isso era um grande segredo para mim.

(5) Quando comecei a escrever aquilo que evoluiu mais tarde para *Ísis sem Véu*, eu não tinha a mínima ideia sobre o que o texto se tornaria. Eu não tinha nenhum plano, não sabia se seria um ensaio, um panfleto, um livro ou um artigo. Eu sabia que tinha que escrever, e só. Comecei o trabalho antes de conhecer bem o Coronel Olcott, e alguns meses antes da formação da Sociedade Teosófica."

A última frase é enganosa, pois ela não começou a escrever *Ísis* antes de nos conhecermos bem e de sermos amigos íntimos. De fato, todo o artigo deveria ter sido inteiramente reescrito, se era para ser seu último.

As intermináveis substituições de "cópias"[232] velhas por novas e as transferências de textos de um capítulo ou de um volume para outro, em *Ísis sem Véu*, estavam limitadas àquelas partes do trabalho que, eu diria, foram feitas em sua condição normal – se é que houve tal condição – e indicaram as penosas lutas de uma pessoa inexperiente nessa gigantesca tarefa de escrever um livro. Não familiarizada com o inglês gramatical e métodos de redação, e com sua mente absolutamente destreinada para tal trabalho contínuo na

232 Cf. nota 221.

escrivaninha, mas dotada de uma coragem sem limites e um poder de concentração mental contínua que quase nunca foi igualada, ela se debateu durante semanas e meses em direção a sua meta, o cumprimento das ordens do seu Mestre. Essa sua façanha de escritora supera todos os seus fenômenos.

Os contrastes gritantes entre as partes confusas e as quase perfeitas de seu manuscrito provam claramente que não foi a mesma inteligência que atuou em todos eles; e as variações na caligrafia, no método mental, na facilidade de redação e nas idiossincrasias pessoais confirmam essa ideia. Depois de tanto tempo, e pelo fato de o manuscrito ter sido destruído, é impossível para mim dizer qual das suas diversas personalidades é a principal responsável pelo seu alegado uso de citações sem que ela soubesse que se tratava de citações. Evidentemente eu colocava entre aspas tudo o que parecesse ter sido tomado de outro autor, e é bem possível que a mescla dessas citações com algumas de suas próprias ideias originais seja atribuível a mim e que tais passagens pareçam ser da autoria de outra pessoa. Quando ela inseria palavras de outras pessoas em seu próprio texto sem interrupção de continuidade, então, naturalmente – a menos que as passagens fossem de livros que eu havia lido e que me eram familiares – eu continuava a corrigi-las como sendo a "cópia" de HPB.

Eu disse acima que recebi minha educação oculta durante a elaboração de *Ísis* e através dos ensinamentos e experimentos de HPB Agora devo acrescentar que anteriormente minha vida de autor tinha me levado a outros campos de estudo, muito mais práticos do que a literatura sintetizada em *Ísis*, a saber, Química Agrícola e Agricultura Científica em geral. Assim, ela poderia ter me dado "cópias" feitas inteiramente de passagens emprestadas de orientalistas, filólogos e sábios orientais, sem que eu fosse capaz de detectar o fato. Nunca apontaram para mim, seja verbalmente ou de outra forma, plágios em *Ísis*, nem sei se existem; mas se existem, duas coisas são possíveis: (a) que o empréstimo foi feito por HPB, uma novata, inexperiente, no campo da elaboração de livros, que não sabia do pecado de violação de direitos autorais que ela cometia, ou (b) que os trechos haviam sido inseridos na cópia de tal maneira que, quando eu os editava, não chamavam minha atenção para sua incongruência com o que os precedia e seguia.

Uma terceira alternativa poderia ser que, enquanto escrevia, ela estava sempre metade nesse plano de consciência, metade no outro; e que ela lia suas citações clarividentemente na Luz Astral e as usava à medida que surgiam, sem saber realmente quem eram os autores ou quais os títulos de seus livros. Certamente seus conhecidos orientais estão prontos a considerar isso uma teoria plausível, pois se alguém vivia habitualmente em dois mundos, era ela. Muitas vezes – como dito acima – eu a vi copiando extratos de livros fantasmas, invisíveis aos meus sentidos, porém inegavelmente visíveis para ela.

Agora vamos considerar a próxima hipótese, a sexta, a saber, que o livro foi escrito por várias personalidades de HPB, ou vários estratos pessoais de sua consciência, capazes de entrarem intermitentemente em atividade após um tempo de latência. A respeito desse ponto, as pesquisas de nossos contemporâneos ainda não estão avançadas o suficiente a ponto de nos impedir de dogmatizar. Em seu *Incidents in the Life of Mme. Blavatsky* (p. 147), o Sr. Sinnett cita uma descrição que ela escreveu sobre uma "vida dupla" que ela levou durante uma certa "febre branda", que, na verdade, era uma doença debilitante, que ela teve quando era uma jovem em Mingrélia[233]:

> Sempre que eu era chamada pelo nome, abria os olhos ao ouvi-lo, e eu era eu mesma, minha própria personalidade em todos os aspectos. Porém, assim que era deixada sozinha, recaía em minha condição habitual, meio sonhando, e me tornava outra pessoa (cujo nome a Sra. B. não dirá) .... Nos casos em que eu, estando no meu outro eu, era interrompida quando meu nome era pronunciado, e enquanto eu conversava na minha vida de sonho – digamos no meio de uma frase falada por mim ou por

233 Uma região (antigo principado) na Geórgia.

> aqueles que estavam com meu segundo eu, e eu abria os olhos para atender o chamado – eu costumava responder de forma muito racional, e entendia tudo, pois nunca delirava.
>
> Mas, logo que fechava meus olhos novamente, a frase que havia sido interrompida era completada por meu outro eu, continuando pela palavra, ou mesmo na metade da palavra em que ela tinha sido parada. Quando acordada, e sendo eu mesma, lembrava-me bem de quem eu era em minha segunda personalidade, o que eu tinha sido e o que fiz. Quando eu era outra pessoa, ou seja, a personagem em que me havia tornado, sei que não fazia ideia de quem era H. P. Blavatsky! Eu estava em outro país, muito distante, uma individualidade totalmente diferente de mim mesma, e não tinha conexão com minha vida real.

Dado o que foi visto desde então, alguns poderiam dizer que a única HPB era a entidade consciente que habitava seu corpo físico, e que a "outra pessoa" não era HPB, mas outra entidade encarnada, tendo uma relação inexplicável com o corpo de HPB e com HPB É verdade que são conhecidos casos em que um segundo eu tinha certos gostos e talentos que eram estranhos ao eu normal. O professor Barrett, por exemplo, fala do filho de um vigário no norte de Londres que, após uma doença grave, se tornou duas personalidades distintas. O eu anormal "não conhecia seus pais, não tinha memória do passado, chamava a si mesmo por outro nome e, o que é ainda mais notável, desenvolveu talento musical, do qual nunca havia mostrado nenhum indício".

Portanto, há muitos casos em que o segundo eu, substituindo o eu normal, chama-se por um nome diferente e tem uma memória especial de suas próprias experiências. No caso bem conhecido de Lurancy Vennum, seu corpo estava completamente obsidiado pela alma desencarnada de outra garota chamada Mary Roff, que havia morrido doze anos antes. Sob essa obsessão, sua personalidade mudou completamente; lembrou-se de tudo o que aconteceu com Mary

Roff antes de sua morte, mas seus próprios pais, relações e amigos tornaram-se totalmente estranhos. A obsessão durou quase quatro meses.[234] O corpo que ela ocupava parecia a Mary Roff "tão natural que ela mal podia sentir que não era seu corpo original nascido havia quase trinta anos".

O editor do panfleto *Watseka Wonder* copiou do periódico *Harper's Magazine*, de maio de 1860, o relato do Rev. Dr. W. S. Plummer sobre a dupla personalidade de certa Mary Reynolds, que durou, com intervalos de volta ao estado normal, de seu décimo oitavo até o sexagésimo primeiro ano. Durante o último quarto de século de sua vida, ela permaneceu totalmente em sua condição anormal: o eu normal, que era o dono consciente daquele corpo, tinha sido eliminado, por assim dizer. Mas, veja-se o estranho fato de que tudo o que ela sabia no segundo eu havia sido ensinado naquele estado. Ela começou a segunda vida aos dezoito anos (da vida do corpo), alheia a Mary Reynolds, a tudo que ela havia conhecido ou sofrido; seu segundo estado era exatamente o de um recém-nascido. "O que permaneceu com ela do passado foi unicamente a faculdade de pronunciar algumas palavras, e até que lhe foram ensinados seus significados, elas eram sons sem sentido para ela." (*Watseka Wonder*, p. 42)

Em *Incidents*, etc.[235] (p. 146), há uma explicação da maneira pela qual HPB dava respostas às perguntas de nobres de Gooria[236] e Mingrélia, que iam consultá-la sobre seus assuntos privados. Estando em plena consciência, ela simplesmente via clarividentemente seus pensamentos "à medida que eles saíam de suas cabeças na forma de fumaça luminosa em espiral, às vezes em jatos de algo que poderia ser tomado por algum material radiante, e depois formavam nítidas imagens e figuras ao redor deles". A seguinte explicação é especialmente sugestiva:

234 N.O.: "Veja *The Watseka Wonder.* Pode ser conseguido com o Manager no Theosophist Office."

235 Cf. nota 43.

236 Antigo principado. A região se encontra na Geórgia, a leste do Mar Negro.

> Muitas vezes tais pensamentos e respostas para eles se achavam impressos em seu próprio cérebro, expressos em palavras e frases da mesma maneira que pensamentos originais. Mas, até onde nós todos somos capazes de entender, as visões anteriores sempre eram mais confiáveis, pois são independentes e distintas das impressões do próprio vidente, pertencentes à pura clarividência, não à transferência de pensamento, que é um processo sempre sujeito a se confundir com as impressões mentais mais vívidas da pessoa.

Isso parece lançar luz sobre o problema presente e indicar que é possível pensar que HPB, embora totalmente normal quanto à consciência desperta, via clarividentemente, ou pela absorção do pensamento – neste contexto uma expressão melhor do que "transferência de pensamento" – a sabedoria armazenada do ramo da literatura que ela estava examinando, e a fazia entrar no seu cérebro de tal maneira que ela perdia a ideia de que aquilo não vinha dela. Psicólogos orientais práticos não considerarão essa hipótese tão insensata quanto outros talvez a achem. É verdade que, de qualquer modo, é apenas uma hipótese, e os inimigos de HPB a chamarão simplesmente de trapaceira, de plagiadora. Para os ignorantes, o insulto é a maneira de opor menor resistência.

Os defensores dessa teoria devem, no entanto, lembrar que o desejo mais ardente e apaixonado de HPB era reunir o maior número possível de corroborações, de todas as fontes antigas e modernas dos ensinamentos teosóficos que ela estava divulgando; e ela estava unicamente interessada em citar autoridades respeitáveis, não em plagiar suas obras para sua própria glória.

Li bastante e soube alguma coisa sobre essa questão da personalidade múltipla no ser humano, mas não me lembro de um único caso em que as personalidades latentes despertas, ou segunda personalidade, pudessem citar livros ou falar línguas com as quais o eu desperto normal nunca teve qualquer ligação. Conheço um homem de ciência na Inglaterra que tinha totalmente esquecido sua língua materna por ter vivido no exterior desde seu décimo primeiro ano sem falar ou mesmo ouvi-la falar até os 29 anos, quando começou a reaprendê-la com a ajuda de uma gramática e um dicionário; porém, enquanto ele estava lutando para reaprender os rudimentos de sua língua materna, a falava corretamente durante o sono. Mas em seu caso o conhecimento havia simplesmente descido no reino da consciência "subliminal", ou seja, na memória latente.

E há o conhecido caso da empregada, ou cozinheira, analfabeta, que foi ouvida recitando em seu estado sonambúlico frases e versos hebraicos que – como depois comprovado – ela havia ouvido serem declamados por um antigo patrão, anos antes. Mas quem traz provas de que HPB alguma vez em sua vida tivesse estudado os autores citados em *Ísis sem Véu*? Se ela não os plagiava conscientemente, e nunca os havia lido, como os textos poderiam ter chegado até ela na hipótese de que o livro foi escrito por uma HPB 2 ou HPB 3? Meus leitores no Ocidente certamente souberam do caso singular de Madame B., uma francesa histérica, paciente do Prof. Janet, relatado e comentado pelo Prof. Richet, o eminente hipnotizador. O caso é citado pelo Sr. Stead no número "Real Ghost Stories"[237] do periódico *Review of Reviews*, do Natal de 1891.

Lá é dito que, no seu caso, "as duas personalidades não só existem lado a lado, mas no caso do eu subconsciente sabidamente coexistem conscientemente, e acima ou abaixo de ambas há uma terceira personalidade que é consciente das duas outras, e que aparentemente é superior a elas ... A Sra. B. pode ser induzida ao sono quase a qualquer distância, e, quando hipnotizada, muda completamente de personalidade". Há duas personalidades bem definidas nela, além de uma terceira de natureza mais misteriosa do que qualquer uma das duas primeiras. O estado normal de vigília da mulher é chamado de Léonie 1, o estado hipnótico, de Léonie 2. A terceira personalidade, oculta, inconsciente, mais profunda, é chamada de Léonie 3. Léonie 1 é uma "mulher séria e um tanto melancólica,

237 Histórias Verdadeiras de Fantasmas.

calma e lenta, muito gentil e extremamente tímida". Léonie 2 é o oposto, "alegre, barulhenta e inquieta num grau insuportável: ela continua bem-humorada, mas adquiriu uma especial tendência à ironia e a gracejos amargos. Nesse estado, ela não percebe sua identidade com seu eu desperto. 'Essa mulher não sou eu', ela diz: 'Ela é burra demais'. Léonie 2 obtém o controle da mão de Léonie 1 quando esta está abstraída: o rosto calmo, olhando para o espaço quase fixamente", mas não "cataléptica, pois ela estava cantarolando uma melodia caipira; sua mão direita escreveu rapidamente e, por assim dizer, furtivamente".

Quando a chamaram pelo seu nome e ela voltou a si, e lhe mostraram a carta que ela estava escrevendo, ela não sabia absolutamente nada. Quando Léonie 1 (o eu desperto) foi eclipsada e Léonie 2, o segundo eu, foi despertada por hipnose, tagarelando com sua habitual volubilidade e indisciplina, ela subitamente mostrou sinais de terror, ouvindo uma voz como se fosse de outra parte da sala, que a repreendeu e disse: "Chega, chega, fique quieta, você é importuna." Essa era uma terceira personalidade, que despertou e tomou integralmente posse do organismo da paciente, quando ela tinha sido imergida em um estágio mais profundo de letargia. Sem hesitar, ela confessou que foi ela quem disse as palavras ouvidas por Léonie 2, e que ela fez isso porque viu que o professor estava sendo incomodado por seu tagarelar. A voz imaginária que tanto aterrorizou Léonie 2 – porque parecia sobrenatural – vinha, diz o Sr. Stead, "de um estrato profundo de consciência no mesmo indivíduo".

Visto que nosso propósito, neste momento, é apenas examinar superficialmente o assunto da personalidade múltipla em relação com a hipótese de que HPB, ao escrever *Ísis sem Véu*, pode não ter tido qualquer outra ajuda do que suas próprias personalidades, não precisamos nos aprofundar em um problema para cuja solução é necessário dirigir-se às autoridades filosóficas e místicas hindus. Segundo a teoria antiga, o "CONHECEDOR" é capaz de ver e saber tudo depois de ter sido liberado do fardo do último véu da consciência física. E esse conhecimento vem progressivamente, à medida que os véus da carne são levantados. Em comum, suponho, com a maioria dos oradores que falam de improviso, adquiri, mediante longa prática, em certo grau, o hábito da ação mental tríplice.

Quando estou, de improviso, dando palestras em inglês na Índia, e está sendo feita a tradução, frase por frase, para alguma outra língua, percebo que uma parte da minha mente acompanha o tradutor e tenta adivinhar, pelo comportamento do público – que muitas vezes conhece algumas das palavras que falo, se meus pensamentos estão sendo corretamente traduzidos; ao mesmo tempo, outra parte da minha mente observa indivíduos e faz comentários mentais sobre suas peculiaridades ou capacidades; às vezes, até mesmo dirijo pequenas observações a algum conhecido sentado perto de mim na plataforma. As duas atividades mentais são distintas e independentes. No instante em que meu intérprete pronunciou sua última palavra, eu retomo o fio da minha argumentação e continuo com a frase seguinte. Simultaneamente com o progresso dessas duas funções, tenho uma terceira consciência, um observador, um eu superior, que percebe as outras duas linhas de pensamento, mas não é envolvido nelas.

É claro que isso representa apenas um estágio rudimentar de desenvolvimento psíquico; os graus mais elevados aparecem em alguns aspectos dos dotes espirituais de HPB. No entanto, até mesmo tal experiência ajuda a compreender o problema de seus fenômenos mentais: é um sinal fraco, mas seguro, que o Conhecedor pode observar e conhecer.

Se eu fosse um muçulmano, provavelmente afirmaria com o próprio Maomé que a redação do Alcorão em língua árabe clássica por um homem tão inculto como ele foi o maior dos milagres psíquicos, uma prova de que o seu Ego espiritual havia atravessado os obstáculos da carne e tirado conhecimentos diretamente de sua fonte celestial. Se HPB tivesse sido uma asceta, dominando seu eu físico e seu cérebro desperto, capaz de escrever inglês puro sem tê-lo adquirido, e se tivesse elaborado e organizado seu livro de acordo com um plano consistente, em vez de embaralhar seus textos como fez, eu poderia acreditar o mesmo dela e atribuir esse livro-maravilha interessantíssimo e fascinante à sua própria desenvolvida individualidade. A situação sendo diferente, não posso; e devo passar adiante para discutir nossas outras teorias.

CAPÍTULO XV

Aparente Possessão por Entidades

Nossa próxima questão é: teria ela escrito *Ísis* como uma médium comum, isto é, sob o controle de espíritos dos mortos? Respondo: certamente não. Se ela escreveu dessa maneira, então o poder que controlava seu organismo agiu de maneira diversa de tudo o que está registrado em livros, ou o que eu, pessoalmente, vi durante os muitos anos em que estive interessado nesse movimento[238]. Conheci médiuns de todos os tipos – falando, em transe, escrevendo, produzindo fenômenos, curando, clarividentes e materializando. Eu os vi em ação, assisti a sessões e observei os sinais de sua obsessão e possessão. O caso de HPB não se assemelhava a nenhum deles. Quase tudo o que eles faziam, ela podia fazer, mas quando ela mesma o queria, de dia ou de noite, sem formar "círculos"[239], sem escolher testemunhas ou impor as costumeiras condições. E tive a prova ocular de que pelo menos alguns daqueles que trabalhavam conosco eram seres vivos, pois eu os vi em carne e osso na Índia, depois de tê-los visto na América e na Europa no corpo astral; eu os toquei e conversei com eles. Em vez de me dizer que eram espíritos, me disseram que estavam tão vivos quanto eu, e que cada um tem suas próprias peculiaridades e capacidades; em suma, sua completa individualidade. Disseram-me que aquilo que tinham conseguido, eu mesmo iria atingir um dia; quanto tempo isso demoraria, dependeria inteiramente de mim; não seria através de algum favor que eu poderia antecipar qualquer coisa, e sim que eu teria que, como eles,

238 O Espiritismo.
239 Cf. nota 30.

galgar cada degrau, cada centímetro do meu progresso através de meus próprios esforços.

Um dos maiores dentre eles, o Mestre[240] dos dois Mestres[241] a respeito dos quais o público tem ouvido alguns fatos e sobre quem circulou muita calúnia sórdida, me escreveu em 22 de junho de 1875:

> É chegada a hora de eu te deixar saber quem sou. Não sou um espírito desencarnado, Irmão, sou um homem vivo, dotado pela nossa Loja[242] de poderes que estão reservados para você mesmo e que você receberá um dia. Não posso estar contigo senão em espírito, pois milhares de milhas nos separam neste momento. Seja paciente e de bom ânimo, incansável trabalhador da sagrada Fraternidade! Continue trabalhando e labute também para você mesmo, pois a autoconfiança é o mais poderoso fator de sucesso.
>
> Ajude o seu irmão necessitado e você mesmo será ajudado, em virtude da infalível e sempre ativa Lei da Compensação.

... em suma, a lei do *Karma*, a qual, como o leitor percebe, me foi ensinada quase desde o início de meu relacionamento com HPB e os Mestres.

No entanto, apesar do que foi dito acima, fizeram-me acreditar que trabalhávamos em colaboração com pelo menos uma entidade desencarnada – a alma pura de um dos mais sábios filósofos dos tempos modernos, resplendor de nossa raça e glória de seu país. Ele era um grande platônico, e me disseram que, de tão absorto no estudo da vida, ficou ligado à Terra, isto é, não conseguia romper os vínculos que o prendiam à Terra, mas estava sentado numa biblioteca astral de sua própria criação mental, mergulhado em suas reflexões filosóficas, indiferente ao passar do tempo, e ansioso para propiciar que a mente humana se direcionasse para a sólida base filosófica da

240 Olcott se refere ao *Mahachohan*.
241 *Mahātmas* Morya e Kuthumi.
242 Cf. nota 104.

verdadeira religião. Seu desejo o levou a não renascer entre nós, e sim a buscar aqueles que, como nossos Mestres e os agentes deles, queriam trabalhar pela disseminação da verdade e a eliminação da superstição. Contaram-me que ele era tão puro e tão abnegado que todos os Mestres o tinham em profundo respeito. Estando proibidos de interferir em seu *karma*, somente podiam deixá-lo encontrar a saída de suas ilusões (*kamalokáicas*[243]) e caminhar em direção à meta do ser sem forma e da absoluta espiritualidade, segundo a ordem natural de Evolução. Sua mente havia sido empregada tão intensamente em especulação puramente intelectual que sua espiritualidade tinha sido asfixiada temporariamente. Porém, aí ele estava, desejoso e pronto a trabalhar com HPB nesse livro que marcou época e para cuja parte filosófica ele deu uma grande contribuição. Ele não se materializava nem se sentava conosco, nem obsidiava HPB, como acontece com médiuns; simplesmente, conversava com ela psiquicamente o tempo todo, ditando citações, dizendo a ela quais referências buscar, respondendo as minhas perguntas sobre detalhes, instruindo-me a respeito de princípios, e, na verdade, fazendo o papel de uma terceira pessoa em nosso simpósio de trabalho.

Uma vez ele me deu seu retrato – um esboço feito com creions coloridos, em papel fino – e às vezes passou para mim uma breve nota sobre algum assunto pessoal, mas do começo ao fim sua relação para conosco foi a de um instrutor meigo, gentil, extremamente culto e amigo mais velho. Ele nunca disse qualquer palavra que indicasse que ele se considerava outra coisa senão um homem vivo, e, de fato, me disseram que ele não percebia que tinha morrido. Ele tinha tão pouca percepção do passar do tempo que – me lembro – uma vez às 2h30 da madrugada, enquanto fumávamos antes de nos despedir após uma noite de trabalho extraordinariamente duro, ele tranquilamente perguntou a HPB "Estão prontos para começar?", tendo a impressão de que estávamos no começo, e não no fim da noite! Eu e HPB rimos bastante. E também me lem-

243 Adjetivo derivado de *Kama-loka*. Portanto, Olcott se refere às ilusões que as pessoas têm no *Kama-loka* (cf. nota 25).

bro de ela dizer: "Pelo amor de Deus, não ria enquanto está pensando, senão o 'velho cavalheiro' certamente te ouvirá e se sentirá magoado!" Isso me deu uma ideia: rir superficialmente é o riso comum, mas rir profundamente é transferir a alegria para o plano da percepção psíquica! Assim, como a beleza, as emoções podem às vezes estar apenas epidérmicas. Os pecados também: pense nisso!

Exceto no caso desse velho platônico, nunca tive contato, conscientemente – com ou sem a ajuda de HPB – com outra entidade desencarnada, durante todo o nosso trabalho, a não ser que Paracelso possa ser chamado assim, mas a respeito disso tenho, como os alsacianos[244], sérias dúvidas. Lembro-me de que, uma noite, no crepúsculo, quando morávamos na Rua 34 Oeste, tínhamos conversado sobre a grandeza de Paracelso e o ignominioso tratamento que ele teve de suportar durante sua vida e depois de sua aparente morte. HPB e eu estávamos no corredor entre as salas da frente e de trás, quando de repente mudaram seu comportamento e sua voz; ela pegou minha mão como para expressar amizade, e perguntou: "Quer ser amigo de Theophrastus[245], Henry?" Murmurei uma resposta; depois, quando o comportamento estranho passou, HPB era de novo ela mesma, e voltamos a nosso trabalho. Naquela noite, escrevi sobre ele os parágrafos que constam agora da página 500 do Volume 2 de *Ísis*[246]. Quanto à questão de ele ter morrido, sempre é pouco provável que um dado Adepto tenha realmente morrido, quando os homens comuns pensam que sim. Devido ao seu conhecimento da ciência da ilusão *mayávica*, mesmo se seu aparente cadáver estivesse dentro de um caixão fechado com parafusos e colocado num túmulo, isto não seria uma prova suficiente de que ele estivesse realmente morto. Exceto acidentes, que podem acontecer a ele como a um homem comum, se ele estiver distraído,

244 Paracelso viajou muito pela Europa e atuou em várias universidades, inclusive na de Estrasburgo, cidade que fica na região da Alsácia.

245 O nome de Paracelso, nascido na Suiça, era Theophrastus Bombast von Hohenheim.

246 Olcott se refere evidentemente à edição original em inglês. Os parágrafos mencionados encontram-se na p. 131 do vol. 4 da edição brasileira.

um Adepto escolhe seu próprio lugar para morrer, e seu corpo é eliminado de forma a não deixar vestígio. Por exemplo, o que aconteceu com o talentoso Conde de Saint-Germain, aquela nobre alma, "aventureiro" e "espião" das enciclopédias[247], que há um século encantou as cortes da Europa, se moveu nos círculos mais altos e eruditos, foi admitido na intimidade de Luís XV, construiu hospitais e também gastou grandes quantias em obras de caridade, não aceitou nada, nem mesmo pelos seus maiores serviços pessoais, retirou-se para Holstein, e ... desapareceu tão misteriosamente quanto tinha aparecido?[248] *Après nous le Déluge*[249], disse a amante do Rei; depois de Saint-Germain, veio a Revolução Francesa e uma reviravolta para a humanidade.

Embora rejeitando a ideia de que HPB escreveu *Ísis* na qualidade de uma médium comum, "controlada", vimos que algumas par-

247 Olcott quer dizer que nas enciclopédias o Conde de Saint Germain era caracterizado assim.

248 N.O.: "Ninguem jamais conheceu sua origem ou seu verdadeiro nome. O Maréchal de Belle Isle, que o conheceu na Alemanha, o instigou a ir para Paris. Ele tinha uma nobre aparência e maneiras polidas, 'considerável erudição e prodigiosa memória, falava inglês, alemão, espanhol e português com perfeição, e o francês com ligeiro sotaque piemontês... Ocupou por muitos anos uma posição social notável na Corte Francesa... Costumava contar, aos crédulos, que tinha vivido *350 anos, e alguns anciãos, que pretendiam tê-lo conhecido quando jovens, afirmavam que, em 60 ou 70 anos, sua aparência não havia mudado de modo algum.* Frederico o Grande, tendo feito algumas perguntas a Voltaire sobre esse misterioso personagem, recebeu em resposta a afirmação de que ele era 'um homem que nunca morre e tudo sabe'. Como ninguém sabia seus motivos ou as fontes de sua fortuna, a questão foi resolvida da mesma forma que Hodgson, o espião da S.P.R., fez no caso de HPB, para explicar a presença dela na Índia: alegava-se que 'ele tinha estado, durante a maior parte de sua vida, como espião a serviço das cortes em que residia' (*American Cyclopedia*, edição de 1868, volume XIV, pags. 266-7). Contudo, nunca apareceu qualquer evidência que comprovasse a veracidade dessa calúnia. A *Encyclopaedia Britannica* faz as mesmas afirmações sobre Saint-Germain, e o *Dictionaire Universel d'Histoire et de Géographie*, repetindo as falsas asserções, diz que 'isto explicará suas riquezas e o mistério no qual ele se envolvia!' Se Mme. de Fadeef – a tia de HPB – pudesse ser convencida a traduzir e publicar certos documentos que se encontram em sua famosa biblioteca, o mundo se aproximaria mais da verdadeira história da missão desse Adepto oriental na Europa pré-revolucionária do que diz a versão até agora disponível."

249 Expressão francesa significando "Depois de nós, o dilúvio".

tes da obra foram realmente ditadas por um espírito: uma entidade extraordinária e excepcional, mas de qualquer maneira um homem fora do seu corpo físico. O método de trabalho com ele, como descrito acima, corresponde muito de perto ao descrito por ela numa carta para sua família, na qual explicou de que forma escreveu seu livro sem ter recebido nenhum treinamento para tal trabalho. "Sempre que me *mandam* escrever, me sento e obedeço, e então posso escrever com facilidade sobre quase qualquer assunto – metafísica, psicologia, filosofia, religiões antigas, zoologia, ciências naturais, ou seja lá o que for. Por quê? Porque *alguém que sabe tudo dita para mim. Meus Mestres*, e, ocasionalmente, *outros que conheci em minhas viagens, anos atrás.*" (*Incidents*, p. 205)

Isso é exatamente o que aconteceu entre ela e o velho platônico, mas ele não era "Mestre" dela, e ela não podia tê-lo encontrado durante suas viagens neste plano físico, já que ele havia morrido antes de ela nascer – desta vez. Então surge a pergunta se esse platônico era realmente um espírito desencarnado, ou um Adepto que havia vivido no corpo do filósofo, e parecia ter morrido – mas na verdade não morreu – em 1º de setembro de 1687. Sem dúvida, é um problema de difícil solução. Considerando-se que faltavam os concomitantes comuns da possessão por espíritos e do intercâmbio com espíritos, e que HPB funcionou, da forma mais prosaica, como amanuense do platônico, de modo que a relação entre ambos em nada difere da de qualquer Secretária Particular com seu chefe – salvo que esse último era invisível para mim, mas visível para ela –, parece mais que estávamos lidando com um homem vivo do que com uma pessoa desencarnada. Ele não parecia exatamente um "Irmão" – como naquela época costumávamos chamar os Adeptos –, porém, mais isso do que outra coisa; e no que diz respeito ao próprio trabalho de redação, ele foi efetuado como nas outras partes, quando aquele que ditava ou – segundo o caso – escrevia era confessamente um Mestre (veja Teoria I). Eu disse "aquele que ditava ou escrevia", e isso requer alguma explicação.

Acima foi dito que o manuscrito de HPB às vezes variava, e que havia diversas variantes da sua caligrafia predominante, e também que cada variação na sua escrita era acompanhada de uma nítida mudança de comportamento, movimentos, expressão e capacidade redacional de HPB. Quando ela ficava inteiramente entregue aos seus próprios recursos, frequentemente não era difícil saber o que estava acontecendo, pois então se manifestava a aprendiz que não tinha recebido treinamento em redação, e ela começava a cortar e colar; então o texto que ela passava para mim para revisão era terrivelmente defeituoso, e depois de tê-lo transformado num grande borrão de entrelinhas, rasuras, correções ortográficas e substituições, no final eu o ditava para ela e ela o reescrevia (veja Teoria 7).

Após algum tempo, frequentemente me disseram coisas que eram mais do que indícios de que outras inteligências, não HPB, estavam usando seu corpo como máquina de escrever; nunca foi dito expressamente, por exemplo: "Sou (tal pessoa)", ou "Agora está aqui A ou B". Isso não era necessário, pois nós "gêmeos" tínhamos trabalhado juntos durante suficiente tempo para eu me familiarizar com cada particularidade de sua fala, humores e impulsos. A mudança era clara como a luz do dia, e aos poucos, uma breve observação de seus traços e atitudes, depois de ela ter-se ausentado da sala e voltado, me capacitava a dizer a mim mesmo: "Este é..., ou..., ou ....", e logo em seguida minha suspeita era confirmada pelo que acontecia. Um desses *Alter Egos*[250] dela, que depois conheci pessoalmente, usa barba comprida e um bigode longo, que se entrelaçam com as costeletas, à moda Rajapute[251]. Quando está absorto em ponderações, tem o costume de puxar constantemente o bigode, mecânica e inconscientemente. Bem, ocorria às vezes que a personalidade de HPB desaparecia e ela era "*Outro Alguém*"; sentado perto dela, eu via como sua mão puxava e torcia

250 "*Alter ego*" – "outro eu" em latim; aqui no plural, refere-se aos Mestres que se expressavam através de HPB.

251 Olcott descreve aqui o *Mahātma* Morya, que era um rajapute. Os rajaputes (*rajputs* em inglês) são membros de um dos clãs patrilineares do centro e do norte da Índia.

um bigode que, evidentemente, não existia no seu lábio superior, e ela tinha um olhar longínquo, até, pouco depois, voltar a atenção para o que estava acontecendo; então o Alguém bigodudo olhava, pegava-me olhando para ele, tirava rapidamente a mão do rosto e continuava com o trabalho de escrever. E havia outro Alguém, que tinha tanta aversão à língua inglesa que falava comigo somente em francês; ele tinha um grande talento artístico e estava apaixonado por invenções mecânicas. Um terceiro sentava-se de vez em quando ali, rabiscava algo com um lápis e recitava para mim dezenas de estrofes poéticas que expressavam ideias ora sublimes, ora humorísticas.

Assim, cada um dos vários Alguéns tinha suas peculiaridades, claramente marcadas, tão reconhecíveis quanto as de qualquer um de nossos amigos ou conhecidos comuns. Um era jovial, gostava de boas histórias e era até certo ponto espirituoso, outro era todo dignidade, reserva e erudição. Um era calmo, paciente e benevolentemente prestativo, outro, irritável e às vezes exasperante. Um Alguém sempre quis enfatizar – produzindo fenômenos para minha edificação – suas explicações filosóficas e científicas dos temas sobre os quais eu tinha que escrever, enquanto para outro Alguém eu nem ousava sequer mencionar fenômenos. Uma noite recebi uma terrível reprimenda. Algum tempo antes, eu havia trazido para casa dois bonitos lápis moles, ideais para o nosso trabalho, e tinha dado um a HPB, guardando o outro comigo. Ela tinha o péssimo hábito de pedir emprestados canivetes, lápis, borracha e outros itens para escrever, e esquecer de devolvê-los: uma vez colocados na sua gaveta ou escrivaninha, eles permaneciam lá, não importa o quanto se protestava contra isso. Naquela noite, o Alguém artista conversava comigo sobre alguma coisa, quando me pediu para emprestar-lhe outro lápis. Pela minha mente passou o seguinte pensamento como um raio: "Se eu lhe emprestar este lindo lápis, ele vai para a gaveta dela e eu fico sem nenhum para meu próprio uso." Eu não o disse, apenas o pensei, mas o Alguém me deu uma olhada levemente sarcástica, estendeu a mão até o porta-lápis entre nós, deixou seu lápis ali, o manuseou por um momento com os dedos da mesma mão, e, veja só, apareceu uma dúzia de lápis de tipo e qualidade idênticos! Ele não disse uma palavra, não me deu sequer uma olhada, mas o sangue correu para minhas têmporas e eu me senti mais humilhado do que nunca antes. Mesmo assim, na verdade não acho ter merecido a reprimenda, tendo em vista que HPB realmente era uma grande "*anexadora*" de utensílios para escrever!

Quando qualquer desses Alguéns estava "*de guarda*", como eu costumava dizer, o manuscrito de HPB apresentava peculiaridades idênticas às da última ocasião anterior em que o mesmo Alguém tinha feito o trabalho de redação. De preferência, ele escrevia sobre o tipo de tema que era de seu agrado, e em vez de HPB fazer o papel de amanuense, ela tinha se tornado temporariamente aquela outra pessoa (conforme Teoria 3). Se, naquele tempo, alguém tivesse me dado uma página do manuscrito de *Ísis*, eu teria podido dizer, quase com toda certeza, qual dos Alguéns a havia escrito. Onde, então, estava o eu de HPB durante essas substituições? Ah, eis a questão; e esse é um dos mistérios que não são explicados ao primeiro que aparece[252].

Segundo eu entendia, ela mesma tinha emprestado o seu corpo, como se poderia emprestar uma máquina de escrever, e tinha saído para cuidar de outro assunto oculto, do qual podia tratar em seu corpo astral; e certo grupo de Adeptos ocupava e manipulava seu corpo alternadamente. Quando eles souberam que eu conseguia distingui-los – de modo que até mesmo inventei um nome para cada um, pelo qual eu e HPB pudéssemos designá-los em nossas conversas, durante sua ausência –, eles me faziam frequentemente uma grave reverência ou acenavam com a cabeça, dando um adeus amistoso quando estavam saindo da sala para dar lugar ao próximo. Às vezes falavam comigo uns sobre os outros, como fazem amigos a respeito

252 N.O.: "Quase dois anos após a publicação do que escrevi acima, HPB explicou para seus parentes (*Path*, artigos anteriormente mencionados) o segredo: ela não estava em seu corpo, mas aparentemente perto dele, plenamente consciente, assistindo a sua manipulação por terceiras pessoas."

de terceiras pessoas ausentes, e assim vim a conhecer pedaços de suas histórias pessoais; e eles falavam também sobre HPB, quando ela estava ausente, distinguindo-a do seu corpo físico que haviam tomado de empréstimo. Um *Mahātma*, escrevendo-me sobre algum assunto oculto, fala disso – do corpo de HPB – como da "velha aparência"; e novamente, em 1876, escreve sobre "ele e o Irmão dentro dele"; outro Mestre me pergunta – a propósito de um terrível acesso de raiva que eu havia provocado (involuntariamente) em HPB – "Você quer matar o corpo?"; e o mesmo, numa nota de 1875, fala "daqueles que nos representam na *casca*" – sendo o grifo dele.

Alguém pode entender o que eu senti quando descobri que, certa noite, sem o suspeitar, eu havia cumprimentado o sério filosofo – descrito nas próximas frases do texto principal – com uma hilária leviandade que quase acabou com sua calma habitual? Imaginando que me dirigia apenas a minha "camarada"[253] HPB, eu lhe disse: "Bem, Velho Cavalo, vamos trabalhar!" No minuto seguinte, fiquei vermelho de vergonha, pois a expressão – um misto de surpresa e assustada dignidade – que apareceu em seu rosto me mostrou com quem eu estava lidando. Foi uma "*gaucherie*"[254] tão grave quanto aquela do velho e bom Peter Cooper, no Baile da Academia de Nova Iorque, quando se dirigiu ao Príncipe Herdeiro e, com uma palmada no ombro, lhe disse: "Bem, Gales, que acha disto?"[255] Esse Mestre era um daqueles pelos quais eu sentia a maior reverência filial, não somente pelos seus profundos conhecimentos, elevado caráter e digna conduta, como também por sua bondade e paciência realmente paternais. Parecia que somente ele tinha lido até o mais fundo da minha alma e desejava fazer brotar cada pequeno germe espiritual que estivesse ali como potencialidade latente. Ele era – me disseram – um personagem do Sul da Índia de longa experiência espiritual,

253 Olcott usou entre aspas a palavra "*chum*", de estilo popular e mais usado para homens, correspondendo mais ou menos a "chapa".

254 Palavra francesa significando "Falta de jeito, atitude desastrada, gafe".

255 Trata-se do Príncipe de Gales Alberto Eduardo (Albert Edward), "Herdeiro Aparente", ou Príncipe Herdeiro, do Reino Unido na época.

um Instrutor de Instrutores, ainda vivendo entre os homens como proprietário de terras, mas ninguém à sua volta sabia o que ele era.

Ah, as noites[256] que passei com ele fazendo altas reflexões: como posso compará-las com qualquer outra experiência de minha vida? Mais vividamente me lembro de uma noite em que, por meias indicações mais do que por qualquer outra coisa, ele despertou minha intuição de tal forma que compreendi a teoria da relação dos ciclos cósmicos com pontos fixos nas constelações estelares, o centro de atração mudando de ponto em ponto numa sequência ordenada. Lembre-se de suas sensações na primeira vez em que olhou através de um grande telescópio para o céu estrelado, do fascínio e espanto, da imediata expansão mental experimentada ao olhar, da Terra familiar e comparativamente trivial, para as incomensuráveis profundezas do espaço e os incontáveis mundos estelares que se estendem pela imensidão azul. Tais sentimentos nem se comparam com aquilo que senti no momento em que o majestoso conceito invadiu minha consciência; foi tão avassalador que tive que respirar fundo. Se anteriormente havia em mim alguma pequena tendência hereditária para a teoria geocêntrica – sobre a qual os homens construíram suas irrisórias teologias –, ela foi varrida naquele momento como uma folha seca antes do furacão. Fui levado a um plano superior de pensamento, era um homem livre.

Foi esse *Mestre* quem ditou a HPB as "Respostas a um M.S.T.[257]" inglês sobre questões surgidas na leitura de *Esoteric Buddhism*[258], respostas publicadas no *Theosophist* em setembro, outubro e novembro de 1883. Foi em Ootacamund, na casa do Major-general Morgan, quando, sentada, tremendo de frio, com os membros inferiores enrolados em cobertores, ela as escreveu. Uma manhã, quando eu estava lendo um livro em seu quarto, ela virou a cabeça e disse: "Quero cair morta se ouvi falar nos Iafígios. Você já leu alguma

256 Cf. nota 224.

257 Membro da Sociedade Teosófica; no original: "F.T.S." (= *Fellow of the Theosophical Society*).

258 Título de um livro de A. P. Sinnett, publicado em português com o título *O Budismo Esotérico* (Ed. Pensamento, 1993).

coisa sobre essa tribo, Olcott?" Eu disse que não, e perguntei por que ela perguntou. "Bem", ela respondeu, "o velho cavalheiro está me mandando escrever isso, mas receio que haja algum engano; o que você me diz?" Respondi que, se aquele Mestre lhe deu o nome, ela deveria escrevê-lo sem medo, já que ele sempre estava certo. E ela o fez. Esse é um exemplo dos inúmeros casos em que ela escreveu algo que foi ditado para ela e que ela pessoalmente não conhecia. Ela nunca estudou hindi, e normalmente não podia falá-lo ou escrevê-lo, mas tenho uma nota em hindi, escrita em devanágari[259], que eu a vi escrever e entregar ao *Swami* Dayānand Sarasvati, na casa de campo de Vizianagram, em Benares[260], onde estivemos hospedados em 1880. O *Swami* a leu, escreveu e assinou a resposta na mesma folha; HPB a deixou na mesa, de onde eu a peguei.

Mas quero dizer novamente, o mais claro possível, que nem mesmo do mais sábio e nobre desses Alguéns de HPB recebi o menor incentivo para considerá-los infalíveis, oniscientes ou onipotentes. Nunca houve a menor demonstração do desejo, da parte deles, de que eu os cultuasse, os mencionasse com a respiração retida, ou considerasse como inspirado aquilo que eles escreviam através do corpo de HPB ou ditavam para ela. Eles me faziam olhá-los simplesmente como homens, mortais como eu, mais sábios, é claro, infinitamente mais adiantados do que eu, mas apenas pelo fato de eles terem me precedido na senda normal da evolução humana. Eles detestavam o servilismo e a adulação indiscriminada, que, segundo eles, são geralmente apenas disfarces do egoísmo, da presunção e da fraqueza moral. Frequentemente eles revelavam com franqueza suas opiniões após a saída de algum dos visitantes lisonjeiros. Qualquer um dos meus leitores teria tido um acesso de riso, se tivesse estado lá uma noite, depois de uma

259 "O devanágari [...] é um abugida (escrita alfabeto-silábica) da família brâmica, do sul da Ásia, usada desde o século XII. Muitas línguas da Índia [...] usam o devanágari. É escrito e lido da esquerda para a direita." (Wikipédia)

260 A atual Varanasi. Quanto a Vizianagram, não está claro de que se trata. Existe a cidade de Vizianagaram (ou Vizianagram), mas ela se encontra a mais de mil quilômetros de Varanasi.

senhora bajuladora ter se despedido. Antes de sair, ela afagou HPB, sentou-se no braço de sua cadeira, acariciou sua mão e a beijou na face. Eu estava perto e vi o total desespero no rosto (masculino) do Alguém. Levei a senhora até a porta, voltei para a sala, e quase explodi de hilaridade quando o ascético Alguém – um *sadu* perfeitamente assexuado – dirigiu um olhar triste para mim e disse com indescritível melancolia: "*Ela me BEIJOU*!" Foi demais. Tive de me sentar.

Eu disse acima que a colaboração entre o velho platônico e HPB – com relação ao ditado e à redação – era idêntica àquela entre ela e os verdadeiros Adeptos, e que, da mesma forma que ele se comprazia num determinado ramo de trabalho, assim também cada um dos outros tinha suas preferencias individuais. Mas havia a seguinte diferença: enquanto aqueles, às vezes, ditavam para ela, e outras vezes ocupavam seu corpo, escrevendo por intermédio dele como se ele lhes pertencesse (exatamente como o espirito de Mary Roff utilizava o corpo de Lurancy Venum e o sentia tão natural como se tivesse nascido nele), o platônico nunca a obsidiou: ele apenas a usava como amanuense.

Bem, também já falei da parte da redação de *Ísis* em que HPB escrevia "*in propriā personā*"[261], parte com qualidade inferior àquela feita para ela pelos Alguéns. Isto é perfeitamente compreensível, pois como poderia HPB, que não tinha conhecimento desse tipo, escrever corretamente sobre os variados assuntos tratados em seu livro? Em seu estado (aparentemente) normal, o trabalho era assim: ela lia um livro, marcava as partes que ela achasse interessantes, escrevia sobre elas, cometia erros, os corrigia e os discutia comigo, me fazia escrever, auxiliava minhas intuições, pedia para amigos fornecerem materiais, e assim continuava fazendo o melhor ao seu alcance, enquanto não pudesse fazer psiquicamente apelo a nenhum dos instrutores. E eles não estavam o tempo todo conosco, de forma alguma. Ela escrevia

261 No original, essa expressão latina está escrita assim, com macros, para marcar as vogais longas. Significado: "na própria pessoa", isto é, "ela mesma, como pessoa".

muitas partes esplendidamente, pois era dotada de uma maravilhosa aptidão natural para escrever; nunca foi enfadonha ou desinteressante, e, como já observei em outro lugar, era igualmente brilhante em três línguas, quando estava com força total. Ela escreve à tia que seu Mestre, quando estava ocupado em outro lugar, deixava um substituto, e então era o seu "Eu Luminoso", seu *Augoeides*, que pensava e escrevia por ela (cf. Teoria 2). Sobre isso, não posso arriscar uma opinião, pois nunca a observei nesse estado; eu a conheci apenas em três estados, a saber, no do seu próprio eu, como HPB; com o corpo possuído ou ocupado[262] pelos Mestres; e como amanuense, tomando ditado. É possível que seu *Augoeides*, tomando posse de seu cérebro físico, me tivesse dado a impressão de que um dos Mestres estava em ação; não sei. Mas o que ela omite na carta para sua tia é que muitíssimas vezes ela não estava nem possuída nem controlada, nem recebendo ditado de qualquer inteligência superior, mas era simples e palpavelmente HPB, nossa amiga, posteriormente nossa instrutora, que tentava, o melhor que podia, realizar o objetivo de sua missão, isto é, escrever o livro. Contudo, apesar dos diversos agentes trabalhando na produção de *Ísis*, percebe-se uma expressão de individualidade em todo o livro e em suas outras obras – algo que lhe é peculiar. Epes Sargent e outros literatos americanos se mostraram surpresos com o domínio que ela tinha de nossa língua, e um cavalheiro chegou a publicar sua opinião de que não tínhamos nenhum autor vivo que pudesse superá-la na redação em inglês. Naturalmente isso é um certo exagero, mas felizmente um filólogo de formação científica comparou o estilo de HPB com os de outros autores.

O Dr. John A. Weisse, autor erudito, incluiu em sua obra *Origin, Progress and Destiny of the English Language and Literature*[263] vários quadros analíticos que mostram as fontes das palavras usadas por autores de renome que escreviam em inglês.[264] Nos excertos que

262 Cf. nota 40.

263 Origem, Progresso e Destino da Língua e Literatura Inglesas.

264 Olcott disse "*English writers*", que poderia significar "escritores ingleses",

se seguem, podem ser vistas as origens de palavras inglesas usadas em *Ísis sem Véu*, em comparação com as das palavras empregadas por alguns outros autores. O Dr. Weisse diz que o livro "*é um tesouro de novas fases e fatos, relatados de maneira tão viva que qualquer um, até mesmo* um leigo na matéria, pode lê-los com interesse". Segue a análise:

Autor e Obra	Palavras greco-latinas	Palavras gótico-germânicas	Palavras celtas	Palavras semíticas
Robert Burden, 1621, *Anatomy of Melancholy*	54	46	0	0
John Bunhan, 1682, *Pilgrim's Progress*	31	68	1	0
Sir Thomas Browne, 1682, *Hydriotaphia*	51	47	2	0
Sam. Johnson, 1784 (1780?), *Lives of the English Poets*	47	51	2	0
R. C. Trench, *On the Study of Words*	30	68	2	0
George P. Marsh, *Lectures on the English Language*, p. 133	58	41	1	0
S. A. Allibone, 1872, *Crit. Dict. Eng. Literature, etc.*	53	46	1	0
Darwin, *Origin of Species*	53	46	1	0
H. P. Blavatsky, *Isis Unveiled*	46	51	1	2
Her Majesty the Queen, *Leaves of our Jour. Highlands*	36	63	0	1

mas também pode-se referir a escritores que escreviam em inglês, que é o caso aqui, pois nem todos os mencionados eram ingleses: George P. Marsh e A. S. Allibone eram americanos, e HPB era russa.

Parece, portanto, que o inglês de Madame Blavatsky é praticamente idêntico ao do Dr. Samuel Johnson, que, pode-se dizer, é quase o mais classicamente perfeito. O mesmo teste, aplicado aos seus escritos em francês, provaria sem dúvida que para ela o uso dessa bela língua era quase tão fácil quanto para os maiores dos modernos autores franceses.

CAPÍTULO XVI

Definição de Termos

Então, o que se pode dizer sobre a autoria de *Ísis sem Véu*, e o que falar sobre HPB? Quanto à obra, houve inquestionavelmente um trabalho colaborativo; é a produção de vários escritores e não a de HPB sozinha. Minhas observações pessoais sobre esse ponto são totalmente corroboradas pelo que ela mesma admite em suas cartas explicativas a sua família – citadas pelo Sr. Sinnett –, pois ela diz que todas as partes que tratam de assuntos que anteriormente ela não conhecia foram ou ditadas a ela por algum Mestre ou escritas pelo seu Eu superior através do cérebro e da mão do seu corpo físico. A questão é altamente complexa, e a verdade exata quanto à parcela que cada um dos participantes teve na elaboração nunca será conhecida. A personalidade de HPB foi o molde em que toda a matéria foi colocada, e que, portanto, por assim dizer, determinava a forma, coloração e expressão dessa matéria por suas próprias idiossincrasias, tanto mentais como físicas.

Pois, da mesma forma que os sucessivos ocupantes do corpo de HPB apenas modificaram sua caligrafia habitual, mas não escreveram na sua própria[265], assim, ao usar o cérebro de HPB, eles foram

265 N.O.: "A esse respeito deve ser observado um fato muito curioso, a saber, que a caligrafia de '*Mahātma* M.' – tão cuidadosamente examinada pela S.P.R., seus especialistas e agentes, e considerada semelhante à de HPB – era áspera e grosseira, algo como uma coleção de raízes cortadas e de galhos de vegetação rasteira, enquanto a caligrafia do mesmo personagem nos manuscritos de *Ísis* e nas notas que ela me escreveu era totalmente diferente. Era uma escrita pequena e refinada, como uma dama poderia ter escrito, embora geralmente se parecesse com a caligrafia de HPB, mas diferente dela, de modo a apresentar uma aparência de individualidade distinta, que me permitia reconhecê-la como

forçados a permitir que ela colorisse seus pensamentos e organizasse suas palavras segundo as características pessoais peculiares a esse cérebro. Como a luz do dia, atravessando as janelas das catedrais, torna-se colorida segundo os matizes dos vitrais, os pensamentos transmitidos por esses ocupantes através do cérebro peculiar de HPB tinham que ser adaptados ao estilo de escrita e aos hábitos de expressão que haviam sido desenvolvidos por ela em seu cérebro. E até mesmo o senso comum nos ensina que quanto maior a semelhança entre a inteligência dominadora e a personalidade intelectual e moral controlada, tanto mais fácil deve ser o controle, mais flui-

---

sendo a desse personagem, sempre que eu a vi. Não pretendo explicar esse fato, apenas afirmo isso como algo que deve ser registrado. Daqui por diante isso deveria ser considerado por qualquer pesquisador que esteja estudando o fenômeno geral da escrita psíquica através de médiuns, ou intermediários de um tipo similar, seja por materialização, controle da mão ou ocupação do corpo. Penso que a investigação provará que tal escrita, quando analisada tão de perto como a S. P. R. examinou os supostos escritos do *Mahātma*, *sempre* se assemelha à do intermediário em maior ou menor grau, o que não implica má-fé da sua parte. A ignorância, ou a desconsideração deliberada desse fato, fez que a acusação da S. P. R. contra HPB perdesse quase todo o seu sentido. Em sua obra *Psychography* (p. 175), o falecido W. Stainton Moses, M. A. (Oxon), cita, de uma carta recebida do Sr. W. H. Harrison, ex-editor do *The Spiritualist* e um observador muito experiente de fenômenos psíquicos, as seguintes observações sobre as mensagens através do Dr. Slade: 'Eu notei que eles estavam quase sempre na caligrafia do médium; isso, que para uma pessoa ignorante seria indicativo de impostura, era para um especialista um sinal da autenticidade dos fenômenos. Ao sair da sala após a sessão, tive uma breve conversa com o Sr. Simmons, e sem lhe dizer o que eu sabia, mas apenas para testar sua integridade, perguntei se a caligrafia nas lousas tinha alguma semelhança com a do Dr. Slade. Sem hesitar, ele respondeu que geralmente havia uma forte semelhança. Isso mostra a veracidade e ausência de exagero nas declarações do Sr. Simmons.' O Sr. Harrison acrescenta que 'antes de o Dr. Slade vir a Londres, anos de observação em numerosas sessões haviam provado para mim que as mãos materializadas, comuns em transe, eram mais frequentemente as duplicatas daquelas do médium e produziam quase a mesma caligrafia'. Mesmo assim, na presença de Slade e outro psíquico, chamado Watkins, as alegadas 'mensagens espirituais' foram escritas em cerca de vinte línguas diferentes, nenhuma das quais era conhecida pelos médiuns, nem escrita por eles da maneira usual, mas todas produzidas seja por materialização ou pela manipulação de um pedaço de lápis ou creiom sobre uma lousa, que suas mãos não tocavam."

da a redação, menos pessoal o estilo. De fato, percebi o seguinte: quando a HPB física estava num estado de extrema irascibilidade, o corpo raramente estava ocupado, exceto pelo Mestre cuja discípula e protegida espiritual ela era, e cuja vontade de ferro era ainda mais forte do que sua própria; os filósofos mais gentis se mantinham à distância.

Naturalmente, perguntei por que seu temperamento explosivo não foi controlado permanentemente, e por que ela não era sempre transformada na pessoa sábia, quieta e centrada que ela se tornava em certos casos de obsessão. A resposta foi que isso inevitavelmente levaria a sua morte por apoplexia; o corpo era vitalizado por um espírito impetuoso e imperioso, que desde a infância não tolerava restrições e, se não fosse permitida uma vazão para a excessiva energia corpórea, o resultado seria fatal. Recomendaram-me olhar a história de seus parentes, os Dolgorouki russos, e eu entenderia o que eles queriam dizer. Fiz isso e descobri que essa família principesca e guerreira, remontando a Rurik (século 9 d.C.), sempre se distinguiu por extrema coragem, uma ousadia à altura de todas as dificuldades, um ardente amor pela independência pessoal e um destemor das consequências da realização de seus desejos. O príncipe Yakob, senador de Pedro, o Grande, era um exemplo desse caráter da família. Não gostando de um ucasse imperial[266], ele o rasgou em pedaços em pleno conselho do Senado, e quando o czar ameaçou matá-lo, respondeu: "Basta imitar Alexandre, e encontrará um Clitus[267] em mim." (*American Encyclopedia*, vol. 5, p. 551.)

Esse era exatamente o próprio caráter de HPB, e ela mais de uma vez me disse que ela não seria controlada por nenhum poder na Terra ou fora dela. As únicas pessoas que ela de fato reverenciava eram os Mestres, mas mesmo em relação a eles ela era ocasional-

266 Decreto do tzar, na Rússia imperial.

267 "Clito, o Negro, foi um oficial do exército macedônio liderado por Alexandre, o Grande. Ele salvou a vida de Alexandre na Batalha do Grânico em 334 a.C. Clito foi, mais tarde, morto a mando ou pelas mãos do próprio Alexandre." (Wikipédia)

mente tão combativa que, como dito acima, em certos de seus estados de humor os mais gentis não podiam se aproximar dela, ou simplesmente não se aproximavam. Entrar num estado de espírito em que ela pudesse ter uma relação aberta com eles lhe havia custado – como ela me assegurou pateticamente – anos do mais desesperado autodomínio. Duvido que alguma pessoa tenha entrado na Senda enfrentando obstáculos maiores ou com mais autorrepressão.

É claro que um cérebro tão sujeito a distúrbios não era o melhor para a extremamente delicada missão que ela havia assumido. Mas os Mestres me disseram que era de longe o melhor disponível naquele momento, e que eles precisavam conseguir com ele o que fosse possível. Ela era para eles a lealdade e a devoção em pessoa, e estava pronta para ousar e sofrer tudo em nome da Causa. Dotada de poderes psíquicos inatos mais do que qualquer outra pessoa de sua geração, e estimulada por um entusiasmo que chegou ao fanatismo, ela forneceu uma firmeza de propósito, que, associada a um grau fenomenal de resistência corporal, a tornou uma agente muito poderosa, embora não muito dócil e estável. Com menos turbulência mental, provavelmente ela teria produzido uma obra menos defeituosa, mas, por outro lado, em vez de viver dezessete anos sob a pressão, ela teria, sem dúvida, desaparecido do corpo dez anos antes, e o mundo teria perdido seus escritos dos últimos anos.

O fato de que a personalidade do sensitivo claramente modifica a escrita feita através de sua ação ou intermediação nos fornece, parece-me, um teste pelo qual podemos avaliar a genuinidade de quaisquer comunicações supostamente provenientes dos *Mahātmas* "M " ou "K. H." desde a morte de HPB. Enquanto ela estava viva, as comunicações deles, onde quer que fossem recebidas ou por quem aparentemente fossem escritas, sempre se assemelhavam até certo ponto a sua própria caligrafia. Isso é tão verdadeiro com relação às cartas que recebi fenomenalmente em um navio a vapor em alto-mar e em vagões de trem como em relação àquelas que caíram do ar, e ainda àquelas que de outro modo chegaram fenomenalmente às mãos do Sr. Sinnett, do Sr. Hume e de outros correspondentes privilegiados de nossos instrutores orientais. Pois, onde quer que ela estivesse, ela era o anel de vórtice através do qual eles tinham que trabalhar conosco para a evolução da nossa galáxia a partir da nebulosa do pensamento moderno. Não importava em absoluto se ela estava com eles no Tibete, comigo em Nova Iorque ou com o Sr. Sinnett em Simla: a afinidade cooperativa deles com ela era psíquica, portanto tão pouco afetada quanto o próprio pensamento por questões de tempo e espaço. No fenômeno de cartas detidas durante o transporte postal, dentro das quais – fechadas – alguém escreveu algo e que chegaram em minhas mãos na Filadélfia, em vez de Nova Iorque, vemos uma ilustração impressionante desse princípio da psico-dinâmica (Cf. Capítulo II).

Tendo isto em mente, segue a importante dedução de que são de cem a uma as probabilidades de que qualquer comunicação supostamente escrita por um dos Mestres e recebida desde a morte de HPB *está suspeita, se a caligrafia for a mesma de antes do falecimento dela.*[268] Admitida a premissa, a conclusão é inevitável. Se a caligrafia de todos os manuscritos dos *Mahātmas* recebidos no tempo dela tinha que se assemelhar, e de certo modo se assemelhava, a sua própria escrita – porque eles eram transmitidos através de sua mediação psíquica –, então, evidentemente, nenhum chegando até nós desde maio de 1891[269] deveria ter caligrafia parecida com a dela, já que sua intermediação havia cessado, e sua ação modificadora nos manuscritos não existia mais. A caligrafia de tais escritos deveria então se assemelhar à do novo intermediário, ou dos novos intermediários. É claro que eu pressuponho que a evidência da genuinidade

268 N.O.: "Este capítulo foi originalmente publicado em julho de 1893. Depois, minha dedução foi contestada por algumas pessoas cuja opinião respeito muito. Pode ser que eu esteja errado, mas pelo menos posso dizer que até o momento (agosto de 1895) não vi provas em contrário. Parece-me que as amostras da escrita do *Mahātma* que chegaram ao meu conhecimento desde 1891 são imitações fraudulentas."

269 Mês da morte de HPB.

do texto escrito seja satisfatória, como no caso de HPB, cujas comunicações transmitidas eram muitas vezes feitas por materialização na presença de alguém, ou apareciam dentro de envelopes fechados, que *ela não tinha manuseado*, ou caíam do ar diante dos olhos de alguém, ou eram produzidas fenomenalmente de alguma outra forma.

Os escritos materializados de Slade, Watkins e vários outros médiuns pertencem à mesma categoria. Nem a semelhança com a caligrafia de um Mestre, nem o fato de haver mais ou menos semelhança com a do suposto intermediário seriam *prima facie*[270] uma evidência da genuinidade; pelo contrário. Se todas as suspeitas razoáveis de má-fé não tiverem sido eliminadas, a mensagem mística não valerá o papel em que está escrita, nem o tempo necessário para lê-la. Mesmo quando a autenticidade é incontestável, as mensagens psíquicas são frequentemente banais e absolutamente sem valor, exceto como fatos psíquicos.

Eu, por exemplo, posso dizer que desde 1853, quando pela primeira vez soube desses fenômenos, nunca atribuí a menor importância a qualquer instrução psíquica por causa de sua alegada autoria; seu único valor é seu assunto. Recomendo vivamente a todos os meus leitores que sigam a mesma regra, se querem ter certeza: muito melhor é um ceticismo esclarecido do que a mais enaltecida credulidade. Pois lembrem-se de que provavelmente ninguém jamais recebeu uma única linha em inglês de um Mestre em sua própria caligrafia normal e escrita por ele da maneira usual, a não ser talvez a nota que K.H. formou em minha própria mão quando ele me visitou em seu corpo físico, uma noite em minha tenda em Lahore, em 1883. E mesmo a respeito disso eu não deveria dogmatizar, já que eu não o vi escrever, e ele pode ter criado a carta lá mesmo através da aura de HPB, que me acompanhava em todos os lugares.

Além de K.H. e do velho platônico acima mencionados, nenhum dos Mestres havia aprendido a escrever em inglês e, quando o escreviam, tinham que recorrer ao mesmo método anormal usado

270 Expressão latina significando "à primeira vista".

por HPB em Benares para escrever a nota em hindi, em devanagari, para *Swami* Dayānand Sarasvati, referida acima. Neste contexto, devem ser lembradas as duas caligrafias completamente diferentes de *Mahātma* M. nos manuscritos de *Ísis* de 1875 a 1877 e nas cartas indianas para diversas pessoas depois de 1879. Quando HPB escrevia para os Mestres, ou eles para ela, sobre algo que não devia ser comunicado a terceiros, era usada uma língua arcaica, aparentemente chamada de "Senzar", que se assemelha ao tibetano, e em que ela escrevia tão fluentemente quanto em russo, francês ou inglês. De fato, preservei uma nota recebida de um dos Mestres, enquanto estava em Nova Iorque, no alto da qual está escrito, em puros caracteres tibetanos, com uma espécie de tinta dourada, a palavra "Sem*s* *d*pa*h*". Eu não havia mostrado essa nota para ninguém durante todos esses anos, até bem recentemente, quando, em Calcutá, Pandit Sarat Chandra Das, C.I.E.[271], o explorador e erudito tibetano, traduziu a palavra para mim como significando "De coração poderoso" - um título honorífico dado no Tibete a um *Bodhisattva*[272].

Havia outra e suprema razão pela qual os Mestres não ousavam controlar o caráter inato de HPB e compeli-lo a ser suavizado e refinado de modo a tornar-se o elevado ideal de um Sábio benevolente e gentil, independentemente da vontade dela. Fazer isso teria sido uma interferência ilegal em seu *karma* pessoal – como agora posso expressá-lo. Como qualquer outro ser humano, ela representava uma certa equação pessoal, fruto de um certo progresso evolucionário de sua entidade. Foi seu *karma* ter nascido dessa vez em um corpo feminino tão tumultuado e ter as chances oferecidas para obter progresso espiritual por meio de um combate durante a vida inteira contra suas paixões hereditárias. Interferir, amortecendo o temperamento violento e suprimindo os outros defeitos pessoais de caráter,

271 Não está claro a que se refere este acrônimo.

272 "Literalmente: 'Aquele cuja essência (*sattva*) tornou-se inteligência (*bodhi*)', aquele a quem falta apenas uma encarnação para chegar a ser um *Buddha* perfeito, isto é, para ter direito ao *Nirvâna*." (*Glossário Teosófico*)

teria sido um erro grave com ela, sem apressar sua evolução nem um pouco: isso teria sido algo como a manutenção permanente de um sensível hipnótico sob a vontade do hipnotizador, ou como um inválido permanentemente entorpecido por um narcótico.

Havia intervalos em que o corpo dela não era ocupado pelos *Mahātmas*, nem a mente absorvida em anotar o que lhe era ditado; pelo menos presumo que seja assim, embora algumas vezes eu tenha estado tentado a suspeitar de que nenhum de nós, seus colegas, jamais conheceram a HPB normal, e sim que lidamos com um corpo artificialmente animado, uma espécie de mistério psíquico permanente, do qual o próprio *jīva*[273] foi morto na batalha de Mentana, quando ela sofreu aqueles cinco ferimentos e foi retirada de uma vala sendo considerada morta. Não há nada intrinsecamente impossível nessa teoria, já que temos o fato histórico de que a personalidade normal da menina Mary Reynolds foi deixada de lado ou obliterada pelo espaço de quarenta e dois anos, enquanto seu corpo estava ocupado, energizado e controlado por outra personalidade, que não tinha conhecimento das experiências de dezoito anos nem reminiscências do eu normal antes desta substituição.

Quanto a HPB, não quero afirmar, apenas teorizo, pois não ouso dizer com certeza quem era essa maravilha de mulher, ou, como o Sr. de Buffon a teria classificado, esse *homo duplex*[274]. Tendo sido um grande feixe de contradições, de modo que é impossível classificá-la da mesma forma que nós, pessoas comuns, somos classificados, eu, como homem consciencioso, evito qualquer coisa que possa parecer afirmação dogmática. O que quer que ela tenha dito a mim mesmo ou a qualquer outra pessoa, conta muitíssimo pouco, pois, tendo vivido e viajado com ela por tanto tempo, e ter estado presente em tantas entrevistas suas com terceiros, eu a ouvi contar as histórias mais conflitantes sobre si mesma.

---

273 "Vida, no sentido do Absoluto; significa também a Mônada ou *Âtmâ-Buddhi*." (*Glossário Teosófico*)

274 Homem (i.e., ser humano) duplo.

Se ela tivesse sido aberta e comunicativa, teria revelado as residências e personalidades de seus Instrutores para aquela multidão de pessoas buscadoras de si, cujas importunações ególatras sempre fizeram os pretensos *Yogi*s escolherem a reclusão das cavernas ou florestas. Como saída mais fácil da dificuldade, ela escolheu contradizer-se e confundir a mente de seus amigos. Quão fácil teria sido para ela, por exemplo, dizer ao Sr. Sinnett que, ao tentar entrar no Tibete em 1854, via Butão ou Nepal, ela foi retida pelo Capitão (hoje Major-general) Murray, o comandante militar daquela parte da fronteira, e mantida um mês inteiro em sua casa na companhia de sua esposa. Porém, ela nunca fez isso, e nenhum de seus amigos ouviu falar dessa circunstância, até que o próprio Major-general Murray contou a história ao Sr. Edge e a mim no dia 3 de março passado, no trem entre Nalhati e Calcutá; depois eu a mandei imprimir. Da mesma forma, sobre sua idade ela contava todo tipo de histórias, fazendo-se vinte, quarenta, sessenta e setenta anos mais velha do que realmente era. Temos em nossos cadernos de recortes algumas dessas histórias, relatadas por diversos entrevistadores e correspondentes de periódicos, depois de entrevistas pessoais com ela; em várias ocasiões eu mesmo estava presente[275]. Como desculpa, ela me disse que os Alguéns que estavam dentro de seu corpo naqueles períodos

275 N.O.: "Cf. um relato de um entrevistador no *Hartford Daily Times*, de 2 de dezembro de 1878. Ela tinha se apresentado como uma espécie de Matusalém, e o correspondente escreve: 'Muito, muito velha? Impossível. Mas ela disse que é isso mesmo, às vezes indignada, às vezes com certo orgulho, às vezes com indiferença ou impaciência. 'Eu vim de uma raça que vive muito. Todo o meu povo chega a uma idade muito avançada. Você duvida da minha idade? Posso lhe mostrar meus passaportes, meus documentos, minhas cartas de anos atrás. Posso provar isso por mil coisas.' Ela era muito generosa com números! Como Akali Sikh (veja o Relatório do Censo do Punjab de Maclagan de 1891), 'que sonha com exércitos e pensa em milhares.' (4 *lakhs* são 100.000). 'Se ele deseja dizer que estão presentes cinco Akalis, ele dirá que cinco *lakhs* estão diante de você.' O *Phrenological Journal* de março de 1878 contém o retrato de HPB e um esboço de seu caráter. O escritor diz: 'No decorrer de sua longa vida – pois ela tem mais de oitenta anos – etc.'. Eu mesmo a ouvi contar essa lorota ao autor do artigo."

tinham várias idades e, portanto, ela não havia dito nada realmente falso, embora as pessoas que a ouviram tivessem visto apenas a casca de HPB e pensado que o que foi dito se referia apenas a esta!

Acima usei a palavra "obsessão", mas estou bem ciente de sua total insuficiência neste caso. Tanto "obsessão" quanto "possessão" têm sido usadas para significar a perturbação de uma pessoa viva por espíritos malignos ou demônios: uma pessoa obsidiada é uma pessoa atormentada ou assediada, uma pessoa possuída é alguém possuído, controlado, dominado[276] ou ocupado por eles. Mas que outro termo está disponível em inglês? Por que os primeiros Padres não inventaram uma palavra mais decente para significar a possessão, o controle, a ocupação de uma pessoa por bons espíritos do que a palavra "encher", ou mesmo deixar que esta fosse usada para a obsessão e a possessão também? "E todos foram enchidos com o Espírito Santo e começaram a falar em outras línguas, à medida que o Espírito os deixou expressar-se."[277] Mas isso não nos ajudará, a menos que ignoremos o fato de que o corpo de HPB às vezes foi ocupado por outras entidades – até que ponto, veremos na seguinte anedota.

Num dia de verão, depois do jantar, ela e eu estávamos em nossa sala de trabalho em Nova Iorque. Era o início do crepúsculo, e o gás não tinha sido aceso. Ela estava sentada perto da janela virada para o sul, eu estava em pé no tapete em frente à lareira, pensando. Eu a ouvi dizer "Olhe e aprenda"; e olhando na sua direção, vi uma névoa subindo de sua cabeça e ombros. A névoa se transformou, e logo se assemelhava a um dos *Mahātmas*, aquele que, mais tarde, me deu o histórico turbante[278]; mas agora era o duplo astral desse turbante que ele usava em sua cabeça nascida da névoa. Absorvido na observação do fenômeno, fiquei em silêncio e imóvel. A forma

276 Cf. nota 40.

277 Novo Testamento, Atos 2:4. Em várias edições brasileiras da Bíblia, consta a seguinte tradução: "E todos ficaram cheios do Espírito Santo e começaram a falar em outras línguas, conforme [ou: segundo] o Espírito lhes concedia que falassem."

278 Veja cap. XXIV, p. 350.

indistinta configurou apenas a metade superior do tronco, e logo dissipou-se e desapareceu; se reabsorvida no corpo de HPB ou não, eu não sei. Ela ficou sentada como uma estátua por dois ou três minutos, depois suspirou, veio a si e perguntou se eu tinha visto alguma coisa. Quando lhe pedi para explicar o fenômeno, ela se recusou, dizendo que eu tinha que desenvolver minha intuição para entender os fenômenos do mundo em que eu vivia. Tudo o que ela podia fazer era ajudar, me mostrando coisas e me deixar tentar entendê-las.

Numerosas testemunhas podem confirmar outro fenómeno que talvez possa provar que outras entidades ocupavam às vezes o corpo de HPB. Lembro-me que em cinco ocasiões – sendo uma vez para agradar a Srta. Emily Kislingbury e uma vez minha irmã, a sra. Mitchell –, ela pegou uma mecha de seu cabelo ruivo fino e ondulado, puxando-a pela raiz ou a cortando com uma tesoura, e a deu a um de nós. Mas a mecha saía grossa, preta, lisa, sem a menor ondulação, em outras palavras, cabelo humano de hindu[279] ou outro asiático, de maneira alguma como as suas madeixas muito finas, castanho-claras, semelhantes às de bebês. Meu diário de 1878 mostra que houve duas outras ocasiões: no dia 9 de julho, quando ela fez isso para o Honorável J. L. O'Sullivan, ex-Embaixador dos EUA em Portugal, e no dia 19 de novembro, quando o fez para Srta. Rosa Bates, na presença de seis outras testemunhas, além da própria Srta. Bates, de HPB e de mim. Os inimigos podem dizer que se tratava apenas de um truque de simplesmente "empalmar", mas isso é contrariado pelo fato de que, no caso da mecha dada à Srta. Kislingbury, ou à minha irmã – esqueci qual –, esta pôde pegar a tesoura e ela mesma cortar a mecha. Eu tenho duas madeixas retiradas da cabeça de HPB, ambas totalmente pretas e de fios muito mais grossos do que os dela, mas o cabelo de uma é nitidamente mais grosso que o da outra. A primeira é de um egípcio, a outra, de um hindu. Qual explicação melhor para esse fenômeno do que supor que os homens a quem es-

279 Estranhamente Olcott usou a palavra "hindu", que se refere a uma religião, em vez de "indiano".

sas mechas pretas pertenciam estavam realmente ocupando o corpo *mayávico*[280] de HPB, quando elas foram retiradas da cabeça? Mas vamos retornar à nossa dificuldade filológica.

A palavra "*epistasis*" não servirá, pois ela significa "inspeção, superintendência, comando, administração", o que não corresponde ao nosso caso. "Epifania" não é muito melhor, visto que *epiphaneia* é aparecimento[281], manifestação etc. etc. Não temos uma palavra para o fenômeno, mas neste estágio de nossa pesquisa psíquica precisamos muito de uma, e para isso temos que ir para o Oriente.

Essa ocupação do corpo de uma pessoa viva por outras pessoas vivas, embora tão fora de nossa experiência ocidental que não temos palavra para isso, é, como tudo mais na ciência psicológica, conhecida e definida na Índia. *Avesha* é o ato de possuir, isto é, de entrar e controlar, um corpo humano pertencente a um ser vivo (*jīva*). Esse ato é de dois tipos: quando o *amsa* (*sūkchma sarīra*), ou corpo astral, do próprio Adepto é retirado de seu corpo físico e introduzido no corpo da outra pessoa, é então chamado de *svarūpavesa*; mas quando, por seu mero *sankalpa* (força de vontade), ele influencia, domina ou controla o corpo dessa outra pessoa (*jīva*), de modo que ele faz algo que de outra forma estaria além de sua capacidade – por exemplo, falar uma língua estrangeira que não aprendeu, compreender ramos do conhecimento que desconhece, desaparecer instantaneamente da visão de pessoas que estão por perto, transformar-se em uma forma aterrorizante, como de uma serpente ou de um animal feroz, etc. –, então a coisa é chamada de *saktīyāvesa*.

Isso nos fornece tudo de que precisamos. Então, visto que tomamos "epifania" do grego, por que não concordarmos todos em adotar a fácil palavra "*Avesha*" do sânscrito, já que ela está ao nosso

280 "Palavra que deriva do sânscrito '*mâyâ*' e equivale a 'ilusório'." (*Glossário Teosófico*)

281 Olcott usou a expressão "*a shining upon*", que pode ser interpretada como "o fato de que algo ou alguém ilumina (algo ou alguém)", mas nos dicionários ingleses a palavra grega "*epiphaneia*" é traduzida por "aparecimento, manifestação".

alcance e significa exatamente aquilo que nós, bebezinhos no berçário do *Adeptado*, precisamos ter para continuar em nossos estudos? Ela se refere apenas à interação psíquica entre duas pessoas vivas ou à dominação[282] e inspiração de uma pessoa viva por uma entidade espiritual superior, e não deve ser rebaixada para significar que a alma de um homem morto ocupa o corpo de um médium ou o controla para produzir fenômenos. Isso é chamado de *grahana*, e o elementar (a alma do homem morto) é *graham*. A mesma palavra é usada para expressar a ocupação de um corpo vivo por um espírito elementar ou da Natureza. Tal ocupação pode ser (a) espontânea, i. e., ocorrendo pela atração do elemental em direção a um sensitivo; ou (b) compulsória, i. e., forçada pela vontade de um feiticeiro ou mago que aprendeu as fórmulas para submeter um elemental ou elementar ao seu controle. No Japão eu consegui uma fotografia de uma estátua em bronze representando Ko-bo-dai-shi, o suposto Adepto fundador da seita Shingon, junto com dois pequenos elementais agachados a seus pés, aguardando suas ordens. Um monge da seita Yama-busi – aquela dos fazedores de milagres do Japão – me deu um rolo de uma pintura mural mostrando o fundador de sua seita com serviçais que eram elementais. Esse quadro agora está no antigo quarto de HPB em Londres. Ela mesma também tinha serviçais obedientes a ela.

Há uma velha e divertida história indiana sobre como o rei Vikramādityā venceu a obstinação da princesa Pēsāmadandē, que havia feito um voto de silêncio e de não se casar com ninguém que não conseguisse obrigá-la a responder perguntas. O poderoso rei-mago montou no seu elementar – não elemental – favorito, Brahmarākshās Bhetāla, e o fez transportá-lo até o quarto da princesa. Ao descobrir que ela não lhe responderia de maneira natural, ele fez Bhetāla obsidiar todas as damas de companhia e lhes ordenar a elogiá-lo, contar-lhe uma história e repreender a sua senhora pelo silêncio. Aí ela as mandou para fora do quarto. Depois a princesa fechou uma cortina entre si e o rei, mas o rei mandou o espírito entrar na corti-

282 Cf. nota 40.

na e fazê-la conversar. A princesa abriu a cortina; então sua anágua começou a conversar, e ela a colocou de lado. Então fizeram o robe falar, depois a roupa de baixo, depois as quatro pernas de seu *charpai* ou espreguiçadeira; mas a teimosa donzela segurou sua língua. Finalmente, Bhetála foi mandado mostrar-se (materializar-se) como papagaio, que foi pego por ordem da princesa e dado a ela, e ele logo passou a contar uma história sobre a princesa sendo obsidiada por Sani, o deus da Má Sorte. Isso foi demais para ela; atirou-se aos pés de Vikram e se deu por derrotada. Como o rei não a queria como esposa, ele a deu em casamento a um príncipe adequado. A história é contada em *Pēsāmadandē Kathai*, um livro de histórias tâmil.

O importante assunto de *Avesha* é tratado no *Laghu Sabdārtha Sarvasva* de Mahāmahopādhyāya Paravastu Vencatarungāchārya, vol. 1, p. 316, artigo "*Avatāra*". Todos os leitores ocidentais inteligentes da literatura teosófica ouviram falar da teoria hindu dos Avatares – os Avatares de Vishnu, as manifestações visíveis do cuidado protetor de Deus com os seres humanos falhos, as provas de seu desejo de mantê-los caminhando na senda da aspiração religiosa. Avatares são de dois tipos: *Prādurbhāva* e *Avesha*. O ato de assumir um corpo que não é dominado, ou melhor, animado por um *jīva*, é chamado de *Prādurbhāva*, do qual Rāma e Krishna são citados como exemplos. O que é *Avesha* foi mostrado acima. Em *Pāncharātra Pādmasamhitā Charyāpada*, capítulo 24, versículos 131-140, encontramos instruções completas para realizar o *Avesha*:

> Eu agora te digo, ó nascido do Lótus, o método pelo qual entrar no corpo de outro (*Pindam*). [...] O cadáver a ser ocupado deve ser fresco, puro, de meia-idade, dotado de todas as boas qualidades e livre de doenças terríveis resultantes do pecado (como sífilis, lepra, etc.). O corpo deve ser o de um brâmane ou mesmo de um *Kshatriya*[283], deve ser colocado em algum lugar

283 "Guerreiro; individuo pertencente à casa militar ou real. A segunda das quatro castas em que primitivamente os hindus estavam divididos." (*Glossário Teosófico*)

> isolado (onde não há risco de interrupção durante a cerimônia), com o rosto voltado para o céu e com as pernas estendidas. Ao lado de suas pernas, tu deves sentar-te em *Yogāsana* (postura de *yoga*), mas antes, ó (Ser) de quatro faces, deves ter exercido durante muito tempo, com concentração fixa e mental, esse poder do *yoga*. O *jīva* está localizado no *nābhichakra* (plexo solar), é radiante como o sol, tem a forma de *hamsa* (um pássaro)[284] e se move ao longo dos *nādis Idā* e *Pingalā* (dois supostos canais de circulação psíquica). Tendo sido concentrado como *hamsa* (pelo *yoga*), ela sairá pelas narinas e, como um pássaro, disparará pelo espaço. Tu deves acostumar-te a este exercício, lançando o *prāna* até a altura de uma palmeira, fazendo-o viajar uma milha, ou cinco milhas ou mais, e depois reatraindo-o para o teu corpo, no qual deve entrar como saiu, através das narinas, e deves restabelecê-lo no seu centro natural no *nābhichakra*. Isso deve ser praticado diariamente até que a perfeição seja alcançada.

Depois, tendo adquirido a habilidade necessária, o *yogi* pode tentar o experimento de transferência psíquica e, sentado como descrito acima, será capaz de retirar seu *Prāna-jīva*[285] de seu próprio corpo e introduzi-lo no cadáver escolhido, pelas narinas, até atingir o plexo solar vazio, estabelece lá sua residência, reanima a pessoa morta e faz com que ela seja vista como "ressuscitada dos mortos".

A história da ressuscitação do corpo do falecido *raja*[286] Amaraka de Amritapura pelo Sábio Sankārāchārya, contada por Mādhava, um de seus biógrafos, tem sido lida amplamente. Um resumo

284 N.O.: "*Hamsa* é '*Soham*' invertido, que significa 'Eu sou Aquilo', referindo-se a *Parabrahm*. Assim *Parabrahm* = *Jivātma* = *Soham* = *Hamsa*. Mas, ao mesmo tempo, *Hamsa*, sendo também o nome de um pássaro divino que supostamente possui o poder de separar o leite da água, representa esotericamente o *Ātmā*. É isso que significa o texto 'da forma do pássaro *Hamsa*'. *Hamsa* é aquela 'centelha prateada no cérebro', 'aquela centelha estrelada que não é a alma, mas o halo ao redor da alma', tão vivamente descrito por Bulwer Lytton no capítulo 31 de *A Strange Story*."

285 *Prāna*: "Princípio vital; alento de vida." – *Jīva*: cf. nota 136.

286 "Um príncipe ou rei da Índia." (*Glossário Teosófico*)

pode ser encontrado no artigo "Life of Sankārāchārya[287], etc.", escrito pelo Sr. (posteriormente Juiz) K. T. Telang, e publicado na página 69 do número de janeiro de 1880 do *Theosophist*. O Sábio tinha se oferecido, caso lhe fosse dado um mês, a responder as perguntas feitas pela esposa do Sábio Mandana Misra sobre a ciência do amor, com a qual ele, um celibatário desde a infância, não estava de maneira alguma familiarizado. Viajando com seus discípulos, chegou perto de Amritapura e viu o cadáver do *raja* deitado no pé de uma árvore, cercado por pessoas de luto. Essa foi a sua chance de adquirir o desejado conhecimento na prática. Então, deixando seu corpo aos cuidados de seus discípulos, retirou-lhe o *prāna-jīva*, entrou no corpo do rei e, em meio à alegria tumultuosa de seus súditos pela suposta ressurreição, foi para a capital e por alguns meses viveu a vida usual de Zenana[288] de um governante soberano, e finalmente respondeu as perguntas sobre o amor.[289] Não preciso fornecer os detalhes aqui, visto que meu objetivo é simplesmente usar o incidente em conexão com o problema de HPB como uma ilustração do reconhecido poder de *Avesha* que os *yogis* possuem.

O *Sankaryavijaya* de Mādhavāchārya o descreve assim:

> Retirando o (*Prāna*) *Vāyu* das extremidades dos dedos dos pés e emergindo através do *brahmarāndhra*, o conhecedor do *Yoga* (Sankara) entrou e aos poucos lentamente ocupou todo o corpo do (Rei) morto até os seus pés.

Por uma coincidência interessante, eu tinha acabado de ler essa passagem quando uma certa circunstância passou pela minha memória. Procurei nos meus antigos arquivos de cartas e memorandos

287 Vida de Sankārāchārya. Olcott grafou "Sankārāchārya", mas frequentemente se escreve "Shankaracharya". Esse sábio é também conhecido como "Shankara". No *Glossário Teosófico* a grafia é "Shankârâchârya" e "Shankara-âchârya", e é dito o seguinte: "Grande reformador religioso e mestre da filosofia *Vedanta*. Viveu no século VIII ou IX."

288 Nome genérico dado ao palácio das mulheres. Olcott quer dizer que os governantes frequentavam os palácios das mulheres.

289 N.O.: "Vide '*Kāma Sūtra*'."

de Nova Iorque até encontrar o seguinte, que aparece em algumas anotações que fiz na época, sobre uma conversa entre mim e um dos *Mahātmas*, húngaro de nascimento, que naquela noite ocupou o corpo de HPB:

> Ele protege os olhos e abaixa o gás no lampião que está sobre a mesa. Pergunto por quê. Ele diz que a luz é uma força física. Entrando nos olhos de um corpo desocupado, encontra – isto é, atinge – a alma astral do ocupante temporário, dá-lhe um choque e um tal empurrão que o ocupante pode ser empurrado para fora. Até mesmo a paralisia do corpo ocupado é possível. Quando se entra em um corpo, é preciso um extremo cuidado, e não é possível ajustar-se completamente a ele até que os movimentos automáticos de circulação, respiração etc. se ajustem ao automatismo do próprio corpo do ocupante, com o qual, por muito distante que esteja, seu corpo astral projetado está intimamente relacionado. Acendi um bico de gás do lustre acima de nós, mas o ocupante imediatamente segurou um jornal para proteger o topo da cabeça contra a luz. Surpreso, pedi uma explicação, e ele me disse que era ainda mais perigoso uma luz forte bater no topo da cabeça do que a luz entrar nos olhos.

Naquela época eu não sabia nada sobre os seis centros vitais (*shat chakramas*) do corpo; nem estava ciente de que o mais importante deles, o *brahmarāndhra*, está localizado sob os ossos parietais; nem que é costume na Índia quebrar o crânio do cadáver em chamas naquele lugar para facilitar a retirada do corpo astral do falecido; além disso, eu não havia lido a história de Sankarāchārya deixando seu próprio corpo e entrando no do falecido *raja* por esse caminho da alma. Eu simplesmente vi o que o *Mahātma* fez, e me surpreendi com sua explicação; mas agora, na plenitude dos tempos, o mistério está esclarecido, e os casos de Nova Iorque e Amritapura se relacionam mutuamente. À luz deste último e dos ensinamentos da ciência oculta ariana, pode-se compreender mais prontamente o mistério do primeiro. Enquanto antes tudo estava escuro e não tínhamos sequer um nome à nossa disposição para explicar o fato, agora podemos ver que é possível para qualquer um versado em *Yoga* ocupar o corpo de outra pessoa viva, quando o corpo astral do seu proprietário foi retirado e a casa vazia é colocada à disposição de amigos visitantes. A relevância que essa questão tem para o problema de HPB é mais do que evidente, como tentarei mostrar no próximo capítulo.

CAPÍTULO XVII

Reencarnação

O primeiro efeito da comprovação de que *Ísis sem Véu* foi escrito de forma colaborativa é que ela confirma nossa visão crítica a respeito da autoria registrada. HPB continua sendo um prodígio mental, mas não pertence àquela classe literária que inclui gigantes do conhecimento adquirido como Aristóteles, Longinus, Buddaghosha, Hiouen Thsang, Alberuni, Madhavacharya, Nasrudin – o filósofo e enciclopedista persa – e, nos tempos modernos, Leibniz, Voltaire, Spencer, etc. Evidentemente sua autoestima é justa, mas, por não poder ser classificada como erudita, ela se torna um problema quase único entre os ocidentais. Se a teoria de que Bacon foi o autor das peças de Shakespeare for refutada, então a produção de Shakespeare – levando-se em conta sua inclinação para a vagabundagem e seu caráter comum – sustenta mais do que contradiz a teoria de que, como HPB, ele era apenas um agente de intelectos maiores, invisíveis e vivos, que controlavam seu corpo e o usavam para escrever coisas muito além de sua capacidade normal.

A comparação é vantajosa para ele, porque encontramos em suas obras uma familiaridade muito mais profunda com a natureza humana e um domínio mais amplo do conhecimento intuitivo do que nas dela. Sua mente natural (ou aquela da qual foram tirados os conhecimentos) parece ter contido desde o início tudo o que ele seria obrigado a utilizar; enquanto no caso dela nitidamente parece ter havido uma evolução mental. Tomemos, por exemplo, seus ensinamentos sobre a Reencarnação, a forte pedra angular da antiga filosofia oculta, que ela confirma em *A Doutrina Secreta* e em seus escritos posteriores. Quando trabalhávamos em *Ísis*, nem os *Mahātmas* falaram sobre a Reencarnação, nem ela a defendeu nas nossas controvérsias ou nas nossas discussões privadas daqueles primeiros dias. Ela sustentava e defendia a teoria de que as almas humanas, após a morte, passam, através de uma evolução purificadora, para outros planetas, mais espiritualizados. Tenho anotações de uma conversa entre um *Mahātma* e mim nas quais é afirmada essa mesma teoria.

E isso me intriga mais do que qualquer outra coisa; pois, embora seja perfeitamente concebível que ela, discípula e agente psíquica, possa não ter conhecido a sólida base filosófica da teoria da Reencarnação – quer devido a um treinamento cérebro-psíquico imperfeito quer por outra razão –, dificilmente vejo como ignorância semelhante possa se estender ao Adepto e Instrutor. Será que é possível que a Reencarnação não tenha sido ensinada a esse Adepto por *seu* Mestre, de modo que ele, assim como HPB, tivesse que aprender essa teoria posteriormente? Dizem que existem sessenta e três estágios do *Adeptado*; então, não é impossível. Disseram-me que há, entre os Adeptos, homens que são grandes sensitivos naturais, embora quase analfabetos; e pelo menos um, como o discípulo preferido de Buda, Ananda, que não possui *siddhis*, mas é tão intuitivo que compreende imediatamente todos os escritos esotéricos. Minhas anotações mostram que o Mestre me disse que "depois da morte, as almas vão daqui para outros planetas. Almas que devem nascer nesta Terra estão esperando em outros planetas, planetas invisíveis".

Estas duas afirmações concordam com os últimos ensinamentos de HPB: os planetas em questão – onde as almas permanecem antes e depois de habitarem a Terra – pertencem a nossa "cadeia de globos". Mas entre os dois extremos – antes e depois da estada na Terra – resta um vasto hiato, que, como agora sabemos, é preenchido com os numerosos renascimentos evolutivos da entidade viajante. Deixemos a anotação como está; o fato é que HPB, em *Ísis* (Vol. I., p. 351)[290] diz de forma inequívoca:

290 Vol. 2, p. 58, na edição brasileira.

> Apresentaremos agora alguns fragmentos dessa misteriosa doutrina da Reencarnação – diferente da transmigração, *o que soubemos de uma autoridade*. A Reencarnação, i. e., o aparecimento do mesmo indivíduo, ou melhor, de sua mônada astral, duas vezes no mesmo planeta, *não é uma regra na Natureza*; é uma exceção, como o fenômeno teratológico de um bebê de duas cabeças.

A causa disso, quando de fato às vezes ocorre, é que se interferiu no projeto da Natureza para produzir um ser humano perfeito e, portanto, ela deve fazer outra tentativa. Tais interferências excepcionais, explica HPB, são os casos de aborto, de bebês que morrem antes de uma certa idade e de idiotice congênita e incurável. Em tais casos, os princípios superiores não foram capazes de unir-se com os inferiores e, portanto, não nasceu um ser perfeito. Mas:

> Se a razão foi tão desenvolvida a ponto de tornar-se ativa e capaz de discernir, *não há reencarnação nesta Terra*, pois as três partes do homem trino foram unidas, e ele consegue viver normalmente. Mas quando o novo ser não passou além da condição de mônada, ou quando, como no idiota, a trindade não foi completada, a faísca imortal que a ilumina tem que reentrar no plano terrestre, visto que foi frustrada em sua primeira tentativa. Caso contrário, a alma mortal, ou astral, e a imortal, ou divina, não poderiam progredir juntas e passar adiante para *a esfera acima*.

Os itálicos são meus, e é isso que me ensinaram. Minha crença atual é a dos hindus e budistas. Ela disse ao Sr. Walter R. Old – que é meu informante – que lhe ensinaram a doutrina da Reencarnação somente em 1879 – quando estávamos na Índia. Aceito de bom grado essa afirmação, não somente porque coincide com nossas crenças e escritos em Nova Iorque como também porque, se ela tivesse conhecimentos sobre a Reencarnação quando estávamos escrevendo *Ísis*, não teria havido nenhuma razão mundana para ela enganar a mim e a outras pessoas, mesmo que ela o tivesse desejado, o que eu não acredito.

Ela e eu acreditávamos, ensinávamos oralmente e também escrevíamos que o homem é uma trindade de corpo físico, corpo astral (alma – a *psyché* grega) e espírito divino. Isso pode ser encontrado na primeira comunicação oficial feita por nós para o público europeu. Era um artigo intitulado "As Ideias dos Teosofistas", que apareceu no *Spiritualist* de 7 de dezembro de 1877. Nele, falando em nome de todo nosso grupo, eu digo:

> Cremos que o homem de carne morre, se deteriora e vai para a provação da evolução, para ser burilado repetidas vezes; que o homem astral (ou duplo, ou alma), liberto do aprisionamento físico, sofre as consequências de seus atos, pensamentos e desejos terrestres. Ou ele é expurgado dos últimos vestígios da rudeza terrena e, finalmente, após um incalculável lapso de tempo, une-se ao seu espírito divino e vive para sempre como uma entidade, ou, tendo sido completamente corrompido na Terra, afunda-se mais profundamente na matéria e é aniquilado.

Eu prossigo dizendo que "o homem de vida pura e aspiração espiritual é atraído para um reino mais espiritual que esta nossa Terra, cuja influência o repele". Por outro lado, a pessoa viciosa e totalmente depravada perde seu espírito durante a vida, é reduzida a uma dualidade em vez de uma trindade na hora da morte e, ao sair do corpo físico, se desintegra; sua matéria grosseira vai para o solo e a matéria mais refinada transforma-se em um *bhūt*[291], ou "elementar", "vagando nas, e em volta das, habitações dos homens, obsidiando sensitivos que, em seu lugar, saciam seus apetites depravados, até que sua vida é extinta pela sua própria intensidade e a dissolução vem coroar a sua vida terrível".

Esta foi a essência de nossos ensinamentos naquela época so-

291 "Sombra, espectro, espírito, fantasma." (*Glossário Teosófico,* verbete "*bhûta*".)

bre a natureza e o destino do homem, e mostra quão infinitamente longe HPB e eu estávamos de acreditar na Reencarnação. Se alguém quiser dizer que esta minha carta no *Spiritualist* representa apenas meus pontos de vista pessoais, e que nem os Mestres nem HPB são responsáveis por minhas afirmações rudimentares, eu apenas o remeterei à edição de 8 de fevereiro de 1878[292] do *Spiritualist*, onde aparece uma carta da própria HPB sobre o assunto geral da minha carta, que havia suscitado uma discussão muito animada entre os principais expoentes do Espiritismo britânico, de um lado, e C. C. Massey, John Storer Cobb, Prof. Alexander Wilder, Senhorita Kislingbury, o Dr. C. Carter Blake, Gerald Massey e eu, do outro lado, e que foi chamada por M. A. (Oxon.) de "uma rocha teosófica arremessada pelo braço vigoroso do P.S.T.[293] e causando muito burburinho" na insalubre poça do Espiritualismo transatlântico.

Como sempre, a trombeta de HPB despertou os ecos. Ela chama a si mesma de "o velho e não atraente indivíduo *superficialmente conhecido* como H. P. Blavatsky" – uma expressão muito significativa; ela diz que "o Coronel se corresponde diretamente com estudiosos hindus e recebe deles muito mais do que pode obter de uma preceptora tão desajeitado quanto eu" e que ela acha que eu lancei "algumas dicas dignas da consideração atenciosa de pessoas sem preconceitos". Uma segunda carta minha em resposta a M.A. (Oxon.) apareceu em fevereiro, e uma muito longa, muito forte e muito explícita de HPB, enviada em 14 de janeiro de 1878 de Nova Iorque, apareceu no *Spiritualist* de 8 de fevereiro do mesmo ano. Vale a pena ler esta carta inteira. Nela ela diz, à propósito da necessidade de que um Ego que não se uniu à dualidade físico-psíquica de uma criança que morre prematuramente, deve reencarnar:

> O ciclo do homem não é completo até que ele se torne individualmente imortal. Nenhum estágio de provação e experiência

292 N.O.: "Aparentemente foi colocada a data errada acima do recorte no nosso Álbum de Recortes. Acho que foi 1º de fevereiro."

293 Presidente da Sociedade Teosófica.

> pode ser saltado. Ele tem que ser um homem antes de poder tornar-se um espírito. Uma criança morta é um fracasso da Natureza – ela deve viver de novo; e a mesma *psyché* reentra no plano físico através de outro nascimento. Tais casos, juntamente com os de idiotas congênitos, são, como afirmado em *Ísis sem Véu*, os únicos exemplos de reencarnação humana.

Pode haver afirmação mais clara do que essa?

Nosso grupo partiu de Nova Iorque para a Índia em 17 de dezembro de 1878. Alguns dias antes, HPB escreveu para a *Revue Spirite*, de Paris, um artigo que apareceu naquela revista em 1º de janeiro de 1879; foi em resposta a diversos críticos. Ali ela descreve o homem como sendo de quatro princípios, um "*tetraktis*" ou quaternário. Eu traduzo:

> Sim, 'para os teosofistas de Nova Iorque, o homem é uma trindade, não uma dualidade'. Ele é, no entanto, mais do que isso: pois, acrescentando o corpo físico, o homem é um *tetraktis* ou quaternário. Mas, mesmo que estejamos apoiados nesta doutrina particular pelos maiores filósofos da Grécia antiga, não é nem a Pitágoras, nem a Platão, nem aos célebres *Theoductaktoi* da escola de Alexandria que nós a devemos. Mais adiante falaremos sobre nossos Instrutores.

Depois de citar passagens de várias autoridades antigas em apoio aos pontos de vista apresentados, ela diz: "Nossos Instrutores (ou seja, aqueles de quem aprendemos a doutrina) são Patañjali, Kapila, Kanada, todos os sistemas e escolas de Āryāvarta[294] que serviram de fontes inesgotáveis para os filósofos gregos, de Pitágoras a Platão." Certamente nem todas as escolas indianas, pois entre elas as antigas seitas de Charvakas e Brihaspatis negavam a sobrevivência do homem após a morte, e eram protótipos quase exatos de nossos materialistas modernos. Também deve ser mencionado que Patañjali, Kapila e os outros Mestres que ela nomeou ensinaram que a

294 "'A terra dos Aryas', ou seja, a Índia." (*Glossário Teosófico*)

Reencarnação é a regra na Natureza, enquanto ela e eu declaramos que é a exceção.

No final, a doutrina da Reencarnação foi plenamente aceita e explanada, tanto em seu sentido exotérico quanto no esotérico. Porém, ela não foi ensinada publicamente tão cedo quanto 1879, pois ela não se encontra nos dois primeiros volumes[295] do *Theosophist*, aparecendo somente no terceiro, mais exatamente em conexão com os *Fragments of Occult Truth*, uma série de ensaios, de autoria principalmente do Sr. A. P. Sinnett, baseados nas instruções dadas a ele pelos Mestres e por HPB. Na sua forma simples, exotérica ou ortodoxa, eu a tinha recebido no Ceilão e a incorporei no *Buddhist Catechism*[296], do qual a primeira edição, depois de ter passado pela experiência penosa do exame crítico pelo Sumo Sacerdote Sumangala Thero, foi publicada em julho de 1881. É claro que esse *Catecismo* era apenas uma sinopse das doutrinas do Budismo do Sul, não uma proclamação de crenças pessoais. Na primeira edição, a explicação da teoria da Reencarnação era bastante sucinta; porém ela foi dada muito mais extensamente na edição revisada de 1882, onde defini a relação do atual nascimento do ser reencarnado com os nascimentos anteriores, e respondi à pergunta por que não temos lembrança de experiências em encarnações anteriores. Uma conversa com Sumangala Thero sobre a moralidade da teoria do *Karma* me levou a esboçar a nota na qual defini as diferenças entre Personalidade e Individualidade, entre memória física – ou a lembrança de coisas que pertencem à consciência desperta comum – e memória espiritual, que tem a ver com as experiências do Ser Superior e sua Individualidade. Essa distinção não havia sido feita anteriormente, mas foi imediatamente aceita e propagada por todos os nossos principais escritores teosóficos desde aquela época. HPB a adotou e a introdu-

295 Cada volume do periódico mensal *The Theosophist* (publicado na época em Bombaim) contém 12 números; os doze primeiros foram publicados entre 1879 e 1880, os doze seguintes, entre 1880 e 1881.

296 *O Catecismo Budista* (Editora Teosófica, 2019).

ziu em seu livro *Key to Theosophy* (pp. 134 e 130)[297], ampliando e ilustrando a explicação. Estes são fatos históricos, e sua importância para a presente discussão é evidente.

A primeira declaração – publicada – de HPB de que a Reencarnação era um elemento da crença teosófica foi feita no artigo principal do primeiro número do *Theosophist* ("*What is Theosophy*", vol. I, p. 3, outubro de 1879). Mas nele ela apenas alude ao assunto, nada mais. Ela diz:

> A Teosofia acredita também em *anastasis*, ou existência continuada, e em transmigração (evolução), ou uma série de mudanças na alma, que podem ser defendidas e explicadas com base em princípios filosóficos estritos, e somente distinguindo *Paramātmā* (alma transcendental, suprema) de *Jīvātmā* (alma animal ou consciente) dos Vedantins.[298]

Isso é extremamente vago, e não ajuda muito a resolver a dificuldade. Em uma nota de rodapé sobre essa passagem, ela promete uma série de artigos sobre os Grandes Teosofistas do Mundo, nos quais, diz ela, "pretendemos mostrar que desde Pitágoras, que obteve sua sabedoria na Índia, até nossos mais conhecidos filósofos modernos e teosofistas – David Hume e Shelley, o poeta inglês, e os espíritas da França, inclusive – muitos acreditavam e ainda acreditam na metempsicose, ou Reencarnação da alma", etc. Mas ela não diz claramente qual é a sua própria crença. Infelizmente, a série de artigos prometidos nunca apareceu, embora ela pode ter sido o germe de sua ideia de dedicar um dos novos volumes de *A Doutrina Secreta* a uma explanação sobre os Grandes Adeptos.

A famosa série de ensaios do Sr. Sinnett, intitulada "*Fragments*

297 *A Chave para a Teosofia* (Editora Teosófica, 2018). Nessa edição brasileira, os trechos a que Olcott se refere estão entre as páginas 119 e 122.

298 N.O.: "*Anastasis* não significa "reencarnação", mas uma ressurreição da morte da mesma pessoa; e *Jīvātmā* não é a alma animal – como até mesmo todos os teosofistas jovens sabem."

of Occult Truth"[299], foi iniciada por HPB no número 1, do vol. III, do *Theosophist*, como resposta ao Sr. Terry, de Melbourne, que havia feito objeções às visões antiespíritas dos teosofistas. No primeiro Fragmento, ela reitera o ensinamento de Nova Iorque, de que a alma após a morte passa para outro mundo, "o chamado mundo dos efeitos (na realidade, um estado e não um lugar), e ali, purificada de grande parte de suas impurezas materiais, desenvolve um novo Ego, a renascer (após um breve período de liberdade e regozijo) no próximo mundo – mais elevado – de causas, um mundo objetivo semelhante ao nosso atual globo, porém mais alto na escala espiritual, onde a matéria e as tendências materiais desempenham um papel muito menos importante do que aqui". Então, ela postula a Reencarnação, mas não neste globo nem pelo mesmo Ego, e sim por outro, que é gerado a partir do atual em um estado interplanetário. No Fragmento Nº. 3 (*Theosophist* de setembro de 1882), é dito que o novo Ego, depois de passar seu tempo normal – conforme seu mérito, o que está de acordo com a doutrina ensinada por Sri Krishna, na *Bhagavad-Gitā* – em um estado de felicidade (*Devachan*), vai para o "próximo planeta superior", ou retorna e renasce neste globo, "se não tiver completado o total de vidas terrenas designado para ele". Antes disso, nada havia sido publicado sobre um número designado de reencarnações, seja neste globo ou em outros, e sim apenas os esboços sobre uma peregrinação psíquica, ou progresso evolutivo de estrela para estrela, de um Ser Divino que se revestia de um novo corpo da alma em cada palingenesia[300].

Em 1880, nós dois visitamos Simla[301], e o sr. A. O. Hume aproveitou a boa sorte – que Sinnett já havia tido antes – de entrar em correspondência com nossos *Mahātmas*. HPB visitou Simla de novo, sem mim, em 1881, e no devido tempo os dois mencionados amigos receberam dos Mestres a teoria da Reencarnação. O Sr. Sinnett a

299 Fragmentos da Verdade Oculta.
300 Renascimento.
301 Cf. nota 65.

expôs no Fragmento No. 4 (*Theosophist*, vol. IV., nº 1, outubro de 1882), onde ele estabeleceu as bases da doutrina das reencarnações terrestres em uma série de raças maiores e menores, ou raças-raiz e sub-raças, e da extensão do processo para os outros planetas de uma cadeia à qual a Terra pertence. O Sr. Hume fez o mesmo em *Hints on Esoteric Theosophy*[302] (Calcutá, agosto de 1882), onde ele diz em síntese que "o homem tem que dar muitas voltas completas no ciclo (na cadeia, ele quer dizer) dos planetas. E em cada planeta, em cada ronda, ele tem que viver muitas vidas. Em um certo estágio de sua evolução, quando certas partes de seus elementos menos materiais são inteiramente desenvolvidas, ele se torna moralmente responsável" (op.cit., p. 52).

Assim, seis anos após a minha conversa em Nova Iorque com o *Mahātma*, a ideia fundamental e necessária da Reencarnação foi lançada no mar do pensamento ocidental moderno a partir da terra onde ela havia nascido originalmente.

Fui obrigado a traçar a evolução dessa ideia neste capítulo, mesmo correndo o risco de uma pequena digressão, visto que era necessário para o futuro bem-estar da Sociedade mostrar a óbvia falta de fundamento para a teoria de que desde o início HPB possuía nosso atual grande conjunto de ensinamentos. Essa teoria eu considero perniciosa e sem fundamento. Se eu estiver errado, ficarei muito feliz em ser corrigido. Admiti-la implicaria a necessidade de admitir que HPB, consciente e deliberadamente, havia se prestado a enganar e a instruir inverdades em *Ísis*, como também mais tarde. Eu acredito que naquela época ela escreveu da mesma maneira que fez mais tarde, isto é, de acordo com seus conhecimentos, e que negando a Reencarnação nos anos de 1876-78 ela foi tão sincera quanto afirmando-a depois de 1882.

Por que ela e eu fomos autorizados a colocar o ensinamento errado em *Ísis* e, especialmente, por que os *Mahātmas* o passaram para mim, eu não sei explicar, a não ser que eu tenha sido vítima de orgu-

302 Algumas explicações sobre a Teosofia Esotérica.

lho ao acreditar que na noite em questão conversei com um Mestre. Então deixemos isso para lá. Os Mestres podiam ensinar a HPB, por meio de ditado, tudo o que quisessem, eles mesmos podiam escrevê-lo com a mão ocupando seu corpo físico, e eles podiam me capacitar a escrevê-lo, dando-me dicas e as linhas gerais, e ajudando minhas intuições. No entanto, apesar de tudo isso, eles com certeza não nos ensinaram o que agora aceitamos como a verdade sobre a Reencarnação; nem nos pediram para guardar silêncio sobre esse tema; nem recorreram a quaisquer generalidades vagas capazes de serem agora distorcidas para uma aparente concordância com nossas ideias atuais; nem interferiram para nos impedir de escrever e ensinar a ideia herética e acientífica de que, exceto em alguns poucos casos, a entidade humana não reencarna e não pode reencarnar em um mesmo planeta.[303]

Voltando à questão da ocupação (*Avesha*) do corpo de HPB: havia uma prova colateral que se podia perceber continuamente, caso se prestasse atenção. Digamos que o Mestre A ou B tivesse estado "de guarda" por uma hora ou mais, trabalhando em *Ísis*, sozinho ou junto comigo, e em determinado momento dissesse algo para mim ou, se terceiros estivessem presentes, para um deles. De repente, ela (ele?) para de falar, se levanta e, pedindo aos visitantes licença por um momento, com algum pretexto, sai da sala. Ela logo retorna, olha em volta como qualquer recém-chegado o faria ao entrar em uma sala onde havia várias pessoas, enrola um novo cigarro e diz algo que não tem a menor relação com aquilo que havia sido falado quando ela saiu da sala. Alguém, desejando voltar ao assunto, pede gentilmente que ela explique. Ela demonstra embaraço e incapacidade de retomar o fio da conversa; talvez exprima uma opinião claramente contrária ao que ela tinha afirmado momentos

303 N.O.: "Alguns amigos que estimo tentaram me persuadir a omitir toda essa discussão sobre a gênese da ideia da Reencarnação dentro de nosso movimento, mas não acho que devo omiti-la. Não vou deixar de mencionar fatos importantes nem fazer afirmações falsas."

antes; quando repreendida, fica aborrecida e diz palavras fortes; ou, quando informada de que havia dito isso ou aquilo, parece lançar um olhar introspectivo e diz: "Ah, sim; me desculpe", e continua com o assunto. Às vezes ela era rápida como relâmpago nessas mudanças, e eu, esquecendo-me de sua personalidade múltipla, ficava muito irritado com sua aparente incapacidade de manter a mesma opinião e com sua atrevida afirmação de que não havia dito aquilo que, com toda certeza, ela tinha dito um instante antes. Mais tarde, foi-me explicado que, depois de entrar no corpo vivo de outra pessoa, leva-se tempo para ligar sua própria consciência à memória cerebral do ocupante precedente e que, se alguém tentar continuar uma conversa antes que esse ajuste esteja terminado, podem ocorrer erros exatamente como os acima mencionados.

Isso está de acordo com o que o *Mahātma* me contou em Nova Iorque sobre ocupação, e com a descrição, em *Shankaravijāya*[304], da maneira como Shankara entrou no corpo do falecido *raja* Amarakā: "[...] entrou e, aos poucos, lentamente, ocupou todo o corpo do morto até os pés." A explicação da gradual junção das duas *jīvas* em um só coração e outro automatismo corporal (cf. cap. XVI) se estende à questão das duas consciências, e até que essa explicação seja aperfeiçoada, deve haver confusão de ideias, asserções e lembranças como a que descrevi acima e que deve ter intrigado a maioria dos visitantes de HPB. Às vezes, quando estávamos sozinhos, ou o Alguém que estava partindo dizia "Tenho que colocar isso no cérebro, para que meu sucessor possa achá-lo lá", ou o Alguém que estava chegando me perguntava, depois de me cumprimentar com uma palavra amiga, qual era o assunto de discussão antes da "mudança".

Observei acima que vários *Mahātmas*, ao escrever para mim sobre HPB e seu corpo, falavam desse último como sendo uma con-

---

304 N.O.: "Numa recente palestra feita em Calcutá sobre 'O parentesco entre o Hinduísmo e o Budismo', mostrei que os melhores orientalistas consideram *Shankaravijāya* uma obra antiga espúria. Eu a cito agora apenas por causa da descrição do processo de *Avesha*."

cha ocupada por um deles. No meu Diário de 1878, encontro uma anotação de 12 de outubro, escrita por HPB na caligrafia do *Mahātma* "M", o seguinte: "HPB conversou sozinha com W. até as duas da madrugada. Ele confessou que viu *três* DIFERENTES individualidades nela. Ele *sabe* disso. Não deseja dizê-lo a Olcott por medo de que H.S.O.[305] zombe dele!!!" Os destaques e pontos de exclamação eu copiei do original. O "W." mencionado era o Sr. Wimbridge, que era então nosso convidado.

Para explicar uma anotação escrita por outra pessoa em meu Diário particular, devo esclarecer que, quando saía de Nova Iorque a negócios, o que aconteceu várias vezes naquele ano, o registro diário era feito por "HPB", o nome da multidão[306]. Na entrada do dia seguinte (13 de outubro), a mesma mão, depois de especificar os sete visitantes que nos visitaram naquela noite, escreve sobre um deles: "O Dr. Pike, olhando para HPB várias vezes, se sobressaltou e disse que ninguém no mundo o havia impressionado tanto. Ora ele vê em HPB uma menina de 16 anos, ora uma mulher de 100 anos, e depois um homem de barba!" Em 22 de outubro, a mesma mão escreve: "HPB os deixou (nossos visitantes naquela noite) na sala de jantar e se retirou com H.S.O. para a biblioteca para escrever cartas. N ---- [um certo *Mahātma*] saiu da guarda[307] e entrou S [outro Adepto], com ordens para terminar tudo no primeiro dia de dezembro" [para nossa partida para a Índia].

Em 9 de novembro, em outra caligrafia modificada de HPB, está escrito: "Corpo doente, e não há água quente para banhá-lo. Belas nádegas[308]." Em 12 de novembro, na escrita de "M": "HPB

---

305 Henry Steel Olcott.

306 No original: "*the noun of multitude*". Certamente Olcott quis se referir ao fato de que vários Adeptos se manifestavam através dela.

307 "Guarda" no sentido dado por Olcott no capítulo 15 (p. 231); isto é, trata-se da ocupação do corpo de HPB por um Mestre.

308 No original: "*caboose*". Essa palavra tem dois significados principais: "cozinha no convés"; "último vagão de trem". Nenhum dos dois parece caber neste caso. Segundo o dicionário Merriam-Webster, "*caboose*" é também sinônimo de "*buttocks*", que significa "nádegas".

me enganou desmaiando de repente, para grande tristeza de Bates e Wim. Empregou a maior força de vontade para colocar o corpo sobre as pernas." Em 14 de novembro, na mesma caligrafia: "N... saiu e M. entrou [entenda-se que se trata de sair e entrar no corpo de HPB]. Veio com ordens claras de ... Tenho que ir ao mais tardar entre 15 e 20 de dezembro (para a Índia)." Em 29 de novembro, outro *Mahātma* escreve que ele tinha "respondido à tia russa" – isto é, à amada tia de HPB.

Finalmente, para não me debruçar sobre um tema por tempo demais, em 30 de novembro, um terceiro *Mahātma* escreve: "Belle Mitchell chegou às 12 e levou o S... (*Mahātma* M.) para passear. Eles foram para o Macy's. Ele teve que materializar rúpias. HPB chegou em casa às 4", etc. Eu tenho também várias cartas dos *Mahātmas* se referindo a HPB como personalidade, às vezes falando francamente sobre suas peculiaridades, boas e más, e uma vez fui enviado pelos Mestres em uma missão confidencial, *com instruções escritas*, para outra cidade a fim de organizar certos acontecimentos necessários para sua evolução espiritual. Ainda tenho o documento. Uma carta bastante longa, que recebi em 1879, enquanto estava em Rajputana[309], muito estranhamente altera seu sexo, fala dela no gênero masculino, e a confunde com *Mahātma* M. – conhecido como nosso Guru. Nessa carta é dito – sobre um primeiro rascunho que havia sido escrito, mas não enviado para mim: "Devido a certas expressões nela, a carta foi interceptada no caminho por ordem de nosso Irmão HPB. Como você não está sob minha orientação direta, mas dele (dela), não temos nada a dizer, nenhum de nós", etc.

E novamente: "Nosso irmão HPB disse corretamente em Jeypore[310]" etc. É uma carta inteiramente nobre, e se fosse pertinente ao nosso tema atual, eu me sentiria tentado a publicá-la, para mostrar a alta qualidade da correspondência que continuou durante

309 Literalmente "Terra dos Rajas". Rajputana corresponde ao atual estado do Rajastão. Na época, Rajputana era composto de vários principados.

310 O nome atual é "Jaipur" (capital e maior cidade do estado do Rajastão).

anos entre meus abençoados Instrutores e mim mesmo. Foi nessa carta específica que me foi dito, em resposta ao meu desejo de me retirar do mundo e ir viver com eles, que "O único meio disponível e acessível para você nos alcançar é *através da Sociedade Teosófica*", a qual fui instado[311] a consolidar, fazer progredir e fortalecer; preciso aprender a ser altruísta. Meu correspondente acrescenta: "Nenhum de nós vive para nós mesmos, todos nós vivemos para a humanidade." Este foi o espírito de todas as instruções que recebi, esta é a ideia inculcada em toda a obra *Ísis sem Véu*.

Não importam as falhas de redação do livro; não importa que a autora seja acusada de plágio ou não; o essencial de sua argumentação é que o homem é de natureza complexa, animal em um extremo, divino no outro; e que a única existência real e perfeita, a única que é livre de ilusões, dor e tristeza – porque nela, sua causa, a Ignorância, não existe – é a do espírito, o Ser Mais Elevado. O livro incita à vida pura e elevada, à expansão da mente e à universalidade da ternura e da simpatia; mostra que há um caminho para o alto e que ele é acessível aos sábios que são corajosos; rastreia todos os conhecimentos e especulações modernos até fontes arcaicas; e, afirmando a existência passada e presente dos Adeptos e da ciência oculta, nos proporciona um estímulo para trabalhar e um ideal a ser alcançado pelo trabalho.

Quando foi publicado, o livro fez tanta sensação que a primeira edição se esgotou em dez dias.[312] Os críticos, em geral, o trataram

311 No original: "*abjured*"; provavelmente trata-se de um erro de digitação, pois "*abjure*" significa algo como "renunciar"; a palavra certa é "*adjure*".

312 N.O.: "O *American Bookseller* (outubro de 1877) diz: 'A venda é inédita para uma obra desse tipo. A edição inteira estava esgotada dentro de dez dias da data de publicação. Em 1763, Godfrey Higgins publicou seu *Anacalypsis*, uma obra de caráter semelhante, e embora apenas 200 exemplares tivessem sido impressos, vários anos depois, na morte do autor, muitos exemplares ainda não haviam sido vendidos e foram mandados em massa por seus executores para um livreiro de Londres. Agora a obra é extremamente rara e facilmente dá cem dólares por exemplar. O mundo envelheceu desde os dias de Higgins, e o livro de Madame Blavatsky é mais interessante; mas ainda assim há uma demanda bastante grande, muito além das expectativas de seus editores.' Pura verdade;

gentilmente. O Dr. Shelton Mackenzie, um dos mais capazes daqueles dias, escreve que "é uma das obras mais notáveis em muitos anos – pela originalidade do pensamento, o rigor da pesquisa, a profundidade da exposição filosófica, e a variedade e extensão da erudição" (*Philadelphia Press*, 9 de outubro de 1887). O crítico literário do *New York Herald* (30 de setembro de 1877) diz que mentes independentes "darão as boas-vindas à nova publicação como uma contribuição valiosa para a literatura filosófica", e que o livro "complementará o *Anacalypsis* de Godfrey Higgins. Há uma grande semelhança entre os trabalhos.... Com suas peculiaridades marcantes, sua audácia, sua versatilidade e a variedade prodigiosa de temas percebidos e tratados, é uma das produções notáveis do século". O Dr. G. Bloede, um estudioso erudito alemão, diz que, "sob todos os pontos de vista, ele estará entre as contribuições mais importantes para a literatura da ciência moderna do espírito e valerá a atenção de todos os estudantes dessa área".

Alguns dos comentários eram superficiais, desrespeitosos e preconceituosos o suficiente para deixar claro que os críticos não haviam lido o livro. Por exemplo, o *Springfield Republican* disse que era "um grande prato de guisado"; o *New York Sun* o classifica, junto com obras semelhantes do passado, como "lixo descartado"; o editor do *New York Times* escreveu para Bouton que lamentava muito não poder tocar em *Ísis sem Véu*, tendo "sacro horror de Mme. Blavatsky e suas cartas"; o *New York Tribune* diz que a erudição de HPB é "tosca e não digerida" e "seu relato incoerente do Bramanismo e do Budismo parece ser um indício da presunção, não dos

---

e tão surpreso e feliz foi o Sr. Bouton, que no dia 10 de fevereiro de 1878, um domingo, em minha presença, ele ofereceu a HPB 5.000 dólares de direitos autorais para uma edição de um livro em um volume – ainda a ser escrito – que deveria tirar um pouco mais do véu de *Ísis*. Ele tinha a intenção de imprimir apenas 100 exemplares e estabelecer o preço de cem dólares por exemplar. Embora ela precisasse muitíssimo de dinheiro, recusou a oferta, alegando que não tinha permissão naquele momento para divulgar mais segredos arcanos do que tinha feito em *Ísis*. O Sr. Bouton ainda vive e pode corroborar essa afirmação."

conhecimentos, da escritora". E assim por diante. O fato importante, no entanto, é que o livro se tornou um clássico – como o Sr. Quaritch havia profetizado para o Sr. Bouton[313] –, passou por várias edições, e agora, após dezessete anos, é solicitado em todo o mundo.

É claro que, quando o livro estava pronto para publicação, eu fiz o que pude para divulgar a notícia entre meus conhecidos. Lembro-me que logo depois encontrei um deles – um importante funcionário jurídico – na rua. Ele agitou os punhos em minha direção de maneira amistosa e disse: "Tenho umas contas a ajustar com você". – "E por quê?" perguntei. "Por quê? Porque você me fez comprar *Ísis sem Véu*, e o achei tão fascinante que meus processos judiciais estão em atraso, e fiquei acordado quase as duas últimas noites inteiras para lê-lo. Não só isso; Blavatsky me faz ver que bando de homens comuns nós somos em comparação com aqueles místicos e filósofos orientais sobre os quais ela escreve tão encantadoramente."

O primeiro dinheiro recebido por um exemplar de *Ísis* foi enviado por uma senhora da Estíria, junto com seu pedido; nós o guardamos "para dar sorte", e agora, emoldurado, está pendurado nas paredes do escritório do *Theosophist* em Adyar.

A coisa mais verdadeira já dita sobre *Ísis* foi a expressão de um autor americano de que é "um livro com uma revolução dentro dele".

313 N.O.: "De Londres, o Sr. Quaritch escreve para o Sr. Bouton em 17 de dezembro de 1877, numa carta que este último gentilmente nos deu por conter uma previsão encorajadora: 'O livro evidentemente fará sucesso na Inglaterra e se tornará um clássico. Estou muito feliz em ser seu agente aqui.' Posso acrescentar que, conhecendo sua reputação de ter uma energia indomável e mentalidade elevada, nós estávamos mais felizes do que ele."

CAPÍTULO XVIII

Os Primórdios da Sociedade

Entre os acontecimentos públicos que contribuíram para dar notoriedade à nossa Sociedade em seus primórdios, está o resgate de um grupo de árabes pobres ameaçados de inanição, e seu envio para Túnis. Era algo teosófico apenas no sentido limitado de "ser humanitário", portanto, um ato de altruísmo; e todos os esforços altruístas são essencialmente teosóficos. Além disso, nesse caso, houve como fator a religião.

Resumidamente, a história é a seguinte:

Certa manhã de domingo, em julho de 1876, HPB e eu estávamos sozinhos na "Lamaseria". Lemos nos jornais matinais que um grupo de nove muçulmanos árabes naufragados havia desembarcado da escuna "Kate Foster", recém-chegada de Trinidad. Estavam sem dinheiro e sem amigos, não sabiam falar nenhuma palavra em inglês e tinham perambulado pelas ruas por dois dias sem comida, até que o secretário do cônsul turco lhes deu alguns pães e, por ordem de Sua Excelência, o Prefeito de Nova Iorque, lhes foi dado abrigo temporário no Hospital Bellevue. Infelizmente para eles, alguns Novos Regulamentos sobre emigrantes haviam sido adotados no mês de março anterior pelos Comissários de Caridade Pública e pelo Conselho de Emigração, o que tornava esses dois órgãos públicos impotentes para lidar com casos como esse.

Os jornais noticiaram que os árabes não tinham nenhum documento para provar sua nacionalidade e, desse modo, para colocar em algum Cônsul estrangeiro a responsabilidade de ajudar e cuidar deles; em vão eles haviam sido levados aos consulados da Turquia e da França; e, a menos que houvesse ajuda de particulares, as perspectivas para eles eram amargas. Como me lembro bem da cena, quando lemos a narrativa! HPB e eu estávamos em pé, ombro a ombro, olhando pela janela da frente sul, ambos deplorando a sorte dos pobres náufragos. O que apelou mais fortemente aos nossos sentimentos foi o fato de eles serem muçulmanos – pagãos –, cuja religião os colocava fora dos limites da compaixão na comunidade de cristãos, que – para não falar do preconceito comum – já recebiam apelos demais para atender às necessidades dos cristãos, seus correligionários. Então, esses desafortunados tinham direito aos gentis ofícios de outros pagãos, como nós, e assim decidimos que eu deveria fazer alguma coisa. O resultado foi que consegui, com o aval do prefeito de Nova Iorque, coletar dois mil dólares, que supriram suas necessidades, e eles foram enviados a Túnis, sob a responsabilidade de um membro de nossa Sociedade. Todos os detalhes se encontram no *Theosophist* de setembro de 1893.

Como foi dito em um capítulo anterior, entre as reminiscências mais agradáveis daqueles primeiros anos teosóficos está nossa correspondência com pessoas atenciosas e cultas de ambos os sexos. Guardo com especial carinho as lembranças de duas: Charles Carleton Massey e William Stainton Moseyn (ou Moses, uma corruptela de seu verdadeiro nome). O tema geral da nossa correspondência foi mencionado acima (cf. capítulo IV), e os nomes desses dois amigos leais nunca sairão da minha memória. É claro que nós representávamos a parte conservadora do Ocultismo Oriental; Stainton Moseyn (Moses) era um espírita progressista, em busca de verdade e muito culto, o que, em suma, o tornou a pessoa mais capaz desses amigos; e Massey estava entre os dois extremos, um investigador sincero e convicto dos fenômenos, com um viés mental profundamente metafísico, pronto para analisar e aceitar pelo menos parcialmente quaisquer novos fatos ou ideias que estivéssemos apresentando.

O intercâmbio de cartas – algumas tão compridas que praticamente eram ensaios – continuou entre nós quatro durante vários anos, e nossas discussões abrangiam uma gama muito ampla de questões interessantes, importantes e até mesmo vitais, relacionadas a assuntos psicológicos. A mais exaustivamente debatida era, acho eu, a dos Espíritos Elementais, seu lugar na Natureza e suas relações com a humanidade. Eu havia tocado levemente nessa questão em nosso primeiro manifesto europeu, acima mencionado, mas agora nós discutimos todos os pontos principais. Lamento profundamente que os responsáveis pelos documentos de Stainton Moseyn ainda não tenham me enviado aqueles que poderiam ter me ajudado em meu presente trabalho, pois eu poderia tê-lo tornado muito mais interessante, comparando as cartas de HPB e minhas com as respostas de nossos amigos, que preservei. S. M. tinha iniciado a investigação de fenômenos mediúnicos com o único propósito de saber se eles eram reais ou não, mas pouco tempo depois percebeu, a contragosto, que ele mesmo era um médium, sujeito a fenômenos dos mais extraordinários.

De noite e de dia, ele estando sozinho ou em companhia, ocorriam fenômenos, e logo todas as ideias científicas e filosóficas que ele havia trazido de Oxford se espalharam aos quatro ventos, e ele teve que aceitar novas teorias sobre matéria e força, homem e Natureza. Sua admirada amiga e benfeitora, a Sra. Speer, publicou em *Light* relatos semanais sobre as sessões realizadas por S.M. na casa do Dr. Speer. Atrevo-me a dizer, que nunca foi escrito um registro mais interessante da mediunidade, pois, quase nunca, nem no passado nem agora, houve um médium mais dotado do que meu irmão de coração, agora já falecido. Ele se destacou pela surpreendente variedade de seus fenômenos, tanto físicos quanto psíquicos, e todos altamente instrutivos, somados a seus dotes mentais treinados, que se refletiam na qualidade da inteligência transmitida psiquicamente, e sua obstinada determinação de não acreditar em nada ensinado pelos supostos espíritos que ele não conseguisse compreender totalmente.

A maior parte desses ensinamentos ele recebeu por meio de escrita automática através de suas próprias mãos, assim como o Sr.

Stead parece estar recebendo agora seus próprios ensinamentos do espírito "Julia". Ele podia estar dando toda a sua atenção à leitura de um livro ou a uma conversa, mas sua mão, desligada, solta, continuava escrevendo, escrevendo, durante meia hora, e quando ele olhava para as páginas assim preenchidas, encontrava pensamentos originais, transmitindo novas ideias, diferentes de suas próprias crenças, ou respondendo suas perguntas, colocadas anteriormente, talvez em outra ocasião. Ele sempre esteve convencido, e afirmava isso veementemente em suas cartas para nós, que a inteligência que controlava sua mão não era sua, nem sua consciência desperta ou latente, mas simplesmente um espírito ou espíritos; ele alegava conhecê-los perfeitamente pela visão (clarividência), fala (clariaudiência) e escrita, tão inequivocamente quanto conhecia qualquer pessoa viva.

Nós, por outro lado, insistimos que a questão ainda não estava provada, e que havia pelo menos probabilidade igual de que seu "Imperator", ou principal espírito-instrutor, fosse seu eu latente, e que seus fenômenos no círculo[314] fossem produzidos por Elementais dominados, por algum tempo, por sua própria imperiosa vontade. Comparando várias anotações, percebia-se que diversos de seus fenômenos mediúnicos mais notáveis eram quase idênticos àqueles com os quais HPB estava nos edificando em Nova Iorque, e, como os dela eram reconhecidamente produzidos por Elementais sujeitos a ela, eu não via por que os dele não seriam produzidos da mesma forma.

Entre os fenômenos havia o soar de suaves "sinos de fadas"[315] no ar, a produção de deliciosos aromas tanto no ar quanto no suor do corpo do sensitivo, suor que, no caso de HPB, aparecia nas palmas das mãos e, no caso de S. M., no couro cabeludo; luzes flutuando pelo ar; materializações de escrita em superfícies fora do alcance do

314 Cf. nota 30.
315 No original: "*fairy bells*". Às vezes, Olcott chamava esses "sinos" também de "sinos astrais".

médium; *apports*[316] de pedras preciosas e de outros objetos; música surgindo no ar; pedras preciosas que mudavam de cor e se tornavam opacas ou pretas quando o possuidor – ele ou ela – adoecia; a desintegração de creions ou lápis usados em escritos materializados; a percepção de perfumes orientais idênticos quando certas inteligências invisíveis versadas na ciência oculta estavam presentes; Oxon[317] percebendo na luz astral pontos brilhantes de luz colorida dispostos em um triângulo, de modo a formar o símbolo místico da Loja Oriental de nossos *Mahātmas*; e, finalmente, o poder de deixar o corpo físico no "duplo", mantendo a consciência e retomando a ocupação do corpo no final do voo da alma.

Uma semelhança de experiências tão grande evidentemente criou um forte interesse mútuo entre os dois grandes sensitivos, e naturalmente S.M. estava muito desejoso de receber quaisquer instruções ou sugestões que HPB pudesse lhe dar sobre como ele poderia melhorar seu conhecimento do outro mundo e obter aquele completo controle sobre sua psique que o treinamento completo para o *Adeptado* implica. No próximo capítulo serão tratados o efeito do nosso intercâmbio de ideias sobre a mente de S.M. e os ensinamentos de "Imperator" para o círculo de Speer. Eu também terei algo a dizer com relação à visão de hindus cultos sobre o perigo e a puerilidade dos fenômenos psíquicos, sejam eles produzidos por médiuns ou por *māntrikas* (possuidores de poderosos feitiços).

316 Cf. nota 113.
317 Cf. nota 85.

CAPITULO XIX

Visões Conflitantes

Dificilmente os polos da Terra estão mais afastados entre si do que os pontos de vista dos espíritas[318] ocidentais e dos asiáticos com respeito à comunicação com os mortos. Os primeiros a estimulam, tentam frequentemente desenvolver em si mesmos ou nos membros de sua família a mediunidade para desfrutar dela, sustentam muitos jornais e publicam muitos livros para falar a respeito e discutir seus fenômenos, e citam esses últimos como provas da base científica da doutrina de uma vida futura. Os asiáticos, ao contrário, desencorajam esses experimentos necromânticos como perversões da alma, e afirmam que eles produzem um mal incalculável, tanto para os mortos quanto para os vivos, obstruindo a evolução normal do espírito do ser humano e retardando a aquisição de *gnānam*, o conhecimento mais elevado[319]. Na Europa e na América, frequentemente estão sentados ao redor da mesa de sessão as pessoas mais nobres, mais puras, mais cultas, como também os opostos; no Oriente, os médiuns e feiticeiros, geralmente, são apenas párias e membros de castas inferiores. No Ocidente, nestes últimos tempos, as famílias geralmente se sentem mais contentes do que tristes quando se descobre um médium no seio familiar, ao passo que, na Índia, isso é considerado uma desgraça, uma calamidade,

318 No original: "*spiritualists*". Como já foi esclarecido, essa palavra inglesa é usada no sentido tanto de "espiritualistas" quanto "espíritas". Aqui, os "espiritualistas ocidentais" são os espíritas.

319 No *Glossário Teosófico* são usadas várias formas da palavra *gnānam*, principalmente *Jñâna:* "Literalmente, 'conhecimento'; esotericamente, 'conhecimento supremo ou divino', adquirido através do *Yoga*."

algo a ser deplorado e minimizado o mais cedo possível.

O hindu, o budista, o zoroastriano, o muçulmano são todos unânimes nessa questão, todos eles influenciados pela tradição ancestral, bem como por suas escrituras sagradas. São desaprovadas não somente quaisquer relações com os mortos, mas também a exibição dos próprios poderes psíquicos, sejam eles congênitos ou desenvolvidos posteriormente por treinamento ascético. Portanto, os brâmanes indianos reprovariam não somente os fenômenos de M. A. Oxon, o médium, como também os de HPB, a culta taumaturga. Sem dar importância aos problemas da psicologia ocidental como estímulos intelectuais e tendo formas de religião que começam com a hipótese básica do espírito[320], eles dão quase nenhuma ênfase aos fenômenos psíquicos como provas de imortalidade, abominam os médiuns obsidiados, considerando-os espiritualmente impuros, e têm muito pouco respeito por aqueles que, possuindo *siddhis*[321], os vulgarizam pela exibição.

O desenvolvimento de um grande número de *siddhis* ocorre naturalmente e de forma espontânea ao longo do treinamento *yogi*, mas apenas oito dos *siddhis* – *Anima*, *Mahima*, *Laghima* etc., ou seja os *Ashta Siddhis* – estão ligados ao estado espiritual mais elevado; os outros dezoito ou mais pertencem ao plano astral e têm a ver com nossas relações com aquele plano e com o plano desta vida. Os praticantes de magia negra e aprendizes se interessam por esses *siddhis* inferiores; os Adeptos adiantados da Magia Branca, pelo grupo mais nobre. Então, é preciso observar que, enquanto os fenômenos de HPB suscitaram a fascinação e admiração de seus discípulos ocidentais e de outros amigos íntimos, provocando, ao mesmo tempo, o ceticismo malévolo de seus oponentes, eles diminuíram HPB na opinião dos sábios e ascetas ortodoxos da Índia e do Ceilão, para quem

320 Olcott se expressa dessa maneira estranha. Suponho que ele queira dizer aproximadamente que a religião bramânica, em todas suas formas, tem por base o espírito.

321 "Literalmente; 'atributos de perfeição'; poderes fenomenais que, graças a sua santidade, os yogîs adquirem." (*Glossário Teosófico*)

esses fenômenos assinalavam uma evolução espiritual inferior. Para eles, não existia a questão se esses fenômenos eram genuínos, pois todos são reconhecidos e estão catalogados em suas Escrituras; a aura mental de um Lankester[322] os asfixiaria. Por outro lado, enquanto a exibição de fenômenos psíquicos, em público ou diante de pessoas comuns, é condenada, o fato – quando conhecido – de que um Mestre religioso possui esses *siddhis* contribui para sua santidade, pois eles são considerados sinais de seu desenvolvimento interior. Contudo, a regra é que não devem ser mostrados pelo Mestre, nem mesmo aos seus discípulos, antes que eles se tenham tornado tão versados na filosofia espiritual que possam compreendê-los.

No *Kullavagga*, V., 8, I., é narrada a estória da tigela de sândalo do Setthi[323] de Rāgagaha. Ele havia mandado esculpir uma tigela de um tronco de madeira de sândalo e a levantou a uma grande altitude, no alto de uma vara de bambu, amarrada a várias outras varas, e depois a ofereceu como presente a qualquer *Sramana*[324] ou Brâmane com poderes psíquicos (*Iddhi*[325]) que conseguisse levitar e alcançar a tigela, trazendo-a para baixo. Um renomado monge, Pindala Bhāradvaga, aceitou o desafio, subiu no ar e trouxe a tigela para baixo, depois de "dar três voltas no ar em volta de Rāgagaha". As pessoas presentes, uma multidão, começaram a gritar e fazer-lhe reverências. O barulho chegou aos ouvidos de Buda, que convocou uma reunião particular de seus discípulos e repreendeu Pindala.

"Isso é impróprio", disse. "Não está de acordo com a lei, descabido, indigno de um *Sramana*, indecoroso, e não deve ser feito... Exatamente como uma mulher que se exibe por uma miserável moeda, você, por um miserável pote de madeira, exibiu diante de leigos

322 Talvez Olcott se refira a Edwin Ray Lankester (1847-1929), zoólogo britânico, um racionalista que, segundo a Wikipédia, mais tarde, nos anos 1920, tentava demonstrar fraudes de médiuns espíritas.

323 Líder de uma associação de classe na Índia.

324 "Sacerdote budista, asceta, mendicante e aspirante ao Nirvâna; 'aquele que coloca um freio em seus pensamentos'." (*Glossário Teosófico*)

325 Outra forma da palavra "*Siddhi*".

a qualidade supra-humana de seu miraculoso poder de *Iddhi*. Isso não levará nem à conversão dos que ainda não se converteram, nem ao aumento do número de convertidos, mas sim a que aqueles que não haviam sido convertidos permaneçam não convertidos e que os que haviam se convertido voltem atrás." Depois estabeleceu esta regra imperativa: "Não deveis, ó *Bhikkus*[326], exibir *diante dos leigos* o poder supra-humano de *Iddhi*." (Veja *Sacred Books of the East*[327], vol. XX, p. 79).

No *Kullavagga*, vii, 4, 7, é dito que Devadutta "parou em seu caminho (para o estado de *Arhat*[328]), porque já tinha chegado a algo inferior" (*pothugganika iddhi*, ou poderes psíquicos) e *se deu por satisfeito de ter atingido o topo do desenvolvimento*.

Numa nota ao Aforismo XXVIII dos *Yoga Sūtras* de Patañjali – sobre os poderes psíquicos desenvolvidos (*Siddhis*) –, o Dr. Rājendralāl Mitra diz:

> Os aprimoramentos descritos são do mundo, mundanos, necessários para fins mundanos, mas inúteis para a meditação superior, que visa o isolamento. E eles não são apenas inúteis, e sim claramente obstrutivos, pois interferem na manutenção uniforme da meditação tranquila.

Não é amplamente compreendido que os poderes psíquicos desenvolvidos, abrangendo toda a gama de graus sublimados de visão, audição, tato, paladar, olfato, intuição (profética, retrospectiva e contemporânea), etc., têm para a individualidade desperta uma rela-

326 Outra forma da palavra "Bhikshu": "Em páli, Bhikku. Nome dado aos primeiros prosélitos de Sâkyamuni Buddha. Literalmente: 'discípulo mendicante'." (*Glossário Teosófico*)

327 Livros Sagrados do Oriente. É uma série de 50 volumes de textos orientais, traduzidos para o inglês, organizada por Max Müller e publicada entre 1879 e 1910.

328 Olcott escreveu "*Arahat*", forma usada também no *Glossário Teosófico*, onde consta: "Também pode ser escrita como: *Arhat*, *arham*, *Rahat* etc.; 'o digno'; literalmente: 'que merece louvores divinos'. [...] O *Arhat* é o iniciado do grau superior, isto é, o que alcançou a quarta e última iniciação, aquele que passa por ela e converte-se em Adepto."

ção semelhante àquela que os cinco sentidos comuns têm para o eu físico, ou personalidade. Da mesma maneira que temos que aprender a refrear nossas percepções das coisas externas – que chegam através dos sentidos – a fim de concentrar todo o nosso pensamento em algum problema profundo de ciência ou filosofia, assim também deve aquele que quer ser *gnāni,* ou sábio, controlar a atividade de sua clarividência, clariaudiência etc., já desenvolvidas, se não quiser ver seu objetivo frustrado pelas divagações de seu pensamento nos caminhos que elas abrem. Eu nunca vi uma afirmação clara sobre esse ponto, mas é extremamente importante tê-lo em mente. Por ignorarem essa regra, Swedenborg, Davis, os Santos Católicos e visionários religiosos de todas as outras seitas têm, por assim dizer, cambaleado, bêbados de clarividência, pelas galerias de pinturas da Luz Astral, vendo algumas coisas que existem, e criando outras que não existiam até que eles as gerassem; e fazendo profecias falsas e revelações imaginadas, dando maus conselhos, divulgando falsa ciência e teologia enganosa.

Multidões de asiáticos se dirigem ao possuidor ou suposto possuidor de *siddhis* pelos motivos mais egoístas: para ter filhos de esposas estéreis, obter curas de doenças, muitas vezes frutos do vício, recuperar bens perdidos, influenciar a mente dos Mestres a seu favor e para saber o futuro. Eles chamam isso de "pedir as bênçãos do *Mahātma*", mas o eufemismo não engana ninguém de maneira alguma e em noventa e nove casos de cem o pedinte hipócrita é dispensado sem ter conseguido o que queria. Até mesmo eu, em minha humilde experiência, vim a conhecer a baixeza desta classe, pois, dos milhares de doentes clamorosos que curei ou cujas dores aliviei em minhas pesquisas experimentais de 1881, duvido que cem estivessem realmente agradecidos; e antes de o ano acabar, eu tinha aprendido na prática como deve se sentir o *yogi* com relação à exibição de seus poderes psíquicos.

De fato, com razão o Sábio declara no *Suta Samhita* que o verdadeiro Guru não é aquele que ensina as ciências físicas, que propicia prazeres mundanos, que treina os poderes da pessoa até que ela possa atingir os *gandharvas*[329] ou desenvolver os *siddhis*, pois tudo isso é fonte de problemas e tristeza: o verdadeiro Instrutor e Mestre é aquele que transmite o conhecimento de Brahman. Isso é ensinado também no *Chandogya*, *Brahadaranya* e outros Upanishads, onde é dito que, embora o *yogi* possa, pelo poder da vontade, criar ou destruir mundos, chamar a si *pitris*[330], *gandharvas* e outros seres espirituais, desfrutar do poder de *Ishvara*[331] em puro *sathwa*[332], ele deve evitar todas essas vaidades, porque elas tendem a fomentar o sentido de separação e são hostis à aquisição do verdadeiro *gnānam*. Quanto a unir-se voluntariamente aos habitantes das esferas astrais, invocando seus favores e submetendo-se às suas ordens, nenhum asiático de pensamento correto e bem informado sonharia com isso. Sri Krishna[333] resume o assunto da maneira mais concisa naquele famoso verso da *Gitā*[334] (Capítulo IX): "Aqueles que cultuam (invocam, fazem *pūjā*[335] para) os *Devatas* (elementais mais altos) vão

---

329 "Cantores ou músicos celestes da Índia. Nos *Vedas*, estas divindades revelam aos mortais os arcanos do céu e da Terra e a ciência esotérica." (*Glossário Teosófica*)

330 "Os antecessores ou criadores da humanidade. São de sete classes, três das quais são incorpóreas (*arūpa*) e quatro corpóreas." (*Glossário Teosófico*)

331 "O 'Senhor' ou Deus pessoal, o Espírito divino no homem." (*Glossário Teosófico*)

332 Outra forma de *Sattva*: "Inteligência, entendimento, repouso no conhecimento divino". (*Glossário Teosófico*)

333 "O mais célebre *avatar* de Vishnu, o 'Salvador' dos hindus e seu deus mais popular. [...] No *Bhagavad-Gitā*, Krishna é a representação da Divindade Suprema, Â*tman* ou Espírito imortal, que desce para iluminar o homem e contribuir para sua salvação." (*Glossário Teosófico*)

334 A *Bhagavad-Gitā*, a parte mais importante e profunda do épico *Mahābhārata*. O citado verso (do nono "discurso") é o de número 25, que, na tradução brasileira, tem a seguinte redação: "Aqueles que adoram os Brilhantes dirigem-se aos Brilhantes; aos Ancestrais dirigem-se os adoradores de Ancestrais; aos Elementais dirigem-se aqueles que sacrificam aos Elementais; mas Meus adoradores vêm a Mim." (Editora Teosófica, 2010) Nessa tradução, há duas notas de pé de página: "*Pitris*" para "Ancestrais" e "*Bjutas*, Elementais ou espíritos da Natureza" para "Elementais".

335 "Oferenda; culto e honras divinos tributados a um ídolo, divindade ou alguma coisa sagrada." (*Glossário Teosófico*)

até eles (após a morte); os que cultuam os *Pitris*, vão até os *Pitris*. Os adoradores dos *Bhūtas* (aqui definidos por Shankara como os mais baixos espíritos da Natureza; mas a palavra é também sinônimo de *Pisachas*, significando as almas dos mortos, ou cascas astrais) vão para os *Bhūtas*. Só aqueles que me adoram (isto é, os devotos de *gnānam*, o conhecimento espiritual mais elevado) vêm a mim." Repetindo: então HPB seria respeitada por possuir *siddhis*, mas criticada por mostrar fenômenos; e M. A. Oxon seria olhado com desdém, como médium de *Pisachas* e *Bhūtas*, apesar de ter uma mente brilhante, ter recebido muita instrução na Universidade e ter motivos puros e altruístas.

Bem, é essa a visão asiática desse assunto. Quanto a mim, eu era inteiramente um ocidental em minha maneira de olhar os prodígios de HPB e Stainton Moseyn. Para mim eles eram extremamente importantes como indícios psíquicos e como problemas científicos. Embora eu não conseguisse resolver o enigma da complexa entidade de HPB, eu estava convencido de que as forças atuando nela e por trás dela e de seus fenômenos eram habilmente manipuladas por pessoas vivas que conheciam a psicologia como ciência, e, praticando-a, haviam adquirido poder sobre as raças dos elementais. No caso de Stainton Moseyn havia igual obscuridade. Sua ideia arraigada era a de que seus instrutores, "Imperator", "Kabbila" (Kapila?), "Mentor", "Magus", "Sade" (Sadi?) e outros, eram todos espíritos humanos desencarnados; alguns muito antigos, outros menos, mas todos sábios e benévolos. Eles não apenas permitiam, como também insistiam que ele usasse a razão e trabalhasse para fazer seu caminho para cima; e, com incansável paciência, respondiam a suas perguntas, tiravam suas dúvidas, ajudavam a desenvolver seu discernimento espiritual, auxiliavam a proteger seu corpo astral, e, por múltiplos fenômenos extraordinários, provavam a natureza da matéria e da força assim como a possibilidade de controlar os fenômenos naturais; além disso, lhe ensinavam que em todo o Cosmos existe um sistema de transmissão de conhecimento de Mestre para discípulo, em graus ordenados de desenvolvimento mental e espiritual, como as séries na escola ou faculdade. Em todos esses aspectos, os ensinamentos de Stainton Moseyn eram idênticos aos meus, e ele nunca conseguiu me convencer de que, se não o mesmo grupo, pelo menos o mesmo tipo de Mestres se ocupava em formar esses dois centros reformatórios e evolucionários de Nova Iorque e Londres[336]. Que alma nobre animava seu corpo, que coração puro, que objetivo elevado, que profunda devoção à verdade! Ao mesmo tempo erudito e cavalheiro, sempre pensando e escrevendo com clareza, ele se tornou o mais eminente de todos os líderes espíritas; ou, pelo menos, tenho essa impressão, tendo sido amigo pessoal de Davis, Sargent, Owen e muitos outros espíritas.

Antes de iniciar este capítulo, li e estudei cerca de setenta de suas deliciosas cartas dirigidas a HPB e a mim, de um intercâmbio de mais de duzentas epístolas; consultei também os "Registros" da Sra. Speer, e eles reavivaram o encanto dos primeiros tempos de nosso relacionamento. A estreita relação dele conosco e a maneira pela qual nossas experiências psíquicas estavam interligadas tornam necessário que eu dedique a esse homem mais do que umas breves linhas; e a melhor maneira de mostrar o que ele era, em pensamento, espírito e propósitos, é publicar algumas partes de uma narrativa autobiográfica contida em uma de suas cartas para mim. No cabeçalho consta "University College, Londres, 29 de abril de 1876", e Stainton Moseyn diz o seguinte:

> Minha vida está dividida em períodos bem ruins – geralmente de cerca de cinco anos de duração –, e a lição de cada um é peculiar, mas tudo tem a mesma tendência. Em todos sofro de alguma forma de doença, e raramente consigo permanecer no mesmo tipo de trabalho por mais de cinco ou sete anos. Herdei bastante bens, mas eles me foram tirados. Perdi tudo num único

336 Em Nova Iorque, a Sociedade Teosófica; em Londres, a Aliança Espírita de Londres (London Spiritualist Alliance), fundada, com outros, por Staintan Moseyn. (Cf. o artigo "William Staintan Moses" na Wikipédia.)

dia, numa enchente de mar. Na Faculdade eu estava indo bem, ia ganhar a melhor nota e depois uma bolsa de estudos. Dez dias antes do exame, tive um colapso mental por excesso de trabalho, e durante dois anos não consegui ler ou escrever nem mesmo uma letra, de modo que fui obrigado a adiar por dois anos o trabalho para obter meu diploma, e tive que optar por um diploma comum. Durante esses dois anos, viajei por toda a Europa e aprendi realmente mais do que teria aprendido nos livros. Mas foi um desastre para o meu projeto de vida.

Depois vieram cinco anos, ou mais exatamente seis, de trabalho teológico. Eu tinha bom nome na Igreja e era tido como pregador que teria uma boa reputação e chegaria longe. Eu era profundamente ortodoxo, um teólogo mais ou menos inteligente que tinha realmente estudado *tudo* e tinha grande habilidade de argumentação. Em parte por conselho médico, fui para uma região no meio da Natureza para aproveitar o ar marinho e a solidão, a fim de restaurar minha saúde, arruinada em Oxford, e então li vorazmente e trabalhei duro. Meu povo fazia qualquer coisa por mim. Eu podia guiá-los aonde quisesse, e ganhei uma boa reputação tanto na paróquia em geral quanto como pregador no púlpito. De novo exagerei, e senti que devia parar com o excesso de trabalho (cuidar de uma paróquia de 30 milhas quadradas não é brincadeira – e tudo sob minha responsabilidade). Fui para o Oeste da Inglaterra, e fui nomeado para um alto posto na Diocese de Sarum – uma espécie de pregador seleto. Como tal atuei duas vezes, e então tive um colapso mental irreparável. Os médicos não puderam fazer nada por mim. Disseram que eu estava exausto, que eu devia descansar etc. Descansei, mas não melhorei. Fisicamente eu não estava realmente doente, mas não ousava fazer nada em público.

Depois, adoeci de novo, dessa vez com febre, e num lugar onde não havia um bom médico. Um visitante cuidou de mim (por pouco minha vida não foi salva do fogo) e se tornou um grande amigo – o Dr. Speer. Vim para Londres, e ele me convidou a morar em sua casa e ser o preceptor de seu filho. Eu tinha perdido meus bens, minha posição, minha saúde. Ele me acolheu, então fui morar na sua casa. Mas não conseguia fazer nada em público. Ele não compreendia isso, e eu não podia explicá-lo: *mas era um fato terrível e permanente*. Senti que minha vida antiga havia acabado. Mas eu não tinha dúvidas em relação à minha fé de sempre, nenhuma dúvida.

Porém, aos poucos percebi que os antigos pontos de referência se tornavam mais vagos: o pão ficou velho. Depois, um dia um homem teve um colapso aqui (na Universidade de Londres) e as autoridades queriam alguém para continuar com as aulas de Filologia.

Poucos poderiam fazê-lo, pois a coisa exigia preparo. Ouvi falar a respeito e me ofereci. Tenho uma maneira de guardar conhecimentos até que sejam requeridos, e tinha lecionado Filologia em Oxford. Então, voltei a fazer isso, e no final me deram um cargo permanente.

Você vê que foi mais uma mudança. Eu podia lecionar bastante bem, mas não conseguia realizar meu antigo trabalho clerical. Quando amigos souberam que eu estava trabalhando novamente, disseram: "Agora você vai pegar uma Igreja em Londres", ou "Fulano vai ficar feliz de ter você pregando para ele"; mas eu simplesmente *não podia*. Mas eu nunca redijo uma preleção, e posso lecionar sem nenhuma anotação.

Esquisito, não é?

Bem, a Sra. Speer adoeceu gravemente. Aí ela achou um dos livros de Dale Owen[337]. Assim que ela desceu para a sala, me cercou. Expressei desagrado e impaciência, mas concordei em dar uma olhada na coisa. Fui ao Burns[338], peguei tudo o que po-

337 Nascido em 1801 na Escócia, viveu nos Estados Unidos, onde morreu em 1870. Foi um reformador social, político, diplomata. Interessou-se pelo Espiritismo e escreveu várias obras sobre o assunto.

338 James Burns (1835-1894), espírita britânico, editou duas revistas espíritas.

dia, fui conhecer Herne e Williams[339], e, em dois meses, estava totalmente envolvido na mediunidade física, uma mediunidade quase inacreditável. Nossos fenômenos estavam muito além de tudo que vi em outros lugares. Continuei durante quatro anos, e agora ela está desaparecendo, e estou entrando em outra fase – e passei por muito mais. Realmente, falei demais sobre mim mesmo. Mas é bom que você saiba que espécie de homem eu sou.

Neste momento, perdi toda a fé sectária, isto é, todo o dogmatismo distintivo. Você verá em *Spirit Teachings*[340] como lutei por isso. Agora perdi o corpo e conservei o espírito. Não me considero mais membro de qualquer Igreja, mas de todas aproveitei tudo de bom que pude. Sou um homem livre – com o conhecimento que os sistemas teológicos podem dar. Joguei fora as cascas. E agora, tão logo tenha sido suficientemente purificado, espero humildemente que me seja permitido entrar dentro do véu[341] , esperando repetir ali um processo que, com algumas modificações, será ininterrupto. Progresso sem fim, purificação perpétua, levantando véu após véu, até ... – Hein? Até onde cheguei? Deus o abençoe.

Seu amigo e irmão,

M. A. OXON.

É a esse estágio que ele tinha chegado quando o destino nos juntou, para daí por diante continuarmos com perfeita afinidade, trabalhando juntos amorosamente em linhas paralelas: tínhamos as mesmas aspirações, e nossas ideias não eram radicalmente divergentes. Muito frequentemente, ele lamenta em suas cartas o fato de não

339 Dois médiuns britânicos.

340 Ensinamentos de Espíritos (ou Espirituais).

341 A palavra "véu" é muito usada na Bíblia, com vários sentidos. No caso de *Ísis sem Véu*, o sentido é outro, referindo-se ao "*véu impenetrável do segredo arcano [que] cobria as ciências ensinadas nos santuários*" (p. 106 da edição brasileira); mas aqui Stainton Moseyn se refere à vida após a morte.

morarmos na mesma cidade, onde pudéssemos continuamente trocar ideias. No *Theosophist*, vários artigos foram dedicados ao tema da mediunidade de Stainton Moseyn e da semelhança entre seus fenômenos e os de HPB; esses artigos podem ser lidos com proveito.

Para nossos amigos ocidentais será interessante saber que o hindu que começa a meditar, isto é, a concentrar todas suas faculdades mentais em assuntos espirituais, tem um sistema triplo a observar. Primeiro, ele tem que fazer o *Sthalla Suddhi*, uma cerimônia com o objetivo de purificar o chão sobre o qual ele se senta – para cortar a conexão astral com o corpo astral da terra e com os elementais que o habitam (cf. *Ísis*, I, 379[342]). Para efetivar esse isolamento, não somente purifica-se primeiro o chão, lavando-o, como também sentando-se depois sobre um pedaço de grama *Kusha*[343], um dos vegetais cuja aura resiste aos maus e atrai os bons elementais. Nessa categoria incluem-se também Nim (Amargosa)[344], Tulsi[345] (planta sagrada, dedicada a Vishnu) e Bilwa[346] (árvore sagrada, dedicada a Shiva). Entre as árvores infestadas por más influências e que, acredita-se, são frequentadas pelos "adversários" do Imperator, estão o tamarindeiro e a figueira-de-bengala; essas más influências infestam também velhos poços, casas desocupadas há muito tempo, lugares de cremação, cemitérios, campos de batalha, matadouros, locais de assassinatos e todos os lugares onde tenha sido derramado sangue; essa é a crença hindu, e a esse respeito veja-se *Ísis*, volume I, capítulos XII e XIII[347].

Quando o chão estiver purificado e a pessoa que quer meditar

342 Essa referência está errada, pois no volume 1 de *Isis Unveiled* não são mencionados elementais na página indicada, nem perto dela.

343 Ela é mencionada na *Bhagavad-Gitā*, VI, 11. O nome científico é *Desmostachya bipinnata* (cf. Wikipédia).

344 Nome científico: *Azadirachta indica.*

345 Conhecido como "Manjericão sagrado". Nome científico: *Ocimum tenuiflorum.*

346 Esse nome não consta na Wikipedia. Árvore conhecida como Bael; nome científico: *Aegle marmelos.*

347 Na edição brasileira, os dois capítulos encontram-se no volume 2.

estiver isolada das más influências terrenas, a pessoa faz a seguir o *Bhūta Suddhi*, uma recitação de versos que têm o poder de manter afastados os "adversários" que habitam a atmosfera, incluindo-se tanto os elementais quanto os elementares, e ela auxilia a operação dando com a mão passes circulares (mesmerianos) ao redor da cabeça. Assim ela cria ao seu redor uma barreira, ou parede, psíquica. Depois de ter executado muito cuidadosamente essas duas preliminares indispensáveis – que nunca devem ser esquecidas ou feitas superficialmente –, ela passa para o *Ātma Suddhi*, ou recitação de mantras que ajudam a purificar o corpo e a mente e a preparar o caminho para o despertar de suas faculdades espirituais, uma concentração denominada "meditação", cujo objetivo é a consecução do *gnānam*, ou conhecimento. Um local puro, ar puro, ausência de pessoas impuras – isto é, sujas, imorais, de mente não espiritualizada, os comilões, os não compassivos — tudo isso é indispensável para o buscador da verdade divina.

As admoestações do Imperator para o grupo de Speer, e, na verdade, as que foram dirigidas a todos os grupos realmente seletos de investigadores espíritas, em todas as partes do mundo, concordam substancialmente com as regras orientais. Em resumo, quanto mais rigorosamente têm sido seguidas essas precauções, mais elevados e nobres têm sido os ensinamentos recebidos. As cenas revoltantes e a linguagem e instruções repugnantes observadas em tantas sessões em que médiuns desprotegidos e não purificados serviram grupos heterogêneos nos quais se misturavam buscadores sujos e puros podem ser atribuídas à negligência dessas condições protetoras. Aos poucos, as coisas têm melhorado nestes últimos dezessete anos: médiuns físicos e fenômenos físicos estão começando lentamente a dar lugar a formas mais elevadas de mediunidade e de manifestações.

As ideias de Imperator sobre os malefícios de círculos[348] mistos se refletiram nos escritos publicados de Stainton Moseyn e possivelmente com mais força em sua correspondência particular. Ele

348 Cf. nota 30.

compreendeu perfeitamente que as experiências seculares devem ter ensinado aos asiáticos esta realidade: que a aura espiritual pura não pode ser transmitida imaculada por um médium vil e um círculo incongruente, mais do que a água de uma nascente de montanha pode fluir pura através de um filtro sujo. Daí as suas leis estritas e severas a respeito do isolamento do postulante ao conhecimento de todas as influências corruptivas, e à rigorosa purificação de seu próprio eu. Quando se vê a cega ignorância e temerária confiança com que o ocidental vai ele próprio, e levando seus filhos sensitivos, para a aura pecaminosa de muitas salas de sessão, percebe-se quão profundamente justa é a crítica do principal guia de M. A. Oxon à surpreendente insensatez demonstrada com respeito às relações com os espíritos dos que se foram. Somente agora, após a experiência de mais de quarenta anos com fenômenos mediúnicos, os mais "ortodoxos" dos escritores espíritas estão compreendendo parcialmente esta verdade. Porém, essas mesmas pessoas, cedendo a um arraigado ódio pela Teosofia — que eles justificam com sua aversão por HPB — não querem dar ouvidos à voz dos antigos nem tomam as precauções que a experiência prescreve contra os perigos do círculo aberto e do médium público. A melhoria acima apontada é devida antes ao interesse geral criado pela nossa literatura – que influenciou os médiuns e círculos – do que à influência direta de editores, oradores e escritores. Esperemos que não demore muito que as ideias dos teosofistas sobre elementais e elementares recebam a total atenção que merecem.

CAPÍTULO XX

Visões Conflitantes (continuação)

Certa manhã, eu estava sentado na varanda de "Gulistan", minha casa de campo na montanha, olhando para o norte, sobre o mar de nuvens que escondia as planícies de Mysore. Pouco depois, o oceano vaporoso se dissolveu e eu pude ver claramente as Colinas de Bilgirirangam, a setenta milhas de distância: com um bom binóculo, era fácil distinguir os detalhes. Por associação de ideias, veio à minha mente o problema da relação entre Stainton Moses[349] e nossos dois eus, HPB e eu. Refletindo sobre os fatos de nossas relações, um por um, as nuvens que encobriam os acontecimentos desapareceram, e o binóculo da memória distinguiu no passado distante seu relacionamento conosco e com nossos Sábios com mais clareza do que nunca. Agora está claro para mim que uma Inteligência diretora, seguindo um amplo plano que abrange todas as nações e povos, e atuando através de muitos agentes além de nós mesmos, tinha em suas mãos o seu desenvolvimento e o meu, como também seu conjunto de provas psíquicas e aquelas que me foram dadas por e através de HPB.

Quem "Imperator", seu agente, era, eu não sei – eu nem mesmo sei quem HPB realmente era –, mas sempre estive inclinado a acreditar que ele era o próprio Ser Superior de S. M. ou um Adepto; e que "Magus" e outros membros da "turma" de S.M. também eram Adeptos. Eu também tinha minha "turma" – embora não de "espíritos". S.M. tinha um instrutor árabe, eu também; um filósofo italiano, eu também; ele tinha egípcios, eu tinha um copta; ele tinha

349 N.O.: "Uso este nome distorcido sob protesto."

um "Prudens", "versado no saber tradicional alexandrino e indiano", eu também tinha – vários; ele tinha o Dr. Dee, um místico inglês, eu também tinha um, "o platônico" mencionado anteriormente; e entre seus fenômenos e os de HPB havia uma semelhança impressionante. Eu não conhecia todos esses detalhes até a publicação dos "Registros" da Sra. Speer, mas agora tudo está claro. Não é de admirar que S.M. e eu estivéssemos atraídos um para o outro: era inevitável. Que ele também sentiu isso, toda a sua correspondência o prova. Ele resume isso nestas poucas palavras, em sua carta de 24 de janeiro de 1876: "É para vocês dois que estou mais atraído; e eu daria qualquer coisa para poder chegar até vocês" – no Duplo, ele quer dizer. O que me entristece é que ele não conseguia ver quem eram os membros de sua "turma" – ou o que eu acho que eles eram, se você preferir. Supondo que minha suposição seja correta, o obstáculo era sua predisposição mental peculiar. Sua história intelectual se assemelha em certos aspectos à da Sra. Besant: cada um lutou desesperadamente por velhas ideias e as modificou apenas por força de provas cumulativas; cada um buscava apenas a verdade, e cada um a defendia bravamente. Como é tocante a história da luta da Sra. Besant contra a razão no interesse de sua antiga fé, no final bravamente cedendo à lógica! O leitor da história pessoal de Stainton Moses, quer publicada quer inédita, deve perceber que Imperator e seus colegas tiveram que lutar contra uma incredulidade combativa no homem mental que não deixou de dominar a mente do médium, até que foi varrida, por assim dizer, por um tornado de manifestações psíquicas.[350]

Por temperamento, ele era uma pessoa teimosa conscientemente; mas uma vez que aceitou a nova filosofia, ele era coragem e lealdade personificada, um leão de luta e bravura. O primeiro retrato que ele me enviou o representa como um vigário de rosto magro, aparentemente tão suave como leite; e ninguém poderia ter imaginado que aquele homem inofensivo estava destinado a se tornar um

350 N.O.: "Entre muitas passagens corroborativas, veja o que Imperator diz em 'Record XX', da Sra. Speer (*Light*, 30 de julho de 1892)."

dos principais líderes dos livres-pensadores espíritas. Tão necessária é a clarividência treinada para nos mostrar como é nosso vizinho por trás de seu *māyā*!

Será objetado contra minha hipótese sobre o Imperator o fato de que ele se declarou um espírito; e isso ele era no que diz respeito a S.M., tendo ainda uma ligação com um corpo físico ou não. Os bebês não devem ser alimentados com leite? Vejam como HPB se revelou ardentemente espírita em suas primeiras cartas aos jornais e em suas primeiras entrevistas com repórteres. Vejam-na na Filadélfia, produzindo fenômenos nas sessões de Holmes e permitindo que o Gen. Lippitt, o Sr. Owen e eu acreditássemos que eles fossem atribuíveis à mediunidade da Sra. Holmes, que, em nosso Álbum de Recortes, ela estigmatiza como fraude comum. No início, não fui eu levado a acreditar que estava lidando com espíritos desencarnados? E não foi colocada uma entidade como chamariz para dar batidas, escrever e produzir formas materializadas para mim, sob o pseudônimo de John King? Que essa ilusão foi descartada pouco tempo depois e me foi dito a verdade, eu atribuo à minha crônica indiferença com relação às teologias e à identidade das personalidades por trás dos fenômenos. A esse respeito não há dúvida, já que mandei imprimir minhas opiniões em 1853.[351]

Naquela época, minha predisposição mental era idêntica à atual, o que explica por que, apesar de todo o meu afeto por HPB e minha reverência por nossos Mestres – sentimentos que nenhum dos discípulos dela têm igual –, eu continuamente protesto contra a afirmação de que um fato ou ensinamento é melhor ou mais importante – um mínimo que seja – quando associado a HPB ou a um de nossos Mestres ou seus *chelas*. Nenhuma religião ou filosofia – ou quem as expõe – é mais elevada, maior ou tem mais autoridade do que a Verdade: pois a Verdade e Deus são idênticos. Como para mim não

351 N.O.: "Veja o antigo periódico *Spiritual Telegraph,* do editor S. B. Britten, de 1853: artigos meus assinados com meu próprio nome e o pseudônimo 'Amherst'."

havia barreiras sectárias a serem derrubadas, logo me desiludi com minhas inteligências instrutoras, ao passo que S.M. era a obstinação em pessoa, e para mim o maior dos enigmas é que sua "turma" fosse tão paciente, gentil e tolerante com o que lhes deve ter parecido os caprichos de uma criança mimada. Ele nos diz que sua saúde, nunca muito robusta, acabou devido ao excesso de trabalho antes do início de sua mediunidade; mas também percebemos que os poderes que já estavam moldando seu destino fizeram que ele tivesse um colapso sempre que havia uma grande possibilidade de ele voltar para o trabalho pastoral. Ele foi compelido a ficar afastado disso, quer ele quisesse ou não.

Em vista de tudo que foi dito acima (ou seja, dos fatos e argumentos apresentados na versão original deste e do capítulo anterior), será que estou muito errado em suspeitar que houvesse uma conexão íntima entre a Inteligência por trás de Stainton Moses e aquela por trás de HPB? Ele me escreve, em 31 de dezembro de 1876: "Não sei se, me baseando no Imperator desta manhã, conjeturo corretamente que ela (HPB) está à minha volta, trabalhando perto de mim, quero dizer, para meu bem ou esclarecimento de alguma forma. Não adianta perguntar para ela; mas *eu acredito que sim.*" Em 10 de outubro de 1876, ele me escreve que havia tido

> uma "visão" esplêndida e completa - ou, como prefiro chamar isso, uma entrevista com Ísis[352]. Era tarde, ou melhor, perto da meia-noite – tenho uma anotação precisa em casa – quando de repente vi Ísis na minha sala de estar olhando pela porta aberta para meu escritório, onde C.C.M. estava sentada e eu em pé. Gritei e corri para a sala de estar, seguido por M. Ele não viu *nada.* Eu vi Ísis tão nitidamente quanto possível e conversei com ela por algum tempo. Percebi que minha primeira disparada para a sala teve o efeito de "dissipar" a forma, mas ela logo reapareceu e entrou em meu escritório, onde M. disse que "eu

352 N.O.: "Um dos vários apelidos que os amigos íntimos de HPB costumavam lhe dar, outros sendo 'Esfinge', 'Papisa' e 'Velha Senhora'."

parecia passar por uma espécie de 'transe' ou estado anormal de algum tipo, e fiz gestos pantomímicos com significado maçônico".

Depois de copiar isso, encontrei, escrito com minha caligrafia no verso de uma carta de M.A. Oxon, o seguinte: "Se entre agora e o dia quinze deste mês M.A.O.[353] não vir HPB, ela não o visitará mais. (Ass.) H.S.O." E naquela mesma noite ele a viu, como descrito acima. Um ano antes (16 de outubro de 1875), ele agradece a HPB por sua carta e diz que ela "lança uma torrente de luz, não apenas sobre os fenômenos do Espiritismo em geral, mas também sobre muitas dicas dadas a mim que antes não estavam claras". Em suma, ela o ajudou a entender os ensinamentos recebidos de espíritos. Eis uma bela passagem de sua carta de 7 de outubro de 1876:

> Só uma coisa enche meus olhos – a busca da Verdade. Não procuro mais nada, e embora eu possa me afastar para examinar algo que pretende ser a Verdade, logo deixo a farsa e volto à estrada reta. Parece-me que a Vida foi dada apenas para isso, e todo o resto está subordinado a esse fim. A esfera atual da existência parece ser apenas um meio para esse fim, e quando ela tiver servido ao seu propósito, dará lugar a outra, adequada para assegurar o progresso. Quer que eu viva, vivo para a Verdade; quer que eu morra, quando morrer, morrerei para persegui-la melhor.

Percebe-se aí que um verdadeiro homem abriu seu coração à luz do sol. Ele observa mais adiante:

> É porque vejo vagamente – mas muito mais porque ele (Imperator) me diz – que no Ocultismo encontrarei uma fase da Verdade ainda desconhecida para mim, que eu olho para ele[354] e para você (HPB). Provavelmente durante minha permanência na terra não virá o tempo em que eu penetrarei o véu; prova-

353 M.A. Oxon.
354 O Ocultismo.

> velmente passarei minha vida em busca da Verdade, através de meios dos quais você é atualmente para mim o expoente.

No que diz respeito a "Magus", tenho alguns dados muito interessantes e cheguei a uma opinião muito mais clara do que sobre Imperator. Tenho quase certeza de que ele é um Adepto vivo; não apenas isso, mas um que estava ligado a nós. Em março de 1876, enviei a S.M. um pedaço de algodão ou musselina impregnado com um perfume líquido que HPB podia fazer exsudar da palma de sua mão à vontade, e perguntei se ele o reconheceu. No dia 23 daquele mês, ele responde:

> Aquele cheiro de sândalo é tão familiar para mim! Um dos fenômenos mais recorrentes em nosso círculo foi a produção de perfume, seja na forma líquida, seja na forma de uma brisa carregada de perfume. O cheiro que sempre chamamos de "O Perfume de Espírito" era esse; e sempre o obtivemos nas melhores condições. Isso nos últimos dois anos. Pela predominância desse perfume em minha atmosfera, meus amigos sempre sabiam quando teríamos nossas melhores sessões. A casa onde costumávamos nos encontrar permanecia com o cheiro dele por dias; e quando eu estava hospedado na casa do Dr. Speer na Ilha de Wight, ela ficou tão impregnada que, quando foi reaberta seis meses depois, o perfume estava tão forte quanto antes. Que poder maravilhoso esses Irmãos exercem!

> Fiquei em meus aposentos o dia todo tentando aliviar a tosse que me atormentava. [...] À meia-noite, tive um ataque de tosse mais severo do que normalmente. Quando acabou, vi ao

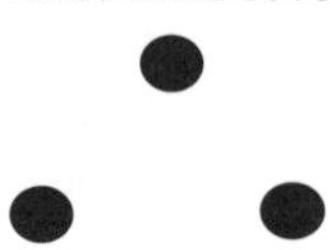

> lado da minha cama, distante cerca de dois metros, e na altura de cerca de 1,70 m do chão, três pequenas esferas fosforescentes de luz mais ou menos do tamanho de uma pequena laranja. Elas estavam organizadas assim, formando um triângulo equilátero, cuja base devia medir cerca de meio metro. Primeiro pensei que fosse uma ilusão óptica causada

> pela minha tosse violenta. Fixei meu olhar nelas, e elas permaneceram quietas, brilhando com uma luz fosforescente constante, sem lançar luz para fora. Satisfeito pelo fato de que o fenômeno era real, peguei uma caixa de fósforos e acendi um palito. Não consegui ver as bolas através da luz do fósforo; mas quando o fósforo se extinguiu, pude vê-las como antes. Acendi, um a um, mais seis fósforos (portanto, sete no total), só então a luz das bolas enfraqueceu, e aos poucos se apagou. É o símbolo que J. K. colocou na parte de trás do seu retrato [enquanto estava sendo transportado pelos correios de mim para ele – O]. Foi ele de novo? Acho que não era ninguém do meu próprio pessoal.

Como já expliquei em outro lugar, as três esferas luminosas formam o símbolo especial da Loja de nossos Adeptos; e nenhum de nós, seus discípulos, desejaria melhor prova de sua proximidade com Stainton Moses. Ele também diz:

> Com certeza todas as dúvidas quanto à Fraternidade e seu trabalho acabaram. Não resta nenhuma. Eu simplesmente acredito e trabalho tanto quanto posso para me qualificar para as tarefas das quais eles possam me incumbir.

Em outra carta ele escreve: "Você sabe alguma coisa sobre meu amigo Magus? Ele é poderoso e está me trabalhando *ocultamente*". Em outra – 18 de maio de 1877 – ele diz a HPB:

> Ultimamente alguns de seus amigos me visitaram com bastante frequência, se posso julgar pelo cheiro de sândalo – o perfume da Loja, como O. o chama – que impregna meus aposentos e a mim. Eu o sinto , o exalo, tudo o que pertence a mim tem esse odor; e voltou a ocorrer o velho e inexplicável fenômeno que não percebo há muitos meses – mais de um ano – e que *costumava acontecer comigo em relação a outros odores*: de um ponto bem definido ao redor da coroa da cabeça [sobre o *Brahmarāndhra*? – O.], bem pequeno (do tamanho de uma

> moeda de meia coroa[355]), exala um odor muito poderoso. Esse perfume da Loja é agora tão forte que é quase insuportável. Costumava ser o cheiro de rosas, ou mesmo de qualquer flor fresca na minha vizinhança .... Outro dia, à noite, um amigo me deu uma flor de gardênia em uma festa. Em poucos minutos, ela soltou um odor irresistível do perfume da Loja, aos poucos virou marrom, cor de mogno, diante de nossos olhos, até toda ela ter essa cor, e agora permanece morta e saturada com o cheiro .... Eu me sinto em um estado de transição, e aguarde o que vai acontecer. Parece que "Magus" é agora o gênio que lidera de muitas maneiras.

Tudo isso não é de estranhar, visto que S.M. estava saturado e quase asfixiado na atmosfera impregnada com o perfume da Loja! É um odor muito persistente. Em 1877, lhe enviei uma mecha do cabelo natural de HPB e, junto com ela, uma mecha do cabelo preto hindu[356] sobre a qual eu disse ter sido tirada de sua cabeça quando ela foi objeto de um *Āvesam*. Eu mesmo a cortei para enviá-la a S.M. Ele acusou o recebimento em sua carta a HPB de 25 de março de 1877. Desejando fotografar os diferentes tipos de cabelo para uma ilustração neste livro, a fim de mostrar os contrastes reais no tipo de fio e na cor, pedi para C.C.M. devolver, da coleção de S.M., estes dois espécimes para mim, e, muito recentemente, eles chegaram à minha mão. Após o lapso de dezesseis anos, o perfume da Loja ainda permanece no cabelo preto. Os leitores da história da Igreja se lembrarão do fato de que, em tempos medievais, esse fenômeno odorífero era frequentemente observado entre monges e freiras realmente pios e ascéticos, além de outros reclusos em claustros, cavernas ou no deserto. Era então chamado de "o odor da Santidade", embora este fosse um nome impróprio, pois, se correspondesse à realidade, todos os personagens santos teriam um cheiro doce, e

---

355 "A meia coroa era uma denominação de dinheiro britânico, equivalente a dois xelins e seis pence, ou um oitavo de libra." (Wikipédia)

356 Cf. nota 279.

sabemos muito bem que era mais frequentemente o oposto! Às vezes, da boca de uma mulher extática, quando em transe, gotejava um líquido doce e perfumado – o néctar dos deuses gregos e, no caso de Marie Ange[357], ele era colhido e guardado em garrafas. Des Mousseaux[358], o demonófobo, atribui esse produto da química psíquica ao Diabo. Pobre fanático!

357 Não está claro a quem Olcott se refere.
358 N.O.: "*Hauts Phénomènes de la Magie*, p. 377."

CAPÍTULO XXI

A Sede de Nova Iorque

A história dos primeiros dias da Sociedade Teosófica está quase contada. Resta-me pouco a fazer, a não ser completar minha primeira série de reminiscências com alguns esboços sobre nossa vida social em Nova Iorque, até o momento do nosso embarque para a Índia.

Desde o final de 1876 até o de 1878, a Sociedade Teosófica, como organização, era comparativamente inativa: seu estatuto se tornou letra morta, suas reuniões quase cessaram. Suas poucas aparições públicas foram descritas acima. Os sinais de sua crescente influência podem ser percebidos no aumento da correspondência dos Fundadores dentro dos Estados Unidos e para o exterior, seus controversos artigos na imprensa, o estabelecimento de filiais da Sociedade em Londres e Corfu, e o começo de relações com simpatizantes na Índia e no Ceilão.

Os influentes espíritas que se juntaram a nós no início haviam se retirado; nossas reuniões num salão alugado – o Mott Memorial Hall, na Avenida Madison, em Nova Iorque – foram interrompidas; as taxas anteriormente cobradas no ingresso de novos membros foram abolidas, e a manutenção da Sociedade recaiu inteiramente sobre nós dois. No entanto, a ideia nunca foi mais vigorosa, nem o movimento mais cheio de vitalidade, do que quando ela estava sem os sinais externos de uma corporação, e seu espírito estava comprimido em nossos cérebros, corações e almas. A vida da nossa sede, ao longo desses anos finais, foi ideal. Unidos em devoção a uma causa comum, em contatos diários com nossos Mestres, absortos em pensamentos, sonhos e ações altruístas, nós dois vivíamos naquela metrópole estrondosa tão intocados por suas rivalidades egoístas e ambições ignóbeis como se estivéssemos numa cabana à beira-mar ou numa caverna na floresta virgem. Não estou exagerando quando digo que em nenhuma outra casa de Nova Iorque seria encontrada uma atmosfera menos mundana. As diferenças sociais de nossos visitantes foram deixadas do lado de fora da nossa soleira: ricos ou pobres, cristãos, judeus ou infiéis, cultos ou não, nossos visitantes recebiam as mesmas calorosas boas-vindas e a mesma paciente atenção às suas perguntas sobre assuntos religiosos e outros. HPB nasceu como tão grande aristocrata que ficava à vontade na mais alta sociedade, mas também era tão profundamente uma altruísta democrática que dava cordial hospitalidade ao mais humilde visitante.

Entre nossos convidados, um dos melhores leitores de filosofia grega era um pintor de casas, e eu me lembro bem como, com muito prazer, HPB e eu assinamos como seus padrinhos seu formulário de inscrição e o acolhemos como membro. Sem uma única exceção, aqueles que publicaram relatos de suas visitas à "The Lamasery"[359] – como chamávamos humoristicamente nosso humilde conjunto de aposentos – declararam que sua experiência havia sido bem original e fora do comum. A maioria deles escreveu sobre HPB em termos de elogios exagerados ou deslumbramento. Externamente não havia nada de asceta nela: ela não meditava em reclusão, não seguia um regime austero, não rejeitava contato com frívolos e mundanos, nem selecionava sua companhia. Sua porta estava aberta para todos, mesmo para aqueles dos quais ela sabia que tinham a intenção de escrever sobre ela com penas sobre as quais ela não teria controle. Muitas vezes eles zombavam dela, mas se os artigos fossem espirituosos, ela costumava apreciá-los comigo inteiramente.

Entre nossos constantes visitantes estava o Sr. Curtis, um dos mais brilhantes repórteres da imprensa de Nova Iorque e, mais tarde,

359 A Lamaseria. Somente agora, depois de ter usado esse nome três vezes, Olcott esclarece que foram eles (ele e HPB) que o deram à sua residência.

membro da nossa Sociedade. Ele escreveu muitos artigos sobre a "Lamaseria", às vezes sóbrios, às vezes farsescos, mas sempre brilhantes e inteligentes. Certa noite, ele nos colocou numa bela armadilha, levando-nos a um circo onde, segundo ele, dois malabaristas egípcios exibiam certos prodígios que poderiam ser atribuídos a um conhecimento de feitiçaria, mas que, de qualquer modo, ele queria que nós os víssemos e déssemos nossa opinião, como especialistas em coisas sobrenaturais. Escutamos a voz da sereia e fomos. Vimos que o show era bem comum, e os egípcios, na verdade, eram franceses, com quem tivemos entre os "atos"[360] uma longa conversa no escritório do gerente. Eles nem mesmo tinham visto algum mágico egípcio do tipo real descrito pelo Sr. Lane em seu conhecido trabalho. Ao deixar o local, expressei meu pesar ao Sr. Curtis pelo fato de seu experimento ter sido improdutivo, mas ele nos fez rir às gargalhadas, respondendo que, pelo contrário, ele agora tinha a mão livre, podendo fornecer todos os fatos necessários para elaborar um artigo sensacional. E o fez.

O periódico *World* do dia seguinte continha um relato intitulado "Teósofos no Circo", no qual nossa conversa insípida com os dois franceses foi convertida em uma entrevista altamente mística, acompanhada de um sem-fim de fenômenos estranhos, de aparições de espectros, *apports*[361] e desaparecimentos; a descrição toda prova, se não a veracidade do repórter, pelo menos, sua fantasia fértil. Em outra ocasião, ele nos trouxe um artigo relatando a caminhada noturna, nos cais de um certo distrito no lado leste da cidade, do fantasma de um vigia noturno falecido, e nos pediu para irmos ver o fantasma; a polícia, disse ele, estava toda agitada, e o inspetor daquele distrito havia feito todos os preparativos para que ele fosse apreendido naquela noite. Para obter nossa experiência de circo, novamente aceitamos. Era uma noite estrelada, mas bastante sombria. Ficamos sentados por horas, bem embrulhados, sobre uma pilha de

360 Olcott usou a palavra "*acts*", que se refere às partes das peças de teatro.
361 Cf. nota 113.

madeira, à margem do rio, enganando o tempo fumando e provocando os numerosos repórteres de jornais enviados para descrever os acontecimentos da noite. Mas naquela vez o "Velho Shep" não manifestou seu *eidōlon*[362] de má reputação e, depois de algum tempo, voltamos à nossa Lamaseria, irritados com o desperdício de algumas horas da noite[363].

Sentimos uma indescritível repugnância quando os jornais do dia seguinte nos descreveram como um casal de pessoas céticas que esperavam o impossível e, mais ou menos, transmitiram a ideia de que havíamos mantido "Velho Shep" longe para enganar os repórteres, surripiando a presa à qual tinham direito! Nós até aparecemos nas revistas, e guardei em nosso Álbum de Recortes uma foto representando nós dois e o grupo de repórteres reverentes como "membros da Sociedade Teosófica esperando o fantasma do Velho Shep". Felizmente, os retratos de HPB e de mim não se pareciam mais conosco do que com o Homem na Lua[364].

Certa noite, Curtis estava presente quando a condessa Paschkoff relatava uma aventura que teve com HPB no Líbano; ela falava em francês e eu traduzi para o inglês. A história foi tão estranha e interessante que ele pediu permissão para publicá-la; como a condessa concordou, a história apareceu em seu jornal. Visto que ela exemplifica a teoria da existência latente de imagens de eventos humanos no *Ākasha* e a possibilidade de se obter a capacidade de evocá-los, vou citar aqui uma parte, cabendo ao narrador a responsabilidade pela veracidade dos fatos:

> A condessa Paschkoff falou novamente, e novamente o coronel Olcott traduziu para o repórter. ... Um dia eu estava viajando entre Baalbeque e o rio Orontes; quando vi no deserto uma carava-

362 "Tem o mesmo significado daquilo que denominamos fantasma humano, a forma astral." (*Glossário Teosófico*)

363 No original: "*a whole evening*". Cf. nota 224.

364 No inglês (*the Man in the Moon*), a expressão é explicada assim: "é o rosto humano que se pode imaginar quando se olha para a lua" (Wikipédia); ela "é usada para se referir a alguém considerado sem contato com a vida real".

na; era a de Mme. Blavatsky. Nós acampamos juntos. Havia um grande monumento ali perto da aldeia de El Marsum. Foi entre o Monte Líbano e o Anti-Líbano. No monumento havia inscrições que ninguém jamais conseguiu ler. Eu sabia que Mme. Blavatsky podia fazer coisas estranhas com os espíritos; então pedi para ela descobrir que monumento era aquele. Esperamos até a noite. Ela desenhou um círculo e nós entramos nele. Acendemos uma fogueira e colocamos muito incenso nela. Depois ela pronunciou muitos encantamentos. Depois colocamos mais incenso. Depois ela apontou com sua varinha para o monumento, e vimos uma grande bola de chama branca nele. Havia uma árvore de plátano por perto; vimos muitas pequenas chamas nela.

Os chacais vieram e uivaram na escuridão a pouca distância. Colocamos mais incenso. Então Mme. Blavatsky ordenou que aparecesse o espírito da pessoa para quem o monumento foi erigido. Logo surgiu uma nuvem de vapor e obscureceu o pequeno luar que havia. Colocamos mais incenso. A nuvem assumiu a forma indistinta de um homem velho de barba, e através dessa imagem veio, aparentemente de longe, uma voz. O velho disse que no passado o monumento foi o altar de um templo que há muito desapareceu. Havia sido construído para um deus que muito tempo atrás foi para outro mundo. "Quem é você?", perguntou a sra. Blavatsky. "Eu sou Hiero, um dos sacerdotes do templo", disse a voz. Então a Sra. Blavatsky ordenou que ele nos mostrasse o lugar como era quando o templo existia. Ele fez uma reverência, e por um instante tivemos um vislumbre do templo e de uma vasta cidade enchendo a planície até onde a vista alcançasse. Depois desapareceu e a imagem se desvaneceu.[365]

Por volta do final de 1877, ou início de 1878, fomos visitados pelo Honorável John L. O'Sullivan, diplomata norte-americano e ardente espírita, que passava por Nova Iorque em sua viagem

365 N.O.: "*New York World,* de 21 de abril 1878, artigo intitulado 'Ghost Stories Galore'." [Numerosas Histórias sobre Espíritos. "*Galore*" significa literalmente "em abundância". N.T.]

de Londres a São Francisco. Ele foi gentilmente recebido por HPB e defendeu com firmeza suas crenças que ela atacava. Foram produzidos para ele alguns fenômenos instrutivos, que ele depois descreveu no *Spiritualist* de 8 de fevereiro de 1878, da seguinte maneira:

Ela tinha brincado com um terço oriental, em um copo ou tigela de laca, cujas contas de madeira aromática, amarradas juntas e abundantemente esculpidas em todos os lados, eram do tamanho de uma grande bolinha de gude. Um cavalheiro pegou o terço, admirou as contas e perguntou se ela não lhe daria uma delas. "Oh, eu não gostaria de desfazê-lo", ela disse, pegou o terço de volta e continuou brincando com ele na tigela de laca. Meu olhar estava fixado nas contas, sob a luz clara de uma grande lâmpada logo acima da mesa dela, e logo percebi que seu número aumentava sob seus dedos, que as manipulavam, até que a tigela ficou quase cheia. Ela retirou o terço, deixando um número considerável de contas soltas, das quais ela disse que ele poderia pegar quantas quisesse.

Desde então me arrependi de não ter tido a presença de espírito ou a coragem de pedir algumas para mim mesmo. Tenho certeza de que ela as teria me dado livremente, pois ela é toda gentileza, como também, aparentemente, uma mulher que tem todos os conhecimentos. Minha suposição sobre as contas criadas sob nossos olhos era que elas eram '*apports*', trazidas pelos espíritos, de acordo com o desejo ou vontade dela. Acredito (mas não tenho certeza) que a ideia dela, e a de Olcott, é que esses fenômenos são produzidos de algum modo por um grande irmão 'adepto' no Tibete – o mesmo cuja velha espineta me fez ouvir no ar acima de mim (como mencionei antes, e como muitos outros amigos haviam mencionado antes), uma música baixa, mas tinindo claramente, a qual, me disseram, vinha, trazida por uma corrente de "fluido astral", do Tibete, considerado por Madame Blavatsky o lar do seu coração, para onde ela disse que iria retornar (para nunca mais o deixar), depois de ter concluído sua missão, que era principalmente a publicação de seu livro.

Outro caso de fabricação de objetos materiais aparentemente a partir do nada. Chegando no final da tarde na sua pequena sala, onde ela normalmente passava dezessete das vinte e quatro horas em sua escrivaninha, encontrei o coronel Olcott com ela, ocupado em corrigir suas primeiras folhas de prova. Naquela época eu já tinha me tornado um tanto íntimo dela e de Olcott; para eles guardarei sempre uma forte afeição, bem como um profundo respeito. Ele me contou que havia acontecido naquela tarde um daqueles "*pequenos incidentes*" (como ele os chama), que ocorriam lá constantemente. Um grupo de visitantes tinha discutido animadamente sobre a civilização do antigo Oriente e do Ocidente moderno, comparando-as.

Surgiu o assunto dos tecidos fabricados em uma e outra. Madame Blavatsky é uma entusiasta do lado do Oriente dessa disputa. De repente, ela levou a mão ao pescoço e retirou de seu amplo busto (de debaixo do velho roupão, que é a única roupa com a qual eu a vi) um lenço de crepe de seda com uma borda listrada, e perguntou se teares ocidentais produziam algo superior a isso. Eles me asseguraram (e eu tenho bastante motivo para acreditar neles) que ele não tinha estado lá antes daquele momento. O lenço estava liso, dobrado recentemente, e a conversa havia surgido acidentalmente. Eu o admirei, percebi logo o peculiar odor excessivamente doce e acre que têm todos esses "*apports*" de *Far Cathay*[366] (incluindo as contas acima mencionadas), e notei, em um dos cantos do lenço, a assinatura peculiar que eu havia visto em vários objetos. Me disseram que era o nome (em caracteres pré-sânscritos) de um grande irmão, "Adepto", no Tibete – a quem, aliás, ela diz ser muito inferior. Quando fomos depois chamados para sua simples refeição (à qual foi acrescentada para mim, o hóspede, uma garrafa de vinho, que eles mesmos nunca tocam), ela disse para Olcott: "Me dá esse lenço."

366 Literalmente: "Longínqua – ou longínquo – Catai"; "Catai" é um nome antigo dado por Marco Polo ao norte da China (cf. Wikipédia).

> Ele o deu a ela, tirando-o da folha dobrada de papel de carta em que ele o tinha cuidadosamente embrulhado, sem dobras, bem liso. Imediatamente, sem muito cuidado, ela juntou as pontas e o amarrou em volta do pescoço. Quando voltamos da sala de jantar para o aconchego da sala de visitas, mais quente, ela o tirou e o jogou na mesa ao lado dela. Eu comentei: "Você trata isso de uma maneira muito pouco cerimoniosa. Você me dá?" – "Claro, se você gostaria de tê-lo"; e ela o jogou para mim. Alisei os vincos o melhor que pude, o embrulhei de novo em uma folha de papel e o coloquei no meu bolso de peito. Mais tarde, quando eu estava indo embora, e todos nós estávamos a pé, ela disse: "Oh, só me dê aquele lenço por um momento." Obviamente obedeci.
>
> Ela virou as costas para mim por um ou dois instantes; depois, voltando-se para mim de novo, estendeu dois lenços, um em cada mão, dizendo: "Pegue aquele que você quiser; acho que talvez você prefira este (entregando-me o novo), já que você o viu chegar." É claro que eu peguei aquele, e depois de viajar cerca de quinze milhas de trem naquela noite, o entreguei à senhora que mais tinha direito de receber um favor conferido a mim por outra senhora, a qual, aliás, afirma ser uma septuagenária, embora parecendo ter apenas cerca de quarenta anos. Quando deixei a América, alguns dias depois, o lenço não havia sumido, nem flutuado de volta para o Tibete numa "corrente de fluido astral". Devo acrescentar que o segundo lenço era um fac-símile perfeito do primeiro, até mesmo em cada detalhe do nome escrito em caracteres orientais antigos, que, a propósito, foi evidentemente escrito ou pintado em algum pigmento preto ou tinta, não estampado mecanicamente.

Minha lembrança do incidente do lenço difere ligeiramente da narrativa de O'Sullivan. O espécime original foi feito do nada – para usar uma expressão comum, mas errada, pois algo nunca foi nem poderia ser feito do nada, não obstante as afirmações em contrário dos teólogos – durante uma conversa entre HPB e nosso amigo

Monsieur[367] Herrisse, da Embaixada do Haiti. Ele tinha dito que um parente seu havia trazido da China alguns belos lenços de crepe que os teares ocidentais ainda não tinham igualado. Aí ela produziu um lenço como havia sido descrito e perguntou ao Sr. Herrisse se era isso que ele queria dizer, e ele disse que sim. Eu o peguei para mim e, na entrevista com o Sr. O'Sullivan, mencionei o incidente e lhe mostrei o artigo. Ele pediu para HPB dar-lhe o lenço. Ela deu, e quando eu disse bem-humorado que ela não tinha o direito de doar algo meu sem o meu consentimento, ela respondeu que eu não precisava me importar, pois ela me daria outro.

Naquele momento, fomos chamados para jantar, e estávamos indo em direção à porta quando ela pediu ao sr. O'Sullivan que lhe emprestasse o lenço por um momento. Estávamos juntos de pé; ela virou as costas por um instante, se virou de novo para nós com um lenço em cada mão, um deles portanto duplicado, e deu um para o sr. O'Sullivan e o outro para mim. Retornando da sala de jantar e retomando nossos assentos, ela sentiu uma corrente fria vindo da janela parcialmente aberta atrás da sua cadeira e me pediu algo para colocá-lo em seu pescoço. Dei-lhe o meu lenço mágico, que ela colocou frouxamente no pescoço e continuou falando. Observando que as pontas não eram longas o suficiente para serem juntadas, peguei um alfinete e queria que ela me deixasse juntar as pontas; mas ela exclamou: "Se preocupe com você e seus alfinetes; aqui, pegue de volta o seu lenço!", ao mesmo tempo, puxando-o do pescoço e jogando-o para mim. No mesmo instante, vimos uma segunda cópia do original ainda no pescoço dela, e O'Sullivan, dando rapidamente um passo para frente e estendendo a mão, disse: " Este – por favor, me dê este, pois eu o vi sendo criado sob meus próprios olhos!" Gentilmente ele lhe deu aquele lenço; o outro, que ele tinha, foi devolvido a ela, e a conversa prosseguiu. Eu ainda tenho o lenço original, aquele que foi produzido na presença de Herrisse, minha irmã tem o outro.

Achei que valeria a pena contar essa história, e outras ainda

367 "Senhor" em francês.

por vir, para mostrar o tipo de provas de seu poder de produzir fenômenos extraordinários que ela constantemente nos proporcionou naqueles primeiros tempos em Nova Iorque, antes que missionários se colocassem em seu caminho, achando que valia a pena gastar seu tempo inventando, comprando ou obtivendo testemunhas honestamente, ou as recrutando, para lançar dúvidas sobre o caráter pessoal dela. Mesmo que nada mais me tivesse sido oferecido posteriormente, esses primeiros fenômenos teriam fixado para sempre minha crença em sua posse de certos *Siddhis*, e me fizeram muito cauteloso quando alguém desacredita seus ensinamentos sobre as leis psicodinâmicas por trás deles.

Não foi a longos intervalos, e sim frequentemente, que seus amigos e outros visitantes tinham essa evidência cumulativa de que a criança de Sarotow[368] dotada de poderes psíquicos havia se tornado a misteriosa mulher de 1875, sem perder nenhuma das faculdades supranormais de sua juventude; pelo contrário, ela as tinha expandido, fortalecido extremamente e ampliado. Esses incidentes deram a seu *salon*[369] uma atratividade fascinante que nenhum outro em Nova Iorque oferecia. Era sua personalidade, não a Sociedade Teosófica, o ímã de atração, e ela se deleitava com a excitação do *entourage*[370]. Havia tanta variedade, tanta mistura de música, metafísica, orientalismo e fofoca local que não posso dar uma ideia melhor de tudo isso do que dizer que era como o conteúdo de *Ísis sem Véu*, que por sua vez é um conglomerado maior do que qualquer outro produto literário.

368 HPB nasceu em Ekaterinoslav (hoje Dnipro), na atual Ucrânia. Não está claro por que Olcott menciona Sarotow (hoje Saratov), na Rússia, nas margens do rio Volga, como se ela tivesse nascido lá.

369 "Salão" em francês.

370 Palavra francesa significando "as pessoas que vivem em volta de alguém", "pessoas que vivem na companhia de alguém".

CAPÍTULO XXII

Descrição de Vários Fenômenos

Embora tristes experiências nos tenham ensinado que os fenômenos psíquicos são uma base fraca para um grande movimento espiritual, ainda assim eles claramente têm valor – no seu devido lugar – quando rigidamente controlados. O referido lugar está no terceiro dos Objetivos Declarados da nossa Sociedade. Eles têm uma importância crucial como provas elementares do poder da vontade humana treinada sobre as forças brutas da Natureza. Nesse aspecto, eles são relevantes para o problema da inteligência por trás dos fenômenos mediúnicos. Penso que os primeiros fenômenos de HPB deram um claro golpe à teoria, até então geralmente sustentada, de que as mensagens recebidas através dos médiuns devem, necessariamente, ser mensagens dos mortos. Pois HPB produziu os fenômenos na ausência de condições presumivelmente necessárias, às vezes aparentemente mostrando que são desnecessárias. Registros deles agora sobrevivem apenas em recortes de jornais contemporâneos, e na memória de testemunhas que ainda não publicaram suas experiências, mas que, estando ainda vivas, podem corroborar ou corrigir minhas histórias de fenômenos que vimos juntos na presença de HPB.

Embora altamente sugestivos em si mesmos, os fenômenos de HPB geralmente não eram comentados em conversas. Quando estávamos sozinhos, acontecia que ela produzisse algum fenômeno para ilustrar um ensinamento; ou eles ocorriam como em resposta a uma pergunta surgida em minha mente quanto à ação de alguma força específica em uma dada operação física. Geralmente, eles eram feitos, por assim dizer, no impulso do momento e independentemente de qualquer sugestão prévia por qualquer um dos presentes. Vou dar um exemplo ou dois, de muitos que poderiam ser citados, para tornar claro o que quero dizer.

Um dia, um espírita inglês e seu amigo vieram nos visitar, junto com o filhinho do primeiro, um menino de 10 ou 12 anos. O menino se divertiu por algum tempo, andando pela sala, vasculhando nossos livros, examinando nossas curiosidades, experimentando o piano e entregando-se a outros caprichos de curiosidade. Depois ele começou a se afligir para ir embora, puxando a manga de seu pai e tentando fazê-lo interromper uma conversa muito interessante com HPB. O pai não conseguiu parar suas importunações e estava prestes a sair, quando HPB disse: "Ah, não se preocupe com ele, ele apenas quer algo para diverti-lo; deixe-me ver se consigo encontrar um brinquedo para ele." Ela se levantou da cadeira, colocou a mão atrás de uma das portas de correr que estava bem próxima dela e *tirou de lá uma enorme ovelha de brinquedo montada sobre rodas*, que, com toda certeza, antes não tinha estado lá!

Numa véspera de Natal, minha irmã desceu do apartamento dela, no andar de cima da "Lamaseria", e nos pediu para subirmos e olharmos a árvore de Natal que ela havia preparado para seus filhos, que estavam dormindo em suas camas. HPB expressou seu pesar por não ter nenhum dinheiro para comprar algo para a árvore e perguntou para minha irmã o que um dos garotos, de quem ela gostava muito, desejaria receber. Quando minha irmã respondeu: "um apito com som alto", ela disse: "Bem, espere um minuto." Tirando seu molho de chaves do bolso, apertou três delas juntas em uma das mãos e, um momento depois, nos mostrou um grande apito de ferro pendurado em seu lugar na argola de chaves. Para fazê-lo, ela tinha usado o ferro das três chaves; no dia seguinte, teve que mandar um ferramenteiro fazer cópias. Outro fenômeno.

Durante cerca de um ano depois de nós nos termos instalado na "Lamaseria", foi usada nas refeições a prata da minha família, mas depois ela teve que ser despachada, e HPB me ajudou a empacotá-la. Naquele dia, após o jantar, quando íamos tomar café, notamos que não havia pegador de açúcar[371]. Passando o açucareiro para ela, coloquei nele uma colher de chá em substituição ao pegador. Ela perguntou onde estavam nossos pegadores de açúcar; respondi que nós os tínhamos empacotado junto com a outra prata; aí ela disse: "Bem, precisamos de outro, não é?" Baixou a mão do lado de sua cadeira e trouxe um pegador estranho. Dificilmente se conseguiria encontrar aquele tipo numa joalheria.

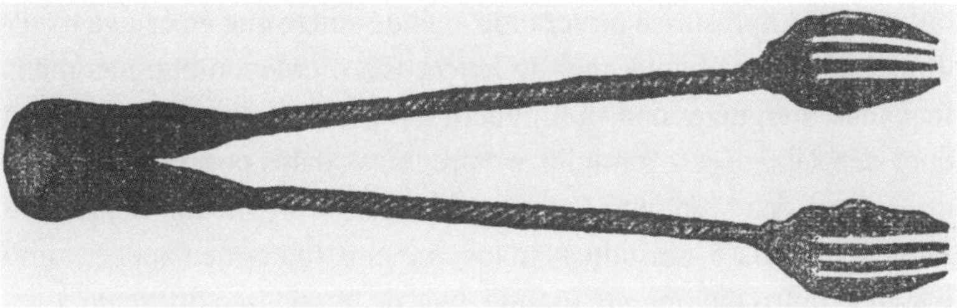

Tinha as hastes muito mais longas que o normal, e as duas pinças estavam fendidas como os dentes de um garfo de picles; dentro de uma das hastes, na parte de cima, estava gravado o criptógrafo de *Mahātma* "M". Tenho essa curiosidade agora em Adyar.

Este último fenômeno ilustra uma lei importante. Para criar qualquer coisa concreta a partir da matéria difusa do espaço, o primeiro passo é pensar no objeto desejado – sua forma, padrão, cor, material, peso e outras características; a imagem dele deve ser nítida, mostrando cada detalhe claramente; o próximo passo é colocar a Vontade treinada em ação, empregar o conhecimento das leis da matéria e o processo de sua conglomeração, e compelir os espíritos

371 Em certos países, usa-se, para tomar café ou chá, açúcar em cubos; por isso, precisa-se de pegadores (parecidos com pegadores de gelo), não de colheres.

elementais a formar e moldar o que se quer que seja produzido. Se o operador falhar em qualquer um desses detalhes, os resultados serão imperfeitos. No caso diante de nós, é evidente que HPB confundiu em sua memória a forma de pegadores de açúcar com a de um pegador de picles e as combinou, o que resultou num utensílio de mesa indefinido ou híbrido. É claro que isso constituiu uma prova mais forte da genuinidade de seu fenômeno do que se ela tivesse feito pegadores de açúcar perfeitos, pois esses podem ser comprados em lojas de qualquer lugar.

Uma noite, quando nossa sala de visitas estava cheia de visitantes, ela e eu sentados em lados opostos da sala, ela fez sinal para que eu lhe emprestasse um grande anel de sinete que eu estava usando naquela noite como anel de lenço. Ela o colocou entre as mãos fechadas, sem dizer nada a ninguém e sem atrair a atenção de quem quer que seja, exceto a minha, e esfregou as mãos por um minuto ou dois; depois eu logo ouvi o tilintar de metal sobre metal. Vendo meu olhar, ela sorriu e, abrindo as mãos, me mostrou o meu anel e, junto com ele, outro igualmente grande, mas de um padrão diferente: o sinete também era de pedra-de-sangue verde escura, enquanto o meu era de cornalina vermelha. Aquele anel ela usou até a morte, agora é usado pela Sra. Annie Besant e é conhecido por milhares de pessoas. A pedra se quebrou durante nossa viagem para a Índia e, se me lembro bem, a atual foi esculpida e engastada em Bombaim. Nesse caso, novamente, nenhuma palavra da conversa passageira na sala levou ao fenômeno; pelo contrário, além de mim ninguém soube na hora o que estava ocorrendo, alguns souberam disso apenas mais tarde.

Outro exemplo. Eu tive que ir a Albany como conselheiro especial da Mutual Life Insurance Company[372] de Nova Iorque, para argumentar no Comitê do Legislativo contra um projeto de lei então em discussão. HPB aproveitou a chance de ter um acompanhante para ir comigo e fazer uma visita prometida havia muito tempo ao Dr. e à Sra. Ditson, de Albany. Ela era uma pessoa muito pouco prá-

372 Companhia de Seguro Mútuo de Vida.

tica em assuntos comuns, e bastante dependente da ajuda amável de amigos, entre outras coisas, para fazer e desfazer suas malas. Uma amiga de tempos passados, a Dra. L. M. Marquette, nessa ocasião fez a mala, uma bolsa de viagem do tipo "Gladstone", que ela ia levar. No momento em que a carruagem chegou para nos levar ao trem de Albany, a mala estava aberta em seu quarto. Ela estava muito cheia, e eu tive que rearrumar algumas das coisas em cima e usar certa força para fechá-la e trancá-la. Depois, eu mesmo a carreguei para a carruagem e da carruagem para o vagão, e nosso trem partiu rapidamente. A razão para eu mencionar esses detalhes ficará clara agora.

A meio caminho de Albany, uma grande garrafa de um grudento remédio para tosse que estava no seu bolso se quebrou e melecou o tabaco, os papéis de cigarro, o lenço e o outro conteúdo do bolso. Foi necessário reabrir a mala e retirar muitas coisas, procurar outros materiais para fumar, etc. Eu mesmo fiz isso, recoloquei as coisas dentro, fechei e tranquei a mala, e, chegando em Albany, de novo a carreguei para a carruagem. Na casa do Dr. Ditson, subi um lance de escadas e a pus no patamar do lado de fora da porta da sala de visitas. A anfitriã começou imediatamente uma conversa animada com HPB, a quem ela estava vendo pela primeira vez. A filhinha da Sra. Ditson estava na sala e fez amizade com HPB, estando de pé ao lado de seu joelho e acariciando sua mão.

A misteriosa senhora em questão não apreciou muito essa interrupção de sua conversa com a mãe, e finalmente disse: "Escute, minha filha, fique quieta por alguns instantes, e eu te darei um belo presente." – "Onde está? Por favor, me dê agora", respondeu a criança. Eu, acreditando que o suposto presente ainda estivesse em alguma loja de brinquedos de Albany, de onde HPB logo me pediria para buscá-lo, maliciosamente cochichei para a criança que perguntasse para a Madame onde ela estava escondendo o presente. HPB disse: "Não se preocupe, minha querida, eu o tenho na minha mala." Isso foi o suficiente para mim: pedi suas chaves, saí e abri a mala e

... achei, logo diante dos meus olhos, embrulhado da maneira mais artística entre as roupas, um harmônio, ou piano de vidro, de cerca de 38 por 10 cm de tamanho, com o malho de cortiça ao lado dele!

Ora, em Nova Iorque HPB não fez a mala; não a tinha manuseado até aquele momento; eu a havia fechado e trancado antes do começo da viagem, a havia reaberto, tirado o conteúdo, recolocado tudo e novamente trancado no meio do caminho; e além dela, HPB não tinha outra bagagem. De onde veio o harmônio, e como ele poderia ter sido colocado em uma mala que antes estava cheia de rebentar, eu não sei. Talvez alguma S.P.R.[373] vá sugerir que o motorista do trem tenha sido subornado e tornado invisível por HPB, tenha aberto a mala, que estava no chão aos meus pés, com uma chave mestra fantasmagórica e criado espaço para o brinquedo musical jogando algumas das roupas de HPB fora da janela do vagão! Ou, quem sabe, talvez fosse um fenômeno genuíno, e ela não fosse uma grande trapaceira. Se a Dra. Marquette ainda viver, ela poderá confirmar que nos viu no trem juntos com nossa bagagem; e se o Dr. Ditson estiver vivo, ele poderá confirmar que nos levou com a verdadeira mala da estação em Albany até a casa dele. Eu fiz minha parte de contar a história da forma mais verídica possível, e deixá-la registrada como um dos exemplos da maneira pela qual minha querida velha colega algumas vezes produziu um fenômeno apenas para gratificar uma criança, que não tinha a menor ideia da importância do que ocorreu.

No livro *History of Salem Witch Craft*[374], o autor, meu amigo Dr. Upham, nos conta que no caso de uma das pobres vítimas daquela terrível perseguição fanática de 1695, foi alegado (contra ela), como prova de seu pacto com Satanás, que ela tinha andado debaixo de chuva e pela lama com saia impecável para uma certo reunião. A respeito disso, o culto autor sugere ser mais provável que a acusada era uma mulher limpa e bem organizada, de modo que

373 *Society for Psychical Research* (Sociedade para a Pesquisa Psíquica).
374 História da Bruxaria de Salem.

conseguiu manter suas roupas limpas ao longo da estrada lamacenta. Em todo seu livro, ele retoma sua atitude de incredulidade a respeito da atuação de alguma entidade espiritual por trás dos fenômenos da obsessão, sem – cabe admitir – conseguir convencer. Uma vez, quando HPB e eu estávamos em Boston num dia de muita chuva e lama, ela caminhou pelas ruas em meio a um aguaceiro, mas chegou a seus aposentos sem uma gota de chuva ou pingo de lama sujando seu vestido. E me lembro que uma vez, quando estávamos conversando na varanda de sua sala de estar na Praça Irving, em Nova Iorque, entramos por causa de uma chuva pesada que durou a maior parte da noite; mas esqueci uma bela cadeira coberta de veludo ou brocado na varanda; na manhã seguinte, quando visitei HPB como de costume antes de ir ao meu escritório, me lembrei da cadeira e fui pegá-la, esperando achá-la encharcada e estragada pela chuva: pelo contrário, ela estava tão seca quanto possível; por que ou como não sei explicar.

A história do Sr. O'Sullivan, no capítulo anterior, sobre os lenços de crepe da China duplicados certamente está fresca na memória do leitor. Uma noite eu vi HPB fazer uma duplicação notável para Wong Chin Fu, um palestrante chinês, desde então bem conhecido nos Estados Unidos. Nós três conversávamos sobre a falta de elementos de perspectiva nas pinturas de seu país. Mas ele destacou que são admiráveis os quadros de figuras de seus artistas, ricos em cores e ousados no desenho. HPB concordou e, aparentemente da maneira mais casual, abriu a gaveta onde guardava o papel de carta e tirou uma pintura muito bem executada mostrando uma senhora chinesa, vestida com a indumentária completa da Corte. Tenho certeza absoluta de que essa pintura não estava lá antes, mas como Wong Chin Fu não estava especialmente interessado na ciência oculta, a qual para nós tinha um encanto tão grande, não fiz nenhuma observação. Nosso visitante pegou a pintura em sua mão, olhou para ela, comentou sobre sua beleza e disse: "Isto não é chinês, senhora; não tem escrita chinesa no canto. Provavelmente é japonês." HPB olhou para mim com uma expressão divertida, devolveu o quadro para a gaveta, a fechou por um momento, logo depois a reabriu, retirou uma segunda pintura de uma senhora chinesa – mas usando roupas de cores diferentes – e a entregou a Wong Chin Fu. Esta ele reconheceu como sendo claramente de seu país, pois havia escrita chinesa no canto inferior esquerdo, que ele leu imediatamente!

Agora veja um incidente durante o qual certas informações sobre três membros da minha família me foram comunicadas fenomenalmente. HPB e eu estávamos sozinhos em casa, conversando sobre essas pessoas, quando ouvimos de repente um estrondo na sala ao lado. Corri para lá para averiguar a causa e descobri que o retrato fotográfico de uma delas, que ficava na prateleira da lareira, tinha sido virado para a parede, o grande retrato em aquarela havia sido retirado do prego e estava no chão com o vidro estilhaçado, enquanto a foto do terceiro parente estava na prateleira da lareira, intocada. Perguntei para HPB a respeito desse incidente e ela respondeu. Como foi divulgada uma versão incorreta e fabulosa desta história, narrei os fatos exatamente como eles ocorreram. Ninguém fora nós dois estava no apartamento naquele momento, e ninguém além de mim estava interessado naqueles assuntos da família.

Que mulher estranha ela era, quanta variedade nos seus fenômenos psíquicos! Vimos que ela duplicou tecidos; agora deixe-me recordar incidentes em que foram duplicadas cartas. Um dia recebi uma carta de uma pessoa que havia me feito uma grande injustiça e a li em voz alta para HPB. “Precisamos ter uma cópia disso”, ela exclamou. Pegando a carta de mim, a segurou delicadamente por um canto e, diante dos meus olhos, retirou – como se estivesse descascando – uma duplicata, papel e tudo! Era como se ela tivesse dividido a superfície da folha em duas. Outro exemplo, talvez ainda mais interessante, é o seguinte: em 22 de dezembro de 1887, Stainton Moses escreveu para HPB uma carta de cinco páginas de caráter bastante controverso ou, de qualquer modo, crítico. O papel era retangular, com cerca de 22 por 28 cm,[375] continha o cabeçalho "University College, London", estampado em baixo-relevo, e perto do canto superior esquerdo seu monograma – um W e um M entrelaçados e cruzados pelo nome "STAINTON" em versaletes. Ela disse que precisávamos ter uma cópia dessa carta também; então peguei da escrivaninha cinco folhas de papel de carta estrangeiro do mesmo tamanho que as de Oxon e lhe dei. Ela as colocou contra as cinco páginas da carta dele, e então pôs tudo em uma gaveta da mesa bem na minha frente enquanto eu me sentava. Continuamos nossa conversa por algum tempo, até que ela disse que achava que a cópia estava pronta e que era melhor eu olhar e ver se era isso mesmo. Abri a gaveta, tirei os papéis e vi que cada uma das minhas cinco folhas tinha recebido da página com a qual estava em contato a impressão daquela página. O original e as cópias estavam quase perfeitamente iguais, de modo que pensei – como o leitor se lembra que pensei o mesmo no caso da cópia do retrato de Britten-Louis – que eram duplicatas exatas.

Continuei achando isso durante todos os dezesseis anos seguintes, mas quando procurei os documentos a serem descritos neste capítulo, vi que não era o caso. A escrita da cópia é quase igual à do original, mas não totalmente. As duas são mais como duas escritas originais da mesma mão. Se HPB tivesse tido tempo para preparar essa surpresa para mim, dizer que se tratou de uma falsificação seria uma explicação suficiente para cobrir o caso; mas ela não tinha tido tempo. Tudo ocorreu como eu descrevi, e penso que tem um valor inquestionável como evidência do fato de que ela possuía poderes psíquicos. Eu fiz um teste, colocando uma página sobre a outra para ver se nas duas as letras e sinais de pontuação se correspondiam. Percebi que não, e isso de qualquer modo é prova de que a trans-

---

375 No original: "*square, full letter size*". "*Square*" significa "quadrado", mas papel "*full letter size*" parece ter 8,5 por 11 inches, ou seja, 21,59 por 27,94 cm, de modo que não estaria quadrado. Porém, na época de Olcott o significado de "*full letter size*" talvez tenha sido outro.

ferência não foi feita pela absorção da tinta do original pela folha em branco. Além disso, as tintas são diferentes, e a de Oxon não é tinta para fazer cópias. O fenômeno pode ter durado cinco ou dez minutos, e os papéis ficavam o tempo todo na gaveta à minha frente, então era impossível o truque de tirá-los e colocar outras folhas no lugar daquelas que eu tinha acabado de dar a HPB. Deixemos o caso como um crédito para sua boa reputação, e que ele ajude seus amigos a contrabalancear as calúnias intempestivas que seus inimigos fizeram circular contra ela.

O Sr. Sinnett publicou em seu *Incidents in the Life of Madame Blavatsky* (p. 199) uma história que lhe foi narrada pelo Sr. Judge e segundo a qual ela produziu algumas aquarelas para ele usar quando estava fazendo um desenho egípcio[376]. Eu estava presente na ocasião e, como testemunha ocular, vou acrescentar meu testemunho ao dele. Isso aconteceu numa tarde na "Lamaseria". O Sr. Judge estava desenhando para ela – me parece – a figura de um deus moldando um homem em uma roda de oleiro, mas por falta de cores não poderia terminá-la. HPB perguntou de quais tons ele precisava; após a resposta, ela se aproximou do pianino[377] logo atrás da cadeira de Judge, e de frente para o canto formado pelo final do piano e a parede, segurou seu vestido como um avental para receber alguma coisa, e logo derramou do vestido sobre a mesa diante de Judge treze frascos das tintas de Winsor e Newton, entre as quais estavam as que ele tinha pedido.

Um pouco depois ele disse que gostaria de ter um pouco de tinta dourada, ao que ela lhe disse para buscar um pires da sala de jantar, o que ele fez. Aí ela pediu que ele lhe passasse a chave de latão[378] da porta e, segurando os dois objetos sob a borda da mesa, vigorosamente esfregou a chave contra o fundo do pires. Logo depois, ela

376 Como se verá, Judge quis fazer um desenho no estilo das pinturas e esculturas no Egito antigo.

377 Pequeno piano do século 19; no original: "*cottage piano*".

378 No original: "*brass key*", o que pode significar tanto "chave de latão" quanto "chave cor de cobre".

mostrou os dois objetos novamente: a parte plana do fundo do pires estava coberta com uma camada de tinta dourada da mais pura qualidade. Respondendo minha pergunta sobre a função da chave da porta no experimento, ela disse que a alma do metal era necessária como um núcleo no qual pudessem ser coletados do *Ākasha* os átomos de qualquer outro metal que ela pretendesse materializar.

Pela mesma razão, na ocasião descrita mais acima, ela precisou do meu anel de sinete para formar o outro que ela produziu para seu próprio uso. Será que isso não dá uma pista para se saber qual princípio está em ação quando o alquimista realiza a alegada transmutação de metais? Dá sim, penso eu, pois dizem que essa arte é conhecida por vários faquires e *sanyāsis*[379] vivos da Índia moderna. E, além disso, não nos levam as descobertas do professor Crookes em relação à gênese dos elementos[380] a um ponto em que a Ciência, se ela quiser avançar e não retroceder, deve passar para a hipótese ariana de *Purusha*[381] e *Prakriti*[382]? E essa última teoria não nos mostra a possibilidade, empregando-se o poder irresistível da Vontade, de mudar os elementos de um metal em novas combinações, que resultariam no desenvolvimento de outro metal?

Fazer isso por métodos físicos significa – como diz o professor Crookes – levar os elementos de um determinado metal até aquele ponto extremo onde eles poderiam ser desviados para a linha que desenvolveria e agregaria os elementos do metal que se

379 "[Literalmente: 'renunciador'.] Asceta hindu que obteve o mais elevado conhecimento místico, cuja mente está fixada apenas na verdade suprema e que renunciou por completo a tudo o que é do mundo e terrestre." (*Glossário Teosófico*, verbete "*Sannyâsî* ou *Sannyâsin*")

380 N.O.: "Isto é, que o átomo não é uma unidade, mas um composto da matéria do espaço, resultante da ação de eletricidade."

381 "[Na filosofia *sânkhya* designa-se com este nome o Espírito, em contraposição à Matéria (*Prakriti* ou *Pradhâna*). É um Princípio elementar, primordial, simples, puro, espiritual, consciente, eterno, não criado, não produtor, imutável, [...]." (*Glossário Teosófico*)

382 "A Natureza em geral; a Natureza em contraposição ao *Purusha* – a natureza espiritual e o Espírito, que juntos são os "dois aspectos primitivos da Divindade única desconhecida". (*Glossário Teosófico*)

deseja, o que ainda não foi alcançado pela ciência física, mesmo empregando os enormes recursos da eletricidade. Mas aquilo que é de uma dificuldade extrema para o químico e eletricista, que dependem inteiramente da ajuda de forças brutas, pode ser bastante fácil para o Adepto, cujo agente ativo é o poder do espírito, que ele aprendeu a pôr em ação: na verdade, o poder que constrói o Cosmos.

Entre o ponto em que Crookes se encontrava na noite de 15 de janeiro de 1891 – quando proferiu seu Discurso de Inauguração como Presidente da Instituição dos Engenheiros Elétricos e fez os brilhantes experimentos que provaram que sua hipótese imortal é correta – e aquele em que estava a Ciência europeia apenas um quarto de século antes, há uma distância incomensuravelmente maior do que entre ele e a *Gupta Vidyā*[383] de nossos ancestrais arianos. Crookes, heroicamente, embora reconhecendo os obstáculos à frente e observando que "uma enorme quantidade de trabalho duro ainda resta a ser realizada", não está de maneira alguma desanimado. "Quanto a mim", diz ele[384], "tenho a firme convicção de que a pesquisa incansável será recompensada por uma compreensão dos mistérios naturais como agora dificilmente pode ser concebida. Dificuldades, disse um velho estadista, são *coisas a serem superadas*; e para mim, a Ciência deveria desprezar a noção de término."

Ter chegado tão longe é o prenúncio de dias mais luminosos, quando os homens da Ciência verão que seu método indutivo multiplica cem vezes as dificuldades de aprender "mistérios naturais"; que a chave para todos os mistérios é o conhecimento do espírito; e que o caminho para esse conhecimento leva, não através do fogo de laboratório, mas através daquela chama mais intensa que é alimen-

383 Ciência oculta ou esotérica.

384 N.O.: "Veja *Jour. Inst. Elec. Engineers,* No. Vol. XX, p. 49." [Falta a indicação do número da referida revista (*Journal of the Institution of Electrical Engineers*). O artigo de Crookes – "Electricity in Transitu: From Plenum to Vacuum" – encontra-se no número 91 do volume XX, de 1891. N.T.]

tada pelo egoísmo, e mantida acesa pelo combustível da paixão e estimulada pela explosão de desejos.

Quando o espírito for mais uma vez reconhecido como fator supremo na gênese dos elementos e na construção do Cosmos, fenômenos psíquicos como aqueles de nossa saudosa HPB adquirirão importância transcendente como fatos científicos elementares, e não mais serão vistos por certas pessoas como truques de conjuração, e por outras, como milagres para satisfazer os *gobe-mouches*[385].

385 Palavra francesa significando "pessoas crédulas, ingênuas, bobas".

CAPÍTULO XXIII

Materialização de Imagens

Leitores de *Modern Egyptians*[386] de Lane certamente se lembram da história de um jovem que, ao visitar um certo xeique que produzia fenômenos "milagrosos", obteve algumas provas maravilhosas de seus poderes ocultos. Como seu pai, então longe dele, estava um tanto quanto doente, ele pediu para receber notícias dele. O xeique concordou e lhe disse para escrever ao pai um bilhete com tal pergunta. Muito ansioso, ele o fez e entregou o bilhete ao xeique, que o colocou sob a almofada na qual ele estava recostado. Logo depois, o xeique tirou do mesmo lugar uma carta respondendo as perguntas do jovem. A caligrafia era do próprio pai e, se me lembro bem – pois estou me baseando apenas na minha memória –, a carta estava estampada com o selo dele. O filho pediu ainda que fosse servido café às pessoas presentes nas xícaras (*fingān*) do pai, as quais obviamente deviam estar naquele momento na casa paterna na aldeia distante, mas esse pedido também foi atendido.

Uma noite, sem estardalhaço ou alarde, HPB produziu para mim um fenômeno da primeira dessas duas categorias. Eu queria uma resposta de certo Adepto sobre determinado assunto. Ela me pediu para escrever minhas perguntas, colocá-las em um envelope lacrado e pôr a carta num lugar onde eu pudesse observá-la. Isso foi ainda melhor do que o incidente do xeique egípcio, pois, naquele caso, a carta estava escondida do filho pela almofada. Como eu estava sentado à frente da lareira, coloquei minha carta atrás do relógio na prateleira acima dela, deixando apenas uma borda do envelope

386 Egípcios Modernos.

saindo o suficiente para eu vê-la. Minha colega e eu continuamos conversando sobre uma variedade de coisas, e após cerca de uma hora ela disse que minha resposta havia chegado. Peguei o envelope; o selo estava intacto; dentro do envelope estava minha própria carta, e dentro dela a resposta na conhecida caligrafia do Adepto, escrita em uma folha de papel verde de um feitio peculiar, um tipo que, tenho toda razão para acreditar, não havia na casa. E nós estávamos em Nova Iorque, o Adepto, na Ásia.

Acredito que esse fenômeno foi de uma categoria à qual a teoria da trapaça não poderia ser aplicada e, portanto, tem muito peso. Além daquela que eu considero a teoria correta, há apenas uma explicação possível, mas ela é muito fraca: admitindo-se que HPB tinha um poder hipnótico extraordinário, ela poderia ter entorpecido minhas faculdades de estado de vigília, de modo a evitar que eu a visse se levantar de sua cadeira, pegar minha carta de trás do relógio, descolar a cola com vapor, abrir o envelope, ler minha carta, escrever a resposta numa caligrafia forjada, substituir o conteúdo do envelope, fechá-lo de novo, recolocá-lo na prateleira da lareira e, em seguida, pôr-me de volta ao estado de vigília sem deixar em minha memória o menor rastro de minhas experiências! Mas eu tinha, e ainda tenho, total consciência de ter continuado a conversa durante aquela hora, de ela ter se mexido de um lado para outro, de enrolar e fumar vários cigarros, de eu encher meu cachimbo, fumar e enchê-lo de novo e, em geral, fazer o que qualquer pessoa acordada poderia fazer quando seus sentidos estão atentos a um fenômeno psíquico que está ocorrendo.

Se cerca de quarenta anos de familiaridade com os fenômenos hipnóticos e mesmerianos e suas leis servirem para alguma coisa, então posso declarar com toda certeza que eu estava plenamente consciente do que estava acontecendo e que descrevi os fatos com exatidão. Talvez até mesmo duas vezes quarenta anos de experiência no plano do *Māyā* físico não capacitassem uma pessoa a compreender as possibilidades da ciência hipnótica oriental. Talvez eu não seja mais capaz do que um principiante de saber o que realmente se passou entre o momento em que escrevi minha carta e o recebimento da resposta. Isso é bem possível. Mas, nesse caso, deveria ser dado uma importância ínfima às difamações dos diversos críticos hostis a HPB – eruditos e leigos – que a acusaram de ser uma consumada trapaceira, sem terem sequer um quarto de minha própria familiaridade com as leis dos fenômenos psíquicos! No *Spiritualist* (de Londres) de 28 de janeiro de 1876, descrevi esse incidente junto com outros assuntos psíquicos, e para os detalhes remeto o leitor à minha carta.

Não conheço nenhuma classe especial de fenômenos hirsutos, mas, se houver, o seguinte incidente pode ser incluído nela, juntamente com o alongamento súbito do cabelo de HPB na Filadélfia, descrito em um dos meus capítulos anteriores. Depois de ter me barbeado durante muitos anos, comecei a deixar crescer uma barba cheia, por conselho médico, como proteção para minha garganta muito sensível. Na época sobre a qual estou falando, ela tinha cerca de dez centímetros de comprimento. Certa manhã, ao fazer a toalete depois do banho, descobri um emaranhado de fios de cabelo compridos sob o queixo perto do pescoço. Não sabendo o que fazer com isso, cuidadosamente e com muito trabalho desemaranhei os pelos, gastando quase uma hora, e descobri, para minha grande surpresa, que eu tinha um tufo de barba de cerca de 35 cm de comprimento, descendo até o abdômen! Nenhuma leitura ou experiência me ajudou a adivinhar de onde ou por que ele apareceu; mas lá estava, um fato palpável e um fenômeno permanente.

Quando mostrei esse tufo comprido a HPB, ela disse que isso havia sido feito propositalmente por nosso Guru enquanto eu estava dormindo, e me aconselhou a cuidar dele, pois ele me serviria como reservatório da aura dele, a qual seria útil para mim. Mostrei o tufo de barba também a muitos amigos; nenhum deles conseguiu sugerir alguma teoria melhor para explicá-lo, mas todos concordavam que eu não deveria podá-lo para deixar a barba com seu comprimento anterior. Então eu costumava enfiá-lo dentro do meu colarinho para escondê-lo, e fiz isso por anos[387], até que o resto da barba tinha o mesmo comprimento. Isso explica a "barba de Rishi[388]", tantas vezes mencionada em alusões amigáveis à minha aparência pessoal, e explica por que não cedi ao meu desejo de muitos anos de dar-lhe uma forma mais conveniente e menos chamativa. Seja qual for o nome que se possa dar a esse fato, certamente não é um *Māyā*, e sim uma verdade muito real e tangível.

HPB era excepcionalmente forte no campo da "precipitação"[389] de escritos e imagens, como já se pôde deduzir de tudo o que foi dito até aqui. Era também um dos pontos fortes de M. A. Oxon. Numa noite de 1875, eu estava na casa do Presidente da Seção Fotográfica do Instituto Americano, Sr. H. J. Newton, para ser testemunha da produção dos escritos sobre lousas de um médium privado chamado Cozine, um fenômeno muito mais extraordinário do que o do Dr. Slade. As comunicações chegaram à lousa em brilhantes cores azuis e vermelhas; nenhum lápis ou creiom foi usado no experimento, e eu mesmo segurei uma ponta da lousa. Quando mencionei isso para HPB, ela disse: "Acho que eu poderia fazer isso; de qualquer forma, vou tentar." Então saí, comprei uma lousa e a trouxe para casa; ela a levou, sem creiom ou lápis, para um pequeno quarto sem janela, totalmente escuro, e se deitou no sofá. Tendo-a acompanhado, saí, fechei a porta e esperei do lado de fora.

Depois de alguns minutos, ela reapareceu com a lousa na mão, a testa molhada de suor, e parecia muito cansada. "Meu Deus![390]", ela exclamou, "isso foi muito cansativo, mas fiz; veja!" Na lousa

387 Olcott diz que fez isso por vários anos, mas infelizmente parece não existir nenhuma foto ou imagem dele dessa época.

388 Também escrito "Richi". "Os *Richis*, literalmente 'reveladores', são sábios santos ou iluminados, cantores ou poetas inspirados, a quem foram revelados os hinos védicos." (*Glossário Teosófico*)

389 N.O.: "Um termo, originalmente de minha própria invenção, que parece transmitir melhor do que qualquer outro uma ideia do método empregado." [Cf. nota 59. N.T.]

390 No original: "*By Jove*"; "*Jove*" significa "Júpiter". Na Inglaterra dos séculos 18 e 19 era considerado uma ofensa a Deus dizer "Meu Deus!".

estava algo escrito com creiom vermelho e azul, em caligrafias que não eram dela. M. A. Oxon uma vez me escreveu narrando uma experiência semelhante sua, salvo que, no seu caso, o agente era Imperator e ele, o médium passivo, o que é uma coisa completamente diferente. A seu pedido, Imperator escreveu mensagens para ele com tintas de várias cores; essas mensagens apareceram, uma após a outra, dentro de um livro de bolso que ele tinha naquele momento no bolso de peito do seu casaco. Como Imperator ainda dominava a vida psíquica de Oxon, talvez tenha sido o corpo etéreo do meu amigo que materializou os escritos coloridos para diminuir o grande ceticismo da consciência de seu cérebro físico, e nesse caso seu fenômeno e o de HPB seriam de certa maneira semelhantes.

Em outro lugar, mencionei que HPB materializou para mim uma imagem em cetim, que me mostrou o estágio que Oxon havia alcançado em sua tentativa de obter o poder de projetar seu Duplo por concentrada força de vontade. Melhor eu dar os detalhes.

Certa noite, no outono de 1876, ela e eu estávamos trabalhando, como de costume, em *Ísis*, em lados opostos de nossa mesa de trabalho, e começamos a discutir os princípios envolvidos na projeção consciente do Duplo. Por falta de longa familiaridade desde cedo com esses assuntos, ela não sabia bem explicar assuntos científicos, e eu achava difícil entender o que ela queria dizer. Em tais situações seu gênio forte fazia que ela me agredisse e me tratasse de idiota, e dessa vez ela não poupou suas expressões de impaciência diante de minha alegada obtusidade.

Finalmente, ela fez a melhor coisa que podia: me ofereceu mostrar numa imagem como estava a evolução de Oxon, e imediatamente cumpriu sua promessa. Levantando-se da mesa, foi abrir uma gaveta, da qual tirou um pequeno rolo de cetim branco – o resto, creio eu, de uma peça que ela tinha pedido na Filadélfia –, o colocou na mesa à minha frente e cortou um pedaço do tamanho que ela queria; depois ela colocou o rolo de volta na gaveta, sentou-se, pôs o pedaço de cetim, com a face para baixo, diante dela, o cobriu quase por inteiro com uma folha limpa de papel mata-borrão e apoiou os cotovelos nele, enquanto enrolou e acendeu um cigarro.

Depois ela me pediu para pegar um copo com água. Eu disse que faria isso, mas primeiro lhe fiz alguma pergunta, ela respondeu, e por isso houve alguma demora. Enquanto isso, fiquei olhando para uma borda exposta do cetim, determinado a não perdê-la de vista. HPB percebeu que eu não fazia sinal de me mexer e me perguntou se eu não pretendia buscar a água para ela. Eu disse: "Ah, sim, claro." – "Então, o que você está esperando?", ela perguntou. "Eu só estou esperando para ver o que você vai fazer com aquele cetim", respondi. Ela me lançou um olhar de raiva, como se estivesse vendo que eu não queria confiar nela (sozinha com o cetim), e depois bateu com o punho cerrado no papel mata-borrão, dizendo: "Vou tê-lo agora – neste minuto!" Levantando o papel e virando o cetim, ela o empurrou em minha direção. Imagine minha surpresa! No lado brilhoso, vi uma imagem colorida extraordinária.[391] Era um excelente retrato, da cabeça apenas, de Stainton Moses, como ele parecia naquela época, quase a cópia de uma de suas fotografias penduradas "acima da linha"[392] na parede da sala, acima da prateleira da lareira. Do topo da cabeça saíam pontas de chamas douradas, e no lugar do coração e do plexo solar havia fogos vermelhos e dourados, como se estivessem irrompendo de pequenas crateras; a cabeça e o lugar do tórax estavam envolvidos em nuvens ondulantes de pura aura azul, salpicadas por toda parte com pintas de ouro, e a metade inferior da imagem, onde deveria estar o corpo, estava envolta em nuvens de vapores rosados e acinzentados, ondulando de maneira semelhante, ou seja, nuvens de auras de qualidade inferior às dos cúmulos mais acima.

391 N.O.: "Como a técnica de impressão de fotos ainda não está avançada ao ponto de imprimir em cores, nossa ilustração representa muito mal a imagem original em cetim."

392 No original: "*above the line*"; não está claro o que Olcott quis dizer com essas palavras, que ele colocou entre parênteses.

Imagem sobre cetim, mostrando a evolução parcial do duplo

Retrato de M. A. Oxon ao qual a imagem sobre cetim se assemelha

Naquele estágio da minha educação ocultista, eu não tinha ouvido nada sobre os seis *chakras*, ou centros evolutivos psíquicos no corpo humano, que são mencionados nos *Yoga Shāstras* e são familiares a todos os estudantes de Patañjali. Portanto, eu não compreendi a importância dos dois vórtices flamejantes sobre as regiões cardíaca e umbilical; mas a minha posterior familiarização com o assunto dá a esse quadro em cetim um valor maior, pois mostra que o ocultista prático que o fez sabia aparentemente que, no processo de desvincular o corpo astral do corpo físico, a vontade deve ser focalizada sucessivamente nos vários centros nervosos, e a desvinculação tem que ser completada em cada um deles, antes de se passar para o próximo centro. Acredito que a experiência de Stainton Moses estava sendo conduzida mais como um processo intelectual do que como um processo espiritual, razão pela qual sua cabeça tinha sido desenhada completamente, ao passo que as outras partes de seu corpo astral estavam em um estado de perturbação nebulosa, sem ainda ter chegado ao estágio de *rūpa* ou forma. As nuvens azuis representam a pureza, mas não a qualidade mais luminosa da aura humana, a qual é descrita como sendo brilhosa ou radiante: uma auréola prateada. As pintas de ouro, no entanto, que flutuam no azul, representam faíscas do espírito, a "centelha prateada no cérebro", que Bulwer descreve tão lindamente em sua *Strange Story*[393], enquanto os vapores acinzentados e rosados das partes inferiores mostram as auras de nossas qualidades animalescas, corpóreas.

Esse cinza se torna cada vez mais escuro à medida que o animalismo de uma pessoa se sobrepõe ao seu intelecto, suas qualidades morais e espirituais, e, como nos dizem os clarividentes, nas pessoas completamente depravadas ele se torna totalmente preto. A aura do Adepto é descrita como sendo uma mescla de prata e ouro, o que alguns de meus leitores, tenho certeza, devem saber por observação pessoal, e que os poetas e pintores de todas as épocas retrataram em seus voos mais sublimes de percepção espiritual. Esse *Tejas*[394], ou luz da alma, brilha no rosto do místico, iluminando-o com um brilho que, uma vez visto, nunca mais pode ser confundido. É o "semblante resplandecente" dos anjos bíblicos, a "glória do Senhor", a luz que, quando Moisés desceu do monte, iluminava seu rosto com tal esplendor que os homens não suportavam olhar para seu semblante; um brilho que até transfigura em "vestes brilhantes" as roupas desses seres. Os hebreus chamam isso de *shekinah*; uma vez ouvi

393 História Estranha. "Bulwer" se refere a Edward Bulwer-Lytton. Cf. nota 144.

394 "A palavra *Tejas* significa: luz, brilho, esplendor, glória; fogo, calor; beleza; força, poder; autoridade, dignidade, grandeza, nobreaz, arrojo, brio etc. Este nome é aplicado igualmente ao halo ou aura humana." (*Glossário Teosófico*)

alguns judeus de Bagdá usarem esse termo para descrever o rosto de um visitante espiritualizado. A palavra "brilhando" é empregada de forma similar também por várias outras nações; os espíritos puros e os homens puros brilham com a luz branca; os maldosos, os maus, estão encobertos pela cor preta.

No caso de outro retrato materializado, feito por HPB, a aura não aparece; é de um *yogi* indiano e é descrito nos livros de Sinnett *Occult World*[395] e *Incidents in the Life of Mme. Blavatsky*; originalmente os documentos relativos a esse incidente haviam sido publicados na revista *Spiritualist* logo após a sua ocorrência. Ele aconteceu da seguinte maneira: Um dia, no meu caminho de volta para a "Lamaseria", parei no Clube Lotos e peguei um pouco do papel para anotações e envelopes do clube para usá-los em casa, quando fosse necessário. Já era tarde quando cheguei em casa, e HPB já estava na mesa de jantar, com o Sr. Judge e a Dra. Marquette como convidados. Coloquei o pacote com o papel e os envelopes sobre minha escrivaninha no nosso escritório (entre o qual e a sala de jantar, aliás, havia uma parede sem janela ou porta), fiz a toalete apressadamente e fui para o meu lugar à mesa.

No final do jantar, começamos a conversar sobre materializações, e Judge perguntou a HPB se ela não faria para nós o retrato de alguém. Quando estávamos indo para nosso escritório, ela lhe perguntou de quem ele queria um retrato, e ele escolheu esse *yogi*, cujo nome conhecíamos; sabíamos também que ele era muito respeitado pelos Mestres. Ela foi até a minha escrivaninha, pegou uma folha do meu papel com a insígnia do clube, a rasgou ao meio, guardou a metade na qual não havia nada impresso e a colocou sobre seu papel mata-borrão. Em cima disso ela raspou um pouquinho do grafite de um lápis Faber e depois esfregou a superfície por cerca de um minuto com um movimento circular da palma da mão direita; depois ela nos entregou o resultado. No papel tinha aparecido o retrato de-

395 *O Mundo Oculto* (Editora Teosófica, 2000). O incidente está descrito nas páginas 189-190.

sejado. Deixando-se totalmente de lado o fato de ter sido produzido fenomenalmente, trata-se de uma obra artística que expressa poder e genialidade. Le Clear, o conhecido pintor de retratos americano, declarou que ele é excepcional, de fato um "indivíduo" no sentido técnico, que nenhum artista vivo de seu conhecimento poderia ter produzido. O *yogi* é representado em *Samādhi*, a cabeça desenhada parcialmente de perfil, o olhar profundamente introspectivo, alheio às coisas externas, o corpo aparentemente de um ocupante ausente. Barba e cabelo têm um comprimento médio; o cabelo está desenhado com tal habilidade que, por assim dizer, dá para ver através das mechas verticais – um efeito que se consegue em boas fotografias, mas difícil de ser imitado com lápis ou creiom. Não é fácil perceber de que é o fundo do retrato: pode ser creiom preto, não esfumado, ou grafite preto, mas não há nem pó nem brilho na superfície para indicar qual é, nem quaisquer marcas do esfuminho ou do creiom usado: quando se segura o papel horizontalmente em direção à luz, pode-se imaginar que o pigmento está sob a superfície, junto com as fibras.

Mais tarde esse quadro incomparável sofreu na Índia o ultraje de um de nossos membros indianos ter usado uma borracha para satisfazer sua curiosidade; ele o tinha tomado emprestado como um favor especial "para mostrá-lo a sua mãe", e desejava ver se o pigmento estava realmente sobre ou sob a superfície! Agora se vê o efeito de seu experimento de vandalismo na eliminação de uma parte da barba, e minha tristeza pelo desastre não é de maneira alguma mitigada por saber que ele não foi devido à malícia, e sim à ignorância e ao espírito de curiosidade infantil. O nome do *yogi* sempre foi pronunciado por HPB como "Tiravālā", mas desde que vim morar na Presidência[396] de Madras, posso muito bem imaginar que ela se referia a Tiruvalluvar, e que o retrato, que está pendurado agora no

396 Tradução literal de "Presidency", termo sobre o qual consta na Wikipédia em língua inglesa: "As Províncias da Índia, anteriormente Presidências da Índia Britânica e antes disso Cidades-Presidência, eram as divisões administrativas durante o governo britânico no subcontinente."

Anexo de Quadros da Biblioteca de Adyar, é realmente o do filósofo reverenciado da antiga Mylapur[397], o amigo e instrutor dos pobres Párias. Quanto à questão de saber se ele ainda está no corpo ou não, não posso arriscar nenhuma afirmação, mas pelo que HPB costumava dizer sobre ele, sempre deduzi que ele ainda está encarnado. Porém, para todos salvo os hindus, isso pareceria inacreditável, pois dizem que ele escreveu seu imortal "*Kural*" há cerca de mil anos! Ele é classificado no sul da Índia como um dos *Siddhas*[398]*;* também é dito que, como os outros dezessete, ele ainda vive nas colinas Tirupati e Nilgiri, zelando ininterruptamente pela religião hindu. Invisíveis, essas Grandes Almas ajudam, por sua potente força de vontade, seus amigos e apoiadores e todos aqueles que amam a humanidade. Que sua bênção esteja conosco!

Ao recordar o incidente para o presente relato, observo o fato de que no retrato não há nenhuma aura ou brilho espiritual em torno da cabeça do *yogi*, embora o relato de HPB a respeito dele confirme o de seus admiradores indianos de que ele era uma pessoa da mais elevada aspiração espiritual e do mais puro caráter.

A mesma observação se aplica ao primeiro retrato do meu Guru, aquele feito em Nova Iorque por M. Harrisse em creions preto e branco: não há auréola. Neste caso, pelo menos, posso, juntamente com outros que tiveram a felicidade de vê-lo, confirmar a semelhança. Como aquele feito em Londres em 1884 por Herr[399] Schmiechen em tinta a óleo, ele foi produzido por transferência de pensamento. Acho que nunca publiquei esses fatos antes; de qualquer forma, eles tinham que constar nesta retrospectiva histórica.

Obviamente gostamos de possuir o retrato de um correspon-

397 Cf. a seguinte informação na Wikipédia: "São Tomé de Meliapor foi um antigo território de Portugal no sudeste da Índia entre os anos de 1523 e 1662, e também entre 1687 e 1749. Em 1749, foi ocupada pelos britânicos. [...] Atualmente é um bairro histórico da cidade de Madrasta (Chennai) [...], conhecido pelos nomes de Mylapore, Mayilāppūr e Thirumayilai."

398 *Siddha*: a pessoa que possui *Siddhis*.

399 "Senhor" em alemão. O pintor Hermann Schmiechen (1855-1925) era alemão.

dente distante com quem tivemos relações importantes; quanto mais, então, de um instrutor espiritual, sobretudo pelo fato de que o começo das relações com ele substituiu na nossa consciência uma ideia trivial de vida por outra mais nobre. Eu sinceramente desejava poder ter no meu quarto pelo menos o retrato do meu reverenciado instrutor, se não pudesse vê-lo pessoalmente; importunei HPB durante muito tempo para consegui-lo para mim, e ela prometeu fazer isso em um momento favorável. Neste caso, minha colega não teve permissão para materializá-lo para mim; recorreu-se a um método mais simples, porém mais instrutivo: uma pessoa que não era médium nem ocultista foi levada a desenhá-lo sem saber o que estava fazendo. M. Harrisse, nosso amigo francês, era meio artista, e uma noite, quando a conversa se voltou para a Índia e a bravura dos Rajaputes, HPB cochichou para mim que ela tentaria fazê-lo desenhar o retrato do nosso Mestre se eu pudesse fornecer os materiais.

Como não havia nenhum na casa, fui a uma loja por perto e comprei uma folha de papel adequado e creions preto e branco. O comerciante embrulhou tudo, passou o pacote para mim por cima do balcão, pegou a *moeda de meio dólar* que lhe dei, e saí da loja. Ao chegar em casa, desfiz meu pacote; quando estava terminando de desfazê-lo, *duas moedas de prata de um quarto de dólar*, ou seja, meio dólar no total, caíram no chão! Aparentemente o Mestre quis me dar seu retrato sem custo para mim. Depois HPB pediu para Harrisse desenhar a cabeça de um maioral hindu, conforme ele imaginaria o aspecto. Ele disse que não tinha uma ideia clara em mente sobre isso e quis esboçar outra coisa; mesmo assim, para me agradar, foi desenhar a cabeça de um hindu. HPB me fez sinal para ficar quieto do outro lado da sala, e ela mesma se sentou perto do artista e fumou em silêncio. De vez em quando, ela ia suavemente atrás dele como se quisesse observar o progresso de seu trabalho, mas não disse nada até ele terminar, cerca de uma hora depois. Recebi o retrato, agradeci, mandei enquadrá-lo e o pendurei no meu pequeno quarto de dormir. Mas havia acontecido uma coisa estranha.

Quando o retrato ainda estava à frente do artista, demos uma última olhada nele. No momento em que HPB o pegou e entregou para mim, apareceu no papel a assinatura criptográfica do meu Guru, que, dessa maneira, por assim dizer, acrescentou seu *imprimatur*[400], aumentando desse modo em muito o valor de seu presente. Mas naquela época eu não sabia se o retrato se assemelhava ao Guru ou não, pois eu ainda não o tinha visto. Quando mais tarde eu de fato o vi, percebi que a semelhança era muito grande; além disso, ele me presenteou com o turbante[401] que o artista amador havia desenhado como resguardo da cabeça. Este foi um caso genuíno de transferência de pensamento: a transferência da imagem de uma pessoa ausente para a consciência cerebral de alguém que não a conhecia de maneira alguma.

Essa transferência ocorreu através do pensamento de HPB? Acho que sim. Penso que foi efetuada da mesma maneira pela qual as imagens-pensamento de figuras geométricas e outras foram transferidas para terceiros nos convincentes experimentos descritos pela S.P.R. em seus primeiros relatórios publicados[402], com a diferença, entretanto, que a própria memória de HPB forneceu o retrato a ser transferido para a mente de Harrisse, e seus poderes ocultos treinados a capacitaram a efetuar uma transferência direta, ou seja, sem nenhum intermediário, isto é, sem a necessidade de o desenho ser feito primeiro em um cartão, para ela visualizá-lo em sua própria mente e depois passá-lo para o cérebro receptor. A circunstância da confecção das pinturas feitas por Schmiechen – daqueles magníficos retratos a óleo do mesmo e de outro Mestre – foi ainda mais interessante, pois esses retratos, que agora se encontram na Biblioteca de Adyar, são tão perfeitos, tão impressionantes, que parecem dotados de vida. Os olhos falam para o observador e o sondam até o fundo do

400 Palavra latina significando "imprima-se", com o que se autoriza a impressão de um texto.

401 A história do turbante será contada no cap. XXIV.

402 A S.P.R. (*Society for Psychical Research*) tinha sido fundada em 1882.

coração; o olhar o segue em toda parte em seus movimentos; os lábios dos Mestres parecem prestes a proferir palavras de bondade ou de reprovação, conforme o merecimento de cada um. Esses retratos são mais uma inspiração do que uma ilustração da transferência de pensamento. O pintor fez duas ou três cópias deles, mas nenhum tem a alma que está nos originais. Eles não foram feitos por inspiração divina, e não se percebe neles a força de vontade dos Mestres. Os originais são o paládio da nossa Sede; as cópias são como imagens vistas em um espelho, possuem os detalhes de forma e cor, mas são desprovidas do espírito energizante.

CAPÍTULO XXIV

Projeção do Duplo

Todas as teorias e especulações sobre a dupla corporeidade do homem, isto é, o fato de ele ter um corpo astral, ou fantasmal, e um corpo físico, apenas levam ao ponto em que se exige uma prova antes de prosseguir. Transcendendo a experiência comum, esse fato é tão incrível para a mente materialista que muito provavelmente ele seja deixado de lado como um sonho e nem mesmo aceito como uma hipótese de trabalho. É assim, de fato, que os cientistas comuns o têm tratado, e quando um investigador mais corajoso do que os comuns afirma que acredita nisso, ele põe em risco aquela reputação de fria cautela que é presumida – porém, com uma inconsistência risível – ser a marca do verdadeiro descobridor científico. No entanto, têm sido publicados em diferentes épocas muitos livros tão precisos e sugestivos quanto o de D'Assier[403], sendo o principal deles *Phantasms of the Living*[404], pelos Srs. Gurney, Myers e Podmore. Essas obras apresentam um sólido conjunto de fatos impossíveis de serem negados, embora difíceis de serem acreditados.

Agora esse fato parece ter sido amplamente provado pela compilação de vários milhares de fenômenos observados; e parece ter chegado o tempo em que o metafísico que os ignora não tem o direito de reivindicar ser considerado como um confiável instrutor de homens. No entanto, embora a razão possa ser convencida por esse conjunto de fatos, a existência real do corpo astral e a possibilidade

403 N.O.: "*Posthumous Humanity*: *a Study of Phantom*s." [A Humanidade Póstuma: um Estudo de Fantasmas. N.T.]

404 Fantasmas dos Vivos.

de sua separação do "invólucro" físico durante a vida só podem ser conhecidas de duas maneiras: vendo o corpo astral de outra pessoa, ou projetando seu próprio e olhando seu corpo físico *ab extra*[405]. Tendo tido qualquer uma dessas experiências, pode-se dizer que se SABE; quando se teve ambas, o conhecimento se torna absoluto e inabalável. Eu tive os dois tipos de experiência. Assim, ocupo o banco das testemunhas, e atesto a veracidade para ajudar meus companheiros de trabalho.

Sem entrar em detalhes, vou apenas mencionar os seguintes incidentes: vi HPB em seu corpo astral em uma rua de Nova Iorque, enquanto seu corpo físico estava na Filadélfia; de maneira semelhante vi um amigo que estava então no corpo em um Estado do sul, a várias centenas de quilômetros de distância; vi num trem americano e num barco a vapor americano um certo Adepto que estava fisicamente na Ásia; em Jummu[406], um outro me entregou um telegrama que HPB havia enviado de Madras; o Adepto tinha se disfarçado de empregado dos telégrafos da Caxemira, cuja aparência ele tomou emprestado momentaneamente para esse propósito; ele desapareceu um momento depois, em plena luz do luar, quando fui até a porta para observá-lo; na ponte de Worli, em Bombaim, fui saudado por outro desses homens majestosos em uma noite tropical, quando HPB, Damodar e eu estávamos sentados em nosso *faeton*[407] aproveitando a diminuição do calor e a brisa refrescante do mar; eu o vi se aproximando de nós de uma pequena distância, avançando até o lado da carruagem, colocando sua mão sobre a de HPB, afastando-se cerca de cinquenta metros e de repente desaparecendo no dique, no qual não havia árvores, arbustos ou outros lugares onde alguém pudesse se esconder, em plena luz de um relâmpago. Passo por essas e outras experiências semelhantes, e chego àquela que, de todas, foi a mais

405 Expressão latina significando "de fora".

406 Hoje Jammu, sede do governo (no inverno) do estado indiano de Jammu e Caxemira (Jammu and Kashmir); no verão, a sede do governo é Srinagar.

407 Carruagem de quatro rodas.

importante – pelas suas consequências para o curso da minha vida.

A história já foi contada antes, mas tem seu lugar no presente retrospecto, pois foi a principal entre as causas do meu abandono do mundo e minha ida para meu lar indiano. Portanto, foi um dos principais fatores na formação da Sociedade Teosófica. Não quero dizer que, sem isso, eu não teria vindo para a Índia, pois, desde o momento em que soube o que a Índia tinha sido para o mundo e o que ela poderia ser de novo, meu coração ficou disparando, querendo que eu viesse. Um desejo insaciável me impulsionou a vir à terra dos *Rishis*[408] e dos Budas, ao País Sagrado entre os países; mas eu não conseguia ver o caminho aberto e assim quebrar os laços das circunstâncias que me ligavam à América, e eu poderia ter me sentido forçado a adiar para aquele "tempo conveniente" que tão frequentemente não chega para o procrastinador, para aquele que espera as circunstâncias mudarem. Porém, a experiência em questão decidiu meu destino: em um instante as dúvidas se dissiparam, a clara previsão de uma firme vontade mostrou o caminho e, antes do amanhecer daquela noite sem sono, comecei a conceber os meios e a sujeitar todas as coisas para esse fim. O acontecimento foi assim:

Uma noite, depois de termos terminado nosso trabalho em *Ísis*, dei boa-noite a HPB, me retirei para o meu quarto, fechei a porta como de costume, sentei-me para ler e fumar, e logo fiquei absorvido na minha leitura; se me lembro bem, o livro era *Travels in Yucatan*[409], de Stephens; em todo caso, não era um livro sobre fantasmas nem um que estimulasse a imaginação do leitor à ter visões de espectros. Minha cadeira e mesa estavam à esquerda na frente da porta, minha cama dobrável, à direita, a janela, de frente para a porta e, acima da mesa, um bico de gás de parede. A seguinte simples planta irá dar uma ideia correta da distribuição dos cômodos da "Lamaseria", embora as medidas não estejam precisas.

408 Cf. nota 388.
409 Viagens em Yucatan.

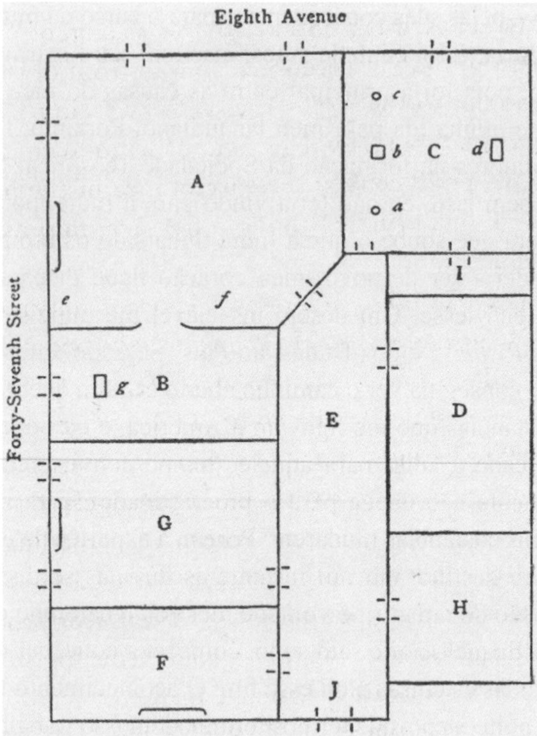

EXPLICAÇÃO. - A, nossa sala de trabalho e, ao mesmo tempo, de recepção; B, quarto de HPB; C, meu quarto; D, quarto pequeno e escuro; E, passagem; F, cozinha; G, sala de jantar; H, banheiro; I, um armário pendurado; J, porta de entrada do apartamento, que dava para a escada do prédio (sempre fechada com um ferrolho de mola e trancada à noite). No meu quarto, "a" é a cadeira na qual eu estava lendo; "b", a mesa; "c", a cadeira onde meu visitante ficou sentado durante a conversa; "d", minha cama dobrável. Em nossa sala de trabalho, "e" é o lugar do relógio cuco, e "f", o lugar das prateleiras suspensas contra as quais bati. Em B, "g" representa o lugar da cama de HPB. Como se verá, a porta do meu quarto estava à direita de onde eu estava sentado, e eu teria notado imediatamente se ela tivesse sido aberta; ainda mais que ela estava trancada, se me lembro bem. Que eu não tenha certeza absoluta não parecerá estranho, tendo-se em vista a excitação mental que os acontecimentos me causaram; acontecimentos tão surpreendentes que me fizeram esquecer vários pequenos detalhes, que, num estado de espírito mais calmo, talvez tivessem sido retidos em minha memória.

Eu estava lendo em silêncio, com toda a minha atenção centrada no livro. Nada naquela noite havia me preparado para ver um Adepto em seu corpo astral: eu não havia desejado isso, tentado invocá-lo na minha imaginação, nem mesmo esperado isso. De repente, enquanto eu estava lendo, com o ombro um pouco virado da porta, entrou no canto direito do meu olho direito um brilho de algo branco; virei a cabeça, espantado deixei cair o livro e vi, atrás de mim, muito alta, a grande estatura de um oriental trajando roupas brancas e usando um resguardo da cabeça, um turbante, de tecido com listras cor de âmbar, bordadas à mão com fios de seda amarelos. De debaixo do turbante pendiam longos cabelos negros até os ombros; sua barba preta, no queixo dividida verticalmente à moda Rajapute, era torcida nas pontas, que terminavam acima das orelhas; seus olhos brilhavam com o fogo da alma; olhos que eram ao mesmo tempo bondosos e penetrantes; os olhos de mentor e de juiz, mas suavizados pelo amor de um pai que olha para um filho que precisa de conselho e orientação. Ele era um homem tão imponente, tão imbuído com a majestade da força moral, tão luminosamente espiritual, tão evidentemente acima da média da humanidade, que me senti embaraçado em sua presença, inclinei minha cabeça e dobrei meu joelho, como se faz diante de um deus ou personagem divino.

Ele colocou uma mão na minha cabeça levemente, e sua voz doce, mas ao mesmo tempo forte, me disse para sentar-me; quando levantei os olhos, a Presença estava sentada na cadeira do outro lado da mesa. Ele me disse que tinha chegado na crise, quando eu precisava dele; que minhas ações me haviam trazido a este ponto; que dependia apenas de mim se ele e eu íamos nos encontrar frequentemente nesta vida como cooperadores em prol do bem da humanidade; que uma grande obra tinha que ser feita para a humanidade, e eu tinha o direito de participar nela se quisesse; que um laço misterioso, que nesse momento não poderia ser explicado para mim, havia unido minha colega e a mim; um vínculo que não poderia ser desfeito, por mais tensa que a relação fosse às vezes.

Ele me contou coisas sobre HPB que não posso repetir, assim como coisas sobre mim mesmo que não interessam a terceiros. Durante quanto tempo ele esteve lá, não sei dizer: pode ter sido meia hora ou uma hora; parecia apenas um minuto, tão pouco notei a passagem do tempo. Por fim, ele se levantou, e eu admirei sua grande altura e observei o tipo de esplendor em seu semblante, não um brilho externo, mas o suave esplendor, por assim dizer, de uma luz interior, a do espírito.

De repente pensei: "E se isso for apenas uma alucinação? E se HPB lançou um encantamento hipnótico sobre mim? Eu gostaria de ter algum objeto tangível para provar a mim mesmo que ele realmente esteve aqui; algo que eu pudesse tocar depois de ele partir!" O Mestre sorriu gentilmente como se estivesse lendo meu pensamento e, desenrolando o *fehtā*[410], o tirou da cabeça, graciosamente me deu adeus e – sumiu: sua cadeira estava vazia; eu estava sozinho com minhas emoções! Não totalmente sozinho, porém, pois sobre a mesa estava o turbante bordado, uma prova tangível e duradoura de que eu não tinha sido enfeitiçado ou enganado psiquicamente, e sim que estive face a face com um dos Irmãos Maiores da Humanidade, um dos Mestres de nossa embotada raça de pupilos. Naturalmente meu primeiro impulso foi correr e bater à porta de HPB para lhe contar minha experiência, e ela ficou tão feliz em ouvir minha história quanto eu estava em contá-la. Voltei ao meu quarto para pensar, e a manhã cinzenta me encontrou ainda pensando e decidindo. Todas as minhas atividades teosóficas subsequentes resultaram desses pensamentos e decisões, como também aquela minha lealdade aos Mestres por trás de nosso movimento que os golpes mais rudes e as mais cruéis desilusões nunca abalaram. Desde então tenho sido abençoado com reuniões com este Mestre e com outros, mas não vale a pena contar histórias de outras experiências; essa que acabei de narrar é um exemplo suficiente. Não importa o quanto outros menos afortunados possam duvidar, EU SEI.

---

410 Turbante.

Devido ao meu ideal de franqueza, devo recordar uma circunstância que lançou uma dúvida sobre a minha competência como testemunha do incidente acima narrado. Quando eu estava em Londres, em 1884, fui interrogado como testemunha perante uma Comissão Especial da Sociedade para a Pesquisa Psíquica, e contei, entre outras, essa história. Em algo como um interrogatório cruzado, um membro da comissão me perguntou como eu poderia ter certeza de que Madame Blavatsky não havia empregado algum hindu alto para me ludibriar e que, com relação aos supostos detalhes misteriosos, não foi minha fantasia que me enganou. Fiquei com tanto nojo pelo fato de a comissão suspeitar tão cruelmente de HPB e de vergonhosamente, mas com pretensa argúcia, se esquivar de fatos espirituais palpáveis, que apressadamente respondi, entre outras coisas, nunca antes na minha vida ter visto um hindu. A circunstância de eu, na verdade, ter atravessado o Atlântico em 1870 com dois senhores hindus – um dos quais mais tarde foi em Bombaim nosso amigo íntimo Mooljee Thackersey – fugiu completamente da minha mente.

Este foi um caso claro de amnésia (perda de memória), pois eu não tinha a menor intenção ou interesse em esconder uma circunstância tão corriqueira; o encontro de 1870, catorze anos antes de eu ser interrogado pela S.P.R., não tinha deixado em minha memória uma marca suficientemente profunda para eu me lembrar dele em meu momento de raiva, e assim a força de meu testemunho foi enfraquecida. Um encontro com hindus cinco anos antes de eu conhecer HPB e, através dela, a verdadeira Índia, não teria sido de suma importância para um homem com tantos relacionamentos e aventuras como eu. Sim, foi amnésia; mas a amnésia não significa mentira, e minha história é verdadeira, embora alguns possam duvidar disso. E este é o lugar apropriado para eu dizer que, como alguns dos meus capítulos foram escritos durante a viagem, longe de meus livros e artigos, e especialmente como muito disso é escrito apenas com base na minha lembrança dos eventos passados há muito tempo, peço indulgência por quaisquer erros não intencionais que possam ser descobertos. Eu tento o meu melhor para ser preciso, e com certeza não faltarei com a verdade.

Passo agora para minhas experiências pessoais com projeções do Duplo. Em relação a esse fenômeno, quero dar uma palavra de cautela ao estudante menos avançado da psicologia prática: o poder de retirar o corpo astral do corpo físico *não é uma prova necessária de grande desenvolvimento espiritual*. Talvez a maioria das pessoas leigas em Ocultismo acredite no contrário, mas elas estão erradas. Uma primeira e suficiente prova disso é que a emersão do corpo astral acontece muito frequentemente com homens e mulheres que dedicaram pouco ou nenhum tempo à pesquisa oculta, não seguiram nenhum sistema *yogi*, não tentaram fazer isso, geralmente se assustaram ou ficaram envergonhados e aborrecidos quando foram convencidos disso, e não eram de maneira alguma acima da média das pessoas em questão de pureza de vida e pensamento, espiritualidade dos ideais, ou dos "dons do espírito" dos quais a Escritura fala – muitas vezes o oposto. Além disso, nos anais da Arte Negra são abundantes exemplos da projeção visível e invisível (exceto clarividentemente) do Duplo por pessoas vis inclinadas ao mal, de bilocações, assombrações de vítimas odiadas, disfarces como lobos, e outras "bruxarias condenáveis".

Também há três ou quatro mil, ou mais, casos de projeções do Duplo por todos os tipos de pessoas – algumas não melhores do que deveriam ser, e ocasionalmente mesmo piores – que foram registrados e joeirados pela S.P.R., e ainda há os milhares de casos não recolhidos em seu forte celeiro; e todos eles comprovam a verdade da minha advertência de que não se deve, de maneira alguma, tomar o simples fato de uma determinada pessoa poder viajar – consciente ou inconscientemente, não importa – no corpo astral como prova de que essa pessoa seja melhor, mais sábia, mais avançada espiritualmente, ou melhor qualificada para servir como Guru, do que qualquer outra pessoa que não tenha essa capacidade. A projeção é simplesmente o sinal de que a pessoa, congenitamente ou por esforço posterior, afrouxou o corpo astral dentro de seu revestimento, e assim facilitou sua saída e volta, quando o corpo externo está, natural ou hipnoticamente, adormecido, portanto não obstrutivo.

Em relação a isso, o leitor certamente se lembra da imagem em cetim que HPB fez para mim das experiências de M. A. Oxon nessa direção. Por alguma razão, nunca encontrei tempo para autotreinamento em *yoga* desde que comecei meu trabalho prático em nosso movimento teosófico. Eu nunca parecia me importar com a aquisição de poderes psíquicos, nunca quis ser um guru, nem me importei com a questão se eu poderia ou não conseguir alcançar a Libertação durante esta vida. Servir a humanidade sempre me pareceu o melhor dos *yogas*, e considerei uma ampla recompensa a capacidade de fazer pelo menos um pouco para espalhar conhecimento e diminuir a ignorância. Assim, nunca me ocorreu, nos primeiros tempos, treinar para ser vidente ou milagreiro, metafísico ou Adepto; mas eu tenho seguido todos esses anos a dica que me foi dada por um Mestre, de que *a melhor maneira de buscar isso era através da Sociedade Teosófica*: uma esfera humilde, talvez, porém bem dentro de minhas limitadas capacidades, totalmente favorável e ao mesmo tempo útil. Portanto, quando conto sobre minhas primeiras saídas do corpo, não se deve pensar que quero me emplumar com um suposto alto desenvolvimento espiritual, ou que pretendo me gabar de especial inteligência como sensitivo. O fato é, suponho, que fui ajudado a conseguir isso – junto com muitas outras experiências psíquicas – como base da educação especial que era necessária para alguém com um trabalho como aquele que foi designado para mim.

Eis um dos meus fatos: uma noite em 1876, quando morávamos na Rua 34 Oeste[411], HPB e eu tínhamos terminado de escrever um capítulo do esboço original de *Ísis sem Véu* e, ao nos despedirmos para ir dormir, pusemos a grande pilha de "cópias"[412] em

411 N.O.: "Não na 'Lamaseria', mas no local que ocupamos antes de nos mudarmos para lá."
412 Cf. nota 221.

uma caixa de papelão, com a primeira página em cima e a última embaixo. HPB ocupava o apartamento diretamente abaixo do meu, no segundo andar do prédio, e nós dois evidentemente trancávamos nossas portas externas para impedir a entrada de ladrões. Enquanto eu estava me despindo, me ocorreu que se eu tivesse acrescentado três determinadas palavras à última frase do último parágrafo, o sentido de todo o parágrafo teria ficado mais claro. Temendo que pudesse esquecê-las pela manhã, tive a extravagante ideia de tentar ir no meu Duplo até o nosso escritório no segundo andar e talvez escrevê-las fenomenalmente. Conscientemente, eu nunca tinha viajado assim antes, mas sabia de que modo isso deve ser tentado, a saber, no adormecer fixando firmemente na mente a intenção de fazê-lo, e assim fiz.

Eu não soube mais nada até a manhã seguinte, quando, depois de me vestir e tomar o café da manhã, indo ao meu escritório, parei no apartamento de HPB para me despedir dela. "Henry", ela disse, "por favor, me diga que diabo você estava fazendo aqui ontem à noite depois de ir para a cama?" – "Fazendo?", eu respondi, "O que você quer dizer?" – "Ora", ela retorquiu, "eu tinha ido para a cama e estava deitada em silêncio, quando – olha só – vi o corpo astral do meu Olcott passando pela parede. E você parecia bastante bobo e sonolento! Falei com você, mas você não respondeu. Você foi para o nosso escritório e eu ouvi você mexendo nos papéis, e só. O que você estava fazendo?" Então eu lhe contei sobre meu pretendido experimento. Fomos juntos para o escritório, esvaziamos a pilha de manuscritos e, na última página, no final do último parágrafo, encontramos, escritas em minha própria caligrafia, duas das três palavras que eu queria acrescentar, e a terceira começada, mas não terminada: aparentemente o poder de concentração tinha se esgotado, e a palavra terminava em um garrancho! De que maneira manuseei o lápis, se de fato eu o manuseei, ou como escrevi as palavras sem manuseá-lo, não sei dizer: talvez eu tenha sido capaz, somente naquela vez, de materializar as palavras com a ajuda de um dos elementais benevolentes de HPB, utilizando moléculas do grafite de um dos dois lápis que estavam na mesa junto com o manuscrito. Seja como for, a experiência foi útil.

O leitor deve atentar para o fato de que parei de escrever fenomenalmente no momento em que, por inexperiência, deixei minha vontade se afastar da ação que eu estava fazendo. É imprescindível fixá-la completamente, da mesma forma que isso é necessário para um bom trabalho no plano intelectual normal. No *Theosophist* de julho de 1888 (Art. "Precipitated Pictures at New York"[413]), expliquei a relação entre a concentração da força de vontade treinada e a permanência de escritos e imagens materializados e de outras provas similares do poder criativo da mente. Como exemplos citei os detalhes muito interessantes e sugestivos da projeção do Duplo e da materialização da escrita dados por Wilkie Collins em seu romance *The Two Destinies*[414] – um livro que, à sua maneira, vale a pena ser lido por qualquer estudante de Ocultismo[415] tanto quanto *Zanoni, A Strange Story*[416] ou *The Coming Race*[417]. Citei ainda o caso do retrato de Louis materializado para a Srta. Liebert e mim, que desapareceu na manhã seguinte, mas que HPB, a pedido do Sr. Judge, fez reaparecer e "fixar" de tal maneira que, após o intervalo de muitos anos, ainda está tão nítido e fresco como quando foi feito.

Mas nenhum volume de leitura ou experimentação de segunda mão pode ser comparada com uma única pequena experiência original, como a minha descrita acima, em termos de seu poder de fazer com que se perceba a verdade daquela operação cósmica universal

---

413 Imagens Materializadas em Nova Iorque.

414 Os Dois Destinos.

415 N.O.: "Foi este artigo que fez que o Sr. Collins me escrevesse dizendo que, entre os incidentes de sua vida, nenhum o surpreendeu mais do que minha observação sobre seu livro na qual eu disse que ele tinha, pelo *mero exercício da imaginação*, aparentemente esbarrado com uma das leis misteriosas da ciência oculta."

416 Zanoni – Uma História Estranha. Publicado em 1978 pela editora Pensamento com o título *Zanoni - Um Romance Ocultista*.

417 A Raça Vindoura.

que é a criação de *forma* pelo *pensamento*. O *sloka*[418] "Bahūsyam Prajāyeyaiti..." (6º *Anuvāka*, 2º *Valli*, *Taittiryiaka-Upanishad*) – "Ele (*Brahmā*) desejou que eu seja muitos, que eu possa crescer. Ele ponderou[419] sobre si mesmo. Depois de ter assim ponderado, ele fez surgir tudo, tudo que existe. Tendo criado tudo, ele entrou nele" – é para mim profundamente instrutivo. Tem um significado incomensuravelmente mais profundo, mais verdadeiro, mais sugestivo para aquele que, ele próprio, *meditou* e depois *criou* a forma do que para aquele cujos olhos apenas leram as palavras na página, sem o eco de assentimento vindo de dentro do próprio ser.

Lembro-me de outro caso em que projetei meu Duplo e que ilustra a lei conhecida como "repercussão". Para formar uma opinião correta sobre esse assunto, o leitor vai encontrar muitíssimo material na literatura sobre bruxaria, feitiçaria e magia.

Neste contexto, a palavra "repercussão" significa que um golpe, facada ou outro ferimento infligidos ao Duplo, enquanto ele é projetado e se move como uma entidade separada, são sentidos pelo corpo físico; "bilocação" é o aparecimento simultâneo de uma pessoa em dois lugares, como corpo físico em um lugar, como corpo astral, ou Duplo, no outro. O Sr. d'Assier discute ambas manifestações em seu livro *Posthumous Humanity*[420], e na minha versão em

---

418 "*Sloka* é um poema em estrofes de quatro versos, escrito em sânscrito, usado para compor a maioria dos clássicos da literatura védica, tais como o *Rāmāyana*, o *Mahābhārata*, inúmeros *Purānas* e outros livros. A mesma estrutura é usada nos textos tibetanos, especialmente nos ensinamentos budistas, tanto antigos como modernos." (Wikipédia)

419 No original, o verbo é "*brood*", que significa tanto "chocar" (no sentido de "chocar ovos") quanto "ponderar". Max Müller, que editou os *Sacred Books of the East* (Livros Sagrados do Oriente) e traduziu vários deles, acrescenta, na p. 58 do décimo quinto volume, na sua versão inglesa do citado *sloka*, entre parênteses uma explicação do verbo "*brood*": "*He brooded over himself (like a man performing penance)*", isto é, "Ele ... sobre si mesmo (como alguém fazendo penitência)"; ou seja, para Max Müller, no sânscrito a palavra correspondente a "*brood*" tem uma outra conotação.

420 Humanidade Póstuma. O título original francês é *Essai sur l'humanité posthume et le spiritisme*. O autor é o francês Alfred d'Assier (1827-1889).

inglês desse excelente trabalho acrescento minhas próprias observações sobre esse tema. Falando sobre ferimentos infligidos nas suas vítimas por feiticeiros que podiam duplicar seu corpo e visitá-las no Duplo, o autor diz (p. 224): "A feiticeira entrou na casa dele – de quem ela tinha que se vingar – e o atormentou de mil maneiras. No caso de a vítima ser muito decidida e ter uma arma disponível, muitas vezes acontecia de ela atacar o fantasma, e então a feiticeira, ao sair do transe, *encontrava em seu próprio corpo* as feridas que ela havia recebido na luta fantasmal."

Des Mousseaux, aquele escritor católico que escrevia contra a feitiçaria e outras "artes negras", cita, dos arquivos judiciais da Inglaterra, o caso de Jane Brooks, que perseguia uma criança chamada Richard Jones de uma maneira muito cruel. Em uma de suas visitas, a criança gritou que o fantasma de Jane estava presente e tentou tocá-lo com a ponta do dedo. Uma testemunha, chamada Gilson, saltando para o local indicado, lhe deu um golpe com uma faca, embora o fantasma fosse visível apenas para a criança. Gilson, junto com o pai da criança e um policial, imediatamente revistou a casa de Jane Brooks, e ela foi encontrada sentada em seu banquinho segurando uma de suas mãos com a outra. Ela negou que algo tivesse acontecido com a mão, mas quando uma foi afastada, viu-se que outra, a escondida, estava coberta de sangue, e a ferida foi exatamente como aquela que, segundo a criança, a faca de Gilson havia causado na mão do fantasma. Há registros de grande número de casos semelhantes, e todos comprovam que qualquer acidente ou dano infligido ao Duplo projetado se reproduz no corpo físico no mesmo lugar.[421] Isso me leva à minha própria experiência.

---

421 N.O.: "A exata duplicidade dos corpos astral e físico no homem tem sido afirmada desde as eras mais remotas. Segundo a teoria oriental, o homem astral é o produto de seu *karma* passado e molda o invólucro exterior de acordo com suas próprias qualidades inatas, tornando-o uma representação visível de si. Esta ideia é sucintamente representada no seguinte verso de *Faerie Queene* de Spenser:
'Pois da alma o corpo toma a forma,
Pois a alma é forma e faz o corpo.'"

Em nosso escritório na "Lamaseria", estava pendurado na parede, ao lado da lareira, um relógio de cuco suíço, e eu tinha como hábito metódico dar corda nele todas as noites antes de me retirar para o meu quarto. Uma manhã, depois de tomar banho, fui me olhar no espelho e notei que meu olho direito estava preto e roxo, como se tivesse recebido um soco. Eu não tinha nenhuma explicação para isso, e fiquei ainda mais intrigado ao perceber que não sentia nenhuma dor na parte machucada. Em vão, atazanei meu cérebro para achar uma explicação. No meu quarto não havia pilar, canto saliente ou outro tipo de obstrução onde eu pudesse ter me machucado, no caso de eu ter andado pelo quarto durante o sono – a propósito, um hábito que eu não havia adquirido.

Além disso, um choque, forte o suficiente para ter deixado meu olho tão roxo, deveria necessariamente ter me acordado na hora, mas eu dormi a noite toda tão calmamente como de costume. Então minha perplexidade continuou, até que encontrei HPB e uma amiga, que havia compartilhado sua cama naquela noite, na mesa do café da manhã. A amiga me deu a pista para o enigma. Ela disse: "Ora, Coronel, o senhor deve ter se machucado ontem à noite quando entrou para dar corda no relógio cuco!" – "Dar corda no relógio?", respondi. "O que a senhora quer dizer com isso? Vocês não trancaram a porta quando fui para o meu quarto?" – "Sim", ela disse, "eu mesma a tranquei; e então, como o senhor *poderia* ter entrado? Mas tanto Madame quanto eu vimos o senhor passar pelas portas de correr do nosso quarto e o ouvimos puxando a corda do relógio. Chamei, mas o senhor não respondeu, e eu não vi mais nada." Bem, então, pensei, se eu entrei no quarto no meu Duplo e dei corda no relógio, duas coisas são óbvias, (a) deve-se perceber no relógio que foi dado corda nele, de modo que ele não parou; (b) deve haver algum obstáculo no meu caminho entre a porta e a lareira do lado oposto, no qual eu poderia ter machucado meu olho. Examinamos o local e descobrimos:

1. Que o relógio estava funcionando e aparentemente foi dado corda nele no horário habitual.

2. Ao lado da porta estavam penduradas pequenas prateleiras de livros, e o canto frontal mais saliente de uma das prateleiras era da altura exata para atingir meu olho se eu tivesse batido contra ele. Então me lembrei vagamente de eu ter andado do outro lado do quarto em direção à porta, com a mão direita estendida como para tentar encontrar a porta, houve um choque repentino, "vi estrelas" – como se diz comumente – e, em seguida, esquecimento até a manhã.

Isso me parece curioso; é muito estranho eu não ter sido despertado por um golpe que, quando recebido na cabeça física, quase inevitavelmente acorda a pessoa, e que, tendo sido recebido pelo Duplo projetado, deixou, por repercussão, uma marca bem visível no corpo físico. E o caso é instrutivo também em outros aspectos. Ele mostra que, desde que as condições sejam favoráveis à saída do Duplo para fora do corpo físico, é provável que a "duplicação" ocorra sob o estímulo de uma predisposição do pensamento, por exemplo, de um hábito diário de fazer alguma coisa na mesma hora. Em condições desfavoráveis para "projeção" ou "duplicação", a pessoa, sob outro conjunto de condições, se tornaria sonâmbulo, levantaria da cama, faria o que estava em sua mente e voltaria para a cama e para o sono profundo, sem se lembrar de qualquer coisa.

Os editores da versão em inglês do *Dabistan*[422] dizem: "É impossível determinar a época em que certas opiniões e práticas surgiram [...] particularmente a crença de que um homem pode alcançar a faculdade de abandonar e de reassumir seu corpo, ou de considerá-lo uma vestimenta folgada, que ele pode abandonar à vontade para ascender ao mundo da luz, reunindo-se no retorno de novo com os elementos materiais. Todos esses assuntos são considerados muito antigos." (*Dabistan*, Prefácio, LXXIX)

422 Trata-se do livro *The Dabistan, or School of Manners*, traduzido do persa para o inglês e publicado em 1843.

Uma das minhas experiências mais interessantes foi encontrar pessoas, em diferentes partes do mundo, que até então eu não conhecia e que afirmaram ter me visto em lugares públicos, que eu as havia visitado no corpo astral, às vezes tinha conversado com elas sobre assuntos ocultos, às vezes tinha curado suas doenças, e às vezes até tinha ido com elas ao plano astral visitar nossos Mestres, mas eu não me lembrava de nenhum desses acontecimentos.

No entanto, quando se reflete sobre isso, afinal de contas não é tão improvável que aquele cuja vida inteira, todo pensamento desperto e todo desejo estão ligados a este nosso grande movimento; que não tem nenhum desejo a não ser que esse movimento tenha sucesso, nenhuma ambição a não ser empurrá-lo até seu objetivo final, leve suas preocupações aos reinos do sono e flutue pelas correntes da Luz Astral em direção aos seres afins que são mantidos pelo mesmo ímã no mesmo atraente centro de desejo e aspiração. Em seu sentido mais verdadeiro:

É a simpatia secreta,
O elo de prata, o laço de prata,
Que pode ligar
Coração com coração e mente com mente,
No corpo e na alma.[423]

423 O original inglês é uma estrofe de um poema do escritor escocês Walter Scott (1771-1832).

CAPÍTULO XXV

Swami Dayānand

Se eu não falasse sobre o episódio de nossa breve e desagradável relação com *Swami* Dayānand Sarasvati e sua Arya Samaj[424], meu diário não poderia ser chamado de uma história verdadeira dos primórdios de nossa Sociedade. Eu preferiria omiti-lo totalmente se pudesse, pois não é agradável registrar os detalhes de esperanças perdidas, amargos mal-entendidos e ilusões dissipadas. Agora que tanto HPB quanto o *Swami* estão mortos, e que dezesseis anos se passaram desde que votamos a favor da fusão das duas sociedades, sinto-me livre para esclarecer aquilo que até agora tem sido uma espécie de mistério no que diz respeito ao acontecimento e explicar as causas ocultas da união e da subsequente briga entre o grande *Pandit*[425] e nós.

Contei tudo o que se refere à formação da Sociedade Teosófica; como se originou; quais eram seus objetivos e temas declarados; e como ela gradualmente se desvaneceu tornando-se uma entidade pequena e compacta, da qual os dois Fundadores eram a energia dual: um mero núcleo da organização atual. Ouso dizer que não se pode escrever uma única linha que mostre que alguma vez escondemos ou distorcemos nossas opiniões religiosas, não importa o credo exotérico ao qual nossos correspondentes possam ter pertencido. Portanto,

424 Movimento religioso, fundado em 1875 pelo mencionado *Swami*; promove valores e práticas baseados na infalibilidade dos *Vedas*. Na versão original deste livro (de 1895), o nome do *Swami* estava escrito "Dyánand"; em diversas versões da Wikipédia consta "Dayananda".

425 Erudito; homem culto ou sábio. Em português usa-se também a forma "pândita" e "pandita". Em inglês: "*pandit*" ou "*pundit*".

se *Swami* Dayānand e seus seguidores entenderam mal nossa posição e a da Sociedade Teosófica, a culpa foi deles, não nossa. Nossos dois corações nos atraíram para o Oriente, sonhávamos com a Índia, nosso maior desejo era entrar em relações com o povo asiático. No entanto, nenhum caminho ainda tinha se aberto no plano físico, e a possibilidade de partirmos para nossa Terra Santa parecia muito pequena, até que um dia, no ano de 1877, nos visitou à noite um viajante americano, que recentemente havia estado na Índia.

Aconteceu que ele estava sentado de tal modo que, ao olhar em sua direção, notei na parede acima dele a foto emoldurada dos dois senhores hindus com quem eu tinha feito a travessia do Atlântico em 1870. Eu a peguei, lhe-mostrei e perguntei se ele conhecia qualquer um dos dois. Ele conhecia Moolji Thackersey e o havia encontrado muito recentemente em Bombaim. Pedi o endereço e, pelo primeiro correio, enviei a Moolji uma carta sobre nossa Sociedade, nosso amor pela Índia e a causa disso. Pouco depois, ele respondeu em termos bastante entusiasmados, aceitou o diploma de membro que eu havia oferecido e me contou sobre um grande *pandit* e reformador hindu, que havia começado um forte movimento pelo ressurgimento da pura religião védica. Ao mesmo tempo, ele me falou em termos elogiosos sobre Hurrychund Chintamon, Presidente da Arya Samaj de Bombaim, com quem depois eu me correspondi principalmente e cujo mau tratamento dispensado a nós na chegada a Bombaim já é amplamente conhecido.[426]

Este último indicou vários senhores hindus de Bombaim para serem membros, falou da forma mais lisonjeira de *Swami* Dayānand e estimulou uma troca de cartas entre este e mim como chefes de nossas respectivas sociedades. O Sr. Hurrychund, tendo lido minhas explicações sobre nossos pontos de vista acerca da impessoalidade de Deus – um Princípio Eterno e Onipresente que, sob muitos nomes diferentes, é o mesmo em todas as religiões –, escreveu para mim

426 Cf. o cap. 2 do volume 2 do diário de Olcott (*A História da Sociedade Teosófica. Vol. 2. 1878-1883. Os Primeiros Anos na Índia*. Editora Thesaurus, 2018).

que os princípios da Arya Samaj eram idênticos aos nossos e opinou que, nesse caso, era inútil manter duas sociedades, pois se nós nos juntássemos, aumentaríamos nossa força, nossa utilidade e nossas chances de sucesso.[427] Como eu não me importava, nem naquela época, nem depois, com a honra vazia de ser líder, fiquei até mesmo contente em ocupar o segundo lugar abaixo do *Swami*, que me foi descrito de tal forma que eu o admirei como imensamente superior a mim em todos os aspectos.

As cartas dos meus correspondentes de Bombaim, minhas próprias visões sobre a filosofia védica, e o fato de ele ser um grande *pandit* do sânscrito e fazer praticamente o papel de um Lutero hindu me prepararam para acreditar sem dificuldade no que HPB me contou mais tarde sobre ele, o que era nem mais nem menos do que o seguinte: ele era um Adepto da Fraternidade do Himalaia habitando o corpo de um *Swami*; bem conhecido de nossos próprios Instrutores e em relações com eles para a realização do trabalho que ele estava fazendo. Então não era de admirar que eu estivesse totalmente disposto a aceitar o projeto de Hurrychund de amalgamar a S.T. com a Arya Samaj, e sentar-me aos pés do *Swami* como um aluno se senta aos pés do mestre! Para fazer tal fusão, eu tinha que estar disposto, se necessário, a ser seu criado e de bom grado lhe prestar serviço pelos anos vindouros, sem esperança de recompensa. Depois de tudo isso ter sido explicado aos meus colegas em Nova Iorque, nosso Conselho decidiu em maio de 1878 unir as duas sociedades e mudar o título da nossa para "The Theosophical Society of the Arya Samaj"[428]. Isso foi informado ao *Swami*, e pouco depois ele me devolveu o rascunho de um novo diploma (que está agora diante de mim enquanto escrevo) que eu lhe havia enviado. O diploma estava assinado – como solicitado – com seu nome e carimbado com seu próprio selo. Mandei gravá-lo, o enviei a alguns membros que desejavam se

427 Nota de Olcott: "Para uma apresentação completa do caso, com provas documentais, veja-se o Suplemento Especial de *Theosophist*, julho de 1882.

428 A Sociedade Teosófica da Arya Samaj.

filiar sob o novo esquema e mandei uma circular apresentando os princípios sob os quais pretendíamos trabalhar.

Até aí tudo correu bem, mas, depois de algum tempo, recebi da Índia uma tradução em inglês das regras e doutrinas da Arya Samaj, feita por Pandit Shyamji Krishnavarma, um protegido do *Swami*, que nos deu um grande choque – pelo menos, a mim. Era mais do que claro que as ideias do *Swami* haviam mudado radicalmente desde o agosto anterior, quando a Arya Samaj de Lahore havia publicado sua defesa de seu *Veda Bhasya*[429] contra os ataques de seus críticos. Nesse artigo ele tinha citado e aprovado as opiniões do Prof. Max Müller, Srs. Colebrooke, Garrett e outros de que o Deus dos *Vedas* era uma impessoalidade. Era evidente que a Samaj era bem diferente de nossa Sociedade, era uma nova seita do Hinduísmo – uma seita védica aceitando a autoridade de *Swami* Dayānand como juiz supremo quando afirmava quais partes dos *Vedas* e *Shāstras* eram infalíveis e quais não eram. Tornou-se manifesta a impossibilidade de realizar a fusão pretendida, e imediatamente comunicamos esse fato aos nossos colegas indianos. A Sociedade Teosófica retomou seu *status quo ante*[430], e HPB e eu redigimos duas circulares, que o Conselho enviou aos membros – uma, definindo o que era a Sociedade Teosófica, a outra (datada de setembro de 1878), definindo uma nova entidade, a "Sociedade Teosófica da Arya Samaj de Aryavart", como ponte entre as duas sociedades-mães, dando em detalhes a tradução dos regulamentos da Arya Samaj, etc., e deixando nossos membros totalmente livres para se juntarem à "sociedade-de-ligação", como eu a chamei, e obedecer seu estatuto, ou não.

Nossa Loja[431] de Londres, que, depois de mais de dois anos de entendimentos preliminares, havia se constituído formalmente em 27 de junho de 1878, sob o título de "Sociedade Teosófica Britâni-

429 Comentários sobre os Vedas.
430 Expressão latina significando "estado anterior", "*status quo* anterior".
431 Cf. nota 1.

ca"[432], emitiu sua primeira circular pública com o nome "Sociedade Teosófica Britânica da Arya Samaj de Aryavart[433]". Pedindo desculpas pela digressão, cito aqui, por ser de interesse histórico, algumas passagens da minha cópia desta circular:

> 1. A Sociedade Teosófica Britânica é fundada com o propósito de descobrir a natureza e os poderes da alma e do espírito humanos por meio de investigação e experimentação.
>
> 2. O objetivo da Sociedade é aumentar a saúde humana, bondade, conhecimento, sabedoria e felicidade.
>
> 3. Os Membros se comprometem a esforçar-se, na medida do possível, a viver uma vida de temperança, pureza e amor fraterno. Eles acreditam em uma Grande Causa Inteligente Primeira e na Filiação Divina do espírito do homem e, portanto, na imortalidade desse espírito, assim como na fraternidade universal da raça humana.
>
> 4. A Sociedade está em relações e afinidade com a Arya Samaj de Aryavart, uma Sociedade da qual um dos objetivos é, por meio de uma verdadeira educação espiritual, elevar a humanidade, afastando-a de formas degeneradas, idólatras e impuras de adoração, onde quer que essas prevalecerem.

Este era um programa claro, franco e incontestável, o reflexo do tom, embora não das exatas palavras, da minha circular de Nova Iorque do mesmo ano. Em ambas se afirma a aspiração à obtenção do conhecimento espiritual através do estudo de fenômenos naturais, especialmente ocultos, assim como a fraternidade da humanidade. Ao redigir a circular de Nova Iorque, tive a ideia de que os membros da Sociedade e as entidades que a supervisionam seriam

---

432 N.O.: "Sob a presidência da falecida Dra. Anna Kingsford, o nome foi mudado em 1884 para 'London Lodge of the Theosophical Society' [Loja de Londres da Sociedade Teosófica. N.T.], nome que continua até hoje."

433 Aryavart ou Aryavarta: Parte central e norte da Índia, habitada pelos antigos árias (arianos).

naturalmente agrupados em três categorias, a saber: novos membros que não se desligam de seus interesses mundanos; discípulos, como eu, que haviam se afastado desses interesses ou estavam prontos para isso; e os próprios Adeptos, que, sem serem realmente membros, estavam pelo menos ligados a nós e interessados em nosso trabalho como uma atividade potencial para fazer o bem espiritual para o mundo. Com a concordância de HPB eu defini esses três grupos, chamando-os de seções, e subdividindo cada um em três graus. É claro que fiz isso na esperança e na expectativa de que recebêssemos mais orientação prática para ajustar os vários graus de membros do que tínhamos recebido – ou, devo acrescentar, temos recebido. Na circular de Nova Iorque, a cláusula VI dizia:

> Os objetivos da Sociedade são vários. Ela influencia seus membros a adquirirem um conhecimento íntimo da lei natural, especialmente suas manifestações ocultas.

Depois seguem estas frases escritas por HPB:

> O homem, como o mais alto desenvolvimento na Terra, física e espiritualmente, da causa criativa deve procurar resolver o mistério de seu ser. Ele é o procriador de sua espécie, fisicamente, e tendo herdado a natureza da causa desconhecida mas palpável de sua própria criação, deve possuir em seu eu interior, psíquico, esse poder criativo em menor grau. Ele deveria, portanto, estudar para desenvolver seus poderes latentes e se informar a respeito das leis do magnetismo, da eletricidade e de todas as outras formas de força, seja dos universos visíveis ou invisíveis.

Em seguida eu continuo dizendo o seguinte:

> A Sociedade ensina, e espera que seus membros exemplifiquem pessoalmente, a mais alta moralidade e as mais elevadas aspirações religiosas; que eles se oponham ao materialismo da ciência e a toda forma de teologia dogmática [...]; que divulguem, entre as nações ocidentais, os *fatos* omitidos durante muito

> tempo sobre as filosofias religiosas orientais, sua ética, cronologia, esoterismo, simbolismo [...]; que disseminem um conhecimento dos ensinamentos sublimes desse puro sistema esotérico do período arcaico, expressados nos *Vedas* mais antigos e na filosofia de Gautama Buda, Zoroastro e Confúcio; finalmente, e principalmente, que ajudem a instituir uma Fraternidade da Humanidade, na qual todos os homens bons e puros de todas as raças reconhecerão um ao outro como os efeitos iguais (neste planeta) de uma Causa InCriada[434], Universal, Infinita e Eterna.

O parêntese ("neste planeta") foi escrito por HPB.

Foi quando percebemos o caráter sectário da Arya Samaj que demos o passo para retomar a autonomia da Sociedade e que fizemos a categórica declaração de princípios acima, a qual abrangeu, como o leitor pode notar:

1. O estudo da ciência oculta;
2. A formação de um núcleo de fraternidade universal; e
3. O reavivamento da literatura e filosofia orientais.

Em suma, todos os três Objetos Declarados sobre os quais a Sociedade Teosófica tem se construído durante os dezessete anos subsequentes.

Se entre nossos amigos de Bombaim havia anteriormente o menor equívoco quanto aos objetivos e princípios de nossa Sociedade, aquela circular removeu qualquer desculpa para eles continuarem equivocados.

No preâmbulo da circular sobre a Arya Samaj, que enviamos em setembro de 1878, apenas três meses antes de nossa partida para a Índia, chamamos a atenção para a tradução das regras da Samaj por Pandit Shyamji, incluídas na circular, e afirmamos: "A observância dessas regras é obrigatória somente para os membros que solicitarem voluntariamente a admissão à Arya Samaj; os outros continua-

434 No original: "UnCreate".

rão, como até agora, sem ligação com o trabalho especial da Samaj." O preâmbulo prosseguiu dizendo que nossa Sociedade, no intuito de ajudar "o estabelecimento de uma Fraternidade da Humanidade, tinha organizado seções (isto é, grupos) nas quais havia lugar para pessoas nascidas nos mais variados credos religiosos, exigindo apenas que os candidatos a membro desejem sinceramente aprender as sublimes verdades escritas primeiro pelos arianos nos *Vedas* e depois promulgadas em diferentes épocas por sábios e videntes, e levar a vida de acordo. E também, se assim desejarem, se esforçar para adquirir o controle sobre certas forças da Natureza, controle que adquire aquele que conhece seus mistérios." Nisso havia uma alusão ao treinamento ocultista e os desenvolvimentos de HPB e seus discípulos. A frase mostra que o principal motivo original dos Fundadores da Sociedade era promover esse tipo de estudo, sendo sua firme convicção de que, com o desenvolvimento dos poderes psíquicos e com profunda percepção espiritual, todo conhecimento religioso é atingível e todo dogmatismo religioso ignorante desaparece. A circular acrescenta que "a Sociedade assim acolheu – e seus membros vivem em harmonia com – budistas, lamaístas, bramanistas, parses, confucionistas e judeus", etc., o que era a pura verdade, pois candidatos de todas essas religiões já haviam sido inscritos como membros. A incongruência deste programa com o da Arya Samaj é inequívoca e salta aos olhos. Pois a regra 2 na versão de Shyamji reza:

> Os quatro textos dos *Vedas* devem ser recebidos e considerados como contendo dentro de si tudo o que é necessário para que sejam uma autoridade extraordinária em todas as questões relativas à conduta humana.

Nada é dito aqui sobre a autoridade de qualquer outra escritura religiosa na conduta humana, nem se mostra qualquer interesse benevolente pelo bem-estar religioso dos povos não védicos; em suma, é uma organização sectária, não eclética. Dizendo isso, eu não expresso uma opinião sobre se a Samaj é uma seita boa ou ruim, conservadora ou progressista, ou se sua fundação pelo *Swami* foi uma bênção para a Índia ou o contrário. Eu simplesmente quero dizer que é uma seita, e que, pelo fato de nossa Sociedade não ser uma seita e ter objetivos bem diferentes, não poderia fundir-se adequadamente com a Samaj, embora pudéssemos e desejássemos ser amigos.

Para mostrar ainda mais a autoridade arbitrária que o *Swami* reivindicou e exerceu ao determinar quais dos *Shāstras* constituem uma "autoridade" e quais não, cito, da mesma Regra 2 da Arya Samaj, o seguinte:

> Os *Brāhmanas*, começando com o *Shatapatka*; os seis *Angas* ou divisões dos *Vedas*, começando com o *Shikshā*; os quatro *Upavedas*; os seis *Darshanas* ou Escolas de Filosofia; e as 1.127 preleções sobre os *Vedas*, chamadas *Shākhās*, ou ramos – estes serão aceitos como expoentes do significado dos *Vedas*, bem como da história dos árias. Na medida em que estes coincidam com os pontos de vista dos *Vedas*, eles serão considerados como autoridade ordinária.

Aqui é definida uma seita, uma seita do Hinduísmo, uma seita baseada nas linhas traçadas pelo seu fundador. Percebe-se – seja dito de passagem – que o *Swami* se coloca em oposição a todos os *pandits* ortodoxos, uma vez que ele exclui de sua lista de livros inspiradores muitos que são considerados por eles como sagrados.

Por exemplo, os *Smritis*[435] são omitidos pelo *Swami*, como não sendo autoridades terminantes. Mas segundo Manu[436], cap. II, 10, os "*Vedas*" são "revelações", e "*Smritis*" (*Dharma Shāstras*) são "tradições"; estes dois são irrefutáveis em todos os assuntos, pois por

435 "Explicações tradicionais, transmitidas oralmente. [...] Agora são os escritos legais e cerimoniais dos hindus; o oposto dos *Vedas*; portanto, menos sagrados do que os *Vedas*, que são *Sruti*, ou 'revelações'." (Tradução da explicação dada no *Theosophical Glossary* de HPB)

436 "Manu é o primeiro legislador [hindu], quase um ser divino. [...] O *Código* ou *livro de Leis de Manu* [...] é atribuído a este grande legislador." (*Glossário Teosófico*)

estes surgiram virtudes. Sustenta-se, portanto, que os *Smritis* devem ser respeitados como "autoridade".

As coisas permaneceram assim até a chegada dos Fundadores na Índia e seu encontro, logo depois, com *Swami* Dayānand em Saharanpur. É claro que as chances de nós nos enredarmos em uma série de mal-entendidos foram aumentadas em muito pela necessidade de o *Swami* e nós termos que conversar uns com os outros através de intérpretes, os quais, mesmo dominando o inglês comum, não tinham a fluência que os capacitaria para traduzir corretamente nossos pontos de vista sobre as questões complicadas de filosofia, metafísica e ciência oculta que tiveram que ser discutidas. Assim, nos fizeram entender que a concepção de Deus de *Swami* Dayānand era a do *Parabrahman*[437] vedântico, portanto de acordo com a nossa. Achando isso correto – e somente mais tarde ele disse que era errado – dei uma palestra, em sua presença, para a Arya Samaj em Meerut, e declarei que agora todas as causas de mal-entendidos haviam sido removidas e que as duas sociedades eram realmente gêmeas. No entanto, não era assim: elas não eram mais parecidas do que nossa Sociedade é semelhante à Brahmo Samaj[438] ou a qualquer seita cristã ou outra. O rompimento era inevitável, e aconteceu no devido tempo.

O *Swami*, perdendo a compostura, tentou desmentir suas próprias palavras e negar seus atos, e finalmente nos atacou com agressões e denúncias, emitiu uma circular ao público e afixou panfletos em Bombaim, chamando-nos de charlatães e não sei o que mais. Isso nos forçou a nos defender, explicar nossa situação e a fornecer provas, o que foi feito em um suplemento especial do *Theosophist*, de julho de 1882, no qual todos os documentos comprobatórios são

437 *Parabrahman* ou *Parabrahm*: "Literalmente, 'superior a Brahmâ'. O supremo e infinito Brahma, o 'Absoluto', a Realidade sem atributos e sem segundo. O princípio universal, impessoal e inominado." (*Glossário Teosófico*)

438 Movimento religioso indiano fundado em 1862 por Nobin Chandra Roy, com base no movimento Brahmo Sabha, iniciado em 1828. Deu uma contribuição significativa para o surgimento da Índia moderna.

citados na íntegra, e são publicados fac-símiles de um importante documento com a assinatura do *Swami* e o certificado do Sr. Seervai, então nosso Secretário. Assim, depois de um relacionamento conturbado de cerca de três anos, as duas sociedades foram separadas e cada uma seguiu seu próprio caminho.

Os elementos disruptivos inerentes foram: 1) minha descoberta de que o *Swami* era simplesmente isso – isto é, um *pandit* asceta – e não um Adepto; 2) o fato de que a Samaj não tinha os objetivos ecléticos da Sociedade Teosófica; 3) a decepção do *Swami* por termos recuado de nosso consentimento inicial para aceitar a proposta de Harischandra para a fusão; 4) sua irritação – que ele expressou para mim em termos muito fortes – pelo fato de que eu ajudaria os budistas do Ceilão e os parses[439] de Bombaim a conhecer e amar suas religiões melhor do que antes, apesar de, como ele disse, suas religiões serem falsas. Também tenho duvidado que nosso correspondente intermediário, Hurrychund Chintamon, tivesse lhe explicado quais eram as nossas ideias e os verdadeiros objetivos da nossa Sociedade. A posterior descoberta do fato de que ele (Hurrychund) havia embolsado as cerca de 600 rúpias enviadas por nós para a Arya Samaj, e a restituição do dinheiro em Bombaim por exigência de HPB, me inclinam a pensar que ele enganou tanto o *Swami* quanto a nós mesmos a esse respeito e que nós teríamos continuado com o mesmo mal-entendido até chegarmos na Índia, se eu não tivesse recebido a tradução por Shyamji das regras da Samaj.

É inútil e desperdício de espaço prosseguir nesse assunto, já que aqueles que se interessam por detalhes podem encontrá-los no Suplemento especial do *Theosophist* acima mencionado. O *Swami* era, sem dúvida, um grande homem, um *Pandit* erudito do sânscrito, com imensa valentia, força de vontade e autoconfiança – um líder de homens. Quando nós nos encontramos pela primeira vez, em 1879,

439 "Parses ou pársis são um grupo étnico-religioso do subcontinente indiano. Eles formam a maior das duas populações praticantes do zoroastrismo na região — a outra é a comunidade dos iranis." (Wikipédia)

ele havia se recuperado recentemente da cólera, e seu físico estava mais delgado e delicado do que normalmente. Eu o achei muito bonito. Alto, de postura muito elegante e muito cortês conosco, ele causou uma forte impressão em nossa imaginação. Mas quando eu o vi depois – alguns anos mais tarde, acho que foi em Benares[440] – ele estava bastante mudado, e não para melhor. Ele havia ficado obeso, tinha grandes pregas de gordura no torso nu[441] e uma volumosa papada sob o queixo. Sua largura fez parecer menor sua altura, de modo que ele realmente parecia mais baixo, e a expressão poética havia desaparecido de seu rosto dantesco[442]. Felizmente, tenho uma lembrança de seu eu anterior em forma de um quadro a óleo feito a partir de uma fotografia, que me foi dado no norte da Índia. Agora ele está morto, mas sua Samaj sobrevive e se espalhou em todo o norte da Índia, onde tem duzentos ou trezentos ramos. Durante nossa recente visita ao Punjab, Annie Besant e eu fizemos uma agradável visita à Samaj principal, em Lahore, e ajudamos um pouco, espero, a suavizar os ressentimentos que os samajistas tiveram, para meu grande pesar, durante muito tempo em relação a nós. O mundo é grande o suficiente para todos nós, e é melhor que todos nós tentemos viver juntos como irmãos.

440 Agora Varanasi.

441 Entre os *Swamis* indianos é bastante comum ficar de torso nu.

442 O adjetivo "dantesco", derivado do nome Dante, comumente significa "horroroso, assombroso, pavoroso", mas aqui Olcott certamente quer dizer "poético" ou "parecido com o (rosto) de Dante Alighieri".

CAPÍTULO XXVI

Mme. Blavatsky em Casa

Até aqui falei sobre HPB principalmente como personagem pública; agora vamos ver como ela era em casa.

Mas, primeiro, alguém sabe por que ela preferia ser chamada de "HPB" e tanto abominava o título de "Madame"? Que ela não gostasse de ser tratada pelo sobrenome Blavatsky não é tão estranho, quando nos lembramos dos fatos daquele casamento deplorável, informados pelo Sr. Sinnett em seu livro *Incidents*, etc. Esse casamento não trouxe nenhum ganho nem felicidade para ela, e tampouco paz para o cônjuge, que ela, por um desafio, prendeu a si mesma, para melhor ou para pior. De qualquer forma, antes de se casar com o outro Sr. B., na Filadélfia, ela estipulou que não mudaria seu sobrenome, e não o fez, exceto nos documentos do divórcio, nos quais consta o nome do segundo marido. Quanto ao título de "Madame", ela sentia por ele uma espécie de ódio, porque ela o associava a uma cadela daquele nome que um conhecido seu possuía em Paris e pela qual ela tinha especial antipatia. Eu acho que a aparente excentricidade de chamar a si mesma pelas suas três iniciais tinha um significado mais profundo do que geralmente se tem suspeitado.

Essas três iniciais significavam que a personalidade de nossa amiga estava tão mesclada com a de vários de seus Mestres que, na verdade, o nome que ela tinha se aplicava apenas raramente a uma das inteligências que momentaneamente controlava essa personalidade; e o personagem asiático que falava através de seus lábios certamente não era Helena nem a viúva do General Blavatsky, nem mulher alguma. Mas cada uma dessas personalidades mutáveis contribuiu para a criação de uma entidade composta, a soma de todas elas e da própria Helena Petrovna, que muito bem poderia ser denominada "HPB" como qualquer outra coisa. Esse fato me lembra aquele da fotografia composta – uma entidade aparentemente real, mas na verdade apenas uma mistura de dez ou mais entidades –, para o qual Sir Francis Galton foi o primeiro a chamar nossa atenção em seu *Inquiry into Human Faculty*[443]. Minha teoria, à primeira vista, pode parecer insustentável para aqueles que não a conheciam tão intimamente como eu, mas inclino-me a acreditar que ela seja a correta.

A rotina da nossa vida na "Lamaseria" era a seguinte. Tomávamos o café da manhã por volta das 8, jantávamos às 18, e íamos dormir de madrugada, dependendo de nosso trabalho e das interrupções causadas por visitantes. HPB almoçava em casa, eu, na cidade, em algum lugar perto do meu escritório de advocacia. Quando nos conhecemos, eu era um membro muito ativo do Clube Lotos, mas a redação de *Ísis* pôs fim, de uma vez por todas, à minha relação com clubes e envolvimentos mundanos em geral. Depois do café da manhã, eu ía para meu escritório, e HPB se sentava na sua escrivaninha para trabalhar. No jantar, na maior parte das vezes, tínhamos convidados; poucas noites estávamos sozinhos, pois, mesmo que não houvesse nenhum convidado, geralmente alguém aparecia em nosso apartamento. Nossa vida de casa era a mais simples; não bebíamos vinho ou outras bebidas alcoólicas, e comíamos apenas comida simples. Nós tínhamos uma empregada que fazia todos os trabalhos de casa, ou melhor, uma procissão delas indo e vindo, pois não ficávamos muito tempo com qualquer uma delas. Depois de limpar as coisas do jantar, a empregada ía para sua casa, e daí em diante nós mesmos tínhamos que receber os visitantes. Isso não era demais; mas um problema mais sério era fornecer chá, com leite e açúcar, para uma sala cheia de convidados, por exemplo a uma hora da madrugada, quando HPB, desconsiderando totalmente nos-

443 Investigação sobre a Capacidade Humana.

sas possibilidades em casa, se convidava para tomar uma xícara e exclamava para todos os presentes: "Vamos todos tomar chá! O que acham?" Era inútil eu fazer gestos de discordância, ela não prestava atenção. Então, depois de várias infrutíferas buscas por leite ou açúcar na vizinhança no meio da noite, não tolerei mais isso e coloquei o seguinte aviso:

"CHÁ"

"Os hóspedes encontrarão água fervente e chá na cozinha, talvez leite e açúcar, e poderão se servir."

Isso era tão de acordo com o tom boêmio de nossa casa que não foi considerado estranho, e foi muito divertido ver depois os *habitués* se levantar em silêncio e ir para a cozinha fazer chá para si. Senhoras finas, professores eruditos, artistas famosos e jornalistas, todos se tornaram membros do nosso "Gabinete de Cozinha", como nós o chamamos jocosamente.

HPB não tinha nem mesmo uma noção rudimentar de manutenção de casa. Uma vez, querendo ovos cozidos, ela colocou os ovos crus diretamente sobre as brasas! Às vezes, nossa empregada saía no sábado à noite e deixava que nos virássemos para as refeições do dia. Nesses casos era HPB quem cuidava da comida e cozinhava? Claro que não, era seu pobre colega. Ou ela ficava sentada e escrevia e fumava cigarros, ou entrava na cozinha e incomodava. No meu Diário de 1878, encontro o seguinte nas anotações de 12 de abril: "A empregada 'abandonou o barco'[444] sem preparar o jantar; então a condessa L. P.[445] foi para a cozinha e me ajudou fazendo uma excelente salada. Além dela, tínhamos O'Donovan para o jantar." Esse irlandês era um cara incomum, um escultor de talento notável, um excelente companheiro, com um humor seco que era irresistível. HPB gostava muito dele, e ele, dela. Ele modelou ao vivo um

444 No original: "*vamosed the ranch*". É uma expressão que pode significar simplesmente "sair", "partir", "fugir" ou algo como "abandonar o barco".

445 Lydia Paschkoff. Ela tinha viajado com HPB pelo Líbano em 1872.

retrato dela em um medalhão, que foi fundido em bronze e que está em minha posse. Não sei como ele está agora, mas naquela época ele gostava de um copo de bom uísque (se algum uísque pode ser chamado de bom), e uma vez fez todos os presentes gargalhar com uma réplica que ele deu a um deles.

Eles estavam bebendo juntos, e o homem em questão, depois de provar sua bebida, pôs o copo na mesa exclamando: "Cruzes! Que uísque ruim!" O'Donovan, virando-se para ele com solene gravidade, colocou a mão em seu braço e disse: "Não, não, não diga isso. Não há uísque *ruim*, mas algum é melhor que outro." Ele era católico romano por nascimento, mas aparentemente não tinha nenhuma crença em particular. Porém, vendo quão exaltada e irritada HPB sempre ficava quando o catolicismo romano era mencionado, ele fingia acreditar que esse credo acabaria varrendo o Budismo, o Hinduísmo e o Zoroastrismo da face da Terra. Embora ele tivesse feito essa pegadinha com ela vinte vezes, HPB era invariavelmente pega na armadilha, sempre que O'Donovan a colocava para ela. Então ela costumava se enfurecer e xingar, chamá-lo de idiota incurável e usar outros termos carinhosos, mas era inútil: ele permanecia sentado e fumava em digno silêncio, sem mudar de expressão, como se estivesse ouvindo uma recitação dramática na qual os sentimentos do recitador não entram.

Quando ela tinha perdido o fôlego de tanto falar e gritar, ele virava a cabeça lentamente na direção de alguém perto dele e dizia: "Ela fala bem, não é? Mas ela não acredita nisso; é apenas a sua réplica. Um dia ela será uma boa católica." E quando HPB esbravejava devido a essa suprema audácia e fazia gesto de jogar algo nele, ele escapava para a cozinha e se preparava uma xícara de chá! Ele trazia amigos para nossa casa apenas para eles apreciarem essa espécie de provocação. Mas HPB nunca guardou rancor, e depois de repreendê-lo várias vezes, era tão gentil com seu inveterado provocador como sempre.

Um dos nossos visitantes frequentes e muito apreciados foi o

Prof. Alexander Wilder, uma personalidade curiosa, o tipo da classe muito numerosa de pequenos fazendeiros americanos autodidatas: homens da qualidade vigorosa dos Colonos Puritanos[446], homens inteligentes e pensadores, fortemente independentes, muito versáteis, muito honestos, muito valentes e patrióticos.

O Prof. Wilder e eu somos amigos desde antes da Rebelião[447], e eu sempre o tenho na mais alta estima. Sua cabeça está cheia de conhecimentos, que ele prontamente transmite a ouvintes que os apreciam. Ele não é um homem educado em alguma universidade ou na cidade, mas se alguém quiser ouvir ideias sensatas sobre a migração de raças e símbolos, o significado esotérico da filosofia grega, o valor dos textos em hebraico ou grego, ou os méritos e deméritos de várias escolas de medicina, ele pode expô-las tão bem quanto o pós-graduado mais competente. Um homem alto e esguio do tipo de Lincoln[448], com uma cabeça nobre em forma de domo, queixo fino, cabelos grisalhos e a linguagem cheia de curiosos americanismos saxões[449].

Ele costumava vir a nossa casa e conversar horas a fio com HPB, muitas vezes deitado no sofá, com – como ela costumava dizer – "uma longa perna descansando no candelabro, a outra na prateleira acima da lareira". E ela, tão corpulenta quanto ele era magro, tão volúvel quanto ele era sentencioso e epigramático, fumava inúmeros cigarros e participava brilhantemente da conversa. Ela conseguiu que ele colocasse no papel muitas de suas ideias – que ela queria usar em *Ísis* – e

---

446 No original: "*Pilgrim Fathers*"; literalmente "Pais Peregrinos"; é a expressão usada para referir-se aos puritanos que, buscando liberdade religiosa, saíram da Inglaterra e se estabeleceram no Leste dos Estados Unidos no século 17. "*Father*" pode significar também "padre", mas no caso não se tratava de padres.

447 Olcott se refere à Guerra de Secessão (1861-1865).

448 Abraham Lincoln.

449 O Inglês Antigo é conhecido também como Anglo-Saxão. Os americanismos (palavras e expressões típicas dos Estados Unidos) que o Prof. Wilder usava eram aparentemente misturados com palavras e expressões tipicamente da Inglaterra, já que ele era do tipo dos primeiros colonos ingleses na América.

de fato elas se acham lá como citações. As horas passavam sem que os dois o percebessem, até que às vezes ele perdia o último trem para Newark e tinha que permanecer na cidade a noite toda. Penso que, de todos os nossos visitantes, ele se importava menos com os fenômenos psíquicos de HPB; ele acreditava que, cientificamente, eles eram possíveis, e não duvidava de que ela tivesse a capacidade de produzi-los, mas seu ídolo era a filosofia, e as maravilhas da mediunidade e do *Adeptado* o interessavam apenas no abstrato.

Mas alguns dos fenômenos de HPB realmente eram bastante estranhos. Além daqueles já descritos antes, em meu Diário há menções a outros, entre eles este bem curioso: um dia encontrei na parte baixa da cidade (Nova Iorque) um conhecido e parei por alguns instantes para conversar com ele. Ele era muito preconceituoso contra HPB e falou muito duramente a respeito dela, mantendo sua opinião apesar de tudo que eu disse. Finalmente, ele usou uma linguagem tão ofensiva que, com grande nojo, eu o deixei apressadamente e segui meu caminho. Habitualmente eu vou para casa na hora do jantar; então fui para o meu quarto – aquele marcado com "G" no plano mostrado no Capítulo XXIV – para fazer minha toalete. HPB veio pelo corredor até a porta aberta e, de lá, me deu boa noite.

O lavatório estava no canto noroeste, em frente à porta, e a parede branca "emassada" acima dele estava nua, sem fotos ou qualquer outra coisa. Depois de me lavar, virei para a mesinha de barbear atrás de mim, bem na frente da janela, para escovar o cabelo, quando vi algo de uma cor verde refletido no espelho. Uma segunda olhada mostrou que era uma folha de papel verde com algo escrito nela, e que ela estava pregada na parede, bem acima do lavatório, onde um instante antes eu estava ocupado ou não tinha visto nada, exceto a parede nua diante dos meus olhos. Peguei o papel, afixado por alfinetes nos quatro cantos, e vi nele alguns textos orientais do *Dhammapāda* e de *Sūtras*, escritos em um estilo peculiar e assinados no canto inferior por um dos Mestres.

Os versos eram repreensões dirigidas a mim por eu ter permitido que HPB fosse insultada, sem defendê-la; sem dúvida isso se referiu ao meu encontro na cidade com o meu conhecido, embora nenhum nome estivesse mencionado. Eu não tinha estado nem cinco minutos em casa desde o meu retorno, não tinha falado com ninguém sobre o incidente nem trocado com ninguém na casa mais do que as poucas palavras de saudação com HPB da porta do meu quarto. Aliás, eu tinha esquecido totalmente aquele incidente. Esse é um daqueles fenômenos de categoria superior que envolvem o poder de ler pensamentos, ou a clariaudiência a distância, e o de produzir documentos escritos sem contato, ou de escrevê-los da maneira comum, fixando-os à parede antes do meu retorno para casa e depois inibindo minha visão de modo a torná-los invisíveis por algum tempo, mas visíveis no instante seguinte por meio da restauração de minha visão normal. Essa parece ser a explicação mais provável das duas, mas, mesmo assim, veja quão refinado é o fenômeno: primeiro, a clariaudiência à distância de três milhas, e depois a inibição da minha visão, sem despertar a menor suspeita em minha mente da peça que estava sendo pregada em mim. Eu tinha guardado esse papel verde cuidadosamente até 1891, quando ainda estava comigo na minha volta ao mundo, mas alguém se apropriou dele sem minha permissão. Eu ficaria feliz em recuperá-lo.

Junto com ele desapareceu outra produção de HPB. Trata-se de uma caricatura que representa minha suposta prova de iniciação na escola dos adeptos, e é realmente um quadro dos mais cômicos. No primeiro plano, embaixo, estou eu com um *fehta* (turbante) hindu como única peça de vestuário, estando submetido a um exame catequético pelo Mestre K.H. No canto inferior direito, uma mão solta segura no ar uma garrafa de álcool, e uma bailarina indiana[450] esquelética, que se parece com um camponês irlandês faminto em

450 No original: "*bayadere*". Essa palavra (também escrita "*bayadère*") provém, através do francês "*bayadère*", do português "bailadeira", com que os portugueses se referiam às bailarinas indianas, especialmente no sul da Índia, vestidas com roupas muito coloridas.

um período de infestação pelo pulgão de batata, está dançando um *pas de fascination*[451]. No canto superior, HPB – com um chapéu de sol de Nova Jersey e sapatos masculinos típicos do Decão[452], com as pontas levantadas, e carregando um guarda-chuva em forma de sino, de cuja ponta flutuava uma bandeira, na qual estava escrito "Jack" – está montada num elefante e levanta uma mão gigantesca para "controlar os elementos" a fim de me ajudar, enquanto outro Mestre fica ao lado do elefante assistindo a minha provação. Um pequeno elemental engraçado, com um chapéu de algodão, em cima do ombro de K.H. e segurando uma vela acesa, diz: "Meu Deus![453] O que é isso?". Uma série de perguntas e respostas absurdas, escritas abaixo do livro do meu Interrogador, completa a ridícula sátira.

Com base nessa descrição, o leitor pode avaliar a jovialidade do temperamento de HPB naquele período, e da amável licença que nos era concedida em nossos contatos com os Instrutores. Sem dúvida, o mero pensamento a tal irreverência fará que frios arrepios percorram as espinhas de alguns dos mais recentes discípulos de HPB. Não sei como ilustrar melhor essa alegre exuberância dela do que citando a expressão usada por um repórter de Hartford ao escrever para seu jornal. "Madame riu", diz ele. "Quando escrevemos 'Madame riu', nos sentimos como se estivéssemos dizendo 'O riso estava presente'! Pois entre todos os risos claros, alegres e animados que já ouvimos, aqui está a própria essência. Ela parece, de fato, o *Gênio* do humor, que ela exibe em todos os momentos, tão intensa é a sua vitalidade." Este era o tom da nossa casa, e a alegria de HPB, sua espirituosidade epigramática, o brilho da sua conversa, sua gentileza carinhosa para aqueles de quem gostava ou quem ela queria ter perto dela, o repertório de suas anedotas e – principal atração para a maioria dos visitantes – seus incríveis fenômenos psíquicos

451 Expressão francesa; literalmente: "dança de fascinação"; um tipo de dança de balé.

452 Planalto no centro e sul da Índia.

453 No original: "*My stars*!", literalmente "Minhas estrelas!".

fizeram da "Lamaseria" o *salon* mais atraente da metrópole de 1876 até o final de 1878.

Um fenômeno muito interessante é o da duplicação de objetos, a criação de dois ou mais a partir de um. Dei alguns exemplos acima, e aqui está outro, que foi descrito por um jornalista de Nova Iorque do *Hartford Daily Times* de 2 de dezembro de 1878. O correspondente passou uma noite conosco e encontrou alguns outros visitantes, de um dos quais, um artista inglês, ele recebeu a seguinte história do que viu HPB fazer:

> "Eu sei que vai parecer incrível para você, meu caro", disse meu amigo, "pois assim parece para mim quando olho para trás; contudo, ao mesmo tempo, sei que meus sentidos não poderiam ter me enganado. Além disso, outro cavalheiro estava comigo naquele momento. Tenho visto Madame criar coisas." "Criar coisas?!", gritei. "Sim, criar coisas, produzi-las do nada. Posso te falar de dois exemplos."
>
> "Um dia, quando Madame, meu amigo e eu tínhamos saído para olhar as lojas, ela disse que desejava alguns desses alfabetos iluminados[454] que vêm em folhas, como as folhas pintadas de passarinhos, flores, animais e outras figuras, tão populares para decorar objetos de cerâmica e vasos. Ela estava fazendo um caderno de recortes e queria enfeitar sua pequena página com essas letras bem coloridas. Bem, nós procuramos em todos os lugares, mas não encontramos nada, até que finalmente encontramos em algum lugar da Sexta Avenida apenas uma folha, contendo as vinte e seis letras. Madame a comprou e fomos para casa. É claro que ela queria várias, mas como não as tinha encontrado, passou a usar o que podia dessa única folha.
>
> Meu amigo e eu nos sentamos ao lado de sua pequena mesa,

454 Este adjetivo remete a "iluminura": "Arte e técnica que remonta à Idade Média de ilustração de manuscritos com a pintura de letras, arabescos e figuras diversas." (Dicionário *Aulete Digital*)

enquanto ela pegava seu caderno de recortes e começava a colar suas letras. De vez em quando ela exclamou, petulante: "Quero dois S's, dois P's e dois A's." Eu disse: "Madame, vou procurá-los no centro da cidade. Suponho que eu possa encontrá-los em algum lugar." "Não, não precisa", ela respondeu. Depois, levantando os olhos de repente, disse: "Você quer me ver fazer algumas letras?" "Fazer? Como? Pintar?" "Não, fazer algumas exatamente como estas." "Mas como isso é possível? Estas são impressas por máquinas." "É possível - veja!"

Ela colocou o dedo no S e olhou para ele, olhou para ele com infinita intensidade, franziu a testa. Ela parecia o próprio espírito da vontade. Após cerca de meio minuto ela sorriu, ergueu o dedo, pegou dois S's exatamente iguais e exclamou: "Está feito!" O mesmo ela fez com os P's.

Meu amigo pensou: "Se isso é um truque, pode ser detectado. Em um alfabeto pode haver apenas um exemplar de cada letra. Vou tentá-la." Então ele disse: "Madame, suponhamos que desta vez, em vez de fazer duas letras separadamente, a senhora as junte, assim: A-A."

"Não faz diferença para mim", ela respondeu indiferente, colocou o dedo no A, após poucos segundos o levantou e lhe deu dois A's juntos, como ele queria. *Eles estavam como se retirados do mesmo pedaço de papel.* Não havia costuras ou juntas (artificiais) de qualquer tipo. Ela teve que separá-los para usá-los. Isso foi em plena luz do dia, na presença de ninguém além de mim mesmo e meu amigo, e feito simplesmente para sua própria conveniência.

Nós dois ficamos pasmos e totalmente fascinados. Examinamos as letras com o máximo cuidado. Elas pareciam tão semelhantes quanto duas ervilhas. Mas, se você quiser, posso mostrar as letras neste momento. "Madame, podemos olhar seu caderno de recortes?"

"Certamente, com prazer", respondeu Madame, cortesmente. Esperamos impacientemente até que o Sr. P. pôde abrir o caderno. A página estava lindamente arranjada; nela estava escrito em letras brilhantes:

TERCEIRO VOLUME, CADERNO DE RECORTES DA SOCIEDADE TEOSÓFICA

Nova Iorque, 1878

SUAS TRIBULAÇÕES E TRIUNFOS

"Lá," ele disse, apontando para o S em 'Recortes' e o S em 'Sociedade'," essas são as letras que ela usou, e esta é a que ela fez. "Não havia diferença nelas."[455]

Não havia nada fora do comum no mobiliário e na decoração do nosso apartamento, exceto na sala de jantar e na sala de trabalho – que era ao mesmo tempo nossa sala de recepção e biblioteca –, mas lá eles eram sem dúvida bastante pitorescos. Entre a sala de jantar e o quarto de HPB havia uma parede sem abertura, e essa parede estava inteiramente coberta por um quadro *em folhas secas da floresta*, representando uma cena de floresta tropical. Um elefante estava ruminando ao lado de uma poça de água, um tigre, saindo do fundo, estava saltando em sua direção, e uma enorme serpente estava enrolada em volta do tronco de uma palmeira.

Uma representação muito boa disso se encontra na p. 205 do

455 N.O.: "Parece que o repórter confiava em sua memória, pois na hora ele não copiou as palavras da inscrição; eu a tenho neste momento diante de mim e vejo que o texto é o seguinte: 'História da Sociedade Teosófica, antes e depois de seu nascimento, e das mortificações, tribulações e triunfos de seus membros.' As letras que HPB duplicou são os S's em 'História', 'Sociedade' e 'Teosófica', duas delas tendo sido feitas a partir da terceira, [...]. Aparentemente ela duplicou várias outras letras, pois eu encontro nada menos que oito A's, além de outras duplicatas." [O original da frase é: "*Ante and post natal history of the Theosophical Society, and of the mortifications, tribulations and triumphs of its Fellows.*" Como no inglês ocorre também a letra "P", Olcott escreveu ainda: "... os P's estão em 'Post' e 'Triumph', e eles estão menores do que os S's." N.T.]

Frank Leslie's Monthly Popular de fevereiro de 1892, embora a imagem da sala – com um criado hindu trazendo um assado, e os participantes do jantar *bebendo vinho* – seja ridiculamente incorreta. Essa sala não era como na foto; não tínhamos criado hindu; não tínhamos nenhuma gota de vinho ou bebidas espirituosas em casa; nossos móveis eram totalmente diferentes daqueles desenhados pelo artista. Nunca ouvi falar de outra imagem de parede do tipo mencionado, e ela parecia impressionar todos os nossos hóspedes como sendo totalmente apropriada em uma casa como a "Lamaseria". Toda a cena da floresta se destacava das folhas de outono que cobriam a parede; a figura do elefante estava feita de papel pardo. Fiz invenção semelhante na sala de trabalho. A porta de entrada estava em um ângulo que resultou do corte de um canto, e acima dela a parede formava um quadrado de talvez 1,20 por 1,50 metros.

Um dia encontrei em uma loja de curiosidades uma cabeça de leoa esplendidamente montada: os olhos brilhando, as mandíbulas bem abertas, a língua retraída, os dentes brancos e ameaçadores. Quando eu a levei para casa e procurei um lugar onde colocá-la, este quadrado na parede soltou aos meus olhos, e lá pendurei meu troféu. Por um arranjo de capim alto e seco, fiz parecer que uma leoa furiosa estava se arrastando pela selva, pronta para atacar os visitantes que por acaso olhassem para ela. Era uma das nossas brincadeiras deixar recém-chegados sentar-se em uma poltrona que ficava de frente para a porta, e nos divertir com seu susto quando seus olhares se afastavam de HPB para vagar pela sala. Quando a pessoa era, por acaso, uma solteirona histérica que gritava ao ver o troféu, HPB ria à vontade.

Em dois cantos da sala, eu tinha colocado folhas de palmeiras que tocavam o teto e vergavam suas pontas graciosamente; pequenos macacos empalhados[456] espiavam por cima das cornijas da cortina; uma bela cobra empalhada estava deitada em cima do espelho

456 No original: "*stuffed*", que pode significar também, sobretudo no inglês americano, "de pelúcia".

da lareira, pendendo a cabeça para um canto do espelho; em um dos cantos da sala estava em pé um grande babuíno empalhado, apelidado de "Professor Fiske", enfeitado com um colarinho, gravata branca e um de meus óculos, e carregando sob um dos braços o manuscrito de uma palestra sobre "Descendência das Espécies"; uma bela grande coruja cinzenta estava empoleirada sobre uma estante de livros; um ou dois lagartos de brinquedo subiam pela parede; um relógio de cuco suíço pendia à esquerda da lareira; pequenos gaveteiros japoneses, imagens esculpidas em madeira de Buda e de um monge budista siamês, curiosidades de todos os tipos ocupavam o pianino, prateleiras de parede e de canto e outros espaços convenientes; uma longa escrivaninha dominava o centro da sala; entre as duas janelas da Oitava Avenida estavam algumas estantes de livros com nossa escassa biblioteca, e cadeiras e um divã ou dois enchiam o espaço, de modo que era preciso fazer um esforço para encontrar o caminho para chegar ao outro lado da sala.

Um lampião a gás de quatro braços, suspenso, com uma extensão que lançava luz sobre a mesa nos dava a iluminação física necessária; a outra, HPB fornecia. Um par de portas de vidro deslizantes (raramente fechadas) separava a sala de trabalho de seu pequeno quarto e, na parede sobre as portas, nós havíamos construído um enorme triângulo duplo feito de finas folhas de aço perfuradas. No todo, a sala era muito artística e agradável para os seus ocupantes e convidados, tema de muitas descrições em jornais e de conversas entre nossos amigos. Nenhum ambiente poderia ter sido mais apropriado para combinar com a bizarra personalidade de sua misteriosa ocupante, HPB. Muitas descrições da sala apareciam nos jornais americanos daquela época; entre elas a seguinte, feita pelo mesmo correspondente do jornal de Hartford, de cujas cartas interessantes eu copiei os extratos acima citados:

> Madame estava sentada em sua pequena sala de trabalho e de visitas (tudo junto), e podemos acrescentar que também era sua

loja de curiosidades, pois nunca um apartamento esteve mais abarrotado do que esse de coisas estranhas, elegantes, antigas, bonitas, caras e aparentemente inúteis. Ela estava com um cigarro na boca e uma tesoura na mão, e estava trabalhando duro para recortar de pilhas de revistas de todas as partes do mundo parágrafos, artigos, notícias, críticas e outras matérias relacionadas a ela mesma, a seu livro, à Sociedade Teosófica, a tudo e qualquer coisa relacionada com o trabalho da sua vida e seus objetivos. Acenando, nos convidou a nos sentar. Enquanto ela lia atentamente algum artigo, nós tivemos a chance de observar as paredes e os móveis dessa LAMASERIA DE NOVA IORQUE. Bem no centro havia um macaco empalhado, com um peitilho branco e uma gravata em volta do pescoço, um manuscrito na pata e óculos no nariz. Será que era uma sátira muda sobre o clero?[457]

Acima da porta havia a cabeça empalhada de uma leoa, com as mandíbulas abertas e aspecto ameaçador: os olhos brilhando com uma ferocidade quase natural. Um deus em ouro ocupava o centro da prateleira da lareira; gaveteiros chineses e japoneses, leques, cachimbos, implementos e tapetes, divãs e sofás baixos, uma grande escrivaninha, um pássaro mecânico que também cantava mecanicamente, álbuns, cadernos de recortes e os inevitáveis porta-cigarros, papéis e cinzeiros fizeram que o rico robe folgado que Madame estava vestindo parecesse estar em perfeita harmonia com o ambiente. Suas feições são incomuns e estranhas, e parece que constantemente havia nelas uma combinação de humores. Ela parece nunca estar muito absorvida por um único assunto. Na expressão de seus olhos nota-se uma propensão aguçada, alerta, sutil a sentir e perceber. Naquela vez, e sempre, tivemos a impressão de que ela tem uma dupla personalidade: como se ela estivesse aqui, e não aqui; falando, porém pensando, ou agindo em um lugar longínquo. Nos seus cabelos claros, muito grossos e naturalmente ondulados não há nenhum

457 N.O.: "Não, sobre os cientistas materialistas."

> fio cinza. Sua pele, evidentemente um pouco bronzeada pela exposição ao mar e ao sol, não tem rugas; suas mãos e braços são tão delicados quanto os de uma menina. Toda a sua personalidade expressa autocontrole, domínio e um certo *sangfroid*[458] que beira a indiferença masculina, sem por nenhum momento ultrapassar os limites da delicadeza feminina.

Se me lembro bem, acima observei que o que tornou a visita à Lamaseria tão fascinante era a possibilidade de que, em qualquer ocasião, o visitante podia ver HPB produzir algum fenômeno, além de divertir, encantar ou instruí-los com sua conversa espirituosa e animada. Numa pausa na conversação, podia acontecer de um convidado levantar um dedo e dizer "Shhh!". E então, quando todos, quase sem respirar, escutavam em silêncio, ouviam-se notas musicais no ar. Às vezes, o som vinha fraco de grande distância, depois se aproximava e ganhava volume até que a música élfica flutuava pela sala, perto do teto, e finalmente se apagava num último acorde, sendo sucedida pelo silêncio.

Ou podia acontecer de HPB estender a mão com um gesto imperioso, e plim! plim! vinham, do ar, do lugar para onde ela apontava, os tons prateados de um sino. Algumas pessoas imaginam que ela tivesse um sino escondido sob seu vestido para fazer seus truques. A resposta a isso é o seguinte: após o jantar, antes de nos levantarmos da mesa, não apenas eu, como também outros, colocamos em uma série de copos diferentes quantidades de água para fazer que eles emitissem notas diferentes quando se batesse neles. Em seguida, batendo nas bordas com um lápis, uma lâmina de faca ou alguma outra coisa, solicitamos a HPB duplicar no espaço cada nota extraída dos "copos musicais". Nenhum sino que estivesse enfiado sob as saias de uma mulher faria isso. E também, quantas vezes, estando pessoas presentes, ela colocava a mão em um tronco de árvore, uma parede da casa, uma caixa de relógio, a cabeça de um homem, ou qualquer

458 Palavra francesa significando "sangue-frio".

outro lugar onde se pedisse para ela tentar, e fazia o sino de fadas[459] tocar dentro da substância do corpo sólido com o qual sua mão estava em contato. Eu estava com ela na casa do Sr. Sinnett em Simla quando, todos nós estando de pé na varanda, ela fez os sons musicais virem em nossa direção no ar da noite estrelada, do outro lado do vale escuro para o qual descia a encosta da colina na qual a casa tinha sido construída. E eu estava presente quando ela fez um sino tocar dentro da cabeça de um dos maiores civis anglo-indianos, e outro sino soar dentro do bolso do casaco de outro civil muito importante, que estava no lado oposto da sala de onde ela estava sentada.

Ela nunca conseguiu dar qualquer explicação científica satisfatória do *modus operandi*[460]. Um dia, quando ela e eu estávamos sozinhos e conversando sobre isso, ela disse: "Veja, você é um grande assobiador; como você forma instantaneamente qualquer nota que você deseja produzir?" Respondi que não podia dizer exatamente como faço isso, exceto que um certo arranjo dos lábios e uma compressão de ar dentro da boca – um jeito que se adquire por muitos anos de prática – faz cada nota soar simultaneamente com o ato de pensar nela. "Bem, agora me diga: quando você quer fazer soar uma nota, você está pensando que, para produzi-la, tem que apertar os lábios, soprar e trabalhar os músculos da garganta de certas formas prescritas, e depois proceder a fazê-lo?" – "De jeito nenhum", eu disse. "O hábito que se adquire durante muito tempo tornou automáticas as ações musculares e pneumáticas." – "Bem, então, é exatamente isso: eu penso em uma nota; pela minha vontade treinada, trabalho automática ou instintivamente as correntes astrais; envio uma espécie de corrente cruzada do meu cérebro até um certo ponto no espaço, onde é formado um vórtice entre essa corrente e a grande corrente fluindo na luz astral de acordo com o movimento da Terra, e nesse vórtice soa a nota na qual penso – da mesma maneira, veja, em que a nota

459 Cf. nota 315.
460 Expressão latina significando "maneira de fazer algo, maneira como algo funciona".

que você quer assobiar soa no tubo de ar formado pelos seus lábios, quando você os coloca na posição correta, trabalha seus lábios e músculos da garganta da maneira certa, e força sua respiração a sair desse canal ou orifício labial. É impossível para mim explicar melhor. Eu posso fazer isso, mas não posso te dizer como eu faço. Agora, tente qualquer nota que você queira e veja se eu não consigo imitá-la."

Batendo em um dos copos ao acaso, produzi uma nota, e instantaneamente seu eco soou no ar, como se sua alma tocasse no País das Fadas, às vezes acima de nossas cabeças, às vezes em um canto, às vezes em outro. Nem sempre ela conseguia a nota exata, mas quando eu lhe dizia que a nota não era perfeita, ela pedia que eu produzisse a mesma novamente, e então a nota voltava perfeita do *Ākasha* para nós.

Com relação a isso, leia o que a Sra. Speer diz (*Light*, 28 de janeiro de 1893) sobre os sons musicais que costumavam acompanhar o M. A. Oxon.

> Dezenove de setembro. Antes de nos encontrarmos esta noite, ouvimos os sinos das fadas tocando em diferentes partes do jardim onde estávamos caminhando; às vezes pareciam distantes, aparentemente tocando no alto de alguns altos olmos, música e estrelas se misturando; então eles se aproximavam de nós e no final nos seguiam até a sala das sessões, cuja porta dava para o gramado. Depois de nos sentarmos, a música ainda permanecia conosco, tocando nos cantos da sala e depois sobre a mesa em volta da qual estávamos sentados. Eles tocaram escalas e acordes a pedido, com a maior rapidez, e copiaram notas que o Dr. S. fez com sua voz. Depois que o Sr. S. M. ficou em transe, a música ficou mais alta e soou como um brilhante toque no piano. Não havia nenhum instrumento naquela sala.

Os fenômenos musicais eram evidentemente idênticos aos de HPB, mas com a diferença radical de que ela produzia os sons à vontade, enquanto no caso de Stainton Moseyn eles estavam fora de seu controle e mais brilhantes quando seu corpo estava em transe. O Círculo Speer teve sempre uma grande quantidade desses "sinos de fadas" como também algumas teorias não muito convincentes dadas pelos espíritos para explicá-los. Por exemplo, o alegado espírito de Benjamin Franklin disse-lhes (*Light*, 18 de março de 1893, p. 130) que "o som que você chama de sinos de fadas representa um instrumento espiritual usado nas esferas". No entanto, ele acrescenta: "Nós poderíamos fazer muito mais para vocês se nosso médium tivesse uma organização musical, mas ele é um médium ruim para a música." Por que, se o som era para ser tirado de um instrumento? Isso é quase como dizer que Thalberg[461] ou Paderewski[462] poderiam tocar seu instrumento melhor se o homem que acende as luminárias a gás do prédio não fosse surdo em um ouvido! Podemos seguramente rejeitar a teoria do "instrumento de espíritos", pois temos a explicação no fato de que quanto mais musical é o temperamento natural do médium, mais melodiosos podem tinir os sinos de fadas em sua presença. Além disso, no caso de um médium, quanto mais profundamente ele mergulha num transe, mais próxima e mais clara pode ser a tintinabulação dos sinos, sinos, sinos!

461 Sigismond Thalberg (1812-1871), pianista e compositor austríaco nascido na Suíça.

462 Ignacy Jan Paderewski (1860-1941), pianista, compositor, político e diplomata polonês.

CAPÍTULO XXVII

Ilusões

Uma vez, no momento em que o canário de estimação de HPB morreu, o mensageiro elemental dela tocou o sino de fada com um efeito patético. Isso está indelevelmente fixado em minha memória por estar ligado à minha lembrança do sentimento de genuína tristeza de HPB. Era apenas uma pequena fêmea de canário comum, não especialmente bonita, mas uma dona de casa incrivelmente laboriosa; adorável porque tão evidentemente inocente[463]. Não me lembro onde nós a adquirimos, mas acho que HPB a trouxe da Filadélfia e que eu comprei seu companheiro – um esplêndido cantor – em Nova Iorque. Não importa; nós os tivemos durante muito tempo, e eles se tornaram, por assim dizer, quase filhos. Costumávamos deixá-los voar à vontade pela sala, e o pássaro macho nos recompensava pousando na moldura de um quadro próximo à nossa mesa de trabalho e cantando muito melodiosamente. A fêmea costumava pousar sobre a nossa mesa da maneira mais destemida; ela passeava piando bem debaixo do nosso nariz, pegava qualquer ponta de barbante ou outros materiais parecidos e os levava para construir seu ninho perto do teto, no enfeite de bronze sobre o tubo do candelabro. Ela parecia valorizar especialmente os pedaços longos e finos de papel que HPB cortava quando corrigia seu manuscrito, retirando e colando partes das folhas de seus textos escritos em papel almaço. A pequena "Jenny" às vezes esperava até que sua

463 No original: "*honest*", que, dependendo do contexto, pode significar também "honesto", "sincero", "idôneo", "virtuoso", "casto", "honrado". Não está claro qual significado Olcott quis dar neste caso.

dona cortasse um pedaço de papel e o deixasse cair na mesa ou no chão, e então pulava até ele e o levava, acompanhada pela canção de seu belo marido "Pip", que a aprovava. No chão havia um tapete turco com franjas, e nele Jenny se esforçava muito: a pequena criatura pegava um dos fios em seu bico, apoiava-se nos pés e depois se inclinava para trás, puxava o fio e sacudia o bico o mais que podia, tentando em vão retirá-lo.

Finalmente a construção do ninho acabou, e então Jenny começou a ficar sentada no alto em cima da nossa mesa, sua cabecinha aparecendo na borda da concha de bronze, ou ornamento, no tubo de gás. Pip cantava da forma mais doce, e nós esperávamos com prazeroso interesse a eclosão dos ovos. As semanas se passaram e Jenny continuava sentada, e nós, esperando, mas nenhum filhote piou, e nos perguntamos o que poderia estar acontecendo. Por fim, um dia, quando ela tinha saído para buscar comida e água, coloquei uma cadeira em cima da nossa mesa de trabalho, HPB a segurou e eu subi para dar uma espiada. O ninho estava totalmente vazio, não havia nem filhotinho nem casca, inteira ou quebrada: tínhamos sido enganados por nossa animada femeazinha de canário. HPB deu a única explicação possível dizendo que "Jenny ficava sentada em cima de suas ilusões": isto é, ela mesma havia se persuadido de que tinha posto ovos, e que era seu dever chocá-los!

Tudo correu bem conosco e os pássaros por muitos meses, mas finalmente nosso quarteto foi desmanchado pela morte de Jenny. Nós a vimos deitada de costas em sua gaiola dando os últimos suspiros. Eu a tirei e a coloquei na mão de HPB, e lamentamos juntos a morte de nosso animal de estimação. HPB a beijou, gentilmente acariciou sua plumagem, tentou restaurar sua vitalidade por respiração magnética, mas nada adiantou; os suspiros ficaram cada vez mais fracos, até que vimos que só podia ser uma questão de minutos. Então a austera HPB de rosto inexorável se derreteu em ternura, abriu seu vestido e colocou a pequena Jenny no peito, como se fosse para lhe dar vida, colocando-a perto do coração que estava batendo com pena dela. Mas foi inútil; houve um último suspiro, um último palpitar do coração do passarinho, e depois? Nítido, doce e claro tocou no *Ākasha* perto de nós um sino de fada, o réquiem da vida passageira; e HPB chorou por seu pássaro morto.

Falando das possibilidades de *Māyā*, será que podemos classificar nessa categoria o fenômeno seguinte? Um dia, mexendo-se na mesa, HPB deixou cair uma enorme quantidade de tinta sobre o penhoar que ela estava usando. Devia ter uma colher de chá inteira do líquido, e ele descia em uma dúzia de riozinhos pela frente do penhoar até o chão. A roupa estava arruinada. Vou colocar um véu sobre as observações de HPB, dizendo apenas que elas eram mais fortes do que poéticas. No entanto, ela logo me mostrou que o mal não era irremediável, pois, tendo ido em direção ao seu quarto, ela parou antes de cruzar a soleira, virou as costas para mim e começou a passar as mãos pelo penhoar inteiro, ou até onde ela podia alcançar; depois ela se voltou, e... veja só! O manchado penhoar claro havia desaparecido, e ela estava ali vestida de um de cor de chocolate. Isso foi um *Māyā*? Se sim, quando um *Māyā* se esgotará? Pois ela usou o penhoar marrom até ser trocado por um mais novo, e eu nunca mais vi o claro.

Um dia ela me falou com grande alegria de um *Māyā* que tinha sido colocado nela mesma. Ela estava viajando pelo deserto com um certo copta, um mago da magia branca[464] (que deve ficar anônimo). Acampando uma noite, expressou o ardente desejo de tomar uma boa xícara de *café au lait*[465] francês. "Pois não, claro, se você o quer tanto", disse o seu guia guardião. Ele foi até o camelo que carregava as bagagens, tirou água do odre, e depois de pouco tempo retornou, trazendo uma xícara de quentíssimo café cheiroso misturado com leite. HPB pensou que isso era evidentemente uma produção fenomenal, já que seu companheiro era um grande Adepto, possuidor de poderes muito grandes. Então ela lhe agradeceu muito, bebeu,

464 Magia para fins altruístas.
465 "Café com leite" em francês.

ficou encantada e declarou que nunca havia tomado um café melhor no Café de Paris. O mago não disse nada, apenas inclinou-se cordialmente e ficou de pé, como se esperasse para receber de volta a xícara. HPB bebericou a bebida fumegante, conversou alegremente e – mas o que é isso? O café desapareceu, e nada além de água pura está na xícara! Nunca foi outra coisa; ela tinha bebido, cheirado e bebericado o *Māyā* de moca quente e cheiroso.

Naturalmente, dirão que uma ilusão como essa pode ser vista em qualquer show do mesmerizador itinerante, onde se faz óleo de parafina ter gosto de chocolate e vinagre, gosto de mel. Mas a diferença é que no caso de HPB a ilusão foi produzida no silêncio, por simples transferência de pensamento, e em uma pessoa que ela mesma tinha o poder de lançar encantamentos sobre terceiros. Entre os toscos experimentos mesmerianos em uma aldeia, feitos contra pagamento, e o exemplo mais alto de encantamento *mayávico* lançado silenciosamente sobre uma pessoa ou uma multidão por um prestidigitador, faquir, *sanyasi* ou Adepto oriental, há apenas uma diferença de grau. Em todos esses e em todos os outros fenômenos atua um princípio cuja observação é a função dos sentidos corporais. Quer o *Māyā* seja induzido de fora pela palavra falada, pelo gesto sugestivo ou pela vontade silenciosa de outro, quer seja autoengendrado pela imaginação enganosa agindo através da vontade sobre os sentidos, é tudo a mesma coisa, e aquele que entende profundamente a lógica da apresentação do homem-espetáculo da aldeia e do prestidigitador indiano nu será capaz de compreender a teoria de *Māyā* em uma escala cósmica. Quando se está vivendo diariamente com uma pessoa que possui esse poder de lançar encantamentos à vontade, tal pensamento se torna muito penoso depois de algum tempo, pois nunca se sabe se aquilo que aparentemente está sendo falado ou visto é real ou não. Nem mesmo uma visita como a que me fez o *Mahātma*, com os concomitantes de ele me tocar e de falar comigo, e de eu senti-lo como um homem de corpo físico como eu, seria realmente uma prova de que eu não estava no momento sob um encantamento. Lembro que esta linha de pensamento surgiu em minha mente durante nossa conversa e ainda quando ele estava prestes a partir, e que o *Mahātma* me deu sorrindo a prova que eu queria, deixando na minha mesa seu turbante, um pano de algodão tangível, com seu criptógrafo bordado nele.

Quanto lemos nos contos folclóricos sobre "ouro de fadas" e "joias de fadas" que, no amanhecer seguinte, são encontrados transformados em pedaços de galhos, folhas, palha ou outro lixo! Tais histórias são comuns em quase todos os países e em cada povo. Eu as ouvi na Índia. Em tais casos, o princípio de *Māyā* é ilustrado; mas parece – pelo exemplo que dei do *Mahātma* que reembolsou o meio dólar que eu tinha gasto pelos materiais para desenho com os quais seu retrato iria ser feito para mim – que a mesma pessoa que podia fazer à vontade o *Māyā* de dinheiro também poderia ser capaz de criar uma moeda real, ou pela lei do *apport*, trazê-la para alguém de algum lugar distante onde ela está no momento.

A produção das duas imagens chinesas ou japonesas de senhoras era encantamento, assim como também o seguinte caso. Um dia, o Honorável J. L. O'Sullivan, ex-Embaixador dos EUA em Portugal, mencionado acima, estava nos fazendo uma visita, quando a conversa se voltou para o fenômeno da duplicação. Naquela tarde eu tinha trazido para casa uma nota de mil dólares e a tinha entregue a HPB para guardá-la para mim. Ela tirou essa nota da sua gaveta e a deu para o Sr. O'Sullivan segurá-la, enrolada na mão. Logo depois, ela lhe disse para abrir a mão e ver o que encontraria. Ele fez isso, desenrolou a nota bancária e encontrou dela uma outra, a cópia exata quanto ao papel, número de série e impressão de face e verso. "Bem", exclamou, "esta é uma excelente maneira de se tornar rico!" – "Não, não", respondeu HPB, "é apenas um truque psicológico. Nós, que temos o poder de fazer isso, não nos atrevemos a usá-lo para o nosso próprio interesse ou o de qualquer outra pessoa, não mais do que você se atreveria a cometer uma falsificação pelos métodos do falsário. Seria roubar o governo em ambos os casos." Ela se recusou a satisfazer a nossa curiosidade sobre como ela efetuou a duplicação, dizendo apenas com uma risada para nós mesmos o descobrirmos se pudéssemos. As duas cédulas foram colocadas na gaveta; depois da partida do nosso visitante, ela me mostrou que somente a original estava lá; a duplicata tinha desaparecido.

Pouco antes de partirmos de Nova Iorque, HPB saiu comigo uma noite para fazer compras. As compras somavam cinquenta dólares, e como ela não tinha nenhum dinheiro na época, paguei as contas e guardei os recibos. Quando estávamos prestes a entrar na nossa casa, ela soltou meu braço, pegou minha mão e colocou algumas notas nela dizendo; "Seus cinquenta dólares!" Repito: ela mesma não tinha dinheiro, e nenhum visitante tinha vindo em casa, de quem ela poderia tê-lo emprestado; além disso, quando saímos de casa, ela não sabia o que iria comprar nem quanto gastaria. Ela simplesmente tinha dinheiro quando realmente precisava e quando estava certo que deveria tê-lo. Por exemplo: uma vez me pediram para ir a uma certa cidade e fazer algum trabalho para os *Mahātmas*, um trabalho do qual dependiam ações posteriores muito importantes. Calculei que isso levaria pelo menos um ou dois meses, e, como eu estava pagando as despesas da "Lamaseria" e tinha ainda outras grandes obrigações financeiras a honrar, disse a HPB francamente que não podia me dar ao luxo de passar tanto tempo longe de Nova Iorque. "Muito bem", ela disse, "faça o que você acha certo; você ainda não é um neófito comprometido e os Irmãos não têm o menor direito de afastá-lo de seus negócios."

Porém, eu não suportaria a ideia de recusar qualquer coisa que os Instrutores me pedissem. Então, embora eu não visse como teria o suficiente para cobrir minhas necessidades durante minha ausência, eu finalmente disse que iria, a qualquer custo. HPB me perguntou quanto eu provavelmente perderia, e eu respondi que, no cálculo mais baixo, não seria menos que quinhentos dólares por mês. Depois realmente viajei e retornei somente no segundo mês. Quando fui ao banco para ver quanto dinheiro eu tinha lá, fiquei surpreso quando o atendente me disse que havia exatamente mil dólares a mais do que eu pensava. Ele não estava enganado? Não, era isso mesmo. Então lhe perguntei se ele se lembrava da aparência da pessoa que, aparentemente, fez dois depósitos de quinhentos dólares na minha conta. Felizmente ele se lembrava, porque o homem tinha uma aparência muito estranha: era muito alto, com longos cabelos negros caindo sobre os ombros, olhos negros penetrantes e pele morena, um asiático, em suma. Os dois depósitos haviam sido feitos pelo mesmo homem; ele simplesmente entregou o dinheiro e pediu que fosse colocado na minha conta. Ele não tinha minha caderneta, e pediu ao caixa receptor que preenchesse o bilhete de depósito, porque "ele não sabia escrever inglês". Se na época HPB tivesse os amigos que ela teve anos depois na Índia e na Europa, não seria nada especial se ela conseguisse que um deles lhe emprestasse o dinheiro para compensar meus gastos, mas naquele momento não havia um único conhecido dela, além de mim, de quem ela poderia ter emprestado cem dólares, muito menos mil.

Também mais tarde, em Bombaim, ela sempre recebia dinheiro quando precisava muito dele. Depois de nossa chegada lá, ela mal possuía o suficiente para pagar as despesas correntes da casa durante os primeiros meses, e muito menos para desperdiçar em luxos ou coisas supérfluas. Porém, eu e ela fomos para o Panjabe[466], com Moolji[467] e Baboola[468], naquela viagem memorável que ela descreveu detalhadamente em seu vívido romance *Caves and Jungles of Hindustan*[469], e ela gastou cerca de duas mil rúpias sem que fizessem falta. A jarra de óleo e o necessário para a comida nunca se esgotaram, porque recebemos o que pedimos dos Mestres cujo trabalho estávamos realizando. Quando perguntei como isso era possível, visto que os Mestres estão vivendo fora do mundo de ganhar dinheiro e

466 Região, hoje um estado, no noroeste da Índia.
467 Mooljee – ou Moolji – Thackersey, teosofista indiano.
468 Também escrito "Babula"; um jovem indiano, empregado de HPB e Olcott.
469 Cavernas e Selvas do Hindustão.

de conseguir dinheiro, HPB me disse que eles são os guardiões de imensas riquezas – minas, tesouros enterrados e joias – que, de acordo com o *karma* ligado a elas, podem ser empregadas para o bem da humanidade através de muitos meios diferentes. Alguns desses tesouros, entretanto, estão, ainda segundo ela, tão sujos com a aura do crime que, se fossem desenterrados e usados antes que os detalhes da lei do *Karma* se esgotassem, causariam novos crimes e mais miséria humana. Por outro lado, o *karma* de alguns indivíduos exige que eles, como por um mero acidente, descubram vasos de dinheiro enterrados ou outros objetos de valor, ou atraiam para si, por meio de negócios, fortunas maiores ou menores. Esses efeitos da compensação são produzidos pelos elementais do reino mineral, com os quais, de acordo com a crença oriental, os aparentes queridinhos da sorte estão intimamente ligados através dos elementais preponderantes em seus próprios temperamentos.

Esta questão da existência de espíritos elementais sempre foi um problema para os espíritas. Contudo, a Sra. Britten, uma dos seus líderes, declara (veja *Banner of Light*) que "ELA SABE da existência de outros espíritos que não humanos, e tem visto aparições de existência espiritual ou elementar, evocadas por palavras e práticas cabalísticas". O Honorável A. Aksakof, além disso, afirma que "o Príncipe A. Dolgorouki, a grande autoridade no mesmerismo, me escreveu ter constatado que espíritos que desempenham o papel mais proeminente em sessões espíritas são elementares, gnomos, etc. Seus clarividentes os viram e os descreveram assim". *Spi. Sci.*[470], dezembro de 1875. (Álbum de Recortes da Sociedade Teosófica, I, p. 92.)

Então, em resumo, a mão de um indivíduo, no qual há uma preponderância dos elementais pertencentes ao reino natural de minerais e metais, como a mão de Midas, rei da Frígia, teria a propriedade mágica que "tudo o que ela toca se transforma em ouro", e não importa quão estúpido ele possa ser quanto aos assuntos gerais, sua "sorte" seria constante e irresistível. Assim, também, com uma pre-

470 *Spiritual Scientist* (Cientista Espiritual).

ponderância dos elementais aquáticos, ele seria atraído para a vida de marinheiro e persistiria nela apesar de todas as adversidades e sofrimentos. Da mesma forma, a preponderância dos elementais do ar no temperamento de um homem o instigaria, quando criança, a escalar árvores e telhados de casas, e na idade adulta, ao montanhismo, a andar de balão, caminhar na corda bamba em alturas vertiginosas, e de outra forma a tentar ficar acima da superfície da Terra. HPB me contou várias histórias para ilustrar esse princípio. Não é necessário citá-las aqui, pois a vida humana está repleta de exemplos que podem ser compreendidos quando se usa a chave dada acima. No que diz respeito à Sociedade Teosófica, posso dizer que, embora nem a HPB nem a mim nunca fosse permitido ter coisas supérfluas, jamais nos deixaram sofrer pelas necessidades de nossa vida e obra. Muito frequentemente – vinte, cinquenta vezes – eu vi nosso caixa quase esvaziado e as perspectivas à frente muito desanimadoras com relação às finanças, mas sempre recebi remessas de algum lugar para pagar o que era necessário, e nossa labuta nunca foi interrompida um único dia por falta de meios para continuar o trabalho na Sede.

Contudo, o agente dos Mestres invisíveis frequentemente não é qualificado para julgar se é, ou não, necessário para o sucesso de seu trabalho público que chegue dinheiro para ele. Quando HPB foi mandada de Paris para Nova Iorque em 1873, ela, como mencionei em um capítulo anterior, logo se viu na mais desanimadora situação, tendo que ferver a borra de café repetidas vezes por falta de dinheiro para comprar café novo; e para não morrer de fome, finalmente teve que trabalhar com sua agulha para um fabricante de gravatas. Ela não recebeu presentes de fontes inesperadas, não encontrou nenhum ouro de fada em seu colchão ao acordar pela manhã. Ainda não era a hora. Mas, embora ela mesma estivesse em condições de tão grande pobreza, ela tinha, durante algum tempo depois de sua chegada, no seu baú uma grande soma de dinheiro (acho que algo como 23.000 francos) que lhe havia sido confiada pelo Mestre, até receber ordens sobre o que fazer com ela. Finalmente chegou a ordem de ir a Buffalo. Ela não tinha a mais remota ideia de onde ficava essa cidade e como chegar lá, até ela perguntar: "O que devo fazer em Buffalo?" – "Não importa o quê: leve o dinheiro com você."

Ao chegar à sua destinação, foi instruída a pegar uma carruagem de aluguel, ir a certo endereço e dar o dinheiro a tal e tal pessoa, sem dar explicações, mas recebendo o recibo e voltando. Ela foi e encontrou no endereço dado um homem que estava numa situação bem peculiar: ele estava escrevendo uma carta de despedida para sua família, com uma pistola carregada sobre a mesa, e teria se matado meia hora depois se HPB não tivesse chegado. Parece – como ela me disse depois – que ele era um homem muito digno, a quem tinham sido roubados os 23.000 francos de uma maneira que tornava necessário, por causa de eventos que posteriormente aconteceriam como consequência – eventos importantes para o mundo –, que o dinheiro lhe fosse restituído em uma crise particular, e HPB era a agente encarregada desse ato beneficente. Quando nós nos conhecemos, ela tinha esquecido completamente o nome do homem, sua rua e o número de sua residência. Aqui temos um caso em que a própria agente escolhida para levar o dinheiro ao beneficiário estava ela mesma numa situação de grande necessidade, mas não autorizada a usar um único franco do dinheiro que lhe havia sido confiado para comprar um quilo de café.

Lembro-me ainda de outro caso em que HPB entregou "ouro de fada"[471] – para usar o termo popular. Felizmente, o beneficiário publicou a história.

Parece que em uma reunião de alguns conhecidos espíritas de Boston (Massachussets), algo foi dito sobre a probabilidade de o *Spiritual Scientist* falir por falta de patrocínio. O falecido C. H. Foster, um famoso médium que estava presente, verbalizou a afir-

471 No original: "*fairy-gold*". Normalmente, essa expressão significa "ouro imaginário", ouro recebido de fadas e que depois desaparece. Mas no caso o "ouro", ou o dinheiro, era verdadeiro, e Olcott usou a expressão pelo fato da origem fora do comum.

mação clara de um espírito de que a calamidade em questão estava iminente; e, de fato, estava, pois o editor, o Sr. Gerry Brown, tinha que pagar uma fatura bem grande muito em breve e não dispunha de meios para quitá-la. Esses fatos introdutórios foram publicados no *Spiritual Scientist*, juntamente com a seguinte cena, que recortamos e que cito de um de nossos Álbuns de Recortes:

> Há alguns dias, o gerente do *Scientist* recebeu um aviso para se dirigir ao escritório da Western Union Telegraph e dar um recibo por dinheiro enviado por telégrafo. Ele foi e lá aconteceu o seguinte:
>
> Cenário: Escritório da Western Union Telegraph. Hora, meio-dia. À esquerda, um atendente na mesa. À direita entra um indivíduo que apresenta um aviso de ordem de pagamento.
>
> *Atendente*: "O senhor está esperando dinheiro?"
>
> *Indivíduo*: "Bem, há meu nome e endereço na ordem de pagamento, e este é o aviso que mandaram para mim. Mas não sei de quem poderia ser."
>
> *Atendente:* "O senhor conhece um Sir Henry de Morgan?"
>
> *Indivíduo* (com um largo sorriso): "Bem, eu ouvi dizer que o espírito do cavalheiro que o senhor mencionou, que viveu na Terra há 250 anos, demonstra um gentil interesse pelo meu bem-estar. Vou dar um recibo pelo dinheiro."
>
> *Atendente* (recuando e mudando de tom): "O senhor conhece alguém aqui que possa identificá-lo?"
>
> *Indivíduo*: "Sim."
>
> Nesse momento é chamado um membro da empresa que conhece o indivíduo, e o dinheiro é entregue.
>
> Uma hora depois chegou um telegrama dizendo:

> "Eu contribuo com ... dólares para pagar a fatura ..., vencendo em 19 de junho, e desafio Charles Foster a cumprir sua profecia. O desafio deve ser publicado. Vá para o escritório da Western Union Telegraph, receba o dinheiro e confirme o recebimento por telégrafo. SIR HENRY DE MORGAN."
>
> O dinheiro havia sido enviado de uma cidade distante. Como o telegrama nos pede para publicar o desafio, nós o fazemos de bom grado. Não emitimos qualquer opinião sobre o caso. Já mostramos o telegrama a vários proeminentes espíritas, um dos quais acha que um membro do círculo está nos escarnecendo. Bem, estamos dispostos a ser escarnecidos tantas vezes quantas quiserem fazer isso dessa maneira.

Naturalmente a "cidade distante" era a Filadélfia, e a remetente, HPB, que, como mencionado acima, estava interessada em ajudar o editor a atravessar uma crise pecuniária do seu jornal. Ora, eu conheço muito bem a extensão dos recursos próprios de HPB naquela época, e sei perfeitamente que ela não estava em condições de enviar somas, grandes ou pequenas, para pessoas sem dinheiro, e que seu segundo marido era tão pobre quanto ela e sem crédito para emprestar qualquer quantia. Ela deve ter recebido o dinheiro da mesma forma que o conseguiu para suas compras em Nova Iorque e para as despesas da viagem para a Índia, isto é, da Loja. O Sir Henry Morgan do telegrama era o John King, o suposto espírito em nome de quem os primeiros fenômenos de HPB foram produzidos em Nova Iorque e Filadélfia.

Por uma interessante coincidência, encontrei em nossa biblioteca – justamente enquanto eu estava corrigindo este texto – um livro sobre Morgan que eu não via por alguns anos. Seu título é *The History of the Buccaniers of America; from their First Origin down to this Time.*[472] No título ainda consta: Escrito em várias línguas; e

---

472 A História dos Bucaneiros da América; da sua origem até a atualidade. Bucaneiro: "aventureiro do mar de origem europeia que infestava especialmente o Caribe; pirata" (*Dicionário Houaiss da Língua Portuguesa*)

agora coletado em um volume. Contendo: As façanhas e aventuras de Le Grand, Lolonois, Roche Brasiliano, Bat the Portuguese, Sir Henry Morgan, etc. Escrito em holandês por Jo. Esquemeling, um dos bucaneiros, e traduzido para o espanhol, etc., etc. [London, 1699. The Original Edition.]

É um livro antigo estranho, insólito e horripilante que, acho, comprei em Nova Iorque e que logo lemos. O que o torna especialmente interessante para nós é que a inteligência que, para me orientar, se disfarçava como John King, materializou fenomenalmente nas três páginas em branco que precedem a folha de rosto, os seguintes versos de má qualidade[473]:

To my fast friend Harry Olcott.

Hark ye o gents – to Captain Morgan's pedigree
Herein furnished by lying Esquemeling;
The latter but a truant, and in some degree
The Spaniard's spy – Dutch Jew – who pennance sought and sailing
Back to his foggy land, and took to book-selling.
Ye lying cur! Though Captain Morgan buccaniered
He nathless knew well I trow – the wrong from right,
From face of ennemie the Captain never steered,
And never tacked about to show his heels in fight,
Though he loved wenches, wine, and gold – he was a goodly knight.
He passed away for noble virtue praised round,
Encompast by his friends who shov'd him underground
And settled Above – disguising for a change –
His title, and name so famous once – hat may seem strange
But aint, and called himself *John King* – the King of Sprites

473 Não traduzi este poema, intitulado "Para meu grande amigo Harry Olcott" e assinado "John King", porque: 1) o próprio Olcott considera, mais adiante, esquisitas a dicção (o estilo) e a ortografia; 2) pelo fato de os detalhes do conteúdo não serem importantes dentro da narrativa da história da Sociedade Teosófica, não era necessário tentar imitar o estilo em português.

Protector to weak wench – defender of her rights.....
Peace to the bones of both – the Pirat and the Knight -
For both have rotten away the good and wicked spright
And both of them have met – forwith when disembodied.
The Dutch biographer met with a tristful case
Sir Henry Morgan's spirit who had long uphoarded
The wrongs made by the Jew chased his foe's Sprite apace
And never Spirit world before or after witnessed
A more sound thrashing or more mirthful race.[474]

Moral da História

Sabe, meu amigo Harry,
que no Summerland[475] a aflição de um espírito
é comum a qualquer dia,
que lá todas as tuas maldades feitas na terra
nunca podem ser facilmente esquecidas.
Seu amigo benevolente,

JOHN KING

A dicção e a ortografia esquisitas desses versos chamam a atenção, e tenho a certeza de que elas são muito mais características de uma inteligência como presumivelmente era a do cavaleiro bucaneiro do que a massa de comunicações piegas que recebemos através de médiuns.

Além das prateleiras de livros – sem portas – entre as janelas da nossa sala de trabalho na Lamaseria, havia uma menor com portas de vidro, que ficava na janela virada para o nordeste. No dia em que comprei a cabeça da leoa, acima mencionada, também comprei um belo exemplar da grande coruja cinza americana, que estava muito

474 Em resumo, o poema fala do pirata Capitão Morgan, um corajoso e justo cavaleiro. (Cf. na Wikipédia o verbete "Henry Morgan".) Depois de morrer, ele se chamou, como espírito, John King, que, por sua vez, se tornou o rei dos espíritos, protetor das mulheres, defensor de seus direitos. O poema termina com uma "Moral da História", que traduzi.

475 Cf. nota 214.

bem montada. Primeiro, eu a coloquei sobre um pequeno suporte em um dos cantos, mas depois a pus em cima dessa prateleira menor, colocando uma caixa dentro da cornija para levantar o pássaro até a altura adequada para ser visto. Menciono isso por causa de um fenômeno instrutivo que aconteceu entre o momento em que coloquei a caixa dentro da cornija e peguei o pássaro empalhado da escrivaninha atrás de mim para pô-lo em seu lugar. Nesse intervalo, apareceram na parte plana da cornija e nos batentes das duas portas de vidro alguns grandes escritos tibetanos em letras douradas, tão fortes que eles permaneceram lá até nossa partida de Nova Iorque.

Observe o que aconteceu: eu olho a prateleira para colocar a caixa vazia em cima, e isso faz com que meu rosto fique de frente para a prateleira; não vejo nada escrito ou pintado nas superfícies lisas da madeira. Eu me viro, pego a ave, viro de novo para levantá-la – e lá estão as mensagens tibetanas com letras douradas diante dos meus olhos. Isto foi um *Māyā* positivo ou negativo, a materialização naquele instante de uma escrita pela força do pensamento, de onde HPB estava sentada, do outro lado da sala? Ou foi uma inibição da minha visão e dos vários outros na sala até o momento em que foi removida a cegueira temporária e tivemos a permissão de ver o que HPB provavelmente tinha escrito com tinta dourada durante o dia, e depois o tinha escondido sob o seu "véu de *Māyā*"? Eu acho que foi o segundo.

O Sr. Judge conta para o Sr. Sinnett (vide *Incidents in the Life of Madame Blavatsky*, p. 191) um fenômeno de materialização do qual eu também fui testemunha. Os fatos são os seguintes: certa noite, HPB, Sr. Judge e eu estávamos juntos, tendo que escrever uma carta para o Sr. M. Evans, da Filadélfia, um corretor de seguros. Nenhum de nós conseguiu no momento se lembrar do seu endereço, não havia nenhum lugar próximo onde pudéssemos consultar uma lista telefônica da Filadélfia, de modo que não sabíamos o que fazer. HPB e eu nos lembramos que, na Filadélfia, ela havia colocado na mesa um pedaço de papel mata-borrão com o endereço do Sr. Evans impresso nele numa linha ondulada, junto com o de uma companhia de seguros, mas nenhum de nós dois conseguiu se lembrar. Finalmente, ela fez isto: pegou na mesa à nossa frente um cortador de papel de estanho envernizado, o acariciou gentilmente, colocou um pedaço de papel mata-borrão sobre ele, passou a mão sobre a superfície, levantou o papel e lá, na preta superfície do cortador de papel envernizado estava impresso em tinta de bronze o fac-símile da inscrição no pedaço de papel mata-borrão que Evans havia lhe dado na Filadélfia. Seu cérebro físico não conseguiu recordar a inscrição, mas quando ela concentrou sua força de vontade sobre a (fisicamente falando) vaga memória de seu cérebro astral, a imagem oculta foi novamente arrastada para a luz e materializada na superfície indicada. Esse foi um caso em que uma consciência "subliminar" foi convertida em uma supraliminar, e sem dúvida se reconhecerá que foi um dos mais interessantes.

Quanto ao fenômeno seguinte, deixo o leitor decidir se era um *Māyā*, um *apport*, um truque ou uma criação. Uma noite, ela e eu estávamos fumando como de costume durante o trabalho: ela o cigarro dela, eu, meu cachimbo. Lembro-me que era um cachimbo novo, e o tabaco era excelente, mas de repente ela cheirou e exclamou: "Cruzes! Que tabaco horrível você está fumando, Olcott!" Eu disse que ela estava muito enganada, pois tanto o cachimbo quanto o tabaco eram impecáveis. "Bem", ela disse, "não estou gostando dele; pegue um cigarro." – " Não", respondi, "não vou fumar, já que isso te incomoda." – "Por que você não usa aquelas boas pipas turcas que vêm de Constantinopla?", ela disse. "Porque não tenho nenhuma – uma razão muito boa." – "Bem, então, aqui está uma para você", ela exclamou, abaixando a mão ao lado de sua poltrona e trazendo-a de volta com um cachimbo nela, que ela me deu. Tinha um fornilho espalhafatoso de barro vermelho, com filigranas douradas, e um tubo coberto de veludo roxo e ornamentado com uma leve corrente dourada, à qual estavam afixadas moedas de imitação. Eu o peguei com um simples "Obrigado", o enchi de tabaco e acendi, e continuei com o meu trabalho. "Você está gostando?", ela perguntou. "Bastante", eu disse, "mas eu preferiria que em vez de roxo o veludo fosse azul." – "Bem, então pegue este azul", ela replicou. Novamente ela abaixou a mão e logo a levantou, desta vez com um cachimbo com tubo azul. Agradeci e continuei meu trabalho. Ela repetiu a manobra mais uma vez e disse: "Aqui está um cachimbo de bebê", e ela me deu uma miniatura do tipo maior. Estando aparentemente com vontade de fazer surpresas, ela então produziu sucessivamente uma piteira turca dourada e de âmbar, uma cafeteira e um açucareiro turcos e, finalmente, uma bandeja dourada, com ornamentos em relevo, imitando esmalte. "Mais alguma coisa?", perguntei. "Alguma loja turca esteve em chamas?" Ela riu e disse que bastava por aquela noite, mas que em algum momento ela poderia querer me dar, por magia, um cavalo árabe totalmente arreado, para eu andar pela Broadway numa procissão da Sociedade Teosófica e surpreender os nativos! Mais tarde, muitas, muitíssimas pessoas viram os cachimbos e utensílios de café em nossa casa, e quando partimos de Nova Iorque demos todos eles aos amigos, exceto a bandeja dourada e o açucareiro, que trouxe para a Índia e ainda tenho.

CAPÍTULO XXVIII

Um Esboço da Personalidade de Mme. Blavatsky

Mais algumas palavras para completar o esboço da personalidade de HPB.

A julgar por seus primeiros retratos, ela era, mesmo na juventude, uma pessoa rechonchuda, e mais tarde na vida tornou-se muito corpulenta. Parece ter sido uma peculiaridade da família. No caso dela, a tendência era agravada pelo modo de vida que ela levava, quase sem exercício físico e comendo muito, exceto quando ela estava seriamente doente. Mesmo nesse caso, ela comia bastante carnes gordurosas e costumava derramar muita manteiga derretida sobre seus ovos fritos no café da manhã. Vinhos e bebidas espirituosas, ela nunca tocou; ela bebia chá e café, de preferência o último. Durante o período em que eu a conheci, seu apetite era extremamente inconstante, e ela era muito rebelde quanto a horas fixas para as refeições, de modo que ela era um terror para todos os cozinheiros e o desespero de seu colega.

Lembro-me de uma ocorrência na Filadélfia que mostra essa peculiaridade em grau elevado. Ela tinha uma empregada para todas as tarefas de casa e, naquele dia em particular, um pernil de carneiro estava cozinhando para o jantar. De repente, HPB se lembrou de escrever uma nota para uma amiga que morava no outro lado da cidade, distante uma hora de viagem, já que não havia bondes ou outros meios de transporte públicos indo diretamente de uma casa para a outra. Num som de trompete ela chamou a empregada e ordenou que ela partisse imediatamente com a nota e trouxesse a resposta. A pobre menina lhe disse que o jantar se estragaria, que ela não poderia voltar antes de uma hora após o horário habitual das refeições. HPB não quis escutar e lhe disse para partir imediatamente. Quarenta e cinco minutos depois, ela começou a reclamar que a estúpida idiota não havia retornado; ela estava com fome e queria seu jantar, e mandou todas as empregadas da Filadélfia ao diabo. Passaram-se mais quinze minutos, ela já estava desesperada, e então fomos até a cozinha para dar uma olhada. É claro que as panelas de carne e legumes estavam na parte de trás do fogão, o fogo estava quase apagado, e a perspectiva de haver um jantar era extremamente pequena. HPB estava com muita raiva e, portanto, não havia nada a fazer a não ser nós mesmos cozinharmos. Quando a empregada voltou, ela foi repreendida tão fortemente que ela começou a chorar e pediu demissão! Em Nova Iorque, quando aparecia algum simpático visitante, o jantar tinha que esperar indefinidamente, ou ele – ou ela ou eles, não fazia diferença – era convidado a entrar e jantar, e as porções oferecidas a nós dois tinham que ser divididas e subdivididas para talvez quatro pessoas. Em Bombaim era pior: um dia o jantar era adiado por duas horas, no outro, HPB exigia ser servida uma hora antes do horário previsto; e depois fazia as infelizes empregadas de Goa tremer de medo, porque os legumes e a carne não estavam suficientemente cozidos. Então, quando nos mudamos para Adyar, resolvi acabar com esse aborrecimento e mandei construir uma cozinha no terraço perto do quarto de HPB, dei a ela uma equipe de empregados, somente à disposição dela, e a deixei comer ou ficar sem comida como ela quisesse.

Quando eu a visitei depois da sua mudança para Londres, descobri que lá continuou o mesmo sistema, com a diferença de que o apetite de HPB se tornou mais inconstante do que nunca por causa do avanço da sua doença e apesar de seus amigos lhe oferecerem todas as delicadezas possíveis para tentá-la. Pobre criatura! Não era culpa dela, embora sua saúde precária tivesse sido em grande parte causada por sua negligência das regras de alimentação durante quase a vida inteira. Ela nunca foi uma asceta, nem mesmo vegetariana, no período em que eu a conheci; comer carne parecia ser indispensável para sua saúde e conforto. Como acontece com tantos outros em nossa Sociedade, inclusive eu, muitos fizeram o melhor que puderam para adotar uma dieta somente de vegetais, e conheço alguns, entre eles eu por exemplo, que continuaram o experimento durante vários anos, mas finalmente foram, contra a sua vontade, forçados a voltar à sua antiga dieta. Alguns, pelo contrário, como a Sra. Besant e outros teosofistas proeminentes que eu poderia citar, se sentiram muito mais saudáveis, mais fortes e melhores com comida sem carne, e aos poucos adquiriram uma verdadeira aversão pela carne em qualquer de suas formas. Tudo isso confirma o antigo provérbio: "O que é a carne para um é o veneno para outro."[476] Eu acho que não se justifica censura num caso nem louvor no outro, isto é, com relação à escolha da dieta preferida. Não é o que entra pela boca que contamina o homem, mas o que está no seu coração – um velho e sábio ditado, digno de ser lembrado pelos fariseus.

Como todo mundo sabe, HPB era uma fumante inveterada. Ela fumava diariamente um imenso número de cigarros, que ela enrolava com a maior destreza. Ela podia até mesmo enrolá-los com a mão esquerda enquanto escrevia com a direita. Seu dedicado médico de Londres, Dr. Mennell, tem o mais singular presente que ela poderia ter dado a alguém: uma caixinha, com o monograma dele cuidadosamente entalhado na tampa, que contém várias centenas de cigarros que ela havia enrolado para ele com as próprias mãos. Ela a tinha enviado para ele pouco antes de sua morte, e o Doutor a guardou como lembrança de sua paciente indubitavelmente mais interessante e ilustre.

Enquanto escrevia *Ísis sem Véu*, em Nova Iorque, ela não deixava seu apartamento por seis meses seguidos. De manhã cedo até

476 No original: "*What is one man's meat is another man's poison*". Embora "*meat*" possa significar também "alimento", o significado comum "carne" cabe melhor neste contexto.

muito tarde da noite ela ficava sentada à sua mesa trabalhando. Não era uma coisa incomum para ela permanecer escrevendo durante dezessete horas por dia. Seu único exercício era ir à sala de jantar ou ao banheiro e voltar para a sua mesa. Como, naquela época, ela comia muito, a gordura se acumulou em grandes massas em seu corpo: seu queixo dobrou e triplicou; uma gordura aquosa se formava em seus membros e pendia em massas sobre os tornozelos; seus braços desenvolveram grandes dobras de tecido adiposo, que ela muitas vezes mostrava aos visitantes e ria delas como se fosse uma grande piada – uma piada amarga, como se mostrou anos depois.

Um dia, quando *Ísis* estava terminado e começamos a prever a certeza de que íamos partir, ela foi com minha irmã para se pesar: a balança acusou 245 libras[477]. Aí ela anunciou que pretendia emagrecer até ter um peso adequado para viajar, que ela fixou em 156 libras[478]. Seu método era simples: todos os dias, dez minutos depois de cada refeição, ela mandava trazer uma taça de vinho, mas cheia de água; ela segurava uma palma sobre ela, olhava para ela mesmerianamente e depois a bebia. Esqueci quantas semanas ela continuou esse tratamento, mas no final ela pediu para minha irmã ir novamente com ela para ser pesada. Elas trouxeram, e mostraram para mim, a declaração do lojista que possuía a balança, dizendo que "O peso de Madame Blavatsky neste dia é de 156 libras!" Ela continuou assim até muito depois de nossa chegada na Índia, quando a obesidade reapareceu e persistiu, agravada com hidropsia, até sua morte.

Havia um aspecto de sua personalidade que surpreendia os estranhos e a tornava muito atraente para aqueles que a amavam: uma espécie de prazer infantil que ela exibia quando certas coisas lhe agradavam muito. Uma vez, durante nossa estada em Nova Iorque, ela transbordou de alegria ao receber uma caixa de caviar, bolos

---

477 111,58 kg. Olcott acrescentou entre parênteses "*17 stone 7*", sendo que 1 "*stone*" corresponde a 14 libras.

478 77,78 kg.

doces e outras iguarias da Rússia. Ela queria que todos nós as provássemos, e quando eu me neguei, dizendo que as ovas de peixe tinham o sabor de couro de sapato salgado, ela quase me matou. Uma migalha de pão preto que por acaso estava em um jornal russo cujo envio ela havia pedido lhe sugeria toda a vida de casa em Odessa. Ela descreveu para mim sua amada tia Nadjeda[479], sentada à noite em seu quarto, lendo os jornais enquanto mordiscava uma dessas crostas; e também os diferentes cômodos da casa, os ocupantes, seus hábitos e atividades. Ela até mesmo embrulhou a migalha em um pedaço do jornal e a colocou debaixo do seu travesseiro para sonhar com tudo isso.

No meu Diário de 1878, encontro uma anotação sobre uma viagem à beira-mar que fizemos com Wimbridge em 14 de julho, um domingo:

> Um dia esplendoroso, sol brilhante, ar fresco e agradável, tudo encantador. Nós três pegamos uma carruagem, dirigimos para a praia e tomamos banho. HPB tinha uma aparência muito divertida: de pernas nuas, nadava nas ondas igual cachorrinho e mostrava uma alegria quase infantil por estar em um magnetismo esplêndido.

Em Madras, ela recebeu de presente de sua tia vários brinquedos com ornamentos em arabescos. Alguns, de aspecto cômico, ela mostrou a todos os visitantes até não mais ser novidade. Um desses presentes, um porta-objetos de parede em madeira de ébano[480], está pendurado no seu antigo quarto de dormir em Adyar, onde agora estou escrevendo. Na sua mesa em Nova Iorque, havia um cofrinho de ferro, modelado como uma tumba gótica ou um templo – não se pode dizer qual – que era para ela fonte de deleite constante. Tinha uma fenda no interior da cúpula e, sobre um pilar, um tampo de

479 Cf. nota 226.

480 No original: "*in ebony and calamander wood*". O nome científico de "*calamander*" é "*Diospyros quaesita*". Trata-se de uma árvore endêmica de Sri Lanka. Parece que não existe palavra portuguesa para ela.

mesa redondo de aparência inocente. Isso estava ligado a uma manivela do lado de fora, e quando uma moeda era colocada nela e se girava a manivela, a moeda era empurrada através de uma abertura e caía dentro, de onde só podia ser removida desparafusando-se uma pequena placa no fundo. Nós usamos este cofrinho como caixa de coleta para a Arya Samaj, e HPB ... – mas vou deixar o próprio repórter do *New York Star* falar sobre este ponto. Naquele jornal, de 8 de dezembro de 1878, está escrito:

> Madame Blavatsky, ou HPB, como prefere ser chamada (o título de "Madame" ela havia renegado da mesma forma que o de "Condessa", do qual ela tinha se livrado anteriormente)[481] ficou encantada com a ideia. "Vou encher meu pequeno templo com dólares", gritou, "e não vou me envergonhar de levá-lo para a Índia." O templo a que ela se referiu é uma estrutura pequena, mas intrincada, com uma entrada, mas sem saída, para dinheiro contribuído para a Arya Samaj. É solidamente construído em ferro fundido, tendo em cima um pequeno 'Dev'. HPB explicou gentilmente ao repórter que "Dev" é uma palavra em sânscrito, traduzida por diferentes nações do Oriente como "deus", "demônio" ou "gênio". Frequentemente ela convida visitantes ocasionais da Lamaseria a colocar uma pequena moeda no topo do templo e girar uma manivela. O resultado é invariavelmente a grande alegria dos teósofos, o embaraço do visitante e o enriquecimento do Arya Samaj, pois nesse processo a moeda desaparece.

Estou vendo que o mesmo jornalista diz algo gentil sobre a imagem mural em folhas secas, de uma floresta tropical, que nós havíamos feito em nossa sala de jantar e que descrevi em um capítulo recente. Pensando fazer entre os nossos amigos um sorteio dos móveis do Lamaseria, ela seria um dos prêmios. O repórter do *Star* diz:

---

481 No original: "(she having sent the title of 'Madame' to look for that of 'Countess', which she threw away before)". Tradução literal: (tendo ela mandado o título de 'Madame' procurar o de 'Condessa', que ela havia jogado fora anteriormente).

> Talvez uma das coisas mais notáveis em toda a coleção de prêmios exclusivos seja aquela que não tem pretensão de ser considerada mágica. É um ornamento mural, tão bem elaborado, tão belo e, no entanto, tão simples que parece estranho que não esteja na moda. Em uma das paredes da sala de jantar do agora famoso apartamento há a representação de uma cena tropical, na qual aparecem um elefante, um tigre, uma enorme serpente, uma árvore caída, macacos, pássaros e borboletas, e duas ou três poças d'água. Não é nem pintada nem desenhada; os detalhes haviam sido primeiro recortados em papel, depois foram coladas folhas de outono de vários matizes; a água é representada por pequenos pedaços de espelho quebrado. O efeito é extremamente bonito, mas o vencedor do prêmio provavelmente precisará de arte mágica para remover o todo em boas condições, pois o quadro está em seu lugar há tanto tempo que as folhas estão secas e quebradiças.

Um dos maiores encantos de HPB era o lado divertido da sua maneira de ser. Ela gostava de dizer coisas espirituosas, mas também de ouvir outros as dizerem. Como mencionei acima, seu *salon* nunca foi tedioso, salvo, é claro, para aqueles que não tinham conhecimento da literatura oriental e não entendiam nada da filosofia oriental. Para esses, o tempo se arrastava lentamente quando HPB e Wilder, ou Dr. Weisse, ou algum outro erudito estavam discutindo durante horas essas profundezas mais profundas[482] e as alturas mais elevadas do pensamento. Porém, mesmo nessas discussões ela falava de forma tão pouco convencional e formulava suas opiniões com tanta verve e desconcertantes paradoxos que, ainda que o ouvinte não pudesse seguir o fio de seu pensamento, tinha que admirá-lo, como se admira a pirotecnia de Crystal Palace[483] apesar de não se conhecer os processos químicos empregados na fabricação das peças. Ela pegava e fazia sua qualquer expressão ou palavra esquisita,

482 Tradução literal do original "*deeper depths*".

483 Subúrbio de Londres em cujo parque do mesmo nome aconteciam, e ainda acontecem, espetáculos de fogos de artifícios.

como, por exemplo, "*flapdoodle*", "*whistle-breeches*"[484], e várias outras que passaram a ser tidas como tendo sido inventadas por ela.

Em nossas horas de recreação, ou seja, depois de terminar nosso trabalho noturno, ou quando chegavam visitantes ou, raramente, quando ela queria descansar um pouco, ela me contava histórias de magia, mistério e aventura, e em troca, me pedia para assobiar ou cantar músicas cômicas ou contar histórias engraçadas. Uma dessas histórias se tornou, pelos acréscimos feitos à narrativa inicial durante dois anos, uma espécie de odisseia zombeteira da família Moloney, cujas inumeráveis descidas à matéria, retornos ao estado de força cósmica, casamentos inter-relacionados, mudanças de credo, pele e capacidades, constituíam uma extravagância da qual HPB parecia nunca se cansar. Ela me fazia contar essa história na presença de terceiros, às vezes para meu desgosto, e se deleitava quando eles ficavam surpresos com minha improvisação despretensiosa. Tudo era recitado com sotaque irlandês e era uma mera fanfarronada de todo tipo de absurdo, tratando extravagantemente dos problemas da evolução macrocósmica e microcósmica. A essência da história era o seguinte: os Moloneys eram relacionados pelo casamento com os Molecules, e as duas famílias juntas geraram a potência suprema da força irlandesa, que controlava as vicissitudes de todos os mundos, sóis e galáxias. Em comparação com a história insignificante a partir da qual se desenvolveu, meu texto era como a gigantesca figueira-de-bengala[485] que surge de uma minúscula semente. No final HPB começou a me chamar de Moloney, tanto falando quanto escrevendo, e eu retaliei chamando-a de Mulligan. Ambos os apelidos vieram a ser empregados por nossos amigos, e minhas antigas caixas de arquivos contêm muitas cartas que eles escreveram para ela e para mim usando esses pseudônimos irlandeses[486].

---

484 Como Olcott diz, trata-se de palavras inventadas. Mesmo um significado aproximado dependeria do contexto.

485 No original: "*Banjan tree*". Nome científico: Ficus benghalensis. Árvore nacional da Índia.

486 Olcott usou o adjetivo "*Hiberian*", que se refere à Hibéria, nome latino da ilha

Ela era uma excelente pianista, tocando com uma destreza e uma expressividade que eram simplesmente magníficas. Suas mãos eram modelos – ideais e de fato – para um escultor, e nunca eram mais belas do que nos momentos em que elas voavam sobre o teclado para encontrar suas melodias mágicas. Ela tinha sido aluna de Moscheles[487]. Quando, na sua juventude, ela estava com seu pai em Londres, tocou num concerto beneficente com Madame Clara Schumann[488] e Madame Arabella Goddard[489] numa peça de Schumann para três pianos.[490] Durante o tempo do nosso relacionamento, ela tocou muito raramente. Um dia compramos um pianino, e ela tocou nele por algumas semanas, mas depois ele permaneceu fechado, mesmo depois de ser vendido, e serviu como estante de livros. Houve momentos em que ela foi ocupada por um dos *Mahātmas*, e nessas ocasiões ela tocava de uma maneira indescritivelmente grandiosa. Algumas vezes, ao entardecer, com ninguém mais na sala exceto eu, ela tocava naquele instrumento de tons suaves improvisações que poderiam muito bem fazer imaginar que se estava ouvindo os Gandharvas[491], ou coristas celestiais. Era a harmonia do céu.

Em seu estado normal, ela não percebia bem cores e proporções, e tinha muito pouco daquele refinado gosto estético que faz uma mulher se vestir elegantemente. Acontecia de eu ir ao teatro com ela, pensando que o público fosse se levantar para nós. Mulher corpulenta e de aparência singular, ela usava um chapéu alegre com plumas e um vestido de cetim *grand toilette*[492] com muitos enfeites,

---

da Irlanda.

487 Ignaz *Moscheles* (1794-1870), pianista e compositor checo.

488 Famosa pianista alemã (1819-1896), uma das primeiras compositoras, esposa do compositor Robert Schumann, amiga de Johannes Brahms.

489 Pianista inglesa (1836-1922).

490 N.O.: "Algumas semanas depois da publicação dessas informações, eu soube por um membro de sua família que, pouco antes de vir para a América, HPB fez uma turnê de concertos na Itália e na Rússia sob o pseudônimo de 'Madame Laura'."

491 "Cantores ou músicos celestes da Índia." (*Glossário Teosófico*)

492 Expressão francesa significando aproximadamente "roupa de ostentação".

portava uma longa e pesada corrente de ouro no pescoço, presa a um relógio esmaltado de azul, com um monograma em diamantes baratos no dorso, e nas suas belas mãos tinha uma dúzia ou quinze anéis, grandes e pequenos. As pessoas ao seu lado podiam rir dela, mas quando elas viam seu olhar severo e seu rosto calmuco[493] maciço, seu riso logo desaparecia e uma sensação de espanto e fascínio as dominava.

Às vezes ela era generosa ao extremo, extravagantemente; outras vezes, exatamente o oposto. Quando tinha dinheiro, ela parecia considerá-lo como algo do qual devia-se livrar logo. Ela me contou que gastou em dois anos uma herança de 85 mil rublos (cerca de 170 mil rúpias), deixada por sua avó, em viagens aleatórias pelo mundo. Uma boa parte do tempo ela teve com ela um enorme cachorro Newfoundland, que ela segurava por uma pesada corrente de ouro!

Ela era uma pessoa muito franca e direta. Mas quando trocava gentilezas com um novo conhecido, ela era às vezes *grande-dame*[494] até as pontas dos dedos. Não importa quão desleixada na aparência, ela carregava a marca indelével do seu nascimento elevado; e quando queria, podia ser tão digna quanto uma duquesa francesa. Mas em sua vida comum, cotidiana, seu sarcasmo era tão afiado quanto uma faca, e em seus momentos de raiva ela era como uma bomba explodindo. Para ela, eram pecados imperdoáveis a hipocrisia e a arrogância. Quando alguém agia assim, ela era impiedosa e esgotava as fontes de várias línguas para cobrir a vítima com insultos. Frequentemente ela via como num espelho, clarividentemente, os pecados secretos de homens e mulheres que encontrava; e quando, por acaso, eles estavam inclinados a falar de Teosofia com desprezo ou dela mesma com desdém, ela derramava sobre suas cabeças os frascos de furiosa franqueza. Ela tinha aversão às pessoas "fantásticas"[495],

493 Adjetivo relativo aos calmucos, povo de origem mongólica.

494 Expressão francesa significando "grande dama".

495 No original: "*ower guid*"; são variantes escocesas de "*over good*", que pode significar algo como "super", "fantástico". Não está claro se Olcott quer dizer que as pessoas se consideravam assim ou se elas usavam essa expressão.

mas para uma pessoa pobre, ignorante, porém franca, respeitável ou o contrário, ela sempre teve uma palavra gentil e frequentemente um presente.

Para ela, a falta de convencionalidade era quase um culto, e nada lhe agradava mais do que fazer e dizer coisas para chocar as pessoas afetadas. Por exemplo, encontro em meu diário uma anotação dizendo que, certa noite, ela vestiu sua camisola, foi para a cama e recebeu um grupo heterogêneo de senhoras e cavalheiros. Nisso ela imitou as damas da realeza e da nobreza dos tempos pré-revolucionários na Europa. Era sua palpável assexualidade de sentimentos que fez que não houvesse questionamentos. Nenhuma visitante jamais teria visto nela uma possível rival, nenhum homem teria imaginado poder seduzi-la a cometer indiscrições. Ela xingava como o exército em Flandres[496], mas não fazia por mal, e se essa sua predileção incomum não tivesse sido tão notada e criticada pelos defensores intransigentes do decoro – eles mesmos, como ela via clarividentemente, às vezes presunçosos pecadores a portas fechadas – ela certamente teria desistido dela. Está na natureza humana, e estava em sua natureza em altíssimo grau, continuar fazendo coisas proibidas apenas por espírito de revolta.

Certa vez conheci uma senhora cujo filho pegou dos empregados da fazenda o hábito de dizer palavras feias. A mãe, uma senhora muito exemplar em todos os aspectos, estava de coração partido por causa disso. O chicoteamento e outras punições só pioraram as coisas, e o resultado não foi melhor com o último recurso, o de *lavar a boca do filho com sabão em barra* depois que ele foi ouvido xingando. Por fim, um amigo sensato aconselhou os pais a tentarem ver o que aconteceria se não prestassem nenhuma atenção à linguagem feia. O plano foi um sucesso total e, em poucos meses, o menino não mais xingava. Quanto a HPB, ela sentia revolta contra todas as ideias convencionais da sociedade e era com relação a crenças, gostos, roupas, ideais e comportamento uma hilota social; então ela

496 Tradução literal; essa expressão, rara em inglês, significa "xingar muito".

se vingava mostrando seus próprios impressionantes talentos e realizações e fazendo com que a sociedade a temesse.

Secretamente sofrendo pela falta de beleza física, ela continuamente mencionava seu "nariz de batata", como se quisesse desafiar críticas. O mundo era para ela uma farsa vazia, seus prêmios, apenas entulho, sua vida desperta, uma existência lúgubre, sua vida real, aquela da noite, quando, deixando o corpo, ela ia sentar-se aos pés de seus Mestres. Assim, ela sentia quase somente desdém e profundo desprezo pelos fanáticos cegos e homens de ciência de pensamento limitado, que não tinham sequer um pequeno vislumbre da verdade, mas que a julgavam injustamente e conspiravam para silenciá-la numa conspiração de calúnia. Para os clérigos como um todo, ela sentia ódio, porque, sendo eles mesmos ignorantes das verdades do espírito, assumiam o direito de guiar os espiritualmente cegos, manter a consciência dos leigos sob controle, desfrutar de rendas que não haviam ganho, e condenar o herege, que muitas vezes era um sábio, um *illuminatus*[497], um Adepto. Nós tínhamos um álbum de recortes no qual costumávamos colar parágrafos de jornais falando dos crimes de clérigos e padres que haviam sido levados à justiça, e antes de partirmos para a Índia havia uma grande coleção deles.

HPB fez inúmeros amigos, mas muitas vezes os perdeu e os viu transformados em inimigos pessoais. Ninguém podia ser mais fascinante do que ela quando ela o desejava, e ela o desejava quando queria atrair pessoas para seu trabalho público. Então ela afagava a pessoa pelo tom e pela atitude, e a fazia sentir-se a melhor amiga, ou amigo, se não a única, ou o único. Ela até escrevia no mesmo tom, e acho que eu poderia nominar várias mulheres que têm cartas dela nas quais ela dizia que elas seriam suas sucessoras na S.T., e eu poderia dar os nomes de duas vezes mais homens que ela declarou serem "seus únicos verdadeiros amigos, e *chelas*[498] aceitos". Tenho

497 Palavra latina significando "iluminado"; refere-se aqui a um dos "*Illuminati*", os quais são, segundo o *Glossário Teosófico*, os "Adeptos Iniciados".

498 Discípulos.

várias dessas declarações, e costumava considerá-las como tesouros, até que as comparei com mensagens para outras pessoas e descobri que elas haviam sido encorajadas da mesma forma; percebi que todos esses panegíricos não valiam nada. Quanto a sua atitude para com pessoas comuns como eu e seus outros íntimos, eu não diria que ela era leal ou uma amiga fiel. Éramos para ela, creio eu, nada além de peões em um jogo de xadrez, para quem ela não tinha um amor profundo. Ela repassou para mim os segredos de pessoas de ambos os sexos – mesmo os mais comprometedores – que lhe haviam sido confiados, e eu estou convencido de que ela tratou os meus da mesma forma. Mas ela era leal no mais alto grau à sua tia, a seus outros parentes e aos Mestres – por cujo trabalho ela teria sacrificado não apenas uma, mas vinte vidas, e calmamente teria observado toda a raça humana sendo consumida pelo fogo, se fosse necessário.

CAPÍTULO XXIX

Madame Blavatsky se Torna Cidadã Norte-americana. Formação da Sociedade Teosófica Britânica. Os Últimos Dias em Nova Iorque

Era mais do que natural que os artistas boêmios que se agrupavam ao redor da Rainha de nossa pequena Boemia[499] lhe pedissem para se deixar retratar; e assim aconteceu que ela posou para Thos. Le Clear para seu retrato a óleo, e para O'Donovan para um medalhão em bronze. Minha anotação de 24 de fevereiro (1878) no meu Diário mostra que nós dois estivemos à noite no estúdio de Walter Paris e passamos um tempo muito agradável na companhia de alguns dos melhores artistas de Nova Iorque. A maioria deles pertencia ao famoso Tile Club, cujos membros se reúnem mensalmente nos estúdios uns dos outros e pintam desenhos em telhas de barro[500] fornecidas pelo anfitrião do dia; essas telhas pintadas se tornam propriedade dele e ele as manda cozer e esmaltar às suas próprias custas – um arranjo encantador, pelo qual cada membro do Clube se torna, a seu turno e por um preço irrisório, proprietário de um conjunto de pinturas assinadas por bons artistas.

---

499 No original: "*Bohemia*". Com inicial maiúscula (como está escrito), é o nome da Boêmia. Com inicial minúscula (*bohemia*), significa "grupo, mundo, vida de boêmios", que é o caso aqui.

500 No original: "*tile*", palavra que deu o nome ao clube. Além de "telha", "*tile*" significa também "azulejo", "ladrilho", "placa (de barro)".

HPB se divertiu de maneira inexprimível com um incidente relacionado com minhas improvisações cômicas, mencionadas anteriormente. Uma das coisas que ela pedia frequentemente era uma apresentação burlesca de "mediunidade oral", na qual eram parodiados os maneirismos e platitudes de certa categoria de oradores. Uma noite tivemos como visitante um *littérateur*[501] londrino, ex-editor do *Spectator* e homem de universidade. Ele tinha investigado bastante sobre o Espiritismo e acreditava nele. Eu fingi estar sob o controle do espírito de um falecido clérigo da High Church[502] e, de olhos fechados e num tom solene, comecei uma diatribe contra as influências desmoralizantes da atualidade, entre as quais mencionei em primeiro lugar a Sociedade Teosófica. Fiz o pseudoespírito condenar especialmente os promotores dessa abominável organização, e sobre HPB, sua Sacerdotisa-Mor e diabo chefe, lancei os raios da excomunhão maior e menor. A velha senhora[503] riu até as lágrimas descerem pelo rosto, mas nosso visitante me fitava (como percebi de vez em quando ao olhar de relance para ele por entre as pálpebras quase cerradas) e finalmente exclamou: "É horrível, é terrivelmente real! A senhora realmente não deveria deixá-lo fazer isso, Madame!" – "Fazer o quê?", ela perguntou. "Dar vazão à mediunidade, quando o seu eu inteiro está obsidiado por uma personalidade tão forte e vingativa do mundo dos espíritos!" Isso foi demais para minha colega – que gostava tanto de hilaridade – e ela explodiu numa risada. Recuperando o fôlego, ela gritou: "Pare! Pelo amor de Deus, pare, Olcott, ou você vai me matar!" Justamente naquele momento eu estava no meio de uma explosão de escárnio pela pretensa erudição e altruísmo dessa "conspiradora russa", mas parei repentinamente e, virando-me para o Sr. L., lhe pedi no tom mais trivial um fósforo para meu cachimbo.

501 Cf. nota 128.

502 Ala conservadora da Igreja Anglicana que mantém várias práticas e boa parte da liturgia da Igreja Católica Romana.

503 Frequentemente HPB era chamada assim, embora ela tivesse na época apenas 46 anos.

Eu quase perdi minha seriedade quando vi seu repentino assustado espanto e o olhar penetrante que lançou para mim e que revelou – como se fossem palavras – sua crença de que eu era ou louco ou o mais extraordinário dos médiuns, já que podia tão instantaneamente me "livrar do controle"[504]. Esse final quase matou HPB de rir.

Na manhã seguinte, às 8 horas, o Sr. L. voltou para andar comigo até o centro da cidade. Ele tentou usar seu poder de persuasão para eu desistir dessa mediunidade que, como ele garantiu, acabaria com minha esperança de um trabalho público útil no futuro! O médium, ele explicou (como se eu já não o soubesse havia vinte anos), é um verdadeiro escravo, dependendo do grau de sua mediunidade, o agente passivo de forças desencarnadas, cuja natureza ele não tem meios de verificar e que o dominam, sem que ele possa fazer alguma seleção. Apesar de minhas explicações, ele não se deixou convencer de que aquele acontecimento da noite anterior tinha sido nada mais do que uma brincadeira, um dos diversos divertimentos usados por HPB e mim para aliviar a tensão de nosso trabalho sério. Ele insistiu que eu era médium, não tinha jeito, e assim tivemos que deixar esse assunto como estava. Mas para nós, isso era uma brincadeira permanente, e HPB a contou inúmeras vezes a visitantes.

No dia 5 de abril, T.A. Edison[505] me enviou o seu requerimento de filiação. Eu havia sido obrigado a encontrá-lo a respeito da exibição de suas invenções elétricas na Exposição de Paris daquele ano, já que eu era secretário honorário da Comissão Nacional de Cidadãos, que tinha sido formada a pedido do governo francês para induzir o Congresso dos Estados Unidos a aprovar um projeto de lei que faria nosso país participar da primeira exposição industrial

504 A ideia é: sair do controle exercido pelo espírito. A expressão está entre aspas no original.

505 Thomas Alva Edison (1847-1931), inventor da lâmpada elétrica incandescente; empresário norte-americano que registrou 2.332 patentes e "financiou o desenvolvimento de muitos dispositivos importantes de grande interesse industrial" (Wikipédia).

internacional desde a queda do Império[506] e da fundação da República Francesa. Edison e eu passamos a conversar sobre forças ocultas, e achei muito interessante sua observação de que ele tinha feito alguns experimentos nessa direção. Seu objetivo era verificar se era possível fazer um pêndulo, suspenso na parede de seu laboratório, mover-se pela força da vontade. Para testar isso, ele usou como condutores fios de vários metais – simples e compostos – e tubos contendo diferentes fluidos; uma extremidade do condutor estava ligada à sua fronte, a outra, conectada ao pêndulo. Como, desde então, nenhum resultado foi publicado, suponho que seus experimentos não foram bem-sucedidos. Se, por acaso, ele ler este texto, pode ser interessante para ele saber que em 1852 encontrei em Ohio um jovem homem chamado Macallister, um ex-Shaker[507], que me contou que ele tinha descoberto certo fluido, que, colocado na sua fronte, permitiu transmitir pensamentos para outra pessoa que usava o mesmo fluido num momento anteriormente combinado, não importando a distância entre os dois. Sobre isso escrevi um artigo com o título "Telegrafia mental" para o antigo jornal *Spiritual Telegraph* do falecido Sr. S. B. Britten.

Tendo conhecido vários famosos inventores americanos, que me contaram de que maneira eles haviam tido a primeira ideia para suas invenções, descrevi essas diversas maneiras para Edison e lhe perguntei como ele chegava a suas descobertas[508]. Ele respondeu que frequentemente, caminhando pela Broadway com um conhecido e conversando sobre assuntos totalmente diferentes, acontecia que, no meio do barulho da rua, sua mente era invadida pelo pensamento que determinada desejada coisa poderia ser conseguida de determinada maneira. Nesses casos, ele corria para casa, começava

506 Olcott deve estar se referindo ao chamado "Segundo Império" (1852-1870). Em 1870 foi proclamada a "Terceira República".

507 Os Shakers eram uma seita religiosa fundada no século 18, na Inglaterra, depois de ter se separado de uma comunidade Quaker; também chamada de Sociedade Unida dos Crentes na Segunda Aparição de Cristo.

508 Olcott diz: "... como suas descobertas chegaram a ele".

a trabalhar sobre a ideia e não parava até ter sucesso ou perceber que a coisa era impraticável.

No dia 17 de abril, começamos a conversar com Sotheran, General T. e um ou dois outros altos maçons sobre a possibilidade de transformar nossa Sociedade em uma organização maçônica com ritual e graus. A ideia era que ela seria um complemento natural para os graus mais elevados da Maçonaria, restituindo-lhe o misticismo oriental, elemento vital que lhe faltava ou que havia perdido. Ao mesmo tempo, tal arranjo – a aliança com a antiga Irmandade, cuja lojas estão estabelecidas em todo o mundo – daria força e permanência à Sociedade. Agora que estou olhando para trás, percebo que estávamos na realidade apenas planejando repetir o trabalho de Cagliostro, cuja Loja Egípcia era em seu tempo um centro muito poderoso para a propagação do pensamento oculto oriental. Nós não abandonamos a ideia até muito depois de nossa mudança para Bombaim, e a última menção disso no meu diário é uma anotação dizendo que *Swami* Dayānand Sarasvati tinha prometido compilar um ritual para nossos membros de Nova Iorque e Londres. Alguns antigos colegas negaram esses fatos, mas – isto eles não sabiam – HPB e eu considerávamos esse plano seriamente e nós renunciamos a ele somente quando percebemos que a Sociedade estava crescendo rapidamente por seu próprio ímpeto inerente, de modo que não era uma boa política nos juntarmos à Maçonaria.

Uma noite, HPB produziu um belo fenômeno de duplicação. Um médico francês, o Dr. B., era um dos nove visitantes que estavam em nossa casa. Ele estava sentado perto da escrivaninha de HPB, e o lampião a gás em cima dela projetava luz sobre sua grande abotoadura de ouro, na qual se viam suas iniciais. HPB, vendo o brilho, estendeu a mão por cima da mesa, tocou na abotoadura, depois abriu a mão e mostrou a ele e aos outros na sala uma cópia dela. Todos nós vimos isso, mas ela não quis dá-la para ninguém, e quando ela logo em seguida reabriu a mão, o *Māyā* tinha desaparecido.

Para mim ela fez, uma noite em que nós dois estávamos sozinhos, uma coisa muito mais interessante. De vez em quando ela contava histórias de aventura e de outras ações sobre várias pessoas, algumas passando-se na Índia, outras em países ocidentais. Naquela noite ela estava embaralhando cartas sem nenhum objetivo aparente, quando de repente estendeu o baralho com as cartas abertas para mim e me mostrou o cartão de visita da esposa de certo oficial britânico; essa senhora havia tido a sorte de ver um *Mahātma* no norte da Índia e tinha se apaixonado por seu esplêndido rosto de maneira ofensiva[509]. No cartão estava escrito o nome dela e, num canto inferior, a indicação do regimento do marido, parcialmente apagada, talvez com uma faca, para que eu não pudesse identificar a senhora, se por acaso eu a encontrasse na Índia. HPB continuou o embaralhamento, e a cada minuto ou dois ela abria o baralho e me mostrava os cartões de visita de outras pessoas que conhecíamos de nome; alguns estavam brilhosos, outros, foscos; alguns com o nome impresso em letra cursiva, outros em letra de forma; alguns com o nome datilografado, alguns com as bordas em preto; alguns grandes e outros pequenos. Foi um fenômeno maravilhoso e muito especial.

No entanto, era muito estranho que a preciosa força psíquica – tão difícil de ser gerada, tão fácil de ser perdida – tivesse sido desperdiçada para materializar, por um breve momento em cada caso, esses fantasmas astrais de cartões de visita comuns, quando o mesmo volume de força poderia ter sido empregado para obrigar algum grande cientista a acreditar na existência dos registros do *Ākasha* e dedicar suas energias à pesquisa espiritual. Um dia, HPB mostrou à minha respeitada irmã, a Sra. Mitchell, que, com o marido e os filhos, ocupava um apartamento no mesmo prédio nosso, uma coleção de pedras preciosas e joias, que, ela diz, deviam valer pelo menos 10.000 libras,

509 No original: "*offensively*". Esse advérbio é estranho nesse contexto, pois não se imagina um *Mahātma* ofender-se com o fato de alguém apaixonar-se por ele ou por seu rosto. Talvez Olcott tenha escrito "*ostensively*" (ostensivamente) e ocorreu um erro de datilografia.

e que ela pensou que eram parte da herança familiar de HPB. Ela não suspeitava de maneira alguma que elas eram meramente ilusórias e não acreditou quando eu lhe disse que HPB não possuía tais bens. Tenho certeza de que, se ela possuísse coisas de tanto valor, ela nunca teria se permitido passar pelas necessidades pelas quais passou.

Quanto mais nos aproximávamos do tempo de nossa mudança de Sede, mais veemente se tornava o louvor de HPB à Índia, aos hindus, a todo o Oriente e aos orientais em geral, como também seu menosprezo pelos ocidentais como um todo, seus costumes sociais, tirania religiosa e ideais. Na nossa Lamaseria houve noites tempestuosas, entre as quais se destaca especialmente o seguinte episódio. O artista Walter Paris, uma das melhores pessoas, tinha morado em Bombaim durante alguns anos como arquiteto de governo e ficou feliz em conversar conosco sobre a Índia. Mas, não tendo nossa "reverência excessiva pelo país" e a simpatia pelo povo, ele frequentemente ofendia a sensibilidade de HPB com comentários que – como sei agora – são típicos dos anglo-indianos[510]. Certa noite, quando estava falando de um velho empregado seu que havia cometido alguma estupidez ao arrear ou selar um cavalo, ele observou calmamente que havia batido no homem com seu chicote. Imediatamente, como se tivesse recebido a chicotada em seu próprio rosto, HPB se levantou, se posicionou diante dele e, num discurso de cerca de cinco minutos, o repreendeu tão severamente que ele ficou sem palavras. Ela qualificou o ato como uma covardia, e com base nele redigiu um texto para um bom discurso sobre o tratamento dado às raças orientais pela classe dominante anglo-indiana. Essa não foi uma explosão casual ocorrida somente no Ocidente: ela manteve o mesmo tom do começo ao fim, e eu a ouvi frequentemente – em Allahabad, Simla, Bombaim, Madras e em outros lugares – falar com a mesma ousadia na frente dos mais altos funcionários anglo-indianos.

Uma maneira que HPB teve de enganar horas tediosas depois de termos concluído *Ísis sem Véu* foi desenhar caricaturas em cartas

510 Ingleses morando na Índia.

de baralho, incluindo os naipes nos desenhos. Várias dessas produções inteligentes eram muito cômicas. Uma, feita do Dez de Paus, mostrava um espetáculo de *minstrel*[511]. As grotescas contorções dos homens do final da trupe, a solene crueldade do "Interrogador" e a divertida estupidez dos "intermediários" estavam admiravelmente delineadas. Outra mostrava uma cena "espírita", na qual um banjo, acordeões e pandeiros voavam pelo ar, um balde invertido estava na cabeça de um "investigador" e um pequeno elemental travesso sorria no colo de uma senhora, enquanto ela segurava o rabo bipartido na mão, achando que era parte do corpo de algum amigo que partiu. Uma terceira caricatura – feita de um Sete de Copas, eu acho – mostra dois monges gordos numa mesa carregada de peru, presunto e outras iguarias, além de garrafas de vinho, enquanto outras estão esfriando num balde de gelo no chão. Um dos reverendos padres, com traços de aparência animal, está colocando a mão para trás para receber um *billet-doux*[512] de uma criada de boné e avental. Ainda outra representa um policial que pega pelo pé um ladrão em fuga; outra, dois elegantes soldados britânicos caminhando com suas namoradas; uma terceira, um negro patriarcal, correndo com seu neto negro em seus braços, etc., etc. Muito recentemente eu soube que seu falecido pai tinha um talento especial para a caricatura; assim é muito fácil explicar essa habilidade de HPB. Eu lhe disse que achava uma pena ela não produzir todo um conjunto de caricaturas, pois certamente isso lhe renderia uma boa soma em direitos autorais. Ela disse que faria isso, mas tal disposição não durou o suficiente para trazer o resultado desejado.

No dia 8 de julho, ela pegou seus documentos de naturalização, foi comigo ao Tribunal Superior e prestou juramento como cidadã dos

---

511 Esta palavra geralmente significa "menestrel"; porém, aqui se refere a um tipo de show em quer eram caricaturizados artistas negros. Esses espetáculos se iniciaram nos Estados Unidos no começo do século 19, se tornaram muito populares e acabaram em meados do século 20.

512 Expressão francesa (mas também existindo em dicionários de inglês) significando "bilhete – ou carta – de amor".

Estados Unidos da América. Ela descreveu isso assim no meu Diário: "Fizeram HPB jurar afeição e devoção eternas à Constituição dos Estados Unidos, defendê-la sempre e abjurar qualquer lealdade ao imperador russo, e fizeram-na 'Cidadã dos E.U. da América'. Ela recebeu seus papéis de naturalização e foi para casa, feliz." Evidentemente os jornais americanos do dia seguinte estavam cheios de relatos sobre o acontecimento. Mandaram repórteres para entrevistar a nova cidadã, que os fez rir com suas opiniões ingênuas sobre a política e os políticos.

Durante os primeiros meses do verão de 1878, a formação da Sociedade Teosófica Britânica (agora chamada de London Lodge T.S.[513]) ocupou grande parte de minha atenção. Essa nossa primeira filial[514] foi finalmente fundada em 27 de junho por Dr. J. Storer Cobb, LL.D.[515], tesoureiro da S.T., cuja visita a Londres foi aproveitada para ele atuar como meu representante oficial para esse fim. O Sr. Sinnett gentilmente me forneceu a seguinte cópia da ata constante do Livro de Atas da Loja, o qual está oficialmente sob sua custódia.

> REUNIÃO DE MEMBROS[516]
> *Realizada na Rua Great Russell, 38, Londres, em 27 de junho de 1878.*
> Presentes: Os membros J. Storer Cobb, *Tesoureiro* (Sociedade de Nova Iorque), C.C. Massey, Dr. Carter Blake, Dr. George Wyld e E. Kislingbury.
> O membro J. Storer Cobb, presidindo a reunião, leu cartas do Sr. Yarker, Dr. K. Mackenzie, Capitão Irwin e Sr. R. P. Thomas, que estavam expressando seu pesar por sua inevitável ausência e sua simpatia pelos objetivos da reunião; leu também uma carta do Reverendo W. Stainton Moses dizendo que ele não podia participar por ter saído da Sociedade de Nova Iorque.

513 Loja de Londres da S.T.
514 No original: "*Branch*" (Ramo).
515 Doutor em Direito.
516 Visto que a Loja ia ser fundada nessa reunião (portanto, ainda não havendo membros), parece estranho falar de "reunião de membros". Ocorre que as pessoas mencionadas já eram membros da Sociedade Teosófica (de Nova Iorque).

Depois de o Tesoureiro Cobb ter transmitido as instruções do Presidente Olcott a respeito da base de uma filial inglesa da Sociedade, tais como haviam sido comunicadas numa reunião anterior de membros neste lugar, ele propôs renunciar ao cargo, por não ter a intenção de se tornar membro dessa filial. Ele foi convidado a permanecer como ouvinte, e em seguida houve uma discussão informal, no final da qual foi *resolvido*, após proposta do membro Massey, apoiado pelo Dr. H. J. Billing, "que, na opinião dos membros ingleses da Sociedade Teosófica de Nova Iorque, presentes nesta reunião, é desejável formar uma Sociedade na Inglaterra, em relações e afinidade com aquela entidade."

Com base no documento de instruções recebido do Presidente, a reunião prosseguiu para discutir a questão da presidência da Sociedade Filial, houve votação e C. C. Massey foi escolhido Presidente. O Sr. Massey, ao aceitar o cargo, fez algumas observações e começou a presidir a reunião. Ele propôs – e o Dr. Carter Blake apoiou – que a Srta. Kislingbury fosse a Secretária da Filial. Isso foi votado, e a Srta. K. aceitou, *pro tem*[517].

A reunião foi adiada até receber novos conselhos de Nova Iorque, e foi solicitado à Secretária que ela fornecesse uma cópia desta ata ao Coronel Olcott (Presidente) e uma cópia da resolução, acima citada, aos membros ingleses ausentes.

Depois, foi redigido e assinado o seguinte memorando, que a Secretária foi incumbida de enviar ao Coronel Olcott:

LONDRES, 27 de junho 1878

Ao
CORONEL HENRY S. OLCOTT
Presidente da S.T., Nova Iorque

Certifico que neste dia foi realizada uma reunião na qual foi formada uma filial inglesa da Sociedade acima indicada e da qual o membro Charles Carleton Massey foi eleito Presidente, por votação dos membros presentes.

---

517 Cf. nota 148.

(Assinado) JOHN STORER COBB
Tesoureiro da Sociedade de Nova Iorque
(Assinado) C.C. MASSEY

Em 12 de julho de 1878 escrevi as cartas oficiais reconhecendo a Sociedade Teosófica Britânica e ratificando os procedimentos adotados na mencionada reunião e as enviei ao Sr. C.C. Massey e à Srta. Kislingbury, respectivamente Presidente e Secretária.

No meu diário há para o dia 25 de outubro uma anotação que é interessante pelo fato de mostrar a faculdade de clarividência que HPB às vezes exercia. É a seguinte:

> O'Donovan, Wimbridge, HPB e eu estávamos jantando quando a empregada trouxe uma carta de Massey que o carteiro tinha entregado naquele momento. Antes disso, HPB havia anunciado a chegada e o conteúdo dessa carta, e quando eu a recebi – e antes que o envelope fosse aberto – ela disse que ele continha uma carta do Dr. Wyld, e ela também leu o conteúdo sem olhar para a carta.

Eu me lembro de ter pegado o envelope da mão da empregada e tê-lo colocado ao lado do meu prato, com a intenção de adiar a leitura até que nos levantássemos da mesa. Entre o envelope e HPB estava uma grande jarra de barro de água. Mesmo assim, ela leu primeiro o conteúdo da carta de Massey e depois o da carta do Dr. Wyld. Também me recordo que numa das páginas da carta de apresentação estava escrito algo na caligrafia do *Mahātma* e que eu a devolvi, assinada por mim e pelo Sr. Wimbridge, explicando os fatos ao remetente.

É uma coincidência bastante notável que vários astrólogos, clarividentes e ascetas indianos tivessem profetizado que HPB morreria no mar. Uma dessas previsões está anotada na página de 2 de novembro de 1878 do meu diário. Um sensitivo, um amigo de Wimbridge, "previu a morte de HPB no mar – uma morte súbita; duvidou que ela chegasse a Bombaim". Majji, a *yogini*[518] de Benares, fez o mesmo prognóstico quanto ao local da morte e até da época, mas nenhum dos dois acertou, como tampouco um cartomante de Nova Iorque que previu a morte de HPB por assassinato antes de 1886. Comentando essa última afirmação, HPB muito naturalmente colocou dois pontos de exclamação após a palavra "assassinato" e cinicamente acrescentou a observação: "Nada como a clarividência!"

Um dos nossos visitantes foi mais bem-sucedido como profeta, mas ele não testou sua capacidade em HPB. Aqui está minha descrição dele no Diário:

> Um médico hebreu místico. Um homem estranho, muito estranho. Tem presciência quanto a visitantes, mortes e uma percepção espiritual quanto a suas doenças. Velho, magro, curvado; cabelo fino, bonito, grisalho, sobressaindo da sua cabeça nobre em todas as direções. Tem ruge nas bochechas para corrigir sua extrema palidez. Costuma jogar a cabeça para trás e olhar para o alto enquanto ouve ou conversa. Tem uma aparência pálida, sua pele é transparente e extremamente fina. Ele usa roupas de verão no inverno. Quando está prestes a responder, tem o hábito peculiar de dizer: "Veil, see he-ere, tee-ar!"[519]

Ele havia estudado a Kabala por trinta anos, e suas conversas com HPB se restringiam praticamente a seus mistérios. Uma noite eu o ouvi dizer que, apesar de seus trinta anos de pesquisas, ele não havia descoberto os verdadeiros significados que ela descobriu em certos textos e que os iluminavam com uma luz sagrada.

Tendo finalmente decidido partir, comecei no outono de 1878 a organizar meus negócios mundanos. Mantivemos uma movimen-

---

518 Adepta do *yoga*.

519 Suponho que essas palavras, faladas com um forte sotaque de estrangeiro, correspondam a "Well, see here, dear" (o que poderia ser traduzido talvez como "Bem, veja bem, meu caro").

tada correspondência com nossos amigos de Bombaim e do Ceilão (vários budistas e hindus se filiaram à S.T. por carta), expedimos nossa pequena biblioteca e, pouco a pouco, vendemos ou doamos nossos móveis e utensílios domésticos. Não alardeamos nossas intenções, mas nossa casa estava mais cheia do que nunca de amigos e de pessoas que ficaram sabendo de nossa partida. As anotações de HPB em meu Diário durante minhas frequentes ausências de Nova Iorque nas últimas semanas revelam a ânsia nervosa que ela sentia de partir, assim como seu medo de que meus planos pudessem fracassar. Na anotação de 22 de outubro, ela escreve – falando da urgência de nossos *Mahātmas*: "N_ saiu da guarda[520] e veio S_ com ordens de _ para finalizar tudo até a primeira parte de dezembro. Bem, H.S.O. está fazendo sua grande aposta final." HPB se refere aqui à mudança de personalidades nas Inteligências que controlavam o corpo dela, e anotações em diferentes caligrafias dão suporte a essa ideia. Há uma anotação semelhante em 14 de novembro, onde é dito que devemos fazer todos os esforços para partir ao mais tardar em 20 de dezembro. Naquela página há a seguinte frase final: "Ó deuses, ó Índia da face dourada, é isso realmente o começo do fim![521]" No dia 21 de novembro chegaram outros pedidos urgentes pelo mesmo canal e recebemos a ordem de começar a fazer nossas malas.

Várias pessoas queriam nos acompanhar até a Índia, e algumas empregaram esforços para fazê-lo, mas o grupo finalmente compreendia apenas quatro: HPB, a Srta. Bates, uma governanta inglesa, o Sr. Wimbridge, artista e arquiteto, e eu. No dia 24 nós estávamos prontos, e no dia seguinte a primeira de nosso grupo de quatro, a Srta. Bates, embarcou para Liverpool, levando com ela dois dos baús de HPB. De novo vieram várias ordens para apressarmos nossa partida. Escrevendo sobre a inesperada desistência de uma pessoa,

520 Cf. nota 307.

521 No original, a estrutura da frase é de oração interrogativa, mas em vez de um ponto de interrogação há um ponto de exclamação.

HPB exclama: "Oh essa raça miserável! Quando estaremos livres dela!"

A anotação do dia seguinte (em lápis vermelho e letras grandes) diz, a respeito de eu estar pronto em breve: "O destino dele depende disto: o resto de nossos móveis *tem que* ser vendido num leilão antes de 12 de dezembro."[522] A venda ocorreu finalmente já no dia 9. Naquele dia ela escreve:

> Fui para cama às quatro e fui acordada às seis, por causa de M. – que trancou a porta, e a empregada (Jenny) não pôde entrar. Me levantei, tomei café da manhã e fui ao Battery[523] para me encontrar com ... (um ocultista ligado à Loja da Fraternidade Branca). Voltei às duas e encontrei uma disputa e confusão infernais no leilão. Todas as nossas coisas se foram por uma ninharia[524]. ... 5 da tarde – *Tudo se foi*: Barão de Palm, adeus! Tragado em cima de uma tábua de três polegadas de largura![525]

Depois houve uma avalanche de visitantes, de artigos nos jornais, de respostas de HPB. No dia 13 recebi do Presidente dos Estados Unidos uma carta de recomendação, assinada por ele mesmo, para todos os embaixadores e cônsules norte-americanos, e do Ministério das Relações Exteriores um passaporte especial, como aquele que recebem os diplomatas, assim como a incumbência de informar o governo sobre a viabilidade de estender os interesses comerciais de nosso país na Ásia. Esses documentos foram úteis mais tarde na Índia, quando HPB e eu fomos suspeitos de ser espiões russos! Os detalhes desse episódio ridículo serão contados futuramente.

Encontro anotações no Diário mostrando que quase não consegui descansar durante esses últimos dias, escrevendo cartas todas as noites, fazendo viagens rápidas para a Filadélfia e outras cidades,

---

522 No original, as aspas finais foram colocadas erradamente após "disto" (*that*).
523 Um parque de Nova Iorque.
524 No original: "*for a song, as they say in Amercia*"; tradução literal: "por uma canção, como dizem na América".
525 HPB se refere à cremação descrita no capítulo XI.

comendo alguma coisinha quando podia. Enquanto isso, soa ao longo de toda a narrativa o estrondo de ordens para partirmos antes que o fixado dia da graça – o dia 17 – passasse. A escrita de HPB nesse período parece mais com rabiscos e, na página de 15 de dezembro, noto duas das variantes da sua caligrafia mencionadas acima, que mostram que naquela noite seu corpo foi ocupado por dois dos *Mahātmas*.

Eu havia comprado um fonógrafo inventado por Edison, modelo original, e naquela noite um bom número de nossos membros e amigos, entre eles um Sr. Johnston, que Edison havia enviado como seu representante pessoal (ele mesmo não podendo comparecer), falou no receptor de voz mensagens aos nossos irmãos na Índia, conhecidos ou ainda desconhecidos. As várias folhas de papel de estanho, devidamente marcadas para identificação, foram cuidadosamente removidas do cilindro e embaladas e estão guardadas na Biblioteca de Adyar, para a edificação de tempos futuros.[526] Entre as vozes estão a de HPB – uma gravação muito nítida, clara –, a minha, a do Sr. Judge e de seu irmão John, do Prof. Alex. Wilder, da Srta. Sarah Cowell, de dois senhores Laffan, Sr. Clough, Sr. D.A. Curtis, Sr. Griggs, Sra. S. R. Wells, Sra. E Srta. Amer, Dr. J. A. Weisse, Sr. Shinn, Sr. Terriss, Sr. Maynard, Sr. E. H. Johnston, Sr. O'Donovan etc., todos eles pessoas inteligentes, e alguns muito conhecidos como autores, jornalistas, pintores, escultores, músicos ou de outra maneira.

O dia 17 de dezembro foi nosso último dia em solo americano. A anotação de HPB diz: "Grande dia! Olcott fez todas as ma-

526 N.O.: "Bem recentemente – isto é, em maio de 1895 – enviei esses registros feitos em papel de estanho para o escritório de Edison em Londres para ver se eles não poderiam ser transferidos para os modernos cilindros de cera e dessa maneira ser salvos para a posteridade. Infelizmente não se pôde fazer nada com eles, pois os sulcos produzidos pelas vozes tinham se aplainado quase totalmente. É uma grande pena, porque, se tivesse sido possível, teríamos obtido cópias dos originais e assim teríamos a voz forte de HPB falando audivelmente nas nossas reuniões locais em todo o mundo no 'Dia do Lótus Branco', aniversário de sua morte."

las... E agora? Tudo escuro – mas tranquilo." E depois vem, escrito em maiúsculos, o profundo grito de alegria: "CONSUMMATUM EST![527]" O parágrafo final tem a seguinte redação:

> Olcott voltou às 7 da noite com os bilhetes para o navio britânico *Canada* e escreveu cartas até 11h30. Curtis e Judge vieram nos visitar à noite. Maynard levou HPB [vejam que ela sempre fala de si na terceira pessoa] para jantar na sua casa. Ela voltou às 9. Ele lhe deu de presente uma tabaqueira. Charles (nosso grande gato) – sumido! Perto da meia-noite, H.S.O. e HPB se despediram do candelabro[528] e foram de carruagem para o navio.

Assim, o primeiro volume da história da Sociedade Teosófica termina com a partida de seus Fundadores da América.

Atrás deles ficaram três anos de lutas, de obstáculos superados, de planos iniciais parcialmente realizados, do trabalho de escrever artigos e *Ísis sem Véu*, de deserções de amigos, de embates com adversários, de colocação de amplas bases para uma organização que estava destinada a erguer-se com o fim de reunir as nações, mas cuja possibilidade eles na época nem suspeitavam. De fato, eles tinham construído essa base melhor do que imaginavam – pelo menos, do que eu imaginava. Não previamos o que o futuro traria. As palavras de HPB mostram isso: "Tudo escuro, mas tranquilo." Nem mesmo sonhávamos com a maravilhosa ampliação de nossa Sociedade. Um ex-funcionário nosso publicou a afirmação de que a Sociedade havia perecido de morte natural antes de nossa partida para a Índia, mas o quadro na página seguinte mostra que, embora ela tivesse definhado até quase extinguir-se, começou a reviver a partir do momento em que o centro executivo foi transferido para a Índia.

Passamos uma noite horrível no navio, com muito frio, camas

527 Frase latina significando "está feito", "está consumado"; são as últimas palavras (traduzidas para o latim) de Jesus Cristo ao morrer na cruz (João, XIX, 30).

528 Trata-se do candelabro mencionado no cap. IX (p. 136).

úmidas, sem aquecimento, com o barulho das polias e o nana-nenê[529] dos guinchos subindo a carga. Em vez de partir cedo, o navio se afastou do cais somente às 2h30 da tarde do dia 18. Depois, tendo perdido a maré, teve que ancorar ao largo de Coney Island e passou pela barra de Sandy Hook apenas ao meio-dia do dia 19. Mas finalmente atravessamos a água azul em direção à nossa Terra Prometida; e meu coração estava tão cheio com as perspectivas que não esperei no convés para ver as colinas Navesink desaparecerem de vista; desci até minha cabine e procurei Bombaim no meu mapa da Índia.

529 No original: "*rub-a-dub-dub*", que é o primeiro verso de uma cantiga existindo em várias versões, com conteúdos bem diferentes; neste contexto faz sentido apenas a versão "cantiga de ninar".

Resumo da história da Sociedade Teosófica		
Acontecimentos	Ano	Número de Lojas
Formação da S.T.	1875	---
Encolhimento	1876	---
Publicação de *Ísis*	1877	---
Fundação da S.T. Britânica (nossa primeira filial) Os Fundadores saem dos EUA	1878	1
Estabelecimento da Sede em Bombaim Fundação de *The Theosophist*	1879	2
Os Fundadores visitam Ceilão	1880	10
Vão a Simla	1881	25
Estabelecimento da Sede em Madras	1882	52
Primeiro longo tour de H.S.O. pela Índia	1883	95
Conluio dos Coulomb e dos missionários	1884	107
HPB se muda para a Europa Segundo tour de H.S.O. pela Índia	1885	124
Formação da Seção Americana	1886	136
Terceiro tour de H.S.O. pela Índia HPB se muda para Londres	1887	158
Formação da Loja Blavatsky	1888	179
Annie Besant se filia à S.T.	1889	206
Formação da Seção Britânica	1890	241
Morte de HPB H.S.O. viaja pelo mundo Formação da Seção Europeia	1891	279
Primeiro tour de Annie Besant pela Índia A Comissão de Justiça se reúne em Londres para julgar W. Q. Judge	1892	304
	1893	352
	1894	394

As estatísticas relativas às Lojas são compiladas anualmente no mês de dezembro para o Discurso Anual do Presidente.

Informações sobre Teosofia e o Caminho Espiritual podem ser obtidas na Sociedade Teosófica no Brasil, no seguinte endereço: SGAS - Quadra 603, Conj. E, S/N - (61) 3226-0662, CEP 70200-630. Também podem ser feitos contatos ou pelo e-mail secretaria@sociedadeteosofica.org.br - www. sociedadeteosofica.org.br